키워드로 배우는

철학의 이해

키워드로 배우는

철학의 이해

지은이 김범수, 김영례, 남순예, 박준호, 이상일, 이선,
이충한, 임정아, 정대환, 조흥만, 진성수, 황갑연
펴낸이 이남호
펴낸곳 전북대학교출판문화원

초판 1쇄 인쇄 2015년 9월 10일
초판 1쇄 발행 2015년 9월 15일

전북대학교출판문화원 전라북도 전주시 완산구 어진길 32 (풍남동2가)
기획 송덕호
디자인 이소형, 이진영
회계 · 행정 이진주
전화 (063) 219-5322
FAX (063) 219-5323
출판등록 2012년 8월 20일 제465-2012-000021호

값 16,000원

ISBN 978-89-98534-67-7

이 도서의 국립중앙도서관 출판예정도서목록(CIP)은 서지정보유통지원시스템 홈페이지
(http://seoji.nl.go.kr)와 국가자료공동목록시스템(http://www.nl.go.kr/kolisnet)에서
이용하실 수 있습니다. (CIP제어번호 : CIP2015023472)

키워드로 배우는

철학의 이해

김범수, 김영례, 남순예, 박준호, 이상일, 이선,
이충한, 임정아, 정대환, 조흥만, 진성수, 황갑연

전북대학교출판문화원

서 문

1989년 대학에 첫발을 내딛은 새내기 시절, 학교에서 처음 받은 〈철학〉 교재는 아직도 잊을 수가 없다. 제일 먼저 두께에 놀랐고, 깨알 같은 글자에 압도되었다. 책 안에는 엄청 심오한 것이 들어있는 듯 보였다. 당연히 내용도 어려울 것이라고 상상했다. 첫인상이 이렇다 보니, 책 내용이 어떤 것이었는지 잘 기억도 나지 않는다. 지금 생각해 보면, 당시 교재는 실제 강의가 아닌 대학의 권위를 보여주기 위해 만든 것이 아닌가 하는 의구심마저 든다. 2000년대 이후 한국 대학에서는 철학 교재를 나눠주는 일이 거의 사라졌다. 다원화된 시대에 자율적으로 교재를 만들어 사용하라는 뜻으로 이해한다. 그러나 한편으로는 대학교육에서 철학이 사라지는 것은 아닌지 하는 불안감도 없지 않다.

이 책은 '철학의 이해'라는 교과목을 위해 기획되었다. 가능한 두께는 줄이면서 내용은 평이하게 작성하려고 노력했다. 그래서 제목도 '키워드로 배우는 철학의 이해'로 정했다. 그러나 책에 대한 평가는 언제나 독자의 몫이다. 당연히 부족한 부분이 있을 것이다. 조금 난해하거나, 중복되는 내용도 있을 것이다. 그것은 더 좋은 교재를 만드는 계기가 될 것이다. 아울러 이 책이 일반 독자들에게도 교양서적으로 읽혀지기를 바란다. 물론 이 역시 독자들의 판단에 맡길 뿐이다.

전체 내용은 크게 동·서양으로 나누었다. 세부적으로는 '소중한 내 인생'과 '함께 사는 세상'을 각 6장, '동양인의 삶과 지혜'를 4장으로 구성했다. 세부 항목의 집필자는 아래와 같다.

서양편

소중한 내 인생	함께 사는 세상
1. 철학 : 박준호	1. 자연 : 이 선
2. 인간 : 이 선	2. 정치 : 이충한
3. 지식 : 김영례	3. 자유 : 임정아
4. 행복 : 김영례	4. 평등 : 이충한
5. 종교 : 이상일	5. 과학 : 남순예
6. 성과 사랑 : 조흥만	6. 법과 정의 : 조흥만

동양편

동양인의 삶과 지혜
1. 군자와 소인 : 진성수
2. 무위와 소요 : 황갑연
3. 연기와 무아 : 정대환
4. 예술과 인생 : 김범수

이 책이 만들어지기까지 많은 분들의 도움이 있었다. 집필자는 물론이고, 전체 원고를 꼼꼼히 읽으며 교정한 남순예, 조흥만 교수에게도 감사를 드린다. 또한 전북대학교출판문화원의 이진영 선생과 관계자 분들의 노고가 많았다. 일일이 감사드리지 못하는 것이 미안할 따름이다. 조만간 '서양철학의 이해'와 '동양철학의 이해'라는 제목의 또 다른 책이 기획되기를 기대해 본다.

지은이를 대표해서 진성수

목 차

키워드로 배우는 철학의 이해

서.양.편

소중한 내 인생

함께 사는 세상

동.양.편

동양인의 삶과 지혜

서.양.편

소중한 내 인생

1장

서양편 소중한 내 인생

철학

박준호

학.습.목.표

1. 철학적 신념의 특징을 안다.
2. 철학적 방법의 특징을 안다.
3. 논증과 좋은 논증의 특징을 안다.
4. 철학의 가치를 안다.

용.어.해.설

- **철학적 신념**

  매우 근본적이고 일반적인 신념

- **근본성**

  어떤 신념 A가 다른 신념 B를 입증하지만, 반대는 성립하지 않는다면, A가 B보다 근본적인 신념이다.

- **일반성**

  어떤 신념 A가 다른 신념 B보다 적용범위가 더 넓다면, A는 B보다 일반적이다.

- **논증**

  주장하는 결론과 이를 뒷받침하거나 도와주는 근거인 전제로 이루어진다. 논증이 등장하고 있다는 것은 "그러므로" 또는 "왜냐하면"으로 알 수 있다.

- **좋은 논증**

  전제가 결론을 정당화하는 데 성공한 논증. 만일 전제가 모두 옳다면, 논증의 결론이 옳은 관계 즉 전제와 결론이 논리적으로 올바른 놓여야하며, 실제로 전제가 모두 옳아야 한다.

본.문.구.성

1. 철학적 신념

우리는 누구나 철학적 신념을 하나쯤은 가지고 있다. 그리고 생의 어느 한 순간에 우리는 그 신념을 심각하게 취급하기도 한다. 대개는 많은 사람이 청소년기에 이런 체험을 하게 된다. 어떤 사람은 평생 그 신념을 소중하게 여긴다. 아마도 직업적인 철학자는 그런 사람에 속할 것이다. 철학적 신념이란 다음과 같은 질문에 대한 답이다. 부모나 선생님께, 선배나 친구에게, 심중에서라도 이런 질문을 시도한다. 사랑이란 무엇인가? 나는 누구인가? 인간의 본성이란 무엇인가? 인생의 의미란 무엇인가? 운명이 있을까? 자유란 무엇인가? 도대체 행복이란 무엇인가? 인간의 도리는 무엇인가? 인생에서 돈이나 권력이 최고의 가치인가? 국가와 정권은 동일한가? 정의란 무엇인가? 집합과 같은 추상물은 존재하는가? 신은 존재하는가? 종교란 무엇인가? 진정한 아름다움이란 무엇인가? 진리란 무엇인가? 지식이란 무엇인가?

누구나 살아가면서 이런 질문 가운데 하나쯤은 던지게 되고, 그 질문에 나름의 답을 하나쯤 갖고 지내게 된다. 인간사란 이런 질문을 던지게 할 만큼 거칠고 종잡기 어려울 때가 많고 인간이란 이에 대답을 시도할 만큼 무모하고 또한 때로 답을 찾아 갈만큼 현명하기 때문이다. 그런데 어떤 질문에 대한 답 가운데 더 나은 답과 그렇지 않은 답이 있듯이, 철학적 신념도 마찬가지이다. 누구나 더 나은 것을 찾아서 갖고자 한다. 그리고 이왕이면 자신의 철학적 신념도 더 나은 신념, 더 적절한 신념, 진리에 가까운 신념, 진리인 신념을 원한다. 철학이란 철학적 질문에 관심을 두고 또한 이에 대한 더 나은 답을 찾으려 하므로, 이런 점에서 볼 때 누구나 철학을 한다. 그렇다면 "철학이 없는"이라는 수식어가 칭찬이 아닌 이유를 알게 된다. 철학적 수준의 신념을 갖지 못했다는 것, 그리고 더 나은 신념을 찾고자 하지 않는 것은 인간이 아니라는 말이나 다름없을 만큼 철학은 우리에게 가까이 있다. 이렇듯 철학적 신념은 현재 우리의 일상 뿐 아니라 동서고금의 인간사에 편재한다.

우리의 삶에 널리 분포한다는 특성 이외에도 철학적 신념은 중요한 특성을 몇 가지 갖는다. 철학적 신념의 가장 중요한 공통적인 특징은 논리적 근본성이다. 철학적 신념은 다른 종류의 신념에 대개 최종적인 근거 역할을 한다. 아름다움이 무엇인지 알게 되면, 이를 근거로 삼아 한국화의 아름다움에 대해서 논증하거나 설명할 수 있다. 이를 근거로 삼아 한국화 교육의 방향에 대해 논증하거나 설명할 수 있다. 한국 사회에서 정의가 구현되어야 할 방법을 논증하기 위해서는 정의가 무엇인지 알아야 한다. 정의란 무엇인지 해명되지 않고는 특정 사회의 다양한 정의 구현 방법에 관한 논의는 결국 임시적이거나 미봉적인 해결책에 지나지 않게 된다.

철학적 신념의 다른 특징은 일반성이다. 철학적 신념의 적용범위는 대개 다른 어떤 종류의 신념보다 더 넓다. 철학적 신념은 "모든"이 생략된 형태를 띤다. 인생의 의미에 관한 논의는 특정한 사회, 특정한 계층에 해당하지 않는다. 누구의 것이 되었든, 모든 사람의 삶에 해당하는 논의가 철학적 논의이다. 감각경험으로 지식을 얻을 수밖에 없다는 경험주의자의 주장은 세계에 관한 모든 지식에 해당하는 주장이다. 어떤 예술 작품을 예술 작품으로 만들어주는 특성은 예술가들의 합의라고 주장한다면, 이는 겸재 정선의 인왕제색도뿐 아니라, 미켈란젤로의 다비드 상, 앤디 워홀의 브릴로 상자(Brillo Box) 등 모든 미술작품, 심지어 모든 악보, 모든 공연에 해당한다. 사람은 본래 선하다는 주장은 한국인에게만 해당하지 않는다. 이 주장은 심지어 과거에 살았던 사람, 앞으로 태어날 사람 모두에게 해당하는 신념을 내용을 갖는다.

이런 특성 때문에 철학은 학문이지만 다른 분과학문과 구분된다. 분과학문 즉 과학의 주제는 제한되게 마련이다. 물리학, 화학, 생물학 등의 자연과학, 의학과 공학과 경제학, 사회학 등의 사회과학 등은 해당 분야의 특정 주제에 관한 학문이다. 철학은 이에 비해서 매우 근본적이고 일반적인 주제를 다루며 이런 점에서 다른 학문과 구별된다. 그렇지만 역사적으로 살펴볼 때, 중요한 분과학문들은 철학을 모태로 삼아 분화되었다. 원래 "철학"이라는 낱말은 서양의 "philosophy"를 동양권에서 번역한 말이다. 이는 그리스어의 "사랑한다"(philos)와 "지혜"(sophia)를 뜻하는 두 낱말의 합성어이다. 이 낱말이 실제로 사용되던 당시의 맥락을 보면 현재의 일반적인 의미의 "학문"과 동의어로 사용되었다. 주제가 뚜렷하게 확인되고, 그 주제에 접근하는 방법이 확립되어, 상당한 성과를 거두게 되던 분야가 하나둘 철학에서 분가해가면서 새 살림을 차렸다. 수학, 천문학, 물리학 등은 몇 가지 대표적인 예일 뿐이다. 때로 철학을 일컬어 "만학의 여왕"이라고 말하는 데, 이는 이런 역사적 사실과 관련해서는 잘 맞는 말이다. 또한 동서를 막론하고 고대의 철학자는 만물박사처럼 보인다. 미분화의 학문풍토 때문에 그 시절의 철학자는 미분화된 넓은 영역의 많은 문제를 탐구했다. 현재의 철학자를 만물박사 취급하는 오해는 이런 역사적 연원을 갖고 있다.

2. 철학의 방법

철학은 더 나은 철학적 신념을 찾고자 하는 노력의 하나이다. 정의로운 분배란 실적에 따라 나누어 갖는 것이라는 생각을 예로 보자. 이런 주장을 듣자마자 흡족한 마음이 들어서 받아들일 수 있다. 또는 어린 시절부터 주변의 존경하는 어른이 이를 말했기 때문에 알지 못하는 어떤 순간부터 받아들일 수 있다. 라디오 진행자의 감미로운 목소리 때문에, 또는 교과서에서 보았다는 이유로 때문에 받아들일 수 있다. 철학적 신념 하나를 거의 자동적으로 갖게 되었고, 이를 확신하게 되었다. 좀 더 많은 노력을 들일 수도 있다. 긴 수소문 끝에 찾아간 종교집회에서 고명한 종교지도자의 설교, 강론, 설법에 감명을 받아서 수용할 수도 있다. 또한 이 신념을 특정한 사람의 목소리나 그 인간성에 대한 반감, 교과서에 대한 불만 등의 이유로 자동적으로 거부할 수도 있다. 그런데 이처럼 감정, 전통, 권위에 의존해서 어떤 신념을 수용 또는 거부한다면 이는 일반적 의미의 학문적 방법이 아니다.

이 신념이 의미하는 바가 무엇인지 묻거나, 그 의미가 분명하다면 어떤 근거로 옳다고 수용하거나 그르다고 거부해야하는지 묻는 일, 그리고 나아가 이 신념이 옳거나 그르다면 다른 신념, 이를테면 인간의 본성에 관한 신념과 어떤 관련이 있게 되는지 묻는 일이 바로 이성의 방법 즉 학문하는 일반적인 방법이다. 이런 점에서 철학은 여전히 학문이다. 철학적 신념이라는 특징만 보고도, 그 철학적 신념이 심오하고 멋져 보일 수 있지만, 또 그래서 받아들여야만 할 것처럼 압도당할 수도 있지만, 철학은 우리에게 깨어있으라 말한다. 정신을 차리라고 말한다. 그렇게 무엇인가 있어 보이겠지만, 그 신념이 "말하고자 하는 바"가 무엇이며, 그 "근거"가 무엇이며, 이미 의미와 진위가 명확하게 드러난 다른 신념과 "관계"가 무엇인지 물어야 비로소 학문으로서 자리를 지키게 된다. (이성의 방법에 대해 아래에서 약간 더 자세히 설명하겠다.)

물론 철학적 신념과 관련된 중요한 역할이 철학 교과나 직업적 철학자에게만 허용된 것은 아니다. 예를 들어, 이들 이외에도 많은 시인, 소설가, 예술가, 종교인, 사상가, 다른 분야의 학자나 전문가가 새로운 철학적 수준의 착상을 제시하고, 심지어 한 시대를 풍미하는 철학 사조를 만들기도 있다. 더욱이 어떤 특정 분야의 전문가야 말로 그 분야에서 가장 근본적이고 일반적인 문제에 대해 가장 해박한 사람인 경우가 많다. 우리나라의 "박사학위"에 해당하는 외국어가 "Ph. D."인데, 이 말은 "Degree of Philosophy"(즉 "철학 학위")를 줄인 것이다. 해당분야의 가장 근본적이고 일반적인 수준의 문제까지 정통한 사람이라는 의미이다. 이에 비해서 철학은 분야에 국한되지 않는 일반성과 근본성을 갖춘 신념에 더 큰 관심을 두며, 그래서 철학 교과는 이런 철학적 질문을 좀 더 명확하게 드러내고 선배 철학자들의 대답을 확인하여 더 나은 나의 철학적 신념을 갖도록 도와주려한다. 그리고 직업적인 철학자는 철학적 질문에 대해서 더 나은 답을 찾아내는 일을 전문으로 삼기에 이들의 답을 참고하는 것이 노력과 시간을 아끼도록 해준다.

3. 철학의 분야

철학의 분야는 분류의 기준을 정하기에 따라서 매우 다양하게 열거할 수 있다. 지역이나 문화권에 따라서, 동양철학이나 서양철학, 나라에 따라서, 한국철학, 중국철학, 인도철학, 독일철학, 영국철학, 미국철학 등으로 나눌 수 있다. 심지어 특정 철학자를 분류기준으로 삼아, 공자 철학, 율곡 철학, 아리스토텔레스 철학 등으로 나눌 수 있다. 특정 분야나 화제를 중심으로 분류할 수도 있다. 이를 테면, 언어에 관해서 철학하는 분야를 언어철학이라고 한다. 이런 식으로 논리학, 논리철학, 과학철학, 종교철학, 예술철학, 도덕철학, 법철학, 기술철학, 영화철학 등 많은 분야를 열거할 수 있다. 또한 고대철학, 중세철학, 근대철학, 현대철학 등의 분야는 시대를 기준으로 삼은 분류이다. 나아가 주의주장의 내용에 따라서 분류할 수도 있다. 실존주의 철학, 이성주의철학, 경험주의 철학 등의 분류에 이에 해당한다. 또한 일반성의 정도에 따라서 이론 철학과 응용 철학의 분류 역시 가능하다.

하지만, 철학에서 가장 중시하는 분류가 있다. 이는 우리가 세상에 대해서 생각할 때 의존하게 마련인 가장 기본적인 세 가지 방식을 반영한다. 무엇에 대해서든 "있는가?"라고 묻고, "있다" 또는 "없다"고 답하고 믿을 수 있다. 이를 무엇인가의 존재에 관한 질문과 신념이라 할 수 있겠다. 또한 그에 대해서 "아는가?" 묻고, "안다""모른다"고 답하고 믿을 수 있다. 이를 인식에 관한 질문과 신념이라 한다. 나아가 "값어치 있는가?"라고 물을 수 있고, 그에 대해서 긍정하거나 부정하는 대답과 신념을 가질 수 있다. 이를 가치에 관한 질문과 신념이라 한다. 이런 세 종류의 신념은 서로 겹치지 않는다.

그런데 이들 역시 일반성이나 근본성의 차이를 보인다. 철학은 이 가운데 일반성이나 근본성이 큰 것에 관심을 둔다. 이를테면 강원도 정선에 소나무가 많이 있다는 신념은 철학적 신념이 아니지만, 보편자가 존재한다는 것은 철학적 신념이다. 조선왕조실록을 보관했던 사고의 위치에 대한 지식을 철학이 다루지 않지만, 철학자들은 세계에 관한 어떤 지식이든 감각경험에 바탕을 두어야 한다는 데 대해 긴 논쟁을 벌였다. 특정인이 특정 장소에 행한 행동의 올바르고 그릇됨은 철학자의 관심사가 아니지만, 행위의 올바름이란 무엇인지, 이런 올바름이 가치 있는 이유가 무엇인지 묻고 답하는 것은 철학자가 행할 바이다. 이들 각각을 형이상학, 인식론(또는 지식론), 가치론이라고 한다.

물론 이런 분류만 가능한 것은 아니다. 화제의 시급성, 또는 독자의 수요나 흥미도 등에 의해서도 분류하는 것이 가능하며, 이 밖의 여러 기준에 의한 분류가 가능하다. 철학을 전공 영역으로 택하는 사람이나, 좀 더 진지하게 철학자들의 일에 관심을 두는 사람들은 철학의 삼총사 격인 근본적인 분류라든지, 문화권역에 따른 분류, 또는 화제 중심의 분류, 시대별 분류를 중시해야 할 것이다. 대개 우리나라 대학의 철학과는 동양철학과 서양철학의 전공 과정을 구분하여 운영하는데, 이는 기존의 문서 자료의 성격이 확연히 다르고, 철학적 전통이 서로 독립되어 진행된 과거를 반영하기 때문이다. 하지만 자신의 생활과 삶에서 생기는 의문과 이에 대한 잠정적인 자신의 답을 좀 더 근본적인 수준에서 검토하고자 하며, 좀 더 일반적인 관점에서 조망하고자 하는 것이 필요한 경우라면, 이 책의 방식으로 철학에 접근하는 것이 더 나을 것이다.

4. 이성의 방법

철학적인 신념을 갖고 소유하는 일 자체로 철학하는 데 충분하지 않다. 철학하는 일은 철학적 신념에 대해서 이성적으로 검토하는 일이다. 이런 검토는 사실 그 끝이 없다. 어떤 종류의 신념이든 검토의 대상이 될 수 있다는 것이 철학의 중요한 특징이며, 이점에 착안하여 철학을 "무전제의 학문"이라고 묘사하기도 한다. 근본적인 신념을 "믿는 일" 자체를 중시하여 자신이 믿는 바를 숭배하고, 이 믿음이 흔들리면 죄를 짓는다고 느낀다면, 이는 학문의 맥락일 수 없다. 학문이란 건전한 이성적 의심을 토대로 삼는다. 새로운 관념을 창조하는 즐거움과 함께 이성적으로 검토하는 능력의 신장이 철학이 주는 가장 중요한 혜택 중의 하나이다. 근거의 유무에 따라 그 신념에 대한 강도를 조절하지 않는다면, 다른 학문과 마찬가지로 철학적 신념에 관한 학문도 성립하지 않는다.

이렇듯 어떤 신념에 대해서든 그 근거가 있는지 검토하고, 그 근거에 비추어 자신의 신념을 세우거나 철회하는 것이 이성의 방법에서 핵심이다. 여기서는 이성의 방법에 대해서 기본 얼개를 소개하고자 한다. 물론 철학을 자신의 전공으로 택하거나, 좀 더 진지하게 철학에 대해서 알고자 한다면 여기서 제시하는 정도 이상으로 논리학을 공부해야 한다.

어떤 신념이나 주장과 그 근거를 한 묶음으로 말할 때 "논증"이라고 한다. 그리고 근거를 "전제", 해당 신념이나 주장을 "결론"이라고 부른다. 논증은 전제와 결론으로 이루어진다. 결론의 앞에다는 "그러므로"를 붙인다. 거꾸로 전제의 앞에 "왜냐하면"을 붙여도 된다. 그렇지만 논증이 복잡해지면, 이마저도 혼란스러울 수 있으므로 이 중에 "그러므로" 꼴로 통일하여 논증을 확인하고 평가하는 데 사용한다.

> 모든 사람은 죽는다.
> 소크라테스는 사람이다.
> 그러므로 소크라테스는 죽는다.

"그러므로" 앞의 두 문장은 전제이며, 뒤의 한 문장은 결론이다. 당연한 말이지만, 전제가 하나 이상은 있어야 논증이다. 다음도 논증이다.

> 사람은 누구나 평등하게 창조되었고 양도 불가능한 권리를 부여받았으므로, 아무도 다른 사람의 노예가 될 수 없다.

"…으므로" 앞이 전제, 뒤가 결론이다. 다음 맹자(孟子)의 말에도 논증이 포함되어 있다.

그림 1-1 맹자

> 내가 모든 사람이 타인의 고통을 보는 일을 견디지 못하는 마음을 갖는다고 말하는 이유는 무엇인가? 요즈음도, 만일 어린애가 우물에 빠지려 한다면, 누구라도 당황하고 걱정할 것이다. 이런 걱정은 아이의 부모와 좋은 관계를 맺기 위해서도 아니도, 마을 사람이나 친구 사이에서 명망을 얻기 위해서도 아니다. 또한 비난받을 것이 두려워서도 아니다. 이런 관점에서 볼 때, 우리는 이렇게 말할 수 있다. 만일 누군가 그 아이를 걱정하는 마음을 결여하고 있다면, 그는 사람이 아니다. 또한 부끄러움과 혐오의 마음이 없다면 사람이 아니다. 겸양과 공손한 마음이 없다면, 그리고 옳고 그름을 가리는 감각이 없다면 사람이 아니다. 타인을 걱정하는 마음은 인(仁)의 출발점이다. 부끄러움과 혐오의 마음은 의로움의 출발점이다. 겸양과 공경의 마음은 예절의 출발점이며, 옳고 그름을 가리는 마음은 지혜의 출발점이다.

"이유""이런 관점에서 볼 때" 등의 낱말이 "왜냐하면""그러므로" 등으로 해석될 수 있으며, 전제와 결론이 무엇인지 알려주고 있다. 다음에도 논증이 포함되어 있다.

> 분석철학이 본래 반형이상학적이었다는 주장은 옳지 않다. 역사를 살펴보면, 분석철학은 형이상학과 무관할 수 없다. 무어와 러셀은 독일의 관념론을 거부하고 신실재론을 주창했으며, 이는 초창기의 분석철학에 주된 논쟁과 동력을 제공하였다. 또한 러셀과 비트겐슈타인의 논리원자론은 분석철학의 한 시기를 규정했다.

"그러므로"나 "왜냐하면"이라는 표현이 드러나 있지는 않지만, 첫 문장이 결론이다. 둘째 문장 앞에, "왜냐하면"을 추가해서 읽을 경우 자연스럽다. 이성적 사고란 근거를 탐색하고 검토하는 사고이며, 따라서 논증적 사고이다. 이성적 대화 즉 변증이란 서로 근거를 검토하여 논의하는 논증적 대화이다.

그런데 논증이 존재한다는 사실이 논증의 결론을 보증하지 못한다. 논증을 어떻게 평가할 것인가? 적어도 두 가지에 주목해서 논증을 평가할 수 있다. 처음으로 제주도 여행을 나선 철수가 지나가던 한 사람에게 길을 물었다. 그는 철수의 기대만큼 친절하지 않았다. 철수는 이로부터 모든 제주도 사람이 불친절하다고 생각하게 되었다. 철수의 추리를 다음 논증으로 표현할 수 있다.

> 제주도 사람 가운데 내가 만난 한 명이 불친절하다.
> 그러므로 모든 제주도 사람이 불친절하다.

"그러므로"에 주목하면 여기에 논증이 등장함을 알 수 있다. 그러나 이 논증은 좋은 논증이 아니다. 왜 그런가? 만일 전제가 옳다고 해도 결론이 옳을 것 같지 않기 때문이다. 이를 통해서 우리는 전제가 옳은데도 결론이 옳지 않은 상황을 허용하는 논증은 좋은 논증이 아니라는 것을 알 수 있다. 이런 논증을 논리에 어긋난다고 말한다.

우리는 여러 제주도 사람을 만나본 뒤에 대부분의 제주도 사람이 친절하다는 것을 추리하게 된다.

> 내가 만난 많은 제주도 사람이 거의 대부분 친절했다.

그러므로 대부분의 제주도 사람은 친절하다.

이 논증은 만일 전제가 옳다면 결론이 옳다. 전제가 옳은데도 불구하고 "대부분의 제주도 사람은 불친절하다"고 결론을 맺는다면 이는 납득하기 어렵다. 앞의 소크라테스 논증의 경우에는 두 전제가 옳다면, "소크라테스는 죽지 않는다."고 결론짓기가 불가능하다. 소크라테스 논증과 제주도 친절 논증은 모두 논리에 맞는 논증이다. 만일 전제가 옳다면 결론이 옳은 논증이다. 이에 비해서 제주도 불친절 논증은 논리에 맞지 않는다. 만일 전제가 옳다고 해도 결론의 옳음이 보증되지 못하기 때문이다.

논증 평가에서 감안해야할 또 하나의 측면을 보려면 똑똑한 강아지 스누피(Snoopy)에 관한 간단한 논증으로 충분하다.

모든 인간은 죽는다.
스누피는 인간이다.
그러므로 스누피는 죽는다.

이 논증의 전제가 옳다면 결론은 반드시 옳다. 다시 말해서, 이 논증은 논리에 맞는다. 그런데도 우리는 이 논증이 좋은 논증이라고 생각하기 힘들다. 둘째 전제가 옳지 않기 때문이다.

철학자를 비롯한 누구든 이성에 의한 방법을 사용하려면 이 두 가지 사항을 염두에 두어야 한다. 자신의 주장(결론)을 증거(전제)에 의해서 정당화하려면, 둘 사이에 적절한 논리적 관계 즉 전제가 옳다면 결론이 옳은 관계를 확보하고, 전제가 모두 옳도록 논증을 구성해야 한다. 그리고 논쟁을 벌일 때, 상대방의 의견에 "나는 반대일세!"만 외치는 것은 이성적 대화가 아니다. 상대방의 논증이 어떤 문제가 있는지, 다시 말해서 논리에 맞지 않다거나, 전제 가운데 승인하기 어려운 것이 섞여 있다는 점을 밝혀야 한다. 이런 이성적 반박에 맞서는 방법 역시 이성적이어야 한다. 상대의 반대 논증에 또한 논증으로 반박해야 한다. 이런 변증의 과정에서 판정의 잣대는 확신에 찬 목소리, 높은 어조, 격한 몸짓이 아니라, 논증이 제시되었는지, 논증의 전제가 모두 옳은지, 논증의 전제와 결론이 논리적으로 관련되어 있는지 여부이다.

데카르트(Rene Descartes)는 인간이 정신과 신체 둘로 이루어졌다고 보는 정신-신체

이원주의자이다. 그의 유명한 논증 가운데 하나는 다음과 같은 취지를 갖는다.

> 내가 신체라면 내가 갖는 모든 특징을 신체가 그대로 갖고 있다.
> 나는 생각할 수 있다.
> 신체는 생각할 수 없다.
> 그러므로 나는 신체가 아니다.

데카르트를 비판하는 많은 철학자들은 이 논증의 전제 가운데 불만족스러운 것을 찾아냈다. 왜 신체가 생각할 수 없는가? 뇌는 생각하는 기관이 아닌가? 컴퓨터는 순전히 물질 덩어리인데, 계산과 같이 정신적인 일을 척척해내지 않는가? 데카르트는 조금 복잡한 다른 논증도 제시했다.

> 나는 내가 정신을 가지고 있다는 것을 의심할 수 없다.
> 나는 내가 신체를 가지고 있다는 것을 의심할 수 있다.
> 그러므로 나의 정신과 신체는 동일한 것이 아니다.

이 논증 역시 불만족스러운 논증이다. 이 논증의 전제가 모두 옳다고 해도, 우리가 결론을 거부하는 것이 아주 이상하지 않기 때문이다. 내가 물이 물이라는 것은 의심할 없으나, 물이 H_2O라는 것은 의심할 수 있다. 둘 다 옳은 얘기다. 그렇다고 해서 물이 H_2O가 아니라고 결론짓지는 못하는 상황과 유비된다.

이렇듯 논증 자체를 살피는 일과 병행해서 마음을 써야할 대목이 있다. 주장과 토론에서 등장하는 문장이나 낱말의 의미가 불분명하거나, 여러 의미 가운데 어떤 것인지 확정되지 않는 상황에서는 실질적인 성과를 거두기 어렵다. 앞의 분석철학의 형이상학과 관련된 논증에서 독자가 "분석철학"의 의미를 어느 정도라도 확인하지 않고는, 또 "형이상학"의 의미를 어느 정도 확인하지 않고는 이 논증을 평가할 수 없다. 어떤 낱말, 개념, 신념, 주장에 대해서 "무슨 뜻입니까?""의미가 무엇입니까?""무엇을 의미합니까?"라고 질문하는 일은 철학에서 가장 흔한 일이다. 예를 들어, 운명이나 자유의지와 관련한 논쟁에서, 이 각각의 개념이 의미하는 바가 무엇인지 밝히는 일은 그 자체로 하나의 일거리이다. 철학적 신념이 근본성과 일반성이 크므로 이 신념을 구성하는 개념이나 이를 표현하는 언어의 의미를 밝히거나 합의하는 데 더 큰 노력이 요구된다.

5. 철학의 가치

이성의 방법으로 더 나은 철학적 신념을 찾는 것이 철학의 일거리이다. 따라서 철학을 공부하면 자연스럽게 더 나은 철학적 신념을 갖게 될 가능성은 커진다. 여기서 더 나아진다는 것은 확실하게 옳은 신념이 된다는 것과 동일하지 않다. 때때로 철학적 탐구의 결과로 얻을 수 있는 최선의 결과는 명확한 답이 없다는 것일 수도 있다. 철학적 신념이 더 나아진다는 것은 이성의 방법을 통해 검토되면서 기존의 신념이 변경되거나, 더 명확하고 근거가 더 충실해지게 된다는 뜻이다. 이런 취지의 연장선에서, 많은 철학자들이 강조하는 바는 이성의 방법을 통해 자신의 신념을 검토하는 일 자체의 중요성이다. 소크라테스(Socrates)가 "검토되지 않은 삶은 살만한 가치가 없다!" 라고 말한 이유가 여기에 있다. 그러나 이런 검토만으로도 이룰 수 있는 일은 크다. 20세기의 영국의 철학인 러셀(Bertrand Russell)은 철학을 소개하는 책의 마지막 장인 "철학의 가치"를 다음같이 끝맺고 있다.

> 철학은 철학적 질문 자체를 위해서 연구된다. 왜냐하면 철학적 질문은 가능한 것이 무엇인지에 관한 우리의 개념을 확장하며, 지적 상상력을 풍요롭게 하며, 사유를 방해해서 마음을 닫게 만드는 독단적 확신을 감소시키기 때문이다. 그러나 다른 무엇보다도 철학이 살펴보려고 하는 우주의 위대함을 통해서, 우리의 정신 역시 위대하게 변화되며, 정신의 최고선인 우주와 합일을 이룰 수 있기 때문이다.

이렇게 대단해 보이는 철학은 바로 그런 점 때문에 거꾸로 보통 사람들의 생활과 너무나 동떨어지게 되고, 오히려 우리가 일상의 현실에서 잘 살아가는 데 방해가 된다는 견해도 있다. 물론, 플라톤(Platon)처럼 철학자도 이런 견해를 펼치기도 했다. 그에 따르면, 우리가 감각으로 파악하는 일상의 세계와 동떨어진 진짜 세계가 있다. 그리고 철학자의 임무는 진짜 세계를 파악하고 존중하는 것이며, 따라서 일상의 세계와 거리를 둘 수밖에 없고, 나아가 평소에 현실에 잘 적응하지 못하는 사람처럼 보인다는 것이다. 특히 플라톤이 서양의 지성사에서 차지하는 비중을 생각할 때, 이런 견해가 미친 영향은 매우 커서 철학과 철학자가

그림 1-2 플라톤

현실과 유리되어 있다는 견해를 퍼뜨리는 큰 역할을 했다.

그렇지만 탈레스(Thales)를 보자. 그는 철학을 비롯한 일반적 의미의 학문의 시조로 대접받는다. 그와 관련된 유명한 일화에 따르면 철학자는 현실에서 동떨어져 있는 바보처럼 보이는 사람이 아니다. 그는 하늘을 관찰하다고 우물에 빠졌다. 사람들이 발밑의 현실에 좌초하는 철학자를 조롱했다. 머나먼 별을 보면서 제 발밑도 모른다니! 그런데 그는 그를 우물에 빠뜨린 천문 지식을 이용해서 올리브 풍작을 예상하고, 올리브기름 추출기를 모두 사들였는데, 그의 예측대로 풍작이 찾아오고 기름 추출기를 판매하거나 빌려주어 큰돈을 벌었다. 자신을 조롱했던 사람들을 향해서 그는 한 마디를 던졌다. "철학자는 돈 보다 진리를 원한다." 철학을 해서 현실을 헤쳐 나아가는 능력이나 지식이 줄어들지 않는다. 아리스토텔레스(Aristoteles)는 플라톤과 함께 서양 지성사의 두 줄기 맥을 이룰 만큼 대단한 성취와 영향력을 갖는 철학자이다. 그는 알렉산더 대왕의 왕사였다. 로크(John Locke)의 권력분립에 기반한 민주주의 사상이 세상을 바꿨다. 동양과 우리나라에서는 공자(孔子)를 비롯한 많은 철학자들이 현실에 뛰어들어 능력을 발휘했다. 또한 우리가 처한 현실이 변화했다. 고대나 원시 사회로 거슬러 갈수록 근력과 지구력 등의 우월한 신체적 능력이 사회에서 요구하는 중요한 덕목이었지만, 현대로 올수록 넘치는 정보를 비판적 안목으로 가려내는 능력과 창의적으로 사고하는 능력이 요구된다. 철학해서 얻게 되는 이런 안목과 능력의 신장으로 인해서, 현실에 적극적으로 참여하여 성공하기를 원하는 사람이 더 큰 도움을 받게 된다.

그림 1-3 아리스토텔레스

생.각.해.보.기

1. 다음은 유비 논증이 사용되고 있다. "'철학'은 칭찬과 존경의 의미로 사용된다. 그러다 보니 우리나라에서는 철학이 상품이기도 하다. 이곳저곳에서 '철학'의 간판 아래 미래와 운명을 엿보게 해준다고 손짓한다. 그러나 철학관과 철학의 관계는 컴퓨터 세탁소와 컴퓨터의 관계라고 할 수 있다. 비록 컴퓨터와 같은 원리를 이용하여 세탁

기를 제작하고 세탁을 시행하지만, 컴퓨터 세탁소에서 컴퓨터를 취급하지 않는다." 이런 유비 논증은 비교하려는 점과 유사한 정도만큼 강화되거나 약화된다. 이에 유의해서 이 논증을 평가해보자.

2. 종교도 철학만큼이나 근본적인 신념에 관심이 있다. 종교와 철학의 차이에 대해서 말해보시오. 그리고 그 이유를 적어도 하나를 말하시오.
3. 과학과 철학의 공통점과 차이가 무엇인지, 학문의 주제와 방법에 착안하여, 적어도 하나씩 열거해보시오.
4. 원래 철학은 서양에서 비롯되었다. "철학"이라는 용어도 서양의 "philosophy"를 한자어로 옮겨온 것이다. 그렇다면 우리나라를 비롯한 동양에서 과거에는 철학이 있었는가? 이런 의문에 대해서 철학의 주제와 방법에 관한 본문의 논의를 참고하여 대답해보시오.

읽.어.볼.만.한.책

- 스티븐 로, 『돼지가 철학에 빠진 날』, 오숙은 옮김, 김영사, 2001
- 버트란트 러셀, 『철학의 문제들, 버트란트 러셀』, 박영태 옮김, 이학사, 2000
- 엘리자베스 비어슬리 외, 『철학적 사고에의 초대』, 이명숙 · 곽강제 옮김, 서광사, 1998
- 줄리언 바지니 외, 『철학자의 연장통』, 박준호 옮김, 서광사, 2007
- 풍우란, 『중국철학사』, 정인재 옮김, 형설출판사

연.습.문.제

1. "나는 누구인가?"라는 질문의 가능한 의미를 모두 열거하시오. 그리고 이 가운데 어떤 의미의 질문이 철학적 질문인지 찾아보시오.
2. 철학의 분류에 대한 교재의 내용을 참고하여 이 책에서 다루고 있는 주제를 분류해보시오.
3. 논증의 예를 10개 이상 찾으시오. 그 가운데 논리에 어긋나는 논증 즉 전제가 옳다고 가정해도 결론이 옳다고 보증되기 어려운 논증을 가리시오. 그리고 또한 수용하

기 어려운 전제를 포함한 논증을 찾으시오. 결론의 정당화에 성공한 좋은 논증이 있는지 찾으시오.

2장

서양편 소중한 내 인생

인간

이 선

학.습.목.표

1. 서양 고대 철학에서 인간 존재를 어떻게 설명했을까? 서양 고대 철학에서 인간성을 어떻게 규정했는지를 알아보고 인간성 추구의 서양 인문주의적 전통이 어떻게 성립되었는지 살펴보자.
2. 영혼과 육체의 이중적 존재로서의 인간은 오랜 철학적 문제였다. 데카르트가 영혼과 육체의 관계를 어떻게 설명했는지 알아보고 그에 대한 스피노자의 철학적 반론을 살펴보자.
3. 왜 현대 철학에서는 기존의 인간 본성에 대한 규정을 비판하는 것일까? 이에 대한 이유와 근거를 철학적 인간학과 실존주의 철학에서 살펴보자.

용.어.해.설

- **신인동형설** anthropomorphism

신인동형설이란 신이 인간과 같은 형상을 지녔을 것이라고 여기며 인간적 형상을 신을 이해하데 투사하는 것이다. 인간은 인간에게 바람직한 것을 신에게 투사시켜 신을 이해하였다. 크세노파네스는 고대 그리스의 신관을 비판하면서 말이 신을 그린다면 말의 모습으로, 소가 신을 그린다면 소의 모습으로 그렸을 것이라고 말한다.

- **인문주의** humanism

인문주의는 인간성과 인간성을 함양하는 교육을 통합한 개념이다. 인문주의라는 개념은 로마의 문화가 후기 그리스 문화와 접촉하면서 생겨난다. 인문주의는 넓은 의미에서 이러한 인간성을 존중하는 태도인 반면, 좁은 의미에서는 14세기 말의 르네상스 인문주의를 뜻한다. 르네상스의 인문주의는 인간과 신, 인간과 자연의 관계에서 상대적으로 인간의 우월성을 드러내면서 인간의 무한한 가능성과 자유로움을 드러냈다.

- **심신이원론** mind-body dualism

심신이원론은 정신과 육체가 서로 다른 종류의 실체라는 이론이다. 데카르트는 정신이 비물질적이고 연장을 갖지 않는 실체라는 이론을 전개한다. 물질은 연장된 실체로 기계적인 물리학의 법칙을 따르지만 인간의 육체는 예외이다. 데카르트는 인간의 육체가 인과적으로 정신의 영향을 받고 정신적 사건을 인과적으로 일으킨다고 말한다.

- **심신병행론** psycho-physical parallelism

심신병행론은 정신과 육체 사이에 상호작용을 인정하지 않고 정신과 육체의 병행을 주장하는 이론이다. 스피노자가 주장하는 심신병행론은 정신과 육체를 실체로 보는 것이 아니라 신 또는 자연이라는 단 하나의 실체가 드러나는 두 가지 양태로 본다.

- **철학적 인간학** philosophical anthropology

철학적 인간학은 인간에 대한 다량의 지식이 통일적인 인간상을 잃어버리게 되었다는 철학적 반성 속에서 통일적인 인간상을 구축하고자 한다. 셸러와 플레스너는 생물학, 심리학, 인류학과 사회학의 연구 성과를 통합하여 통일적인 인간상을 구축하고자 하는 반면, 겔렌은 생물학에 중점을 두는 철학적 인간학을 발전시켰다.

- **실존** existence

실존의 어원인 라틴어 existentia는 ex와 sistere의 합성어로 '~밖에 자리하다'라는 의미이다. 이 의미는 자기 자신이 아닌 것이 인간 실재를 실존하게 한다는 뜻이다. 이런 맥락에서 사르트르는 실존을 '탈자적'이라고 말한다. 탈자적이란 어떤 순간에도 자기 자신으로서 동일하게 존재할 수 없고 근원적 차이로만 존재한다는 의미이다. 실존하는 인간이 자유로운 선택에 의해 자기 자신을 구성하기 때문에 사르트르는 '실존은 본질에 우선한다'라고 말한다.

본.문.구.성

1. 서론

우리가 자기 자신에 대해 가장 처음으로 진지하게 묻는 질문은 "나는 누구인가?"이다. 우리는 이 질문에 대해 생각보다 간단하게 "나는 인간이다"라고 대답할 수 있다. 그러나 도대체 이 대답이 말하는 것은 무엇인가? 여기부터는 생각을 전개시키기가 쉽지 않다. 이 글은 간단하지만 쉽지 않은 대답, 즉 '인간'을 주제로 철학자들이 어떤 물음을 던지고 어떻게 대답했는지를 살펴보고자 한다. 모든 철학자는 인간에 대해 논의했으며 나름대로의 인간관을 가지고 철학적 이론을 세웠다. 여러 철학적 이론들이 서로 다른 인간관을 갖는 것은 우리가 '나는 누구인가'라는 물음에 대해 '나는 인간'이라고 대답하는 것에서 드러나듯 철학적 이론의 전개에 가장 근본적인 바탕을 바로 그 인간관이 제공하기 때문이다. 수많은 철학자들의 서로 다른 인간관은 크게 다음의 다섯 가지 질문, 즉 '인간의 본질은 무엇인가', '인간다움은 무엇인가', '인간의 영혼과 육체는 어떤 관계인가', '인간의 특징은 무엇인가' 그리고 '인간적 실존이란 무엇인가'라는 질문과 이에 대한 답변을 중심으로 나눌 수 있다. 여기에서는 먼저 왜 이런 물음으로 '인간'이라는 주제를 논의하고자 하는지를 밝힐 필요가 있다.

첫 번째 질문, 즉 '인간 존재란 무엇인가'라는 질문은 고대 그리스 철학자들의 인간관을 다룬다. 인간이 맨 처음부터 인간을 주인공으로 놓고 세상을 설명했던 것은 아니다. 인간이 단독으로 자신의 이야기를 풀어내기에는 자연의 천재지변이나 삶과 죽음에 있어서 그지없이 허약한 존재였기 때문이다. 철학의 태동과 함께 인간은 세상을 설명하기 위해서는 인간 자신에 대한 신뢰를 바탕으로 시작해야 함을 이해하게 되었다. 여기에서 던져진 질문이 '인간 본성이란 무엇인가'라는 질문이다. 인간이 자기에 대한 신뢰를 바탕으로 말을 하기 시작하려면 자신이 어떤 존재인지를 밝혀야 했기 때문이다. 특히 고대 그리스의 철학자들은 인간이란 존재를 신과 인간의 관계에서 이해한다. 신적인 것과 동물적인 것 사이에서 인간 존재의 특징을 '이성'이라고 밝힌 것이다.

두 번째 질문인 '인간다움이란 무엇인가'를 통해서는 그리스 철학에 영향을 받은 로마 인문주의 전통과 르네상스 인문주의자들의 인간관을 살펴본다. 로마의 인문주의자들은 그리스 철학에서 인간 존재의 특징이라고 보았던 이성을 인간의 본성이라고 이해했다. 그렇다면 이 철학자들은 왜 인간 본성을 규정하고자 했을까? 인간성이나 인간다움에 대한 규정은 인간성이나 인간다움의 추구를 목표로 하며 인간성이나 인간다움을 추구하는 것은 인간 본성인 이성적 능력을 발전시키는 과정으로 이해된다. 이렇게 인간다움을 기르는 교육을 이성적 언어 능력의 전개와 발전으로 이해한 것이 바로 고대 그리스와 로마의 인문주의적 전통이다. 이 인문주의적 전통은 르네상스의 인문주의자들에게 이어져 인간 중심의 인간관을 성립한다.

세 번째 질문은 '인간의 영혼과 육체는 어떤 관계인가'이다. 근대 철학에서의 인간관은 이전 철학들보다 훨씬 더 복잡하다. 이제 인간은 누가 뭐라고 해도 유일무이한 주인공일 수밖에 없는 시대에 들어섰기 때문이다. 여기서는 인간에 관한 여러 문제들 중에서 지금까지 논란의 대상이 되고 있는 영혼과 육체의 관계 문제만을 다루게 된다. 데카르트의 영혼과 육체에 대한 이원론적인 규정은 최첨단 인지과학이 맹위를 떨치고 있는 현대에서도 똑같은 문제, 즉 '영혼과 육체는 어떤 관계에 있는가'라는 문제를 던지고 있다.

네 번째 질문은 '인간의 특성이란 무엇인가'이다. 20세기 현대 철학에서는 인간에 대한 물음을 더 이상 인간의 본성에 대한 선언적 규정으로 해결하려고 시도하지 않는다. 인간 본성에 대한 이전 철학자들의 규정이란 그들이 원하던 바에 따른 인간 규정을 내놓았을 뿐 실재로 인간이 어떤 존재인가를 밝히지는 못 했다고 보기 때문이다. 일군의 철학적 인간학자들은 현대의 생물학적 발견과 철학적인 연구를 결합하여 인간의 특성에 대한 이론들을 내놓는다. 따라서 철학적 인간학자들은 이전의 인간 본성에 대한 질문에서 탈피해 '인간의 특성이란 무엇인가'라는 질문으로 나아가게 된 것이다.

다섯 번째 질문은 '인간적 실존이란 무엇이냐"라는 실존주의 철학자들의 물음이다. 철학적 인간학자들이 인간 본성에서 탈피하면서도 여전히 인간이 무엇인지를 철학적으로 설명하고자 했다면 실존주의 철학자들은 한 인간을 인간으로 추상화시키는 한 그 인간의 고유한 실존을 물을 수 없다고 생각한다. 이 철학자들에게 중요한 것은 한 인간인 내가 '무엇'인가가 아니라 내가 지금 여기에 '있음'이라는 것이 도대체 무엇이냐는 질문이다. 한 인간으로서 내가 무엇인지는 인간인 나로서는 대답할 수 없고 오직 인간을 만든 신만이 대답할 수 있는 문제일지도 모른다. 지금 여기에 존재함이 무엇을 의미하느냐에 대한 실존철학적 물음을 '인간적 실존이란 무엇이냐'라는 질문을 통해 묻고 대답해보자.

2. 본론

서론의 첫머리에서 '나는 누구인가'라는 질문에 대해 '나는 인간이다'라고 대답할 수밖에 없다는 점을 언급했다. 그런데 이 문제는 사실 좀 더 복잡하다. 이런 복잡한 상황을 아우구스티누스는 『고백록』에서 "내 자신이 하나의 문제가 되어버렸다"(제10권 33장)라는 말로 표현했다. 아우구스티누스는 '내 자신이 하나의 문제가 되어버린' 그 문제를 '나는 누구인가'와 '나는 무엇인가'라는 물음으로 구별하여 다룬다. '나는 누구인가'라는 물음은 인간이 자신에게 묻는 물음이다. 이에 대한 대답은 앞에서 언급했듯이 '나는 인간이다'일 수밖에 없다. 그렇다면 '나는 무엇인가'에 대한 대답은 무엇인가? 이 물음은 신에 대해 묻는 물음일 수밖에 없다. 아우구스티누스의 『고백록』에 따르면 "신이시여, 나는 무엇입니까? 나의 본질은 무엇입니까?"(제 10권, 17장)라는 것이다. 아우구스티누스의 이러한 분석에 따르면 인간 본성에 대한 물음은 신학적 물음이며 신만이 해결할 수 있는 문제이다. 그럼에도 인간 본성에 대한 물음은 철학자들의 중요한 주제가 되어왔다. 아마도 철학자들은 자신들의 사유가 신적인 것에 아주 가깝다고 생각했던 것 같다. 그 기원은 고대 그리스에서 비롯된다.

1 / 인간 존재란 무엇인가? 신성과 동물성 사이의 고대 그리스의 인간관

고대 그리스에서 인간은 신과 동물의 사이에 존재한다. 인간은 신적이면서 동물적이기도 하다. 이 그리스의 인간관이 구체적으로 드러난 것은 소크라테스 이후이지만, 그리스 신화 속에서도 신은 인간의 형상처럼 그려질 수밖에 없다. 신에 대한 이러한 관점의 한계를 지적한 사람이 바로 **크세노파네스**(기원전 570~기원전 480)다. 그는 인간의 형상을 한 신을 상상하는 신인동형설을 비판한다. "죽음을 면하지 못하는 인간은 신들이 자신과 마찬가지로 태어나고 옷을 입으며, 인간의 형상과 음성을 띠고 있으리라고 상상하였다. [...] 암소와 말 그리고 사자에게 손이 있어서 그림을 그리고 인간처럼 창작을 할 수 있었다면 말은 말과 같은 신의 모습을, 암소는 암소처럼 생긴 신의 모습을 그려 자신과 똑같은 형상을 창조했을 것이다." 다시 말해 인간의 형상대로 그려질 수밖에 없는 그 신들의 속성은 인간이 투사한 신적인 것이자 신과 인간의 사이에서 신적인 것이라고 여겨지는 인간 존재의 내재적인 특징이다.

그리스 인간관은 소피스트와 소크라테스에 의해 본격적으로 논의되기 시작한다. 소피스트들과 소크라테스는 자연철학이 제기한 철학 문제에 등을 돌리고 인간의 가치와 판단 기준을 중요시한다. 대표적인 소피스트였던 **프로타고라스**(기원전 490년 경~기원전 415년 경)는 '인간은 만물의 척도'라고 말한다. 이 말은 옳고 그름, 선과 악이 늘 인간의 필요와 관련해서 평가되어야만 한다는 의미이다. 이렇게 소피스트들은 옳고 그름에 대한 절대적인 규범은 없다고 주장했던 반면, **소크라테스**(기원전 470년~기원전 399년)는 실제로 몇몇 규범은 절대적이며 보편타당하다는 사실을 입증하고자 했다. 소크라테스는 바로 인간 이성이 영원히 불변하기 때문에 우리의 이성을 사용한다면 우리는 변치 않는 규범을 모두 인식할 수 있다고 주장했다. 소피스트와 소크라테스가 인간의 이성을 어떻게 보느냐는 논외로 하더라도 이들이 인간 존재의 가장 중요한 특징을 이성에서 찾았음은 분명하다.

그렇다면 인간 존재를 규정하는 이 이성은 무엇인가? 플라톤과 아리스토텔레스는 둘 다 이성을 인간 존재의 가장 중요한 특징으로 보지만, 플라톤은 동물성을 완전히 제거하고 신성 쪽에서 이성을 규정하는 반면 아리스토텔레스는 동물성과는 다른 인간의 고유성으로서 이성을 규정한다. 먼저 **플라톤**(기원전 427~기원전 347)은 인간 존재를 변화하는 육체와 불멸의 영혼으로 나눈다. 이 영혼이 자리 잡은 곳이 바로 이성이며 영혼과 이성은 물질적인 것이 아니기 때문에 이데아의 세계를 향해 눈길을 돌릴 수 있다. 플라톤은 영혼이 우리의 육체 안에 자리 잡기 전에 이미 이데아의 세계에 있었다고 생각했다. 영혼이 그 옛날 이데아의 세계에서 본 온전한 형상을 희미하게 기억하는 회상을 통해 영혼이 자리 잡고 있던 옛 이데아에 대한 동경이 싹트게 된다. 그래서 이 영혼의 동경 속에서 우리는 감옥과 같은 육체를 벗어나 이데아의 세계를 추구하게 된다.

이와 달리 **아리스토텔레스**(기원전 384~기원전 322)는 자연의 변화 과정에 관심을 쏟았다. 그에 따르면 자연은 영혼이 없는 사물에서 점차 생물체로 나아간다. 영혼을 갖지 못한 무생물은 스스로 변화할 수 있는 능력이 없고 오직 외적인 작용에 의해서만 변화한다. 그러나 자연에는 스스로 변화할 수 있는 능력을 가진 것들인 생명체가 있다. 모든 생명체, 즉 식물과 동물 그리고 사람은 양분을 섭취하고, 성장하며, 번식할 능력을 지닌다. 이 중에서 동물과 인간은 주위 세계를 느끼고 자연 속에서 스스로 움직일 수 있는 능력을 가지고 있다. 동물과는 달리 인간은 사고력과 아울러 감각적 인상을 분류할 수 있는 능력도 있다. 따라서 인간은 식물적 영혼과 동물적 영혼, 이성적 영혼을 모두 지니고 있다.

이렇듯 그리스 인간관은 신과 동물의 사이에서의 인간 존재의 특징을 규정했으며 이것을 인간의 이성으로 규정했다. 그리스 신화에서도 신인동형설을 견지했다는 점에서 신과 인간의 동일성을 전제하면서 이 인간 안의 신적인 특징을 인간의 이성으로 보았음을 알 수 있다. 이 인간의 존재적 특징인 이성을 어떻게 규정하는 데 있어서 플라톤과 아리스토텔레스는 서로 다른 철학적 입장을 드러낸다. 플라톤은 이데아의 세계로부터 인간 영혼의 동경을 설명하는 반면 아리스토텔레스는 자연의 변화과정을 통해 영혼들 중에서 인간 영혼의 고유성을 드러낸다. 결국 고대 그리스에서는 인간 존재적 특징을 이성으로 보았으며, 이성이란 신과 인간의 사이에서 때로는 신적인 특징과 동일하거나 유사하게, 때로는 동물적인 특징으로부터 차별되는 것으로 논의되었음을 알 수 있다.

2 / 인간다움이란 무엇인가?: 로마와 르네상스 인문주의

고대 그리스 인간관은 로마의 인간관으로 이어진다. 다만 로마의 실용주의적인 관점이 인간다움의 추구에 대한 인문주의적 토대를 만들었다는 점이 두드러지는 차이일 뿐이다. 인문주의적 토대를 만든 대표적인 스토아 철학자인 **키케로**(기원전 106~기원전 43)는 유명한 정치가이기도 하지만 훌륭한 번역가이기도 했다. 그는 소크라테스의 '파이데이아'(paideia, 인간다움의 도야)를 '후마니타스'(humanitas)라는 라틴어로 번역한다. 소크라테스의 파이데이아란 인간다움의 교육과정을 뜻하는 말로 교육의 유럽어적 어원이 되는 말이기도 하다. 이 인간성 도야의 과정을 키케로는 후마니타스로 번역했으며 이 후마니타스는 휴머니즘과 인문주의, 인문학 등의 어원이 된다.

키케로는 인간 본질을 이성으로 보았으며 이 이성을 언어적 사고 능력으로 이해한다. 언어를 사용한다는 것은 사고(ratio)할 수 있음을 뜻하며 이 언어적 사고 능력은 자신의 행위에 대해 책임을 의식하고 스스로 정당화할 수 있는 능력이다. 이런 과정에서 후마니타스는 언어적 사고 능력을 교육시키는 자유 학예의 3학(문법, 수사학, 논리학)의 기반이 되어 지금의 인문학을 규정하는 말로 전해지게 된다. 키케로의 이성(ratio) 개념은 인간적 특징을 포괄적으로 규정하던 고대 그리스의 이성 개념과는 달리 인간 안에 내재하는 언어적 사고 능력으로 협소하게 이해하게 만들었다. 우리가 이성을 언어를 쓰는 이성적 능력으로 이해하는 것은 바로 키케로에서 기인하는 것이다. 엄밀히 말해서 인간성을 이성으로 규정하는 것은 그리스 철학이 아니라 바로 키케로를 비롯한 스토아 철학에 의해서라 할 수 있으며 이 인간성을 추구하는 교육이 바로 인문주의의 토대가 되었던 것이다.

로마를 위시로 한 고대 인문주의자들의 인간성 추구는 중세를 넘어 르네상스의 인문주의로 이어진다. 르네상스의 모토는 '기원으로 돌아가라'였는데 이 기원이 바로 고대 문화의 인문주의이기 때문이다. 르네상스의 인문주의자들은 인간과 인간의 가치에 대해 완전히 새로운 믿음을 발전시켜 나갔다. 그 같은 믿음은 죄에 빠지기 쉬운 인간의 속성만을 일방적으로 강조한 중세와는 뚜렷한 대조를 보인다. 르네상스 시대에는 인간을 한없이 위대하고 가치 있는 존재로 간주했다. 르네상스의 핵심 인물 가운데 하나인 **조반니 피코 델라 미란돌라**(1463~1494)는 『인간의 존엄성에 대하여』라는 찬양의 글을 썼다.

르네상스 시대의 인문주의는 고대 인문주의보다 더욱 더 개인주의 경향을 띠었다. 우리는 인간인 동시에 유일무이한 개별자이다. 이런 생각은 거의 무제한적인 천재 숭배로 이어졌다. 그 이상형은 우리가 '르네상스 인간'이라고 부르는 것인데 그것은 삶과 예술과 학문의 모든 분야에 정통한 사람을 가리킨다.

새로운 인간상은 완전히 새로운 인생관을 낳는다. 인간은 신을 위해서만 존재하지는 않는다. 신도 역시 인간을 위해서 인간을 창조했다. 그러므로 인간은 지금 여기의 삶에 대해 기뻐할 수 있다. 그리고 인간이 자신을 자유롭게 전개시킬 수만 있다면 인간의 가능성은 무한하다. 모든 한계를 초월하는 것이 이제 인간의 목표가 된다. 고대 인문주의자들은 인간이 마음의 평안과 중용 그리고 자제력을 보여주어야 한다고 강조한 반면, 르네상스의 인문주의자들은 특별히 중용을 지키지는 않았다. 오히려 르네상스의 인문주의자들은 인간의 자유와 독립을 기세등등하게 주장한다.

인간다움과 인간성 추구의 인문주의적 전통은 인간의 본질을 언어적 사고 능력으로 이해한 로마 인문주의적 전통에 기인하는 것으로 볼 수 있다. 이 인문주의적 전통은 르네상스의 인문주의로 이어져 인간의 무한한 가능성을 긍정하면서 인간 본성의 자유로움과 천재성을 더욱 강조하는 경향으로 나아간다. 결론적으로 인간성에 대한 논의는 인간의 이성적 능력을 발전시키는 고대 인문주의로부터 르네상스 인문주의자들의 천재성을 칭하는 데까지 발전하면서 인문주의적 전통을 만들어냈다.

3 / 인간의 영혼과 육체는 어떤 관계인가? 영혼과 육체의 사이존재인 인간

데카르트 이전의 철학자들은 영혼을 대체로 모든 생물체에 흐르고 있는 일종의 생명의 정기로 인식했다. 특히 아리스토텔레스는 영혼을 전체 유기체 안에 깃든 생명의 원리로 보고 육체와 분리할 수 없다고 생각했다. 그러나 데카르트 이후 철학자들은 영혼과 육체를 철저히 분리하여 동물이나 인간의 육체를 기계적 과정으로 설명한다. **데카르트**(1596~1650)는 인간의 실체를 영혼과 육체로 나누고 정신적 존재와 공간적 존재 사이에 날카로운 경계선을 그었다. 즉 사유하는 것(res cogitans)과 연장하는 것(res extensa)을 구분한다. 이것을 데카르트의 이원론이라고 말한다.

데카르트에 따르면 인간은 생각하는 존재일 뿐만 아니라 공간을 차지하는 이중적 존재로서 영혼과 공간적 육체를 모두 갖고 있다. 첫째, 인간은 생각하는 존재이다. 데카르트는 우리가 어떤 것이 참이라는 것을 명석하게 판명하고 인식할 수 없다면 아무것도 참이라고 간주해서는 안 된다고 말한다. 그의 철학 목표는 존재의 본성에 대한 확실한 지식을 얻는 것이었기에 모든 것을 의심해야 한다는 방법적 회의를 통해 철학 체계를 세우고자 했다. 데카르트는 자기가 모든 것을 의심하고 있다는 사실이 자기가 확신할 수 있는 유일한 것이라는 인식에 도달했다. 즉 그가 의심하고 있다면 그가 생각한다는 것 역시 확실하며, 그가 생각한다면 그가 생각하는 존재라는 것 또한 확실하다는 것이다. 이것을 데카르트는 '나는 생각한다, 고로 존재한다(cogito ergo sum)'이라는 말로 표현한다. 이러한 데카르트의 규정은 인간을 이성적 동물로 규정한 아리스토텔레스의 인간관을 전면으로 부정하는 것이다. 인간은 이성적 동물이 아니라 '이성적 존재'이며 이 이성적 존재임은 명석하게 판명하는 이성적 사고에 의해 밝혀진다. 우리의 이 이성적인 사고는 육체 속에서 일어나는 것이 아니라 공간적 연장에서 독립해서 존재하는 영혼 속에서 일어나는 것이다.

둘째, 공간을 차지하는 인간의 육체는 자동기계이다. '자동기계'란 자기 스스로 움직이는 것을 뜻한다. 그러나 기계가 제 힘으로 운동한다는 것은 환상일 뿐, 지동기계는 기계적 법칙에 의해 움직인다. 데카르트에 따르면 사유하는 것과 연장하는 것은 전적으로 독립적 관계, 즉 생각은 물체와의 관계에서 자유로우며 물질적 과정 역시 생각과 관계없이 독자적으로 작용한다.

데카르트에 따르면 이중적 존재인 인간의 영혼과 육체 사이에는 상호작용이 성립한다. 영혼이 육체 속에 자리 잡고 있는 한, 그것은 하나의 샘과도 같은 송과선이라는 특수한 뇌의 기관을 통해 육체와 결합되며, 이 송과선을 통해 물질과 정신 사이에 지속적인 상호 작용이 일어나게 된다. 그 상호작용 때문에 영혼은 육체적 결핍에서 생기는 여러 느낌과 감각에 의해 혼란을 경험하게 된다. 그럼에도 이러한 느낌과 감각의 혼란의 야기하는 육체를 지배하는 것은 영혼이다. 이성 자체가 영혼이며 육체는 공간적 현실이기 때문이다.

데카르트의 이원론에 대해 가장 대립적인 이론을 제시한 철학자가 바로 **스피노자**

(1632~1677)다. 데카르트가 현실 세계에 생각과 연장이라는 두 실체가 존재한다고 생각했던 것과는 달리 스피노자는 실체를 이렇게 둘로 나눈 것을 받아들이지 않고 유일무이한 실체가 있어서 존재하는 모든 것이 하나의 실체로 귀속된다고 말했다. 이 하나의 실체를 스피노자는 '신' 또는 '자연'이라고 불렀다. 이렇게 데카르트의 이원론적인 존재 이해를 부정한 스피노자의 사상은 일원론이다. 스피노자는 『에티카』의 2부 「정신의 본성과 기원에 대하여」에서 인간의 영혼과 육체는 하나의 실체라고 주장한다. 다만 이 하나의 실체에서 영혼과 육체가 서로 다른 양태로 드러나기에 서로 평행적이라는 의미에서 심신병행론(mind-body parallelism)을 내세운다. 영혼과 육체 간에 어떤 인과적 관계도 존재하지 않으며 사유의 양태는 공간 연장의 양태와 평행적이다. 우리의 사고가 육체적인 반응을 일으키지만 그렇다고 육체적 반응이 사고에 비해 열등한 것은 아니다. 스피노자는 "관념의 질서와 결합은 사물의 질서의 결합과 동일하다."고 본다. 사고와 공간적 연장은 서로 다른 양태들이기에 각자 독립적이며 무한한 속성을 지닌다. 다만 우리에게 영혼과 육체의 동등성이 인식되지 않는 이유는 우리의 인식의 작용이 영혼의 입장에서 신체를 비롯한 자기 스스로를 관찰의 대상으로 삼으면서 관념의 관념을 형성하기 때문이다.

따라서 데카르트의 심신이원론과 스피노자의 심신병행론은 영혼과 육체의 관계성에 관한 서로 다른 철학적인 설명을 제시한다. 물론 그 이전에 플라톤도 영혼과 육체가 나누어져 있다고 설명하기는 했지만 이 관계가 어떻게 이루어져 있느냐에 대해서는 다루지 않았었다. 근대 초기에 철학적으로 논의되었던 신체와 마음의 관계에 대한 문제가 현대 인지과학의 발달과 함께 다시 부각되고 있다. 인지과학자들 및 신체환원주의자들은 의식적 결정은 사실 '뇌가 결정한다'며 인간 정신활동은 뇌의 물질적 과정으로 환원될 수밖에 없다고 주장한다.

인간의 정신 자체의 고유성을 주장하는 입장은 정신과 신체가 이원론적이라는 데카르트 후예들의 입장에 근간하여 인간 정신의 자유의지가 결정적인 것으로 주장한다. 이에 반하여 스피노자의 입장을 따라 신체와 뇌가 하나의 실체이며 신체와 뇌의 작용을 평행적으로 놓고 신체 속의 뇌 또는 뇌 속의 신체를 합일적으로 논의할 수 있다. 어떤 이들은 이러한 현대 뇌와 신체의 관계에 대한 논의가 근대 초에 정립되었던 몸과 마음의 문제를 다시 불러오는 것에 불과한 것이라고 반문하지만, 오히려 이전에 철학적으로 더 이상 진척되지 않았던 몸과 마음의 관계가 인지과학의 발달과 함께 현실적으로 다시 문제 제기되는 것이라고 받아들일 수 있다.

4 / 인간의 특성은 무엇인가? 철학적 인간학의 시도

철학적 인간학이란 20세기에 발생한 철학적 분야로 철학적 인간학을 대표하는 철학자로는 쉘러(1874~1928)와 플레스너(1892~1985), 겔렌(1904~1976)이 있다. 이들은 모두 인간을 합목적적으로 규정하려는 형이상학적인 시도에 반대하면서 인간적 특징이 전개하는 과정의 완성으로 인간을 파악하려 했다. 따라서 철학적 인간학은 기존 인간 존재에 대한 본질적 규정에 대한 비판뿐만 아니라 인간 존재에 대한 암묵적인 규정 또한 철저하게 비판한다. 철학적 인간학이 지닌 비판성에 대해 셸러는 다음과 같이 설명한다. "어떤 시대도 우리 시대만큼 인간의 본질과 근원에 대한 관점이 확실하지 않고 비규정적이며 다양했던 적은 없었다. 우리는 인간에 대해 완전하게 그리고 남김없이 문제시된 약 만 년의 역사 속의 최초의 시대라고 할 수 있다. 그 속에서 우리는 인간이 무엇인지를 더 이상 알 수 없다. 그러나 동시에 인간이 무엇인지를 알 수 없다는 것을 안다."(Scheler 1976, 15) 다시 말해 철학적 인간학은 이제까지의 인간 본질과 인간 규정에 대한 철저한 비판이며 생물학적 성과를 비롯한 여러 문화 연구를 바탕으로 인간 규정의 오류를 걸러냄으로써 인간에 대한 재규정을 시도하는 것이다. 그렇다면 대표적인 철학적 인간학자인 셸러와 겔렌, 플레스너는 인간의 특징을 어떻게 규정하는가? **셸러**는 인간의 감정이 이미 그 안에 삶의 의도와 가치, 사회적 관계성의 단계까지도 포함하고 있다고 여겼다. 다시 말해 내가 분노를 느낀다면 이는 나의 인생관과 삶의 가치평가, 인간관계의 방식이 모두 결합된 상태에서 나오는 감정이라는 것이다. 셸러가 인간의 감정적 특징에 집중하는 것과는 달리, **겔렌**은 인간 경험의 특징에 입각하여 인간의 지각 자체가 세계를 만들어내면서 자신의 경험을 구성하는 존재임을 밝혔다. 인간은 태어나면서 아무것도 할 수 없는 결핍된 존재 자체이지만 이 결핍된 존재라는 것 사실이 오히려 지각작용을 통해 세계를 만들어내는 긍정적인 역할을 한다. **플레스너**는 인간 행동의 특성에 입각하여 인간 행동이 인간학적인 법칙을 만들어낸다고 주장한다. 존재와 드러남의 간극에서 나타나는 인간 행동의 특징은 자연의 인위성, 매개적 직접성, 유토피아적 입장의 법칙으로 드러난다. 그렇다면 철학적 인간학자인 셸러와 겔렌, 플레스너가 어떻게 인간의 특징을 설명하는지 자세히 살펴보기로 하자.

첫째, 셸러는 인간이 그냥 느끼는 것이 아니라 의도에 따라 서로 다른 느낌을 드러낸다는 점을 인간의 특징으로 파악하여 단계적으로 나누어 분석한다. 예를 들어 셸러의 분석에 따르면 부끄러움은 자신에 대한 이상과 현실의 간극 때문에 생기는 인간 고유의 특징이다. 이 부끄러움은 타인에 대한 부끄러움, 자기 자신에 대한 부끄러움 그리고 우주에 대한 부끄러움으로 나눌 수 있다. 타인에 대해 부끄러움을 느끼는 것은 자신의 이상을 타인에 전가시킨다는 점에서 자기 자신에 대해 느끼는 부끄러움과 다르다. 자기 자신에 대한 부끄러움은 자신의 이상에 대한 간극인 반면 우주적 부끄러움은 개인의 이상을 넘어선 초개인적인 존재의 우주적 투사에 의한 것이다. 셸러는 또한 인간 행동을 인격 존재의 단계로 나누어 분석한다. 이 단계는 사회적 존재를 다면적으로 다양하게 해석하도록 도와준다. 셸러는 한 인간이 사회적으로 대중화되는 것과 부부 사이나 공동체 안의 생활공동체, 그리고 초개인적인 형태인 교회, 국가, 문화집단에서 총체적 인간으로 실현되는 과정을 구별한다. 모든 단계는 각자의 가치와 가치 이해적인 행위를 가지고 서로 상호작용한다.

둘째, 겔렌은 인간을 생물적인 측면에서 결핍된 존재로 파악한다. 인간은 결핍된 존재이기 때문에 오히려 세계를 구성하는 경험 형식을 만들어야만 한다. 이 생물학적인 부담은 면제 체제를 통해 상쇄된다. 여기에 속하는 것이 바로 만지고 잡는 경험과 그 코드화의 발달이다. 그런 다음에 이것은 상징적으로 구성된 지각세계로 변형된다. 시각은 모든 지시기능과 생략기능이 결합된 세계에 대해 조망하는 능력을 마련해준다. 이 시각적으로 구조화된 지각세계는 상징적으로 밀집된 촉각경험과 운동경험을 포함한다. 다시 말해 우리는 사물을 보는 데 있어서 단순히 광학적인 것이 아니라 잡고 만지고 운동하는 성질을 시각적인 것 자체로 인지한다. 그래서 상징적으로 구조화된 지각세계는 다시 한 번 변형되어 언어가 된다. 언어는 과거와 미래로 그리고 그 순간의 재현으로 나아가도록 허용한다. 언어는 공동의 행위와 학문, 추상적 사유 등을 가능하게 만든다. 세계가 새로운 질서도식을 찾아야만 하는 것과는 달리 상징적으로 구조화된 지각은 이 어려움에서 인간을 면제시킨다. 언어는 항상 새로운 것에 의해 지각이 실황으로 지나가야만 하는 어려움에서 인간을 면제시킨다. 이렇듯 겔렌의 철학적 인간학은 인간이 경험에서 드러내는 것이 무엇인지를 분명히 밝히고 있으며 단순한 생물학적 생존에 있어서도 본능의 안전성이 결여된 인간의 특징을 드러낸다.

셋째, 플레스너는 인간을 탈중심적인 존재로 파악한다. 이 탈중심성 때문에 인간은 그저 자신의 존재가 아니라 동시에 존재로 행위하는 인간학적 법칙을 가능하게 한다. 그는 인간학적 법칙을 자연적 인위성, 매개된 직접성, 유토피아적인 입장의 법칙으로 설명한다. 먼저 자연적 인위성은 인간에게서 자연적인 것이 항상 문화적인 것으로 형성된 것임을 말한다. 따라서 인간은 자연과 문화를 날카로운 경계선을 그어 구별하기 힘들다. 다음으로 매개된 직접성이란 인간이 본래 외적인 존재, 즉 자연적인 대상이거나 집단체로서는 직접적이지 않고 상징적인 매개를 통해서만 접근할 수 있음을 말한다. 표현이란 모든 인간을 객관화시키는 행위의 근본 구조이다. 마지막으로 유토피아적 입장의 법칙은 인간은 항상 절대적인 것을 추구하지만 이 절대적인 것이 확실하게 실현될 수 없다는 것을 알고 있다. 그럼에도 이 절대적인 것에 대한 인간의 멈추지 않는 추구는 역사적이고 사회적인 기존 제도를 깨고 새롭게 재구성된다. 자연적 인위성, 매개된 직접성, 유토피아적 입장이라는 이 인간학적 법칙은 인간이 탈중심적 존재임을 분명하게 드러낸다.

철학적 인간학은 이전 철학의 형이상학적 인간 규정에 대한 냉철한 비판임과 동시에 생물학적인 성과를 접목시킨 융복합적 철학적 성찰이다. 현대 과학이 급속도로 발전하면서 인간과학에 대한 새로운 연구 결과를 내놓는 데도 철학은 기존 인간에 대한 철학적 이해에 얽매인 나머지 전통 철학적인 인간관을 반복하는 경향이 있다. 이러한 전통 철학을 공부하는 것도 어느 정도 필요한 일이겠지만 엄청난 속도의 과학기술 발달과 급격한 사회변화에 따라서 지금 우리에게는 새로운 인간관이 시급하게 요구되고 있다. 이러한 우리의 현실에서 철학적 인간학의 철학적 방법은 우리에게 철학적 방법의 길을 제시해주며, 이들의 인간학에 대한 연구내용은 새로운 인간상에 대한 내용적 척도가 될 수 있다.

5 / 실존적 존재인 인간

전체 철학의 역사에서 철학자들은 인간이란 무엇인가, 또는 인간의 본성이란 무엇인가 하는 의문에 대한 답을 찾으려고 노력해왔다. 반면에 **사르트르**(1905~1980)는 철학적 인간학과 마찬가지로 인간에게는 인간이 되돌아 갈 그런 '영원한 본성'이 없다고 말했다. 사르트르는 인간의 영원한 본성을 부인하면서 '우리가 무엇인가'에 대한 답은 우리 자신이 창조해야 한다고 말한다. 사르트르는 인간의 존재는 존재가 처한 매 순간의 의미에 선행한다고 주장했다. 내가 '무엇'이냐는 것보다 내가 '있다'는 것이 앞서는 것이다. 이런 의미에서 사르트르는 '실존이 본질에 선행한다'고 말한다.

여기서의 실존이란 단순히 현재 있다는 것을 뜻하는 것만은 아니다. 식물과 동물도 현재 있는 것이고 존재하는 것이지만 그것이 무엇을 의미하는지에 대한 의문을 갖지 않는다. 인간은 자기의 존재를 의식하는 유일한 생명이다. 사르트르는 사물은 즉자적이지만 반면에 인간은 대자적이라고 구분한다. 이 인간의 대자적 의식은 자기를 대상화하는 의식이 아니라 자기의 존재를 의식한다. 그럼에도 이 자기 존재를 의식하는 것과 존재 자체가 동일하지 않기 때문에 이 자기 존재 의식은 대자적으로 자기 자신에 대해 물음을 던지게 된다. 이 대자적 관계가 바로 실존이다. 그러므로 실존은 본질에 선행하며 인간은 그 자체로 실존적 인간이다.

인간에게 영원한 본성이 없듯 삶의 본래적 의미에 대한 물음 역시 무의미하다. 사르트르는 인간이 자신의 존재를 의식하고 또 자기가 언젠가 죽어야만 한다는 것을 의식할 때, 그리고 삶에 대해서 어떤 의미도 인식할 수 없을 때 '불안'을 느낀다고 말한다. 또한 인간은 세계에서 무의미하게 소외되어 있다고 느낀다. 사르트르는 세상에서 낯선 이로 존재한다는 인간의 느낌이 회의, 권태, 구토, 부조리의 감정을 유발한다고 말한다.

그럼에도 우리는 자유로운 개체다. 우리의 자유는 우리로 하여금 전 생애 동안 무엇인가를 선택할 수밖에 없도록 선고를 내렸다. 그는 '인간은 자유를 선고받았다'라고 썼다. 인간은 선고받은 존재인데 이는 인간은 자기 자신을 스스로 창조하지 않았기 때문이다. 그럼에도 영원한 가치나 규범은 존재하지 않는다. 그래서 우리 자신의 결정과 선택이 더욱 중요하다. 사르트르는 인간은 자기가 한 일에 대한 책임을 결코 피할 수 없다고 말한다. 우리는 우리의 책임을 부인하면서 어쩔 수 없이 그 일을 해야만 했다거나 사회적 생활 방식에 순응해야만 했다는 식으로 변명할 수 없다. 인간의 자유는 무엇인가를 우리 스스로 행할 것을, 즉 참되고 본래적인 실존을 영위할 것을 명령하기 때문이다.

사르트르에 따르면 인간에게는 실존이 본질에 선행하기 때문에 인간의 본성이란 없고 삶의 본래적 의미에 대한 물음 역시 무의미하다. 무의미한 삶은 불안으로 다가오고 회의, 권태, 구토, 부조리의 감정을 유발한다. 그럼에도 삶이라는 상황은 선택의 기로 삶에서도 자유를 통해 실존적 의미를 찾도록 요구한다. 사르트르는 우리에게 불안에 떠는 삶의 무의미에서 벗어나 자유로운 결정과 선택으로 삶에 참여하는 실존적 삶을 제안한다.

3. 결론

우리는 '나는 누구인가'라는 질문의 대답이 되는 '인간'이라는 개념을 다섯 가지 질문을 따라 철학사에서의 대표적인 인간학적 시도를 살펴보았다. 첫 번째 질문, 즉 '인간 존재란 무엇인가'라는 질문을 통해 인간이란 존재를 신과 인간의 사이에서 이해했던 고대 그리스 철학자들의 인간관을 다루었다. 신적인 것과 동물적인 것 사이에서 인간 존재의 특징을 '이성'이라고 규정할 수 있다. 그리스 신화에서의 신인동형설은 신과 인간의 유사성의 속에서 신적인 특징을 인간의 이성과 유사한 것으로 파악했음을 알 수 있다. 그렇다면 인간의 존재적 특징인 이성을 어떻게 규정했을까? 플라톤과 아리스토텔레스는 둘 다 이성을 인간 존재의 특징이라고 보지만 플라톤은 이성 도출 과정을 이데아의 세계에 대한 인간 영혼의 동경으로 설명하는 반면 아리스토텔레스는 자연의 변화과정을 통해 영혼들 속에서 인간 영혼의 고유성이 드러난다고 봤다. 따라서 고대 그리스의 인간 존재는 신과 인간의 사이 존재로서 이해되었으며 인간 존재의 특징인 이성은 신성에 유사한 특징으로서 신적인 것으로의 동경을 통해 추구되어나, 동물적인 특징으로부터 구별되는 것으로 인간적인 특징을 논의하였다.

두 번째 질문, 즉 '인간다움이란 무엇인가'를 통해 서구 인문주의적 전통을 살펴보았다. 로마의 인문주의자들은 그리스 철학에서 인간 존재의 특징이라고 보았던 이성을 인간의 본성이라고 이해했다. 이들은 인간성이나 인간다움에 대한 규정을 통해 인간성이나 인간다움의 추구를 목표로 삼는 인문주의적 교육제도와 전통을 수립한다. 인간성이나 인간다움을 추구하는 것은 인간 본성인 이성적 능력을 발전시키는 과정으로 이해된다. 이렇게 인간다움을 기르는 교육을 이성적 언어 능력의 전개와 발전으로 이해한 것이 바로 고대 그리스와 로마의 인문주의적 전통이다. 이 인문주의적 전통은 르네상스의 인문주의자들에게 이어져 인간 본성의 자유로움과 천재성을 더욱 강조하는 경향으로 나아간다. 결국 인간의 본질적 특성에 대한 논의는 인간 본질의 인간성으로 이해되었으며 르네상스 인문주의자들이 예술가적 천재성을 칭하는 데까지 발전하게 된다.

데카르트의 영혼과 육체에 대한 이원론적인 규정과 스피노자의 영혼과 육체에 대한 일원론적인 규정은 '인간의 영혼과 육체는 어떤 관계인가'라는 세 번째 질문에 대한 철학적 해명을 제시한다. 데카르트 이전의 플라톤도 영혼과 육체가 나누어져 있다고 설명하기는 했지만 데카르트와 스피노자처럼 영혼과 육체의 관계가 어떻게 이루어져 있느냐에 대해서는 본격적으로 다루지 않았었다. 데카르트는 인간에게는 영혼과 육체라는 두 종류의 독립된 실체가 존재하고 영혼은 사유하는 존재이며 육체는 공간에 연장하는 존재임을 밝힌다. 이 영혼과 육체는 각자 독립된 실체이지만 인간 안에서 서로 연관되어 송과선을 통해 상호작용을 일으킨다. 스피노자는 영혼과 육체는 작동하는 방식에서 차이가 나는 것일 뿐, 영혼과 육체는 자연 혹은 신이라는 하나의 실체라고 주장한다. 데카르트와 스피노자의 영혼과 육체의 관계에 대한 설명은 아직도 미완의 프로젝트로 남아있는데, 현대 최첨단 인지과학이 발달한 이 시대에도 똑같이 영혼과 육체의 관계에 대한 똑같은 물음을 던지고 있기 때문이다.

네 번째 질문인 '인간의 특성이란 무엇인가'는 철학적 인간학자들의 인간에 대한 탐구에 대한 물음이었다. 철학적 인간학자들은 인간에 대한 물음을 더 이상 인간의 본성에 대한 선언적 규정으로 해결하지 않고 생물학적 성과를 비롯한 다른 학문들의 성과들을 결합하여 인간에 대한 철학적 설명을 제시했다. 셸러는 인간의 느낌이란 그저 느끼는 것이 아니라 자신의 삶의 의도가 포한된 상태에서 느끼는 의도적인 느낌이며 이 느낌들을 단계적으로 분석한다. 이 느낌의 단계들은 사회적 관계 방식의 단계와도 연관된다. 겔렌은 인간의 경험이란 지각적 능력들이 능동적으로 형성되면서 지각세계를 구성하는 것이라고 말한다. 태어날 때 인간은 결핍된 존재로 태어나지만 인간의 이 결핍된 능력 자체가 지각의 자기구성능력을 발달시키게 된 원인이 된다. 플레스너는 인간은 탈중심적이기 때문에 인간의 행위는 자연적 인위성, 매개된 직접성, 유토피아적인 입장의 법칙으로 나타난다. 인간에게 자연적인 것이 문화적인 것일 수밖에 없는 자연적 인위성을 지니며, 인간의 관계맺음은 상징적인 매개 자체가 관계성일 수밖에 없는 매개된 직접성을 지니며, 절대적인 것을 꿈꾸지만 실현되지 않고 실현되지 않지만 절대적인 것을 꿈꾸는 유토피아적 입장의 법칙을 갖는다. 철학적 인간학자들은 실재로 인간이 어떤 존재인가를 밝히기 위해 현대 생물학을 비롯한 과학적 성과들을 철학적인 연구를 결합하여 인간이란 무엇인지에 대한 이론을 제시했다.

철학적 인간학자들이 인간 본질 규정을 탈피한 방식으로 인간이 무엇인지를 제시한 반면, 사르트르를 비롯한 실존주의 철학자들은 인간을 철학적으로 이해한다면 개별적인 인간의 실존적 상황을 이해해야 한다고 말한다. 한 인간이 무엇인가라는 의미가 더 이상 중요하지 않고 한 인간이 여기에 있음으로서 존재한다는 것이 출발점이다. 인간은 본질이기 전에 실존으로 여기에 존재하므로 삶의 목적에 의해 규정되는 삶이 아니라 목적 없는 삶은 불안 자체로 다가오는 실존의 상황을 그대로 받아들일 필요가 있다. 불안 속에서의 실존은 결정과 선택을 요구하는 상황들에 마주치게 된다. 이 상황들의 열린 가능성은 인간의 실존적 삶에 자유와 책임을 요구한다. 자유로운 결정과 선택만이 삶에 대한 책임으로 실존적 의미를 만들어낼 수 있기 때문이다.

이 글은 '나는 누구인가'의 물음의 대답인 '인간'에 대한 철학적 이론들을 철학사의 흐름을 따라 살펴보았다. 그리스 철학은 인간 존재를 신과 동물의 사이에서 규정하였고, 인문주의적 전통에서는 인간성의 본질로서 이성의 능력을 규정하고 이 능력을 발전시키는 교육적 제도를 정착시켰다. 데카르트의 이원론은 근대 과학의 발달에 따라 제기되는 인간 존재의 궁금증인 영혼과 육체의 관계를 철학적으로 해명하고자 했으며 철학적 인간학은 현대 과학적 성과를 검토하며 인간의 특성을 분석하고자 시도했다. 실존주의 철학은 인간이 실존하면서 드러나는 인간 실존적 특징을 밝히고자 했다. 이러한 인간에 대한 철학적 시도들은 인간이 자기 자신에 대해 가지고 있는 물음들에 대해 대답해주며 인간인 자기 존재의 특징을 인식하도록 도와주며 인간으로서 앞으로 어떻게 살아가야 하는지에 대해 방향성을 제시해 준다.

생.각.해.보.기

1. 그리스 철학은 신적인 것과 동물적인 것의 사이에서 인간 존재에 대한 물음을 던진다. 인간은 신적인 것에 가까운 것일까? 아니면 동물적인 것에 가까운 것일까? 플라톤이 인간 존재를 신적인 것에 가깝다고 파악한 반면 아리스토텔레스는 인간 존재를 동물적인 것에 가깝다고 생각하였다. 이렇게 두 철학자가 인간 존재를 바라보는 방식의 차이에서 나타나는 인간관의 차이가 무엇일지 토론해 보자. 더 나아가 그리스적 인간관, 즉 신적인 것과 동물적인 것 사이에 존재하는 인간의 특징에 대해서 열거해보자. 그리스적 인간관에 따르면 산소호흡기로 연명하는 식물인간의 존재 방식이 인간이 존재하는 방식이라고 규정할 수 있을까? 그렇지 않다면 왜 아닌지 그 이유를 설명해보자. 도대체 우리의 인간에 대한 이해는 그리스 철학의 인간 이해와 무엇이 다른 것일까?
2. 고대 인문주의 전통은 인간다움이란 인간성을 추구하는 것이므로 이 인간성을 인간의 이성적 능력으로 보면서 이성적 능력을 고양시키는 전통을 구축하고자 했다. 그렇다면 서양과는 달리 중국을 중심으로 하는 동양의 인문주의적 전통은 인간성을 무엇으로 보았을까? 이 두 문명권의 인간다움에 대한 생각의 공통점과 차이는 무엇일까? 그리고 이러한 인간다움에 대한 생각의 차이는 어떤 문화와 문명의 차이와 공통점을 낳았을까?
3. 고대 인문주의적 전통은 이성적 능력을 발휘하는 것을 강조한 반면 르네상스 인문주

의자들은 인간 본성의 자유로움과 예술가들의 천재성을 강조하였다. 본문에서는 고대 인문주의와 르네상스 인문주의를 인간중심적인 사고라는 점에서 연관관계가 있다고 포괄적으로 설명하였다. 그러나 이 두 인문주의적 전통은 어떻게 연속적이며 어떻게 다를까? 두 인문주의의 공통점이 인간 중심의 사상이라면 서로 다른 인간관의 차이는 어디에서 기인하는 것일까?

4. 인간은 영혼과 육체로 이루어져 있다. 그렇다면 영혼과 육체의 관계는 어떠한가? 영혼과 육체는 서로 다른 존재이며 독립된 실체라는 데카르트의 생각에 동의하는가 아니면 영혼과 육체는 서로 양태만 다를 뿐이지 하나라는 스피노자의 생각에 동의하는가? 이 물음에서 한 걸음 더 나아가, 데카르트의 심신이원론과 스피노자의 심신병행론의 입장을 뇌와 우리 신체의 관계에 적용해보자. 우리 뇌와 신체는 어떤 관계에 있으며 어떻게 작동하는 것일까?

5. 철학적 인간학자들의 논의를 참고로 하여 인간의 특징에 대해 논의해 보자. 우리가 관찰할 수 있는 인간의 고유한 특징은 무엇이 있을까? 예를 들어 '거짓말'은 인간의 특징일까 아닐까? 거짓말이 인간 고유의 특징이라고 생각하면 왜 그런지 설명하고 그렇지 않다면 왜 그렇지 않은지를 설명해보자. 또 다른 예로 '놀이'는 인간의 특징일까? 놀이가 인간 고유의 특징이라면 왜 그런가, 아니라면 왜 그렇지 않은가? 이런 식으로 우리의 사고나 과학적 증거를 통해 도출할 수 있는 인간의 특징들과 그것의 인간 삶에 대한 역할을 논의해보자.

6. 인간의 영원한 본질이 있다고 생각하는 것과 인간 본질이란 없다고 생각하는 것의 차이는 무엇일까? 사르트르는 인간에게 본질이란 없다고 주장하지만 우리는 보통 인간이라면 응당 어떻게 해야 한다는 말을 하면서 지낸다. 인간으로서 마땅히 그래야만 하는 인간 본질이란 것이 없다고 한다면 우리는 살면서 인간으로서 어떠해야 한다는 주장을 할 수 있을까? 사르트르는 인간의 본질을 거부하더라도 자유와 책임을 이루는 삶을 일궈나갈 수 있다고 주장한다. 정말 사르트르의 말대로 전적으로 자유로우면서 자신의 책임 하에 삶을 창조해나가는 이런 실존적 삶이 이 세상 모든 사람에게 가능할까? 혹시 사르트르처럼 특별하고 천재적인 사람들의 이야기는 아닌가?

읽.어.볼.만.한.책

- 요슈타인 가아더, 『소피의 세계』, 장영은 옮김, 현암사, 1994
- 클라우스 헬트, 『지중해 철학기행』, 이강서 옮김, 효형출판, 2007
- 르네 데카르트, 『성찰』, 이현복 옮김, 문예출판사, 1997
- 스피노자, 『에티카』, 강영계 옮김, 서광사, 1990
- 백승균, 『철학적 인간학』, 계명대학교 출판부, 2005
- 장 폴 사르트르, 『실존주의는 휴머니즘이다 』, 방곤 옮김, 문예출판사, 2013

연.습.문.제

1. 그리스 철학은 신적인 것과 동물적인 것의 사이에서 인간 존재에 대한 물음을 던진다. 대표적인 그리스 철학자인 플라톤과 아리스토텔레스는 신과 동물의 사이에서 인간 존재를 규정했다. 그렇다면 플라톤의 이데아 사상 안에서 인간을 어떻게 규정하며 아리스토텔레스의 무생물과 생물, 동물과 인간의 구분 속에서 어떻게 인간을 규정할 수 있는가?
2. 인문주의, 즉 휴머니즘이란 키케로의 라틴어 개념인 후마니타스(humanitas, 인간성)에서 유래했으며 이 후마니타스는 그리스어 파이데이아(paideia, 인격 도야)에서 유래함으로 설명하였다. 키케로는 인간성을 인간의 본성인 이성적 능력이라고 보았다. 그렇다면 이성적 능력을 발휘하는 인간다움이란 무엇일까? 이와 달리 르네상스적 인문주의는 인간의 본성을 인간 본연의 자유로움과 천재적 창조력으로 보았다. 그렇다면 르네상스 인문주의가 바라보는 인간다움이란 무엇일까? 끝으로 고전 인문주의와 르네상스 인문주의를 꿰뚫는 서구 인문주의적 전통에서 바라본 인간다움이란 무엇인지 정의해보자.
3. 데카르트는 현실 세계에 생각과 연장이라는 두 실체가 존재한다고 생각했다. 이와 달리 스피노자는 실체를 이렇게 둘로 나눈 것을 받아들이지 않고 유일무이한 실체가 있어서 존재하는 모든 것이 하나의 실체로 귀속된다고 말했다. 데카르트의 이원론과 스피노자의 일원론의 대립을 영혼과 육체의 관계 속에서 데카르트의 심신일원론과 스피노자의 심신병행론으로 설명하시오.

4. 철학적 인간학자들인 셸러와 겔렌, 플레스너가 인간 본질에 대한 규정을 거부하고 인간의 특징을 경험을 기반으로 설명하고자 했다. 셸러는 인간 감정이 삶의 가치와 사회적 관계구성에 의해 단계적으로 전개될 수 있음을 밝혔고, 겔렌은 결핍된 존재로 태어나는 인간의 지각체계가 능동적으로 세계를 형성하여 인간 경험을 구성함으로 밝혔으며, 플레스너는 인간이 탈중심적인 존재로서 자연적 인위성, 매개적 직접성, 유토피아적 입장의 인간적 법칙을 지니고 있다고 말한다. 그렇다면 인간 특성에 대한 철학적 인간학자들의 이러한 설명이 이들이 비판한 기존 인간 본성에 대한 규정과 다른 점은 무엇인가?
5. 사르트르는 다른 존재들과 달리 인간은 실존적 존재라고 말한다. 존재와 실존의 차이는 무엇인가? 실존은 인간의 어떤 특징이기에 사르트르는 왜 '실존은 본질에 선행한다'고 주장했는가?

3장

서양편 소중한 내 인생

지식

김영례

학.습.목.표

1. 인간의 삶에서 지식이 어떤 의미를 갖는지를 생각해 본다.
2. 지식의 기원, 범위, 확실성 등 지식의 본성에 대해 고찰해 본다.
3. 철학자들이 말하는 다양한 지식론들을 이해하고 비판해 본다.

용.어.해.설

• 인식론

철학의 한 분과로 지식에 관하여 탐구하는 학문을 인식론이라고 한다. 인식(認識)이란 앎, 즉 지식을 의미하며, 지식은 아는 주체와 알려지는 대상 사이에서 이루어지므로 양자의 관계가 인식론의 핵심이라고 할 수 있다. 지식이 만들어지는 과정으로서의 지식의 기원, 지식의 한계, 지식의 확실성 등을 탐구하는 것이 인식론의 과제이다. 다른 말로 지식론이라고도 부른다. 넓은 의미의 인식론은 고대에서부터 시작되었으나, 지식에 대한 본격적인 탐구는 근대에 들어서서 이루어지기 때문에, 흔히 인식론이라고 할 때는 근대의 인식론을 가리킨다. 중세에서 근세로 들어서면서 사람들은 이제 신이 아닌 인간의 입장에서 인식의 문제를 탐구하기 시작하였고, 그로 인한 인식론의 발달은 근대과학의 발달에도 많은 영향을 미쳤다. 근대의 대표적인 인식론으로 경험론, 합리론, 선험론을 들 수 있다.

• 합리론

근대에 두 개의 커다란 강으로 나뉘어 흐르던 인식론 중 한 흐름을 가리킨다. 중세 신학의 압박에서 벗어난 근대인들은 새로운 시대를 장식할 새로운 진리를 찾았다.그들 중 인간의 감각을 믿을 수 없으니 이성에 의존하여 진리를 찾아야 한다는 입장이 합리론이다. 감각은 우리를 속이기 때문에 감각과 같은 경험에 의존할 경우 상대적이어서 보편적 진리를 찾을 수 없다는 것이다. 이성이야말로 보편적이며 필연적인 진리를 보장해 준다고 생각한다. 수학을 가장 확실한 진리의 표본으로 생각하여 수학의 탐구 방법인 연역법을 통하여 진리를 찾는다. 그러나 합리론은 경험적 측면을 무시하기 때문에 객관성을 확보하지 못하여 독단론에 빠지는 단점을 갖는다. 데카르트, 스피노자, 라이프니츠 등이 대표적이다. 합리론은 18세기에 독일의 관념론으로 발전한다.

- **경험론**

근대 초기부터 영국에서는 경험론이 발달하였다. 경험론은 경험과 관찰에 의하여 올바른 지식을 얻을 수 있다고 주장한다. 프란시스 베이컨은 중세의 스콜라적 편견인 우상을 배척하고 과학과 기술의 진보에 어울리는 새로운 인식 방법을 제창하는데, 그것이 실험에 기초한 귀납법이다. 그는 사물을 하나하나 확인하여 근본원리를 찾아내는 귀납법이야말로 가장 바른 학문의 방법이라고 생각하여 자연과학 발전의 토대를 마련하였다. 로크는 본래 우리의 마음은 아무런 문자도 쓰여 있지 않은 백지상태와 같고, 이 백지에 문자(곧 경험)를 써 넣음으로써 지식이 생긴다고 하여, 우리의 모든 지식이 경험에 의해 얻어진다고 주장한다. 그러나 경험론은 흄에 이르러 관찰될 수 없는 모든 것을 의심하게 됨으로써 회의론에 빠지고 만다. 베이컨, 로크, 버클리, 흄 등이 경험론을 대표한다.

- **선험론**

근대 인식론의 두 물줄기인 합리론과 경험론은 18세기에 이르러 한 줄기로 합쳐진다. 그것이 칸트의 선험론이다. 선험론이란 우리의 지식이 인간이 본래부터 가지고 있는 인식형식과 외부로부터 주어지는 경험적 자료가 합쳐져 구성된다는 입장이다. 즉 인간의 이성능력은 수동적이 아니라 자발적이어서 사물에 대한 지식을 획득할 때, 자신이 본래부터 가지고 있는 인식형식을 사용한다는 것이다. 사물에 대한 정보인 감각적 자료를 획득할 때는 시간 · 공간이라는 감성의 형식을 사용하고, 획득된 감각적 자료를 정리하여 판단을 만들어낼 때는 12카테고리를 사용한다. 시간과 공간 및 12카테고리는 이성의 형식이기 때문에 합리론에 해당하고, 밖에서 주어지는 감각적 자료는 경험론에 해당한다. 이처럼 선험론은 합리론으로부터는 보편타당성과 필연성을, 경험론으로부터는 객관성을 확보함으로써 보편타당성과 필연성 그리고 객관성을 가진 진리를 만들어낸다는 장점이 있다.

• 도구주의

19세기 말에서 20세기 초의 미국의 정신을 드러낸 실용주의(pragmatism)는 진리에 대한 전혀 새로운 개념을 제시한다. 실용주의자에게 지식은 그 자체만으로는 아직 진리가 아니다. 그것이 진리로 인정받기 위해서는 실제 생활에 그 지식을 사용해 봄으로써 그것이 성공적으로 사용되거나 만족스런 결과를 가져올 때 비로소 진리임이 증명된다. 즉 진리란 그것의 실제적 사용에서 작동가능하고 현실에 잘 들어맞을 때에만 실제적 가치를 가지며 참이라고 할 수 있다. 한마디로 얼마나 효용성이 있는가가 진리를 평가하는 기준이 되며, 진리성은 그 자신의 효용성을 검증하는 검증과정이 된다. 따라서 그들은 절대주의적 진리 개념을 부정하고 상대주의를 주장한다. 즉 진리는 시간을 초월하여 고정된 것이 아니라 가변적이며 다원성을 포함한다. 이와 같이 진리란 만족스러운 것, 유용한 것, 편리한 것이라는 주장을 지식(=관념)이 유용한 도구 역할을 한다고 하여 도구주의(道具主義)라고 부른다. 실용주의 철학자 제임스가 사용한 용어이다.

• 검증이론

현대 분석철학의 한 주류로, 과학의 논리적 분석 방법을 철학에 적용하고자 하는 사상을 논리실증주의라고 부른다. 슐리크를 중심으로 물리학, 수학, 경제학 등 특수과학을 연구하는 학자들이 모여서 만들었는데, 주로 비엔나에서 활동하였기 때문에 '비엔나 학단'이라고도 부른다. 그들은 과학을 형이상학으로부터 해방하고 세계를 과학적으로 파악하는 것을 공통의 목표로 삼았다. 그들의 이러한 입장을 잘 표명하는 것이 '검증이론'이다. 검증이론이란 어떤 명제가 의미 있기 위해서는 그 명제가 참인지 거짓인지를 검증할 수 있어야 한다는 것이다. 참인지 거짓인지 증명할 수 없는 것은 무의미한 명제로, 윤리학이나 형이상학적 명제가 이러한 무의미한 명제들로 이루어졌기 때문에, 윤리학과 형이상학은 학문 안에서 퇴출되어야 한다고 주장한다.

본.문.구.성

1. 우리는 왜 진리를 추구해야 하는가?

인류는 오랫동안 진리를 갈망하여 추구해 왔고, 지금도 그렇게 하고 있다. 많은 학자들은 오늘도 자신의 분야에서 진리를 찾기 위해 노력하고 있다. 그런데 인간은 왜 그렇게 진리를 추구하는 것일까? 생존을 위해서 인가? 틀린 답은 아닌 것 같다. 인류는 자연에 대해 그리고 인간 스스로에 대해 더 많은 지식을 가질수록 그것들을 통제하고 지배할 수 있는 힘을 더 키워왔다는 사실을 역사가 증명하고 있다. 지구에 어제 갓 도착한 손님과 같은 인간이 지구를 지배하고 있는 것은 육체의 힘이 아니라 이성의 힘, 즉 지식의 힘이라는 것은 의심의 여지가 없는 사실이다. 인류는 삶에서 부딪치는 다양한 많은 문제들을 지식에 의존하여 해결하여 왔고, 그로인해 시간이 지날수록 더 자유로울 수 있었다.

그런데 우리가 획득한 진리는 언제나 틀림없이 옳았던 것인가? '1+1=2'라는 것은 수학의 탄생 이래 여전히 진리의 자리를 굳건히 지키고 있다. 그러나 인류가 오랫동안 진리로 알아 왔던 천동설은 사실은 진리가 아니었다. 뉴턴은 시간 · 공간이 절대적이라고 말했지만 아인슈타인은 상대적이라고 말한다. 뉴턴과 아인슈타인은 우주의 모든 것이 결정되어 있다고 믿었지만 하이젠베르크는 불확정적이라고 주장한다. 그렇다면 인간이 자연에 대하여 알아가는 것은 마치 장님이 코끼리를 만지는 것처럼 불완전한가? 우리가 지금 진리라고 알고 있는 것이 미래에도 여전히 진리일 수 있을까? 우리는 그것이 진리라는 것을 어떻게 확신하는 것일까? 도대체 인간은 진리를 어떻게 찾는 것일까? 이러한 질문들은 인류가 완전한 진리를 발견할 때까지 계속될 것이다. 그리고 그것이 우리가 진리를 추구하는 이유이다. 지금까지는 주어진 진리를 습득하는 데에만 열중하였다면, 이제 우리가 진리라고 알고 있는 것의 본성에 대하여 성찰해 볼 차례가 되었다. 진리의 본성에 대한 고찰은 우리가 성숙한 지식인으로 성장하는데 도움이 될 것이다. 다음은 고대의 철학자 소크라테스의 말이다.

"위대하고 강인하며 현명한 아테네 시민인 그대, 나의 벗이여! 그대는 최대한의 돈과 명예와 명성은 쌓아올리면서 지혜와 진리와 영혼의 최대의 향상에는 마음도 쓰지 않고 이러한 일은 전혀 걱정도 하지 않는 것을 부끄럽게 생각하지 않는가?"

2. 진리란 무엇인가?

1 / 이성을 통해 진리에 도달할 수 있다.

그림 3-1 르네 데카르트

우리는 참인 지식을 진리라고 한다. 그런데 어떤 지식이 참임을 우리는 어떻게 알까? 경험해 보고 아는 것일까? 아니면 추리해 보고서 아는 것일까? 중세의 신학자 아우구스티누스는 지식을 두 종류로 구별하였다. 하나님의 계시를 통하여 우리에게 직접 주어지는 지식은 절대적이어서 불변하는 필연적 지식이고, 그래서 밝은 빛과 같다고 하였다. 그런데 인간의 이성에 의해 알려지는 지식은 언제나 가변적인 개연적 지식이어서 상대적이고, 그래서 희미한 불빛에 불과하다고 하였다. 밝은 불빛 아래서는 사물의 참모습을 볼 수 있지만 희미한 불빛 아래서는 그 참모습을 제대로 볼 수 없을 것이다. 인간의 사유능력에 대한 불신이 자리 잡고 있음을 알 수 있다. 그런데 근대에 들어서면서 인간의 사유능력에 대한 평가가 달라진다. 데카르트(René Descartes, 1596-1650)는 우리가 이성에 의해 올바르게 판단할 수 있으며, 이러한 이성을 모든 사람이 공평하게 소유하고 있기 때문에 진리에 이르는 길이 모든 사람에게 열려 있다고 생각했다. 물론 당시의 역사적 상황은 진리에 대해 서로 갈등하는 의견들이 확산되는 상태였지만, 그는 이러한 위기의 원인이 이성 자체의 결함 때문이 아니라 이성의 잘못된 사용 때문이라고 보았다. 그래서 그는 이성의 올바른 사용을 위한 규칙을 찾는 것이 선행되어야 한다고 생각하여 다음과 같은 규칙을 찾아낸다. 첫째, 확실하게 참이라고 인식된 것만을 받아들인다. 둘째, 검토할 문제들을 가능한 한 작은 부분으로 나눈다. 셋째, 가장 단순하고 알기 쉬운 대상에서 출발하여 점차 복잡한 것의 인식으로 나간다. 넷째, 빠트린 것이 없다고 확신할 정도로 완벽하게 열거하고 전반적인 검토를 한다.

데카르트의 이러한 작업은 한마디로 인간의 인식능력의 범위와 확실성을 검토하는 것이었다. 그는 당시의 학문들 중 기하학과 대수만을 신뢰하여 모든 학문이 수학적 형태를 띠어야 하며, 수학적 지식만큼 확실해야 한다고 생각했다. 그래서 그는 수학의 공리처럼 더 이상 의심의 여지가 없는 자명한 원리를 찾기 위해 '의심'의 방법을 사용한다. 즉 그가 가장 확실하다고 믿었던 수학까지 포함하여 모든 것을 의심하였는데, 이렇게 모든 것을 의심하다 보니 의심하고 또 의심하여도 더 이상 의심할 수 없는 것은 바로 내가 의심하고 있다는 사실이었다. 의심하고 있는 내가 없다면 의심하는 것 자체가 불가능하다는 것이다. 그래서 그가 찾아낸 제일원리가 그 유명한 "나는 생각한다, 고로 나는 존재한다.(Cogito ergo sum)"이다. 이것이야말로 가장 명석하고 판명한 것이므로, 그는 명석과 판명을 진리의 기준으로 삼아, 어떤 것이 명석하고 판명하면 곧 진리라고 생각했다. 그리고 이러한 제일원리에 기초하여 연역법을 통해 체계적으로 통일된 학문을 만들 수 있다고 생각했다. 가령 새로운 지식을 얻게 되었는데, 그 지식이 과거에 이미 옳다고 증명된 지식과 맞아떨어진다면, 다시 말해 정합(整合)적이라면 새로운 지식이 참 지식임을 증명한 것이나 마찬가지다. 여기서 '정합적'이란 모순 없이 서로 들어맞는다는 것을 의미한다. 이와 같이 새로운 지식이 기존의 옳은 지식체계에 모순 없이 들어맞는가의 여부에 의해 지식의 옳고 그름을 가리는 입장을 정합설이라고 한다. 데카르트는 이러한 정합설을 사용하여 진리의 체계를 구축한 것이다.

이와 같이 인간의 이성이야말로 가장 신뢰할 수 있는 것이며, 이성을 통하여 진리를 획득할 수 있다고 주장하는 이론을 합리론이라고 부른다. 합리론자들은 경험을 신뢰하지 않는다. 경험은 인간의 감각을 사용하는 것이고, 감각은 언제나 변하는 것이기 때문에 주관적이고 상대적이어서 보편적인 진리를 확보할 수 없다는 것이다. 반면에, 이성은 모든 인간이 보편적으로 가진 것이기 때문에 우리에게 보편적이고 필연적인 지식을 확보해 준다. 그래서 우리가 이성에 의존하여 진리를 찾는다면 보편타당성과 필연성을 가진 진리를 얻을 수 있다고 주장한다.

이러한 합리론적 사고에는 아무런 문제가 없는 것일까? 데카르트를 통해 그 문제점을 확인해 보자. 데카르트는 나 자신에게 직접적으로 의식되고 확인될 수 있는 것은 사고의 활동성, 즉 '내가 지금 생각하고 있다'는 점이라고 한다. 그리고 이러한 의식 활동 자체는 활동성으로서의 존재를 의미한다는 것, 다시 말하면 '생각함'의 활동은 '생각하는 존재'를 전제한다는 것이다. 그래서 생각하는 나, 즉 영혼이 존재한다고 주장한다. 그러나 곰곰이 생각해 보면, 이것은 어디까지나 논리적인 귀결일 뿐이다. 생각하는 내가 있어야 생각할 수 있다는 것은 논리적으로는 맞는 말이다. 그러나 논리적으로 가능하다고 하여 그것이 실제로 존재한다고 말할 수 있을까? 가령 신화에 등장하는 반신반인(半神半人)들은 논리적으로는 아무런 모순 없이 사유될 수 있다. 그러나 모순 없이 사유될 수 있다고 하여 그들이 정말로 실재하는 것일까? 아닐 것이다. 논리적 가능성과 실재성은 차원이 다른 문제다. 따라서 합리주의적 관점에 서면, 보편타당성과 필연성이 확보된 진리를 가질 수는 있지만, 그것의 실재성, 즉 객관성은 확보할 수 없다는 것이 문제라고 할 수 있다. 이 말은 합리론자들처럼 진리를 찾을 때 경험적 사실을 제외시킨다면, 그러한 지식은 독단에 불과하다는 것을 의미한다. 객관적 실재성을 상실한 체, 이성이라는 사유의 공장 속에서 논리적 모순을 피해 만들어진 지식은 독단에 불과하다는 것이 합리론의 한계이다. 이러한 결과로부터 우리는 어떤 지혜를 얻을 수 있는가? 경험적인 검증 없이 이성만으로 만들어진 지식은 신뢰할 수 없다는 것이다.

2 / 모든 지식은 경험으로부터 시작된다.

진리를 찾는데 있어서 합리론과 대비되는 입장이 경험론이다. 경험론은 영국을 중심으로 근대 초기부터 태동한다. 프란시스 베이컨(Francis Bacon, 1561~1626)은 중세의 스콜라적 편견을 '우상'이라 하여 배척하고 과학과 기술의 진보에 어울리는 새로운 인식방법을 제창한다. 즉, 참 지식을 위해서는 관찰과 실험을 중히 여기는 경험론이 필요하다고 생각한 그는, 실험에 기초한 귀납법적 연구방법을 주장한다. 한마디로, 새로운 발견과 발명에 도움이 되는 것은 연역법이 아니라 귀납법이므로, 연역적 사상 체계에 대한 선입견을 버리고 관찰할 수 있는 여러 가지 사실에 관한 생생한 고찰로 눈길을 돌려야 한다는 것이다. 그러기 위해 그는 기존의 관념을 버리고 사실 자체 속에서 법칙을 찾으라고 한다. 자연을 연구하는 사람은 마치 은총의 나라에 들어간 어린아이처럼 자연의 나라에 들어가야 하는데, 그것은 자연에 명령하기 위해서가 아니라 자연을 배우기 위해서 이다. 한마디로 자연을 정복하기 위해서는 먼저 자연에 복종해야 한다는 것이다. 그의 저서 『학문의 진보』(1605)는 인류의 복지에 기여할 조작적 지식의 진보와 그것을 성취하게 할 실용적 처방을 골자로 한 '베이컨주의'를 잘 드러내고 있다. 자연은 무궁무진한 유용함의 보고로서, 그 잠재성을 현실화하기 위해서는 관찰과 실험을 통해 인간이 적극적으로 자연에 개입해야 한다는 것이다. 이러한 베이컨주의는 17세기 과학혁명에 강력한 이데올로기적 동기를 제공한 근대정신의 대명사라고 할 수 있다.

그림3-2 존 로크

베이컨의 뒤를 이어 받은 존 로크(John Locke, 1632~1704)는 영국 경험론의 기초를 확고하게 구축한 사람으로 흔히 그를 '인식론의 아버지'라 부른다. 로크에 따르면, 우리의 마음은 본래 아무런 문자도 쓰여 있지 않은 백지와 같아서, 이 백지에 문자를 써넣은 것이 곧 관념이다. 쉽게 말하면 우리가 갖는 모든 관념은 태어난 이후에 경험을 통해서 얻어진 후천적 지식이라는 것이다. 그는 우리가 진리를 구할 때 경험이야말로 우리가 호소할 수 있는 최선의 것이라고 한다. 따라서 아무리 추상적인 사고라 할지라도 그 원천과 토대는 경험, 즉 감각과 반성으로부터 시작된다. "먼저 감각 속에 없는 것은 지성 속에도 없다"는 그의 말은 그가 경험을 얼마나 신뢰하고 있는가를 단적으로 드러내준다.

일상적으로 우리는 진리란 우리의 신념이나 판단이 사실과 일치하는가의 여부에 따라 결정된다고 생각한다. 즉 마치 우리의 시각이 깨끗한 거울과도 같아서 우리 밖에 있는 대상이 조금도 왜곡되지 않고 그대로 비친다고 생각한다. 이는 우리의 인식능력이 대상을 있는 그대로 정확하게 반영한다는 입장으로, 모사설(copy theory)이라고 부른다. 그러나 상식적으로 생각해 보면 인간의 감각기능에는 한계가 있어서 우리가 대상을 정확히 모사하고 있는지를 확인할 수 있는 방법이 없다. 그것을 확인하기 위해서는 다시 감각기관을 사용할 수밖에 없기 때문이다. 이러한 문제점을 인식한 로크는 판단이 대상과 일치하는지를 알 수 있는 방법이 없기 때문에 '모사'보다는 '대응'이라는 표현이 더 적합하다고 생각한다. 진리는 사실과 판단의 일치(모사) 여부가 아니라 관념과 관념의 일치(대응) 여부에 의해 결정된다는 것이다. 저 앞에 걸어오는 사람이 초등학교 내 친구라는 것을 아는 것은, 방금 그 사람을 보고서 생긴 관념과 내 기억 속에 있는 초등학교 친구의 관념이 일치하기 때문이라는 것, 즉 과거의 관념과 현재의 관념의 일치로 확신한다는 것이다. 로크의 이러한 주장을 대응설(correspondence theory)이라고 부른다.

그렇다면 우리에게 관념, 즉 지식은 어떻게 만들어지는 것일까? 로크에 따르면, 관념은 우리 바깥의 대상으로부터 자극에 의하여 인간의 마음속에 생긴 주관적 결과물들로 이루어진다. 왜냐하면 외적 대상이 우리 안에 포착되기 위해서는 반드시 우리의 감각기관을 사용하여야 하는데, 우리의 감각기관에 의해 포착된 대상은 이미 사물 그 자체가 아니라 우리의 감관, 즉 주관을 통과한 사물이 되어버리기 때문이다. 그래서 외적 대상은 직접적으로는 우리 경험에 나타나지 않지만 감각에 의해서 마음에 표상(表象)된다. 즉 이 표상은 직접적인 외적 대상은 아니지만 그것에 대응하는 것으로, 우리가 외적 대상에 대해 알 수 있는 유일한 소재라고 할 수 있다. 색, 촉감, 냄새, 맛, 소리 등이 우리의 감각을 통해 마음으로 전달된 외적 대상의 표상으로서의 외감(外感)이다. 그런데 우리의 사유는 마음 내부에서 이루어지는 작용들을 성찰함으로써 얻어지는 관념도 있다. 지각, 사유, 의심, 믿음, 추리, 앎, 의도 등이 그러한 것으로, 이를 내적 반성이라 하여 내성(內省)이라 부른다. 우리가 경험에서 얻는 모든 관념은 이 두 가지 원천, 즉 외감과 내성에서 비롯되고 이것을 단순관념이라 부른다. 두 가지 이상의 단순관념으로 이루어진 관념을 복합관념이라 부르는데, 가령 복합관념인 나무는 색깔, 형태, 크기 등의 단순관념들의 복합체라고 할 수 있다. 로크는 이미 우리가 알고 있는 단순관념이나 복합관념을 결합하여 새로운 복합관념을 만들어 낼 수도 있는데, 그러한 것이 천사나 신과 같은 개념이라고 한다. 이처럼 그는 신과 같은 추상적 관념마저 단순관념에 의해 경험적으로 설명한다.

이러한 경험론적 설명은 만족스러운가? 합리론과 달리 모든 지식의 소재를 경험으로부터 확보하는 경험론은 지식의 객관적 실재성은 확보할 수 있다. 그러나 외감과 내성의 주체로서의 우리의 마음이란 개별적 주체의 마음이기 때문에 보편타당성과 필연성을 상실한다. 가령 영화 〈부시맨〉에서 어느 날 그 부락 위를 날던 조종사가 던진 빈 콜라병을 보고, 난생 처음 보는 그 병을 가지고 부시맨들 사이에 희비극이 발생한다. 고민하던 추장 카이는 그것을 신의 물건이라 생각하고 땅 끝에 가서 신에게 그것을 돌려주려고 길을 떠나지 않던가! 콜라병을 경험하지 못해 그것에 관한 관념을 미리 갖고 있지 않던 부시맨들에게, 그것은 신의 물건으로 해석된다. 콜라병을 눈으로 보고 경험하지만 기존의 관념이 없기 때문에 우리와 다른 해석을 하게 되는 것이다. 이와 같이 경험론적 입장에 따르면, 주관이 달라짐에 따라 혹은 문화권이 달라짐에 따라 동일한 경험에 대하여 우리는 다른 해석을 하게 된다. 보편타당한 진리가 아니라 상대적 진리를 갖게 되는 것이다. 이것으로부터 우리는 경험만으로는 보편타당한 지식을 얻을 수 없다는 교훈을 얻게 된다.

3 / 지식은 경험과 이성의 협동작업으로 이루어진다.

로크는 모든 지식은 감각적 경험을 통해 얻어지는 후천적인 것이라고 생각하였다. 그러나 경험론자인 흄은 그러한 지식은 객관성은 확보할 수 있어도 필연적이지 못한, 즉 개연적인 지식에 불과하다고 비판한다. 살아오면서 지금껏 해가 언제나 동쪽에서 떴다고 할지라도, 내일도 해가 동쪽에서 뜰 것이라고 예측할 수는 있어도 반드시 동쪽에서 뜬다고 확신할 수 없다는 것이다. 경험은 결코 우리에게 필연적 지식을 주지 못한다. 흄의 이러한 경고는 독일의 철학자 칸트(Immanuel Kant, 1724~1804)로 하여금 이성적 사유의 공허한 '독단의 잠'에서 깨어나게 한다. 칸트에 따르면, 우리의 모든 인식은 경험과 더불어 시작하지만, 그렇다고 우리의 인식이 모두 경험만으로 이루어지는 것은 아니다. 경험과 더불어 이성도 필요하다. 칸트는 먼저 우리의 사유능력으로서의 이성이 자발적인 능력임을 주장한다. 모사설처럼 인식 주체가 외부의 대상에 대하여 수동적이지 않고 자발성을 갖고서 능동적으로 대처한다는 것이다. 그는 이성을 그 자발성의 정도에 따라 감성과 지성, 이성의 세 가지로 구분한다. 지식은 감성과 지성의 협동 작업에 의해 만들어지는데, 이 두 능력의 자발성을 칸트는 선험적 형식으로 나타낸다.

선험적 형식이란 모든 인간이 경험에 앞서 본래부터 가지고 있는 인식 형식이다. 칸트는 감성의 선험적 형식을 시간 · 공간이라 하고, 지성의 선험적 형식을 12카테고리라고 한다. 구체적으로 살펴보면, 외부의 대상이 우리의 감관을 자극하면 시간, 공간이라는 주관의 선천적 형식에 의해 우리 내부에 대상에 대한 잡다한 감각적 자료가 들어온다. 이 감각적 자료는 무질서한 상태로 아직 인식이 아니다. 여기에 12카테고리를 적용하여 그것들에 질서를 주고 종합 · 정리하여 판단, 즉 인식을 만들어낸다. 결국 우리는 대상에 대한 지식을 우리의 선험적 형식에 따라 구성하여 만드는 것이다.

우리는 인식 주체로서 우리 자신의 고유한 인식의 틀(즉 선험적 형식)을 가지고 있으며 이러한 틀에 의하여 세상을 이해하고 설명하므로, 이러한 틀은 주관의 것이면서도 인식된 대상 세계에 대하여 객관적 타당성을 가진다고 할 수 있다. 인식이 어떤 대상의 인식임에는 틀림없지만, 이 대상이 미리 주어져 있는 것이 아니라 주관의 인식작용에 의해서 구성되는 것이다. 즉 인식 대상은 인식이 이루어짐으로써 비로소 성립한다. 예컨대, 우리는 흔히 먹구름이 끼면 비가 온다고 생각한다. 이 경우 우리는 먹구름을 원인으로 비를 결과로 생각함으로써 먹구름과 비 사이에 인과관계가 있다고 생각한다. 그런데 칸트는 양자 사이의 인과관계는 사물 자체가 갖고 있는 성질이 아니라 우리가 원인과 결과라는 카테고리를 사용하여 양자를 인과적으로 엮어서 본다는 것이다. 그런 의미에서 칸트는, 우리가 자연에게 법칙을 주는 '자연의 입법자'라고 한다. 자연의 법칙이란 자연 자체가 가진 객관적 성질이 아니라 우리가 자연을 그렇게 해석하는 것에 불과하다. 즉 자연은 이제 인간의 지식세계로서의 자연이다. 이렇게 하여 칸트는 종전의 대상 중심적 인식(모사설)을 주관 중심적 인식으로 바꿔놓았다. 그는 이러한 중심의 전환을 스스로 '코페르니쿠스적 전회'라고 부른다. 아울러 이러한 이유로 칸트 인식론은 흔히 선험철학, 혹은 구성주의라고 불린다.

이러한 구성주의의 장점은 무엇인가? 주관의 인식형식으로서의 틀은 어떤 특정한 개인만이 갖는 것이 아니라 모든 인간이 갖는 인식형식이기 때문에, 상호 주관적 보편성과 필연성을 갖는다. 각 개인이 경험하는 책은 참으로 다양하지만, 그 다양한 책들을 모두 책이라고 판단할 수 있는 것은 우리가 가진 공통의 틀에 의해 판단하기 때문이다. 뿐만 아니라 주어지는 감각적 자료에 주관의 틀을 적용하여 판단을 만들기 때문에 합리론에 결여되어 있던 객관성도 확보할 수 있다. 한마디로 보편타당성과 필연성, 객관성이라는 성질을 모두 갖춘 지식을 갖게 되는 것이다. 그리고 이 세 성질을 모두 갖춘 것을 우리는 진리라고 부른다. 칸트철학은 이렇게 합리론과 경험론을 모두 수용하여 장단점을 보완하게 된다.

4 / 지식은 도구이다

20세기에 들어서면 진리의 개념도 달라진다. 미국에서 발생한 실용주의(實用主義)는 기존의 진리 개념과는 다른 관점에서 진리를 고찰한다. 실용주의자 듀이(John Dewey, 1859~1952)는 앎이라는 행위과정을 알려지는 대상과 아는 주체 사이의 상호작용으로 바라본다. 앎의 과정을 인식과 분리된 것으로 취급하지 않고 단지 하나의 생물학적 기능의 과정으로 보는 것이다. 말하자면, 앎이란 마치 음식물을 소화하는 과정처럼 자연적 과정이다. 여기에는 앎에 대한 두 가지 주요한 함축이 포함되어 있다. 하나는 앎이라는 행위를 단지 수동적인 것이 아니라 능동적이고 적극적인 적응의 과정으로, 즉 유기체가 환경에 적응해 가는 능동적인 과정으로 이해한다는 점이다. 이로부터 이끌어지는 두 번째 관점은, 먹는 행위가 이루어지면 유기체와 환경 양자 모두에 변화가 발생되듯이, 앎이라는 행위도 아는 자와 알려지는 대상 둘 다를 변화하게 한다는 것이다. 앎이라는 행위를 통해 주관과 객관 모두가 변화한다고 보기 때문에, 그는 주관과 객관을 엄격히 나누는 이원론적 인식이론을 잘못된 것으로 본다. 앎이란 언제나 아는 자와 알려지는 대상이 서로 분리될 수 없는 관계에 있으며, 양자는 탐구를 위한 동일한 사건이다. 즉 유기체와 환경의 상호교섭이라는 사건을 형성하는 것으로서, 그 중 어느 하나가 없다면 다른 것도 동시에 있을 수 없게 된다.

그림 3-3 존 듀이

따라서 듀이에게서 사물이란 '경험되어진' 것이나, 그렇다고 직각적 경험의 단계에서 앎이 이루어지는 것은 아니다. 즉 앎은 대상이 감각되거나 경험되었다고 곧장 이루어지는 것이 아니라, 행위를 거쳐 그 사물의 의의가 파악될 때 비로소 이루어진다. 경험이 유기체와 환경의 상호교섭이라는 것은 양자의 상호교섭을 통해 대상이 재구성된다는 것을 의미한다. 가령 환경과의 상호작용에 문제가 생길 경우, 인간은 문제 상황이나 과거를 반성하여, 이것을 도구로 미래의 행동계획을 구상한다. 그리고 이러한 일련의 지적 조작을 매개로 행동의 재조정을 시행한다. 행동 경험에서의 지적 조작은 문제해결을 위한 탐구과정이다. 이 과정은 불확정한 상황에서 가설을 구상하고 이 가설을 추론화 하여 그것을 실험적으로 검증한다. 검증을 통해 그 가설이 옳다는 것이 확정되면 그때 비로소 가설이 진리로 확정되는 것이다. 한마디로 '보증이 붙은 언명'으로서의 과학적 지식을 얻는 것이다. 그러나 그것은 어디까지나 개연적인 보증일 뿐이다. 지금의 상황에서는 그것이 진리로 드러났지만, 상황이나 조건이 달라지면 다시 새로운 상황을 설명할 새로운 가설과 추론 그리고 검증의 과정이 필요하다. 따라서 듀이에게 있어서 지식이나 관념은 궁극적인 목적도 아니고 절대적이지도 필연적이지도 않다. 그것은 단지 우리의 행동을 지배하는 지침이나 가설에 불과한 것이어서, 그것이 유효한 도구로서 기능하고 목적이 된 대상을 유용하게 드러내는데 성공해야 그때 비로소 '진리'가 된다. 따라서 듀이는 관념이 실재적 대상과 일치하는 것이 진리라는 기존의 모사설적 진리개념을 버린다. 관념의 대상은 관념을 지도(指導) 가설로 한 실험조작의 결과로서 그때 비로소 만들어지는 것이므로 지금까지의 관념이란 가설에 불과하다. 대상 또한 언제나 경험을 통해 새롭게 만들어지는 것이기 때문에 고정된 대상이란 존재하지 않고, 따라서 대상과의 일치라는 것은 있을 수가 없다. 그는 지식의 오류 불가피성과 탐구의 연속적 필요성을 주장함으로써 절대적 진리를 고집하는 폐단을 경고한다. 진리는 그때그때의 상황에 따라 달라지기 때문에 언제나 상대적이다.

이처럼 실용주의는 지식을 우리의 생활과의 상관관계에서 본다. 지식은 언제나 가설에 불과하며, 그 가설을 행위의 지침으로 삼아 실행하였을 때 만족스런 결과가 드러나거나 유용하면, 그때 비로소 참이 된다. 진리를 이렇게 가설과 확증의 과정으로 보는 것은 실용주의자들이 과학에서의 실험적 방법을 철학적 사고의 영역에까지 확대하였기 때문이다. 과학에서 실험적 방법이란 현재 인정받고 있는 과학적 진리로 설명이 불가능한 반증 사례가 나타나면 그것을 설명하기 위한 가설을 세우고, 그 가설의 참을 실험의 결과에 의해 확증 또는 반증하는 것을 가리킨다. 진리 또한 그러한 과학적 조작에 의해 만들어지며,

행동을 떠난 관념이란 있을 수 없다고 생각한 것이다. 그러나 실험을 통해 검증된 진리라 할지라도 그것을 반증하는 반증사례가 다시 나타난다면, 그 진리는 즉시 진리의 법정에 내세워져 다시 재판을 받아야 한다. 그런 의미에서 실용주의의 진리는 언제나 고정불변한 절대적 진리가 아니라 개연적이며 상대적이라는 한계를 갖는다.

제임스는 실용주의에 대해 다음과 같은 예를 든다. 어떤 사람이 숲 속에서 길을 잃었고 곤경에 빠진 그가 길을 찾다가 우연히 소의 발자국을 발견하였다고 가정해 보자. 그는 소의 발자국을 따라가면 인가가 나오지 않을까 생각하여 소의 발자국을 따라가 보았고, 실제로 인가를 발견할 수 있었다. 여기서 그가 '소의 발자국을 따라가면 인가가 나올 것이다'라고 생각한 것이 그의 관념이다. 그러나 이 관념이 진리인지는 아직 증명되지 않았기 때문에 아직은 가설에 불과하다. 소의 발자국을 따라가는데 어려움이 없었으니, 그 가설을 현실에 실제로 적용하여 실험을 하는 과정이라고 볼 수 있다. 그 결과 예측했던 대로 인가를 발견하여 그가 구출될 수 있었으므로 그 가설은 진리임이 확증된 것이다. 그러나 만일 예측했던 것과 달리 인가를 찾을 수 없다면, 그 가설은 유용하지 않으며 진리가 아님이 드러날 것이다. 그가 곤경에서 빠져나오는 데 유용하게 사용된 경우라면 도구로서의 역할을 한 것이고, 그래서 실용주의는 진리를 도구로 본다. 생활에서의 유용한 도구 말이다.

이와 같이 실용주의는 인식이 인식주체의 행동과 불가분의 관계에 있음을 보여준다는 점에서, 앞에서 소개한 이론들과 매우 색다름을 알 수 있다. 현대의 물리학자 하이젠베르크의 불확정성 이론 또한 이와 같은 입장이다. 우리가 육안으로 사물을 관찰하는 거시 물리학의 관점에서는 모든 사물이 결정되어 있어서 이것과 저것이 다르게 보이지만, 눈에 보이지 않는 전자의 세계에서는 전자의 위치와 속도의 파악이 확실하게 결정되지 않아서 정확한 인과적 예측이 불가능하고 오직 확률적으로만 추측할 수 있을 뿐이다. 관측수단이 대상을 파악하는데 필연적으로 영향을 미침을 알 수 있다. 인식수단이 대상에 변화를 일으키기 때문에 주관성을 배제하는 것이 불가능한, 말하자면 인식 자체가 조작이라고 하지 않을 수 없다.

5 / 과학과 철학은 다르지 않다.

현대 인식론을 대표하는 것 중의 하나가 논리 실증주의다. 논리실증주의는 비엔나의 철학자 슐리크(Moritz Schlick, 1882~1936)를 중심으로 1929년에 생긴 '비엔나 학파'의 철학적 입장에 붙여진 이름으로, 러셀과 에이어, 비트겐슈타인 등이 대표적인 철학자다. 논리실증주의는 완성된 철학체계의 이름이 아니라, 하나의 철학적 태도 내지 방법을 가리키는 이름이다. 그 방법이란 과학이 사용하는 개념과 명제들을 논리적으로 분석함으로써 그 의미를 명백히 함이 철학적 탐구의 기본이라는 것이다. 따라서 그들은 철학의 사명은 궁극적 실재를 밝히거나 절대자를 파악하는 일이 아니라 사상의 의미를 논리적으로 명백히 함에 있다고 본다. 그리고 이를 위한 올바른 방법은 사상의 전달에 사용되는 언어를 분석하는 것이다. 즉 철학의 사명은 명제의 의미를 명백히 함에 있는데, 분석 받을 자격이 있는 명제는 오직 '의미 있는 명제들' 뿐이다.

그렇다면, 어떤 명제들이 의미가 있는가? 첫째는 자연과학의 명제들처럼 그 진위를 경험적으로 증명할 수 있는 명제들이 의미가 있다. 둘째는 논리학이나 수학의 명제들처럼 그 진위를 명제에 사용된 개념의 정의에 의하여 분석적으로 밝힐 수 있는 명제들(동의어 반복, tautology)이 의미가 있다. 이 이외의 모든 명제는 아무리 그것이 판단의 형식을 갖추었어도 무의미한 명제이며, 따라서 철학의 영역 밖으로 내쫓아야 한다. 맨 먼저 철학의 담장 밖으로 쫓겨나야 할 것이 형이상학이다. 형이상학의 모든 명제들은 무의미하기 때문이다. 두 번째 퇴출 대상은 윤리학이다. 왜냐하면, 도덕적인 명제들은 어떤 사실을 알려주는 것이 아니라 오직 화자의 감정을 표현하거나 듣는 이의 감정을 유발하는 구실만을 하기 때문이다.

러셀(Bertrand Russell, 1872~1970)은 '과학주의'의 신봉자이다. '과학주의'란 과학의 방법들만이 타당한 지식을 제공한다거나, 과학 이외의 지식은 타당한 지식이 아니라고 주장하는 이론을 말한다. 과학주의는 이와 같이 지식의 범위를 엄격하게 제한하기 때문에, 규범 윤리학과 모든 가치를 배제한다. 윤리학은 과학의 차원에서 다루어질 수 없으므로 그것은 인식적 의미를 갖지 못하며 따라서 참도 거짓도 아니다. 과학적 문제들은 논쟁 당사자들이 제시하는 증거에 의해 해결된다. 그래서 과학적으로 문제를 해결한다는 것은 사실을 근거로 하여 타인으로 하여금 자신의 입장을 받아들이도록 설득함으로써 해결함을 의미한다.

에이어(Alfred Jules Ayer, 1910~1989)는 검증가능성의 원리를 제시한다. 그는 철학의 임무는 실재의 세계를 규명하는 일이 아니라, 학문에 사용되는 언어를 논리적으로 분석함으로써 학문을 비판하는 일이라고 한다. 명제는 그것의 진리가 경험을 통해서 결정적으로 확증할 수 있을 때에만 강한 의미에서 검증 가능한 명제라고 할 수 있다. 그리고 경험을 통하여 그 명제의 개연성을 인정할 수 있을 경우에는 약한 의미에서 검증 가능한 명제라고 말한다. 어떤 진술이 진정으로 의미 있는 진술이려면 이와 같이 경험적으로 검증 가능하거나 아니면 선험적인 의미에서 분석적으로 검증 가능한 것이어야 한다. 도덕적 가치를 포함한 형이상학적 가치들에 대한 진술들은 검증가능성 원리를 충족시키지 못하는 진술이기 때문에 진정으로 의미 있는 진술이라고 할 수 없다.

논리실증주의는 비트겐슈타인(Ludwig Wittgenstein, 1889~1951)의 『철학적 탐구』(1953)의 출현과 더불어 새로운 관점을 갖게 된다. 그는 언어의 기능을 단순히 사실들의 진술로만 본다든지, 문장의 의미를 사실들의 진술로부터 도출하는 것은 옳지 않다고 생각한다. 비트겐슈타인은 언어에는 대상을 묘사하는 용법 외에도 여러 가지 다른 용법이 있다고 생각한다. 우리가 사용하는 언어는 개인이 임의적으로 만들어낼 수 있는 것이 아니다. 그것은 우리가 속한 문화로부터 습득한 것이다. 우리가 세계를 이해하고자 할 때 우리는 필연적으로 이 언어의 영향을 받게 되는데, 그것은 이 언어가 한 부분을 이루고 있는 문화전통 전체의 영향을 받는다는 것을 의미한다. 또한 모든 놀이에는 일련의 규칙이 있는데, 언어게임도 예외일 수 없다. 언어게임을 지배하는 규칙에는 구문론적, 의미론적, 논리적 문법들이 있다. 삶의 양식으로서의 문화공동체 안에 관습적으로 존재하는 이들 규칙들을 우리가 올바로 이해했고 언어행위에 있어서 그것을 올바로 적용하고 있느냐 하는 것은, 전적으로 객관적으로 나타난 언어행위 자체에 의해서 밝혀질 수밖에 없다. 많은 수의 언어게임이 존재하고, 그 중 하나의 언어게임을 상상한다는 것은 곧 그것이 한 부분을 이루고 있는 삶의 양식을 상상하는 것이기 때문에, 그만큼 많은 삶의 양식을 생각할 수 있다. 그런데 이들 삶의 양식들은 서로 부분적으로는 중복되기도 하면서 제각기 다른 목적과 전제를 가지고 구성된다. 이를 비트겐슈타인은 '가족유사성'이라고 부른다. 따라서 삶의 양식이 어떤 것인가에 따라 언어적 표현의 의미는 달라질 수밖에 없다. 한마디로 언어는 그것이 사용되고 있는 한 특정한 삶의 양식 안에서 그 의미가 밝혀진다는 것이다.

그래서 비트겐슈타인에 따르면 철학적 문제가 제기되었다는 것은 언어게임의 혼란이 일어났다는 것, 다시 말하면 우리가 사용하는 사실적 언어의 논리적 구조가 잘못 파악되고 있다는 징조이다. 철학적 문제는 모두 "나는 길을 잃었다"는 형태를 가지고 있다. 상이한 언어게임의 복잡한 상호작용 속에서 흔히 혼란의 길에 빠진다. 그 혼란은 한 언어게임에서만 적용될 수 있는 규칙을 다른 언어게임에 적용함으로써 일어난다. 이른바 철학적 문제는 새로운 사실을 발견함으로써 해결되는 경험과학의 문제들이 아니라, 철학적 언어가 사실상 어떻게 사용되고 있는가를 밝힘으로써, 뒤바뀐 언어게임과 삶의 양식을 다시 찾아줌으로써 해결된다. 아니 해결이 아니라 철학적 문제의 해체라고 하는 것이 더 적절한 표현일 것이다.

3. 진리에 대한 정답이 있는가?

지금까지 '진리란 무엇인가'라는 물음으로 근대에서 현대에 이르기까지의 대표적인 인식론 몇 가지를 고찰해 보았다. 이러한 물음은 진리의 본성과 의미에 대한 물음을 포함하고 있고, 그 물음에 대한 합리론, 경험론, 선험론과 같은 근대 인식론의 답변들을 고찰해 보았다. 합리론은 이성을 통해서 참 지식을 얻으려 했다. 그들은 경험을 신뢰하지 않았고 오직 이성과 모순율에 의존하여 확실한 진리를 찾으려 하였다. 이성은 모든 인간이 갖고 있는 보편적인 사유능력이므로 어떤 사고가 모순만 범하지 않는다면, 보편타당하고 필연적인 지식을 확보할 수 있었다. 그러나 그러한 지식은 근거가 없는 공허한 독단적 지식에 불과했다. 경험론은 모든 지식은 감각에서 시작된다고 말하지만, 경험 또한 완전한 지식을 줄 수 없었다. 공허한 지식이 되지 않기 위해서 감각이 주는 객관성도 필요하지만, 그러나 경험은 주관이 다름에 따라 달라지기 때문에 상대적인 지식만을 제공하였다. 경험은 개연적 지식만을 줄 수 있을 뿐 보편타당성과 필연성을 확보할 수 없었다. 무엇이 진리가 되기 위해서는 보편타당성과 필연성 그리고 객관성이 필요하다. 이러한 진리의 필요충분조건을 만족시키기 위해서 칸트는 경험론과 합리론을 종합하였다. 그는 모든 인간의 마음속에 선험적 형식이 있다고 전제함으로써 보편타당성과 필연성을 확보하였고, 모든 지식이 경험으로부터 시작된다고 하여 객관성도 확보하였다. 칸트에 이르러 인간은 이제 자연으로부터 지식을 배우는 것이 아니라 스스로 지식을 구성하는 자연의 입법자가 되었다. 이것으로 인간은 진리를 얻는 듯했다. 더 이상 새로운 진리를 추구할 필요가 없는 것 같아 보였다.

그러나 20세기에 들어서 역사적 상황이 달라지면서 인류는 새로운 진리관을 필요로 한다. 진리는 무엇보다 현실에 적합하면서 유용해야 한다. 진리는 미리 만들어져 있는 것이 아니라 인간의 행위에 의해 결정된다. 아는 자와 알려지는 대상과의 관계에서 형성되는 진리는 행위의 결과를 통해 그 진리성이 드러난다. 행위의 결과 유용함이 있으면 진리가 되고, 유용하지 못하면 진리가 아니다. 따라서 진리는 절대적이거나 보편적인 것이 아니라 그때그때 마다의 상황에 따라서 달라진다. 어제의 진리는 오늘의 진리가 아닐 수가 있다. 이해관계가 진리의 척도가 되는 시대가 열린 것이다. 또한 20세기에 들어서 급격한 과학의 발달은 철학에도 영향을 미친다. 이제 진리는 언어의 문제로 전환된다. 의미 있는 명제만이 진리일 수 있는데, 의미 있는 명제이기 위해서는 그것의 참과 거짓이 검증될 수 있어야 한다. 참과 거짓이 밝혀질 수 없는 명제는 무의미한 것으로 더 이상 진리의 영역 안에 들어올 수 없다. 이제 철학의 위상은 세상의 이치를 밝히는 것이 아니라 명제의 의미를 밝히는 것으로 위축된다.

이러한 고찰들을 통해 '진리란 무엇인가'하는 물음에 대한 답이 구해질 수 있는가? 역사적 상황이 달라짐에 따라 철학자들은 진리에 대해 서로 다르게 말한다. 우리 모두를 만족시키는 진리관은 없는 듯 보인다. 문제가 무엇인가? '진리란 무엇인가'하는 물음은 본래 영구히 정답이 있을 수 없는 물음인가? 정답이 없다는 것이 정답일 것 같다. 그러나 그렇기 때문에 더 자유로울 수 있지 않을까? 정답이 정해져 있다면 우리는 언제나 그 정답에 의해서만 세상을 이해하고 해석하게 될 것이다. 더 이상 진보도 발전도 없는 닫힌 세계가 될 것이다. 세상은 항상 변화에 대해 열려 있다. 새로운 세계가 열리기 위해서는 새로운 진리관이 또 필요하지 않을까? 우리가 그 새로운 세계를 만드는 주인공이 되어야 하지 않을까?

생.각.해.보.기

1. 합리론자인 데카르트는 인간에게 본유관념이 있다고 한다. 본유관념이란 말 그대로 경험과 상관없이 본래부터 가지고 있는 관념이며, 그래서 생득관념이라고도 부른다. 가령, 신이란 전지, 전능, 전선한 완전한 존재를 말한다. 그런데 그런 완전자에 대한 관념을 우리의 불완전한 경험을 통해서는 가질 수가 없다. 그것은 논리적으로 모순이다. 그럼에도 불완전한 우리는 완전한 신의 관념을 가지고 있다. 어떻게 가능할까? 그것은 어떤 존재가 우리의 사유 속에 신의 관념을 직접 넣어주었고, 그러한 존재자가 곧 신이라고 가정하면 가능해진다. 이렇게 해서 그는 신의 관념이 본유관념이라고 주장한다. 정말 우리에게 본유관념이라는 것이 있을까? 있다면 어떤 것이 본유관념인지 예를 들어 설명해 보자.
2. 일상적으로 '먹구름이 끼면 비가 온다'고 할 때, 먹구름을 비의 원인으로 생각하여 양자 사이에 인과관계가 있다고 생각한다. 그러나 경험론자 흄은 우리는 '먹구름'의 인

상과 '비'의 인상만을 지각할 수 있을 뿐 양자 사이의 '필연적 계기'에 대한 인상은 지각할 수 없다고 한다. 따라서 그는 인과의 관계는 객관적 성질이 아니라 인간의 주관적 성질이라고 한다. 즉 사람들이 양자를 오래 경험하다 보면 상상력이 하나만 보아도 자연스럽게 다른 하나를 떠올려서 양자를 인과관계로 결합시킨다는 것이다. 인과관계가 상상력의 산물이라는 흄의 비판은 뉴턴 자연과학의 근간을 흔든다고 할 수 있다. '뜨거운 햇볕이 지나가는 나그네의 옷을 벗긴다.'고 할 때, 나그네가 옷을 벗는 이유가 정말 햇볕 때문이 아닐까?

3. 뉴턴은 자연이 인과적으로 예측이 가능한 결정된 자연이라고 한다. 반면에 하이젠베르크는 불확정성 원리에 의해 우리는 자연을 정확하게 예측할 수 없다고 주장한다. 이와 같이 상반된 이야기를 어떻게 받아들일 것인가? 칸트와 흄의 주장을 통해 설명할 수 있는가?

4. 실용주의는 진리란 미리 결정되어 있는 것이 아니라 행위의 결과를 통해 결정된다고 한다. 따라서 실용주의에 따르면, 우리가 지금 진리라고 믿고 있는 것은 단지 가설에 불과하다. 그 가설을 현재의 문제에 적용하여 사용하였을 때, 그 결과의 유용성에 따라 그것이 진리인지 아닌지가 그때 비로소 결정된다. '거짓말을 해서는 안 된다.'를 실제 사례들에 적용하여 보고, 그 결과에 따라 진리 여부를 가려본 다음, 실용주의를 평가해 보자.

5. 논리실증주의에 따르면, 참과 거짓이 가려질 수 없는 명제는 검증이 불가능한 명제이며, 그런 명제는 의미가 없다고 한다. 만일 우리가 검증가능성을 진리의 기준으로 채택한다면, 형이상학과 윤리학에서 주장하는 명제들은 모두 무의미한 명제가 될 것이고, 따라서 형이상학과 윤리학은 더 이상 학문의 영역 안에 들어올 수 없다. 가령 형이상학의 한 주제인 '자유의지'는 검증될 수 없는 것이므로 자유의지에 관한 모든 명제는 무의미할 것이다. 그런데 사르트르는 우리가 자유로운 존재라고 한다. 어떤 본질도 정해지지 않은 무규정한 상태로 태어나서 우리의 자유로운 선택에 따라 행위함으로써 우리 자신의 본질을 만들어간다는 것이다. 따라서 사르트르에 따르면, 운명은 미리 결정되어 있는 것이 아니라 나 자신의 선택에 따라 내가 만들어가는 것이다. 사르트르는 그 존재를 증명할 수 없는 자유의지를 마치 존재하는 것처럼 전제하고 있다. 사르트르는 의미 없는, 쓸모없는 이야기를 하고 있는가? 이를 통해 검증이론을 평가해 보자.

읽.어.볼.만.한.책

- 김창호 엮음, 『진리 청바지, 내가 아는 것이 진리일까?』, 웅진 지식하우스, 2006
- 강순전 · 이진오 공저, 『생각하고 토론하는 철학수업』, 학이시습, 2011
- 스털링 P. 램프레히트 지음, 『서양 철학사』, 김태길 옮김, 을유문화사, 2008
- 이남인 지음, 『원전으로 읽는 서양철학의 이해 플라톤부터 비트겐슈타인까지』, 서울대학교 출판부, 2011
- 서양근대철학회 지음, 『서양근대철학』, 창작과비평사, 2001

연.습.문.제

1. 칸트는 사물 자체가 무엇인지를 우리는 알 수 없다고 한다. 우리가 경험한 사물만 알 수 있다는 것이다. 정말 우리가 경험한 사물은 사물의 본래의 모습이 아닌가?
2. 로크의 경험론과 실용주의의 공통점과 차이점은 무엇인가?
3. 실용주의는 진리가 상대적이라고 한다. 두 사람이 주장하는 진리가 서로 다름에 의해 분쟁이 일어날 경우, 실용주의는 그 분쟁을 해결할 수 있을까?
4. 논리실증주의에 따르면 의미 있는 명제만이 진리라고 한다. 그래서 윤리학과 형이상학은 더 이상 학문의 영역 안에 머무를 수 없다고 한다. 정말 윤리학과 형이상학은 학문이 될 수 없는가?

4장

서양편 소중한 내 인생

행복

김영례

학.습.목.표

1. 지금껏 행복을 무엇으로 생각했었는지를 반성해 보고, 진정한 행복이란 무엇인지 성찰해 본다.
2. 행복에 관한 여러 철학자들의 견해를 진지하게 들어 보고 비판적으로 고찰해 본다.
3. 행복에 관하여 다른 사람들과 의견을 나누어 보고 자신의 견해를 정립한다.

용.어.해.설

- **에우다이모니아** Eudaimonia

그리스어로 행복을 말하며, 아리스토텔레스는 이를 '잘 존재함(well-being)'을 통하여 설명한다. 아리스토텔레스에 따르면, 우리는 잘 존재하기 위하여 인간에게 주어진 탁월한 능력, 즉 이성의 기능을 잘 발휘해야 한다. 이성의 능력을 잘 발휘하는 것이 곧 덕인데, 덕이란 그리스어로 '아레테(arete)'이며 그것은 탁월성을 의미한다. 결국 행복이란 이성을 잘 발휘하여 중용을 따르는 행위를 함으로써 덕인이 되었을 때 비로소 얻어지는 것이라고 할 수 있다.

- **쾌락주의**

쾌락과 행복을 동일시하는 윤리학의 입장으로, 인생의 목적을 쾌락추구에 둠으로써 쾌락을 모든 행동과 의무의 기준으로 삼는 것을 말한다. 그러나 무엇을 쾌락으로 보는지에 따라 쾌락주의에는 다양한 이론이 있다. 고대의 키레네학파는 순간적인 육체적 쾌락만을 선으로 여기어 가능한 한 많은 쾌락을 추구하는 것이 행복한 삶이라고 하였다. 그러나 에피쿠로스학파에 따르면 그러한 삶은 쾌락의 노예가 되어 사는 것으로 진정한 쾌락이라고 볼 수 없다. 순간적이고 감각적인 쾌락이 아니라 지속적이고 정신적인 쾌락, 즉 어떠한 외부적 조건에도 동요되지 않는 잔잔한 마음의 상태를 '아타락시아'라 하여, 그것을 진정한 쾌락으로 보았다. 현대에 와서는 '최대다수 최대행복'을 주장하는 공리주의가 쾌락주의를 대표한다. 공리주의는 다수가 누릴 수 있는 많은 쾌락을 추구함으로써 개인을 넘어서 공동체의 행복을 추구한다는 특징을 갖는다.

• 금욕주의

금욕주의는 본래 이성이나 의지의 힘에 의해 육체적 욕망이나 욕구를 억제해야 한다는 도덕이나 종교적인 입장을 가리킨다. 즉 육체와 정신을 분리시켜 보는 이원론적 사고를 가지고서 영혼과 육체, 정신과 물질을 대립적인 것으로 봄으로써, 후자를 전자에 의해 극복되어야 할 것으로 여기는 사고나 태도는 모두 금욕주의에 속한다고 할 수 있다. 고대 철학자 플라톤은 영혼만이 인간의 본래적 모습이라 하여 육체를 영혼의 무덤으로 보았고, 퀴닉학파는 인간의 내적 행복과 도덕적 우수함에 관심을 가지고 육체나 물질에 대해서는 금욕적이고 부정적인 태도를 취하였다. 스토아학파 역시 이성에 따르는 삶을 존중하여 비이성적인 감각과 정념을 배제함으로써 마음이 평정부동(平靜不動)한 '아파테이아' 상태를 행복으로 보았다.

• 최고선

칸트가 자신의 윤리학에서 사용한 용어로, 덕과 행복이 결합한 상태를 말한다. 인간은 누구나 행복을 추구하는데, 행복할만한 품격을 갖추었음에도 불구하고 행복을 누리지 못한다면, 그것은 우리의 의욕과 양립될 수 없다. 칸트는 행복을 누리기 위해서는 그에 걸맞은 도덕적 인격이 선행되어야 한다고 주장한다. 덕은 행복할 만한 품격을 갖추는 것으로 우리가 최상으로 소망하는 것이지만 행복이 추가로 덧붙여져야 완성된 선, 즉 최고선이 된다. 하지만 최고선을 위한 덕과 행복의 충분한 연결은 우리가 도덕법칙들을 정확하게 지킨다고 해서 기대할 수 있는 것이 아니다. 세계는 복잡하여 너무나 많은 사건들이 인과 고리의 연결에 따라 이루어지기 때문에, 세계 내 한 개인이 어떤 선한 의도를 가지고 행위를 한다 할지라도 그 결과가 반드시 행복을 가져온다고 장담할 수 없기 때문이다. 그래서 칸트는 우리 마음의 도덕성이 행복과 직접 연결되는 것은 아니지만, 간접적으로, 즉 자연의 예지적 창시자인 신에 의해 필연적으로 연관된다고 생각함으로써 신을 매개로 하여 최고선이 간접적으로 가능하다고 생각한다.

• **최대다수 최대행복**

계몽주의자 F.허치슨과 J.프리스틀리 등이 제창하고 벤담이 공리주의의 근본원리로 사용한 말이다. 벤담은 사회정책과 입법에 필요한 보편적인 규범을 확립함에 있어서, 최대의 효용가치를 낳는 객관적인 가치판단의 원리로 '최대다수 최대행복'을 주장하였다. 여기서 효용이란, 한 행동을 통해 예상되는 총 이득이 다른 행동을 취했을 때의 총 이득보다 많으면 윤리적으로 정당하다는 것으로, 개인의 이득이 아니라 어떤 행동을 통해 영향을 받는 모든 사람의 이익을 가리킨다. 즉 올바른 행동이란 대안의 행동과 비교하여 더 큰 이득을 낳는 행동으로, 해당 이익이 누구에게 돌아가든 상관없이 최대의 이익을 창출하는 행동을 선택함으로써 공정성을 추구하는 것이 최대다수 최대행복의 의미이다.

본.문.구.성

1. 우리는 행복이 무엇인지 알고 있는 것일까?

사람들은 살면서 모두 행복해지기를 바란다. 행복은 우리의 삶에서 바램 이고 목적이다. 그런데 정작 행복이 무엇인지를 명료히 아는 사람은 몇이나 될까? 행복이 무엇인지를 제대로 모르면서 행복해지기를 바라는 것은 모순이 아닐까? 국어사전에서는 행복을 "복된 좋은 운수" 혹은 "생활에서 충분한 만족과 기쁨을 느끼어 흐뭇함, 또는 그러한 상태"라고 정의하고 있다. 행복이 좋은 운수와 같은 것이라면 그것은 우리의 노력과 무관할 터이니 우연적일 것이다. 그러나 생활에서 느끼는 흐뭇한 마음이나 상태를 의미한다면, 행복은 우리의 마음가짐과 관련이 있을 것이다. 그런데 영국의 심리학자 로스웰과 인생 상담사 코언은 2002년 행복지수라는 것을 만들었다. 행복지수란 자신이 얼마나 행복한가를 스스로 측정하는 지수로, 일종의 행복공식이라 할 수 있다. 그들에 따르면, 행복도를 높이려면 가족과 친구 및 자신에 대해 시간을 투자하고, 흥미나 취미를 추구하며, 밀접한 대인관계를 갖고, 새로운 사람과 만나며, 기존의 틀에서 벗어나려 노력하고, 과거나 미래에 집착하지 않고 현재에 몰두하며, 운동과 휴식을 취하고, 가능한 목표를 가지고 항상 최선을 다해야 한다고 한다. 이러한 물질적 조건들을 충족시키면 우리는 행복해질 수 있을까? 또 이러한 조건들을 얼마나 충족시켜야 우리는 만족할 수 있는 것일까? 이것들을 추구하려 노력하면서 우리는 너무 스트레스를 받게 되지 않을까? 아니, 과연 우리가 이런 것들을 다 해낼 수 있을까? 이러한 물질적 조건을 떠나서는 우리는 결코 행복해질 수 없는 것일까? 행복이 무엇인지 알기 위해 우선 행복에 관한 철학자들의 다양한 견해들을 살펴보기로 하자. 그들의 견해는 우리가 이러한 물음에 대한 답을 찾는데 도움을 줄 것이며, 아울러 행복에 대한 우리들 자신의 의견을 정립하는데 도움을 줄 것이다.

2. 행복이란 무엇인가?

1 / 아리스토텔레스 : 실천적 지혜와 행복

그림 4-1 아리스토텔레스

고대 그리스 철학자 아리스토텔레스(Aristoteles, 기원전 384~322)는 윤리학은 사람이 가장 잘 살 수 있는 방법에 대해 고찰하는 학문이라고 생각하였다. 사람은 다른 사람들과의 관계를 떠나서 살 수 없는 정치적 동물로서 마땅히 추구해야 할 도덕적 목표가 있는데, 그것을 아리스토텔레스는 '에우다이모니아'(eudaimonia)라고 불렀다. 에우다이모니아는 행복(happiness)이라고 번역되는데, 우리가 흔히 생각하는 물질적 충족에 의해 느끼는 만족감이 아니라 뛰어나게 발전된 원숙한 사람이 누리는 완전한 행복을 의미한다. 따라서 그것은 쾌락과 전혀 의미가 다르다. 어떤 사람이 살인을 통해 쾌락을 느낀다면, 그러한 쾌락은 악이라고 할 수 있다. 그러나 어려움에 처한 사람을 도와주고 느끼는 쾌락은 선이라고 할 수 있다. 그래서 쾌락은 무엇을 통해 그것을 느끼는가에 따라 선이 되기도 하고 악이 되기도 한다. 또한 마지못해 선행을 하는 사람은 선행을 하고서도 만족을 얻지 못할 것이다. 그래서 어떤 사람이 많은 쾌락을 누리고 있다고 해서 그 사람을 선하다고도 행복하다고도 할 수 없다. 그렇다면 어떻게 하면 우리는 삶의 목표인 행복에 도달할 수 있는 것일까? 아리스토텔레스에 따르면, 우리에게는 어떤 것을 행할 수 있는 권한도 있지만 그것을 행하지 않을 권한도 있다. 즉 인간은 누구나 자발적으로 도덕적 선택을 할 수 있는 자유의지가 있다. 또한 행복이 모두 똑같은 가치를 가지는 것도 아니다. 행복에는 낮은 수준의 본성을 통해 얻어지는 저급한 것에서부터 이성의 실현을 통해 얻어지는 고급한 것까지 행복의 스펙트럼은 다양하다. 그렇다면 우리가 고급의, 더 나아가 숭고한 수준의 행복을 누리려면 어떻게 해야 할까?

먼저 인간의 가장 탁월한 자질(즉 아레테)이라고 할 수 있는 이성을 실현해야 한다. 여기서 이성의 실현이란 구체적으로는 지식을 추구하고 감각적이고 육체적인 생활을 통제하는 것을 말한다. 다시 말하면, 이성의 지적 힘에 의존하여 도덕적 선이 실현되도록 욕망을 통제하는 것이다. 이성의 실현과 행복의 관계를 이해하기 위해 중용의 개념에 대해 알 필요가 있다. 우리는 흔히 중용(中庸, mean)을 악덕인 양 극단(즉 지나침과 모자람) 사이의 중간지점, 즉 산술중항이라고 생각한다. 그러나 그렇지 않다. 중용의 지점은 고정불변의 기준이 아니라 개인에 따라서 다양한 기준으로 나타나는 상대적인 것이다. 부족이 지나침보다 나쁜 경우도 있지만 그 반대의 경우도 가능하기 때문이다. 예를 들어 살인을 열 번하면 지나치다고 해보자. 그러면 다섯 번 살인을 하는 것이 중용인가? 아니다. 아예 살인을 하지 않는 것이 중용의 지점일 것이다. 한마디로 중용은 가장 '적절한 지점', 즉 '최고의 가치를 산출할 수 있는 지점'을 일컫는다. 그래서 우리는 중용의 덕을 실현하기 위하여 행위를 하기에 앞서 먼저 중용의 지점을 찾아야 한다. 그런데 문제는 중용의 지점을 정확히 찾아내는 것이 과연 쉬운 일인가 하는 것이다. 그 어려움을 아리스토텔레스조차도 "중용을 발견하는 것은 원의 중심을 찾는 것처럼 어려운 일"이라고 실토하고 있다. 그래서 우리에게는 중용의 지점을 찾아내기 위한 심사숙고, 즉 실천적 지혜가 필요하다. 이성의 지적 힘은 이러한 이유 때문에 필요하다. 우리가 많은 지식을 가지고 있다면 그 지식에 의존해서 중용의 지점을 찾아내는 지혜로움을 발휘할 수 있기 때문이다.

그런데 중용을 한번 행했다고 해서 곧바로 덕인이 되는 것도 아니다. 덕이란 한 인간의 인격적 특성이어서 옳은 행위와 구별되어야 한다. 옳은 행위가 곧 덕은 아니다. 덕은 한 개인이 옳은 행위를 습관이 될 때까지 규칙적으로 반복함으로써 얻어지는 인격적 특성이다. 그래서 그것은 실로 강력한 습관을 형성하게 될 만큼 오랜 훈련과 실천을 필요로 한다. 한마디로 덕은 "습관화된 중용"이라고 할 수 있다. 이처럼 인격이란 긴 기간에 걸친 일관된 도덕적 훈련의 소산이기 때문에 덕인은 태어나는 것이 아니라 오랜 노력을 통해 만들어지는 것이다. 그래서 그는 "한 마리의 제비가 왔다고 해서 봄이 오는 것은 아니며, 하루의 실천으로써 행복한 사람이 되는 것은 아니다."고 한다.

아리스토텔레스는 참으로 현실적인 사람이었다. 그래서 그는 행복에 대해서도 현실적으로 접근한다. 행복하기 위해서 우리는 먼저 이성의 기능을 잘 발휘해야 한다. 그러기 위해서 근심 · 증오 · 분노 등과 같은 격정에 휘말려서는 안 된다. 감정에 휘둘리지 말고 마음의 안정을 누려야 하며, 스스로에 대하여도 충분히 알아야 한다. 자신을 모르면서 행복해지기는 쉽지 않을 것이다. 또한 생각에만 머물지 말도 실천하는 추진력도 갖추어야 한다. 둘째는 물질적 조건도 어느 정도 갖추어야 행복할 수 있다. 물질적 조건이란 어느 정도의 부와 재산, 마음이 맞는 친구와 원만한 가정생활, 적어도 혐오감을 주지 않을 만큼의 준수한 외모 등이다. 셋째는 사회적 조건이다. 즉 자기가 선택한 대로 행위 할 수 있는 개인적 자유, 그리고 사회적 신분도 필요하다고 보았다. 당시 그리스 사회에서 노예나 여성은 이러한 자유를 누릴 수 없었기 때문에 그들은 행복할 수 없다고 보았다.

2 / 에피쿠로스학파 : 쾌락과 행복

고대 말기에 이르면 그리스는 로마의 지배를 받게 되고 로마통치에 의한 헬레니즘 시대가 열린다. 바야흐로 로마를 중심으로 하는 세계화시대가 열린 것이다. 이제 폴리스 중심의 사고는 사라지고 사람들 마음속에는 국가보다 개인의 행복을 더 우선시하는 개인주의 철학이 발달한다. 에피쿠로스학파는 이러한 개인주의 철학의 전형이라고 할 수 있다. 이 학파의 창시자인 에피쿠로스(Epikuros, 기원전 342~270)는 아테네 근교에 정원이 딸린 가옥을 구입하여 '에피쿠로스 정원'이라는 학원을 건립하였는데, 그는 여성과 노예를 그 학파에 받아들임으로써 인간이 평등하다는 사상을 그리스인들에게 전파하였다.

에피쿠로스학파는 흔히 쾌락주의라고 불린다. 에피쿠로스는 인간의 모든 행위의 목적은 폴리스가 아니라 개인의 행복임을 천명하면서 선과 악의 평가기준도 개인의 감각이라고 한다. 즉 쾌락만이 유일한 무조건적 선이며, 고통이야말로 유일한 절대적 악이다. 그렇다고 개인의 주관적인 감각적 느낌이 곧 쾌락인 것은 아니다. 그가 말하는 쾌락은 인생 전체에 걸치는 행복을 의미한다. 한마디로 행복한 삶이란 냉정하면서 평화롭고, 공포로부터 자유로운 고통이 없는 삶을 말한다. 그런데 이러한 평화롭고 행복한 삶을 살기 위해서 우리는 쾌락을 증가시키려고 노력하는 것이 아니라 고통을 제거하려고 노력해야 한다. 쾌락이란 결핍의 충족이기 때문에, 만일 충족이 힘들면 욕구를 줄이는 것이 현명하다는 것이다. 그는 우리가 적극적으로 쾌락을 추구할수록 결국 쾌락의 노예가 된다고 한다. 탐욕이나 야심과 같은 쾌락의 경우 늘 외적 자극이 필요하지만 언제나 그것을 만족스럽게 채울 수 없기 때문에 불행을 초래하게 된다. 그래서 욕구를 줄임으로써 고통을 제거하는 것, 즉 더 이상 외적 자극을 필요로 하지 않는 심신의 자연적 안정, 혹은 평형을 이루는 심신의 자유로운 상태를 추구해야 한다. 이러한 마음의 완벽한 평화 상태를 그는 아타락시아(ataraxia)라고 부르고, 아타락시아야말로 모든 괴로움에서 해방된 고요하게 안정된 상태라고 한다.

만일 우리가 어떤 행위로부터 비롯된 고통이 쾌락보다 더 큼에도 불구하고 그 행위를 선택한다면, 그것은 고통이 결국에는 더 큰 쾌락으로 이어지기 때문일 것이다. 이처럼 우리는 쾌락을 현재적인 것에 한정하지 말고 과거와 미래를 포함한 인생의 총체성 속에서 포착해야 한다. 가령 예쁜 옷이나 맛있는 음식 등이 주는 쾌락은 사려에 의해 자제해야 하며, 사치욕이나 정복욕 등은 불행을 부르는 것이므로 꿈꾸지 말아야 한다. 오직 자연적이고 필연적인 욕망만이 충족되어야 한다. 따라서 행복하기 위해서 우리는 쾌와 고통을 비교 측정하는 것이 필요한데, 그것이 곧 실천적 지혜이다.

에피쿠로스가 진정으로 원했던 것은 죽음의 공포로부터의 해방이었다. 그는 신과 죽음에 대한 모든 공포는 근거 없는 거짓된 것이므로 이 공포로부터 벗어나기 위해서 실천지는 이론지가 필요하다고 한다. 신들은 존재하지 않는 것은 아니지만 중간적 우주에서 자족의 삶을 누리고 있어서 신과 다른 우주에 사는 우리와는 접촉이 없으므로 두려워할 필요가 없다. 또한 죽음은 감각의 결여이다. "우리가 존재하는 한 죽음은 현존하지 않으며, 죽음이 현존할 때에는 이미 우리는 존재하지 않는다." 따라서 신과 죽음을 두려워하는 것은 어리석은 일이다. 이처럼 에피쿠로스학파는 쾌락주의라고 불림에도 불구하고 적극적으로 쾌락을 추구하기 보다는 고통을 줄임으로써 행복을 추구하는 소극적인 입장을 취하고 있다.

3 / 스토아학파 : 금욕과 행복한 삶

헬레니즘 시대의 또 다른 행복론으로 에피쿠로스학파와 쌍벽을 이루는 스토아학파가 있다. 그들은 행복한 삶의 방식으로 금욕의 방법을 추천한다. 한마디로 욕망의 절제를 통해 정신적 평온을 추구하는 것이 행복한 삶이라는 것이다. 이 학파의 창시자인 제논(Zenon, 기원전 336~263)은 아테네 북쪽의 '기둥이 늘어선 회랑'에서 강의를 하였는데, 이 늘어선 기둥을 'stoa'라고 부른 것이 스토아학파 명칭의 유래가 되었다. 오늘날 'stoical'이란 말이 '고통을 개의치 않는 태연함으로 그것을 견디다'는 의미를 갖는 것도 여기서 유래한 것이다.

스토아학파는 개인 생활의 자족과 평정을 삶의 일차적 목표로 보고, 이를 위해 비이성적인 감각과 정념을 배제하고 이성을 존중하는 삶을 살아야 한다고 한다. 그래서 선한 사람이란 오로지 이성적인 사람, 즉 온갖 정열을 근절시키고 오로지 이성적 숙고에 의해 행동하는 사람을 말한다. 이들에 따르면 감정은 옳고 그름에 대한 공정한 판단을 방해하는 일종의 '도덕적 병'이다. 그러니 현명한 사람이 되려거든 어떤 사사로운 욕망이나 감정에 의존해서는 안 된다. 온갖 두려움이나 쾌락의 유혹 그리고 잡다한 사건에 의한 동요나 걱정은 우리의 영혼을 흐리게 하여 올바른 도덕적 판단을 그르치게 한다. 설령 불행한 사람을 돕는다 할지라도 그에 대한 연민이나 동정심은 버리고 오로지 이성에 의해 엄격한 의무감에서 그를 도와야 한다. 그래서 그들은 모든 열정으로부터 벗어나서 마음이 평정(平靜)하고 부동한 상태를 아파테이아(apatheia)라 부르고, 이러한 상태에 도달했을 때 행복해질 수 있다고 한다. 열정으로부터 벗어난 상태에서 객관적으로 명석한 판단을 할 수 있고, 명석한 판단은 잘못된 행동이 야기할 수 있는 고통으로부터 우리를 보호해 줄 수 있으므로 자연스럽게 마음의 행복을 얻게 될 것이다.

스토아학파 중의 한 사람인 에픽테투스는 내적인 정신적 자유를 역설하면서 "행 · 불행은 자기가 의지 외적인 것에 지배되지 않도록 자신을 지배하는 것에 달렸다." 고 한다. 로마의 노예였던 그는 노예의 주인도 그 자신의 희노애락의 노예일 수 있으며, 노예도 그의 내적인 정신적 독립을 갖는다면 자유롭다고 한다. "만약에 당신이 오직 당신에게 속한 당신의 것을 생각하고 다른 사람의 것은 정말로 다른 사람의 것으로 생각한다면, 아무도 당신을 혼란스럽게 하거나 방해하지 못할 것이고, 당신은 누구도 비난하지 않을 것이며, 당신은 당신의 의지에 반하는 어떤 일도 하지 않을 것이고, 당신에게는 어떠한 적도 없을 것이며, 어떤 위협도 당신을 해치지 못할 것입니다."

스토아철학자들의 공통적인 생활 원칙은 "자연에 따라서 살아라." 였다. 세상일은 모두 우주적 이성이랄 수 있는 자연의 법칙에 따라 이미 결정되어 있기 때문에, 우리가 무엇으로 인해 기뻐하거나 슬퍼하는 것은 마음의 평온을 깨는 어리석은 짓이다. 우리의 이성을 발휘하여 우주적 이성의 깊은 뜻을 깨달아 슬픔도 기쁨도 없는 마음의 평화를 찾아야 한다. 따라서 스토아학파가 최고의 생활방식으로 제시하는 '덕의 실현'은 인간이 자연의 일부분임을 깨닫고서 '자연의 섭리와 일치하는 생활'을 하는 것이다. 그리고 이런 생활이 바로 행복을 가져다준다. 자연의 운행은 우연적으로가 아니라 우주적 이성의 질서에 의해 결정되기 때문이다. 이미 결정된 것을 무모하게 바꾸려는 행위는 고통을 가져오는 어리석은 행위일 뿐이다. 실제로 로마의 황제이며 스토아 철학자였던 아우렐리우스는 자식을 잃은 후에 스스로 이렇게 타일렀다고 한다. "어리석은 사람은 이렇게 묻는다. 내 아이를 잃지 않기 위해서 어떻게 해야 하냐고. 하지만 그대는 이렇게 물어야 한다. '아이를 잃은 슬픔을 이겨낼 수 있기 위해서 어떻게 해야 합니까?'라고."

4 / 칸트 : 도덕적 인격과 행복

그림 4-2 임마누엘 칸트

행복하기 위해서 반드시 도덕적일 필요가 있는 것일까? 다시 말하면 도덕적이면서도 행복한 삶이 과연 가능할까? 18세기의 계몽주의 철학자 칸트(Immanuel Kant, 1724~1804)는 그러한 삶이 가능하다고 말한다. 칸트에 따르면 도덕은 원래 우리 자신을 "행복하게 만드는 방법에 관한 가르침"이 아니라, "어떻게 우리가 행복을 누릴 만한 품격을 갖추어야 하는가에 대한 가르침"이어야 한다. 인간은 이성과 감정을 가지고 있지만 감정에 따라 행동하는 것은 옳지 못하다. 이성에 따라 행동하는 사람만이 행복할 만한 품격을 갖게 된다. 유한한 존재인 인간은 모두 행복에 대한 매우 강렬한 경향성을 가지고 있다. 경향성이란 감정에 따르는 것으로 '~에로 끌리는' 자연스런 성향, 욕구, 충동과 같은 것을 말한다. 그리고 이러한 욕구들은 모두 하나로 통합되어서 행복이라고 불려진다. 이처럼 인간은 누구나 행복을 추구하지만 행복에 대해 아무런 확정적이고 확실한 개념조차 갖고 있지 못하다는 것이 문제이다. 무엇을 행복이라고 할지에 대하여 모두 각자의 쾌와 불쾌에 의한 특수한 감정에 의존하고, 또한 동일한 사람에 있어서도 감정의 변화에 따라 필요로 하는 것이 다르기 때문이다. 이렇게 주관적인 것은 매우 우연적이어서 우리의 객관적인 실천원리가 될 수 없다. 예를 들어 통풍 환자는 건강에 대한 미래의 불확실한 기대보다는 맛있는 음식이 주는 현재의 확실한 쾌락이 그에게 더 힘을 발휘할 수 있기 때문에 음식의 쾌락을 선택할지도 모른다. 그러나 칸트는 행복을 향한 관심이 그의 의지를 규정하기 때문에 그는 의무감에 의해 건강을 선택하게 되고, 또한 그래야만 도덕적 가치가 있는 선택이라고 한다. 즉 칸트는 우리가 이성적 의지에 의해 자연적 욕구를 제거할 것을 요구하는 것이 아니라 자연적 욕구가 우리의 행위를 규정하지 못하도록 그것을 차단해야 한다는 것을 주장한다.

그런 의미에서 칸트는 행복과 도덕을 분명하게 구별한다. 행복은 경험적인 조건들을 토대로 이루어지는 반면, 도덕은 경험적인 것이 조금도 섞여서는 안 된다. 그러나 칸트가 양자를 구별하는 것은 행복과 도덕을 대립시키기 위해서가 아니다. 그는 우리가 행복에 대한 욕구를 포기해야 한다는 것이 아니라, 단지 우리의 도덕적 의무가 문제가 될 때는 행복을 고려해서는 안 된다는 것이다. 물론 어떤 면에서는 숙련성, 건강, 부유함과 같은 행복의 조건은 도덕적 의무를 완수하기 위한 수단이 되기도 하며, 반대로 가난과 같은 행복의 결여는 우리로 하여금 도덕적 의무를 벗어나게 하는 유혹이 될 수도 있다. 그럼에도 양자를 구별하는 이유는 우리가 단지 행복만을 추구하는 것은 결코 의무가 될 수 없기 때문이다. 칸트는 윤리의 영역에서 도덕적 의무보다 자기행복의 원리를 앞세우는 것을 경계하는 것이지 결코 행복을 배척하지는 않는다.

또한 행복을 추구함에 있어서도 우리는 경향성이 아니라 이성적 의지에 의존해야 한다. 그러나 인간은 합리적이기는 하지만 동시에 자연적 욕구로부터 자유로울 수 없는 존재이기 때문에, 욕구에 따르거나 혹은 자기이익을 위해 의무를 소홀히 하거나 태만할 수 있는 가능성이 많다. 게다가 행복이란 개념은 너무나 불명료하며 또 그 개념에 속하는 모든 요소들이 경험적이기 때문에 행복이 결코 올바른 행위의 객관적 기준이 될 수 없다. 특히 칸트는 행복이 행위의 동기가 되어서는 안 된다고 생각한다. 일상생활에서 우리의 의지는 흔히 도덕법칙과 경험적 동기의 갈림길에 서서 갈등을 겪게 된다. 이 갈림길에서 도덕법칙을 택하게 되면 경향성에 속하는 모든 것에 대한 유혹을 떨치고 도덕적 행위를 선택하는 것이고, 극히 일부분일지라도 그 동기에 있어서 경험적인 근거들에 의존한다면 경향성에 따라 행위 하게 되는 것이다. 그런데 이처럼 경향성을 따르는 행복의 원리는 상대적일 수밖에 없어서 보편타당성을 담보로 하는 도덕성의 기초가 되기에는 부적합하다. 그래서 행복의 원리는 결코 도덕의 기준도 도덕적인 동기도 될 수 없다. 왜 그러한가? 쾌적함이라는 도덕 감정은 그 본성상 정도에 있어 무한히 차이가 나기 때문에 선악에 대한 동일한 척도를 제공하지 못한다. 그리고 결코 어떤 사람도 그의 감정을 가지고서 다른 사람들을 타당하게 판단할 수 없다. 또한 이런 감정은 충동을 받아들이게 되어 있는 주관의 본성을 따르기 때문에 외부의 충동에 의해 우리의 의지가 움직인다. 그러나 그것은 외부의 경향성에 따라 움직이기 때문에 자율적이 아니라 타율적인 의지이다. 따라서 행복이 의지를 규정해서는 안 된다. 그렇다고 행복을 포기하라는 것은 아니지만, 행복을 도덕법칙을 준수하는 조건으로 삼아서는 안 된다는 것, 즉 행위의 동기로 삼아서는 안 된다는 것이다. 도덕적 의무를 준수하는 것이 먼저고 행복은 그 귀결로서 얻어지는 것이다.

칸트에 따르면 덕은 우리가 소망할 가치가 있는 최상의 선이다. 그리고 덕을 갖춘 사람이야말로 행복할 만한 품격을 갖춘 사람이라고 할 수 있다. 하지만 덕만으로는 아직 완성된 선이 되지 못한다. 완성된 선을 위해서는 행복이 추가로 요구된다. 그래서 덕과 행복이 함께 결합된 것을 최고선이라고 부른다. 덕은 언제나 더 이상의 조건을 갖지 않기 때문에 최상선이다. 행복은 그것을 소유한 사람에게 언제나 쾌적함을 주지만, 그것 자체만으로 절대적으로 좋은 것이라고 할 수 없다. 행복은 언제나 도덕법칙에 알맞은 행위라는 조건을 전제할 때에만 좋은 것이 된다. 양자는 하나 만으로는 부족하다. 최상선으로서의 덕성을 갖추었음에도 불구하고 행복하지 않다면, 그것은 완성된 선이 아닐 것이다. 최고의 쾌적한 상태이어서 행복감을 느끼지만, 그 쾌적함이 부도덕함을 동반한다면 그 쾌적함은 진정으로 편안한 쾌적함이 아닐 것이다. 따라서 덕과 행복은 근거와 귀결로 연결됨으로써 최고선이 된다. 양자가 이렇게 연결되어야만, 덕을 실천하려는 노력과 행복을 얻으려는 이성적 노력은 서로 다른 두 행위가 아니라 완전히 동일한 행위가 된다.

요컨대 칸트가 지향하는 것은 행복과 성공만으로는 만족스런 인생을 살 수 없다는 것이다. 우리 자신이 스스로에게 요구하는 정체성에 견뎌낼 수 있으려면, 이것들만으로는 부족하다. 공허함이 남는다. 이러한 공허함은 보다 높은 차원의 행위 영역에서 채워져야 한다. 실용적인 행복의 추구만으로는 결코 인간 행위의 온 의미를 충족시킬 수 없다. 우리의 정체성은 실용적 행위의 성공에서가 아니라 우리가 갈등 상황에서 도덕적인 것을 우위로 결정하는 것에서 찾아져야 한다. 그래서 행복은 덕과 연결되어야 한다. 따라서 경향성으로부터 완전히 독립적일 수 없는 유한한 인간에게 진정한 행복이란, 자기실존에 대한 흡족함에서 오는 자기만족이다. 여기서 자기만족은 도덕적 행위에 대한 자기의식을 의미한다. 한마디로 행복은 도덕적인 인간이 누리는 자기 인격에 대한 만족인 것이다. 행복할 만한 품격으로서의 덕에다 행복이 덧붙여지면서 완성된 선을 이루는 것이 우리의 삶의 목표이다.

5 / 공리주의 : 최대 다수의 최대 행복

그림 4-3 제레미 벤담

대다수의 사람들은 고통은 피하고 쾌락은 가까이 하기를 원한다. 19세기의 영국 철학자 벤담(Jeremy Bentham, 1748~1832)은 도덕은 신을 기쁘게 하는 문제가 아니며, 추상적인 규칙들에 매달리는 문제도 아니라고 주장한다. 벤담이 살았던 19세기의 유럽은 자본주의의 발달로 그 어느 시대보다 문명의 발달이 이루어졌지만, 그 혜택이 모든 사람에게 평등하게 돌아간 것은 아니었다. 자본과 생산수단을 가진 사람들은 그로 인해 더 많은 자본을 소유함으로써 부유해질 수 있었지만, 대다수의 노동자들은 가진 것이 없었기 때문에 자본가에게 소속되어 노동착취를 당함으로써 가난한 삶을 살 수밖에 없었다. 양극화가 심한 빈익빈 부익부 사회였던 것이다. 사회의 이러한 부정의함을 보고서 벤담은 개혁의 필요성을 느꼈고, 그래서 그는 도덕도 이제 이 세계에 가능한 한 많은 행복을 가져오게 하는 원리로 바뀌어야 한다고 생각한다. 이런 이유로 벤담이 내세운 새로운 도덕원리가 '유용성의 원리'이다. 유용성의 원리란, 이해관계가 걸려 있는 당사자들의 행복을 증대시키거나 감소시키는 경향성에 따라서, 다시 말해 행복을 증진시키느냐 감소시키느냐에 따라 모든 행동을 시인하거나 비난하는 원리를 말한다. 행복을 증진시키고 고통을 감소시키는 행위는 옳은 행위이지만 그 반대로 행복을 감소시키고 고통을 증진시키는 행위는 옳은 행위가 아니라는 것이다. 그는 이러한 원리에 따라 당시 영국의 법률과 제도를 개혁함으로써 많은 사람들이 더 많이 행복해지는 사회를 만들려고 노력하였다.

벤담은 사회 정책과 입법에 필요한 보편적인 규범을 확립하기 위해서는 객관적인 가치판단의 기본원칙을 찾는 일이 필수라고 생각했다. 그리고 그가 찾아낸 원리가 바로 "최대다수 최대행복"이다. 그는 이 원리에 따라 여러 정책들을 살펴보고 손실과 이득을 따져 결정하는 것이 최선의 방법이라고 생각했다. 윤리적 관점에서 보았을 때 최대의 효용 가치를 낳는 정책을 택하는 것이 가장 올바른 행동인 것이다. 다시 말하면 문제의 행동을 택해 예상되는 총 이득이 다른 행동을 취했을 때의 총 이득보다 많으면 윤리적으로 정당하다고 본다. 단, 이 경우 공리주의가 주장하는 효용은 개인의 이득이 아니다. 어떤 행동을 통해 영향을 받는 모든 사람(최대 다수의 의미)의 이익을 말한다. 또한 올바른 행동은 이득이 손실보다 큰 행동이 아니라, 대안의 행동과 비교하여 더 큰 이득을 낳는 행동을 가리킨다. 그리고 즉각적이고 직접적인 결과뿐만 아니라, 장기적이며 간접적인 영향까지 고려해야 한다고 한다. 소탐대실(小貪大失), 당장의 작은 이익이나 욕망에 눈이 가리어 잘못된 결정을 함으로써 그로인해 미래에 더 많은 고통을 초래하게 해서는 안 된다는 것이다. 따라서 공리주의에 따르면 우리가 무엇을 결정하려 할 때, 결정에 앞서 반드시 미리 살펴보아야 할 것이 있다. 먼저 내가 해결하려고 하는 문제의 해결방법, 즉 가능한 대안들로 무엇이 있는지를 살펴보아야 한다. 그 다음은 각 대안들이 장차 이 결정으로 인해 개인들에게 어떤 영향을 미칠지를 따져봐야 한다. 다시 말하면 영향을 받게 될 사람들에게 돌아갈 쾌락과 고통의 양을 계산해야 한다. 마지막으로 그 대안들 각각이 갖는 쾌락과 고통의 총량을 계산하여, 즉 쾌락의 총량에서 고통의 총량을 뺀 남은 쾌락 혹은 고통의 양을 고려하여 가장 많은 쾌락을 주는 대안을 선택해야 한다. 이 대안이야말로 가장 효용가치가 큰 대안이라고 할 수 있다. 이러한 심사숙고의 과정을 걸쳐 선택한 대안에 따라 행동을 했을 때, 이 행동으로 인해 영향을 받을 모든 사람들에게 가장 많은 행복이 돌아간다는 것이다. '최대다수 최대행복'이 의미하는 것은 바로 이런 것이다.

이처럼 관련된 모든 사람에게 미치는 영향을 고려하는 공리주의의 도덕성은 모든 사람의 이해(利害)를 공정하게 고려하기 때문에 행복을 추구함에 있어서 평등한 입장을 취한다고 할 수 있다. 해당 이익이 누구에게 돌아가든지 상관없이 최대의 이익을 산출하는 행동을 선택함으로써 공정성을 추구하기 때문이다. 옳은 행위들은 불행에 대한 행복의 가능한 최대의 잉여를 생산하는 행위들이며, 그 경우 각 개인의 행복은 똑같이 중요한 것으로 공평하게 계산되어야 하는 것이다. 공리주의의 이러한 이론은 거짓, 간음, 살해 등과 같은 행동과 진실, 충성, 약속이행 등의 행동이 도덕적인지 아닌지를 구별할 때도 유용하게 사용된다. 거짓말하고 불신하며 협력하지 못하면 사회의 복지가 악화되기 때문에 나쁘다고 생각한다. 반면에 진실하고 신뢰하며 협력하면 사회의 복지를 증진시켜 이익을 가져오기 때문에 도덕적으로 올바르다고 본다. 하지만 부정직이나 거짓말이 언제나 부도덕한 것은 아니다. 만일 특정 상황에서 다른 대안들이 거짓말 보다 더 나은 결과를 초래할 수 없다면, 거짓말이 옳다는 평가를 받을 수도 있다. 이 말은 공리주의가 효용성을 중히 여긴다는 것을 의미한다. 즉 공리주의는 거짓말을 수단으로 하여 더 많은 사람들이 행복을 누릴 수 있는 경우라면, 거짓말을 해도 된다는 것이다.

이처럼 공리주의는 개인의 행복을 전체와의 관계에서 고려한다. 사회 전체의 행복의 양을 증대시킬 수 있다면 소수 개인의 희생도 정당화될 수 있다. 자본주의 사회의 문제점이랄 수 있는 사회적 불평등을 해소하기 위하여 공리주의는 지금까지와는 다른 행복론을 요청하는 것이다.

3. 내가 생각하는 행복이란 무엇인가?

행복이 무엇인지도 모르면서 행복을 추구할 수는 없다. 누구든 행복해지고 싶다면 먼저 자신이 생각하는 행복이 무엇인지를 알아야 한다. 그러나 당신이 생각하는 행복이 무엇이냐는 질문을 받았을 때, 대부분의 사람들은 당황하게 된다. 자신이 행복해지기를 바라고 있다는 것은 잘 알고 있지만 정작 행복이 무엇인가에 대해서는 잘 알지 못하고 있다는 것을 깨닫게 되기 때문이다. 우리는 이러한 어리석음에서 벗어나기 위하여 행복에 대해 성찰해볼 필요가 있다. 그래서 고대부터 현대의 철학자들이 행복을 무엇이라고 생각하는지, 아니 우리가 어떻게 하면 행복해질 수 있는지에 대하여 지금까지 살펴보았다.

고대의 현인 아리스토텔레스는 중용의 지점을 찾아내는 실천적 지혜가 필요하다고 주장한다. 중용의 덕을 지키려고 노력함으로써 우리는 덕인이 되고 덕인이 됨으로써 행복해질 수 있다는 것이다. 로마가 지배하던 헬레니즘 시대의 에피쿠로스학파는 쾌락주의라고 일컬어지면서도 쾌락을 적극적으로 추구하기 보다는 소극적인 방법으로 고통이 없는 평온한 마음의 상태가 곧 행복이라고 한다. 동시대의 스토아학파는 행복과 금욕을 동일시한다. 얻을 수 없는 것을 얻으려 욕구하면서 고통 받지 말고 차라리 그것을 포기함으로써 마음의 평화를 누리라고 권고한다. 양자는 쾌락주의와 금욕주의라는 정 반대의 입장을 표명하지만, 행복이란 곧 마음의 평화이며, 그 평화는 욕망을 줄임으로써 얻어진다고 주장하는 점에서는 같다고 할 수 있다. 근대의 계몽주의자 칸트는 행복하기 위해서는 먼저 도덕적이어야 한다고 주장한다. 한평생 아무리 많은 부와 권력을 쌓았다 할지라도 그것이 부도덕한 방법을 통해 얻은 것이라면 그 스스로 자신의 인생을 만족스럽게 여기지 못한다는 것이다. 따라서 우리 행위의 동기는 행복이 아니라 옳음이어야 한다. 도덕법칙을 지키려는 선한 의지가 동기가 되어 옳은 행동을 하다 보면 그 결과 자신에 대해 만족해짐으로써 행복해질 수 있다는 것이다. 그 역시 행복을 물질적인 것의 획득이 아니라 마음의 평화에서 찾고 있음을 알 수 있다. 그러나 자본주의가 한창 진행되었지만 양극화 현상이 심각했던 시대에 살았던 공리주의자들이 생각한 행복은 좀 다르다고 할 수 있다. 그들은 이제 한 개인의 행복이 아니라 사회 전체의 행복을 추구한다. 대다수가 가난하면서 불행한 사회가 아니라 소수의 사람들의 희생이 강요되더라도 그로 인해 더 많은 사람들이 행복한 사회를 만들 수 있다면, 우리는 그렇게 해야 된다고 생각한다. 만일 이 이론을 택한다면, 우리는 부유한 소수의 사람들로부터 더 많은 세금을 거두어 가난한 많은 사람들의 복지를 증대시키는 선별적 복지를 택해야 할 것이다.

우리는 이처럼 행복에 관한 철학자들의 다양한 이야기를 들어보았다. 어느 철학자의 행복론이 가장 합리적이라고 생각되는가? 혹시 모든 이야기가 다 옳은 것 같아서 조금 혼란스럽더라도 그것을 불편해 할 필요는 없다. 인생에 정답이 없는 것처럼, 철학에는 수학과 같은 정답이 없다. 우리는 행복에 관한 우리 모두의 정답을 찾는 것이 아니라 우리 자신의 정답을 찾는 것이다. 좀 더 시간을 두고 진지하게 생각해 본다면, 삶에서 무엇이 우선되어야 하는지를 알 수 있고 그렇게 되면 자신의 행복론을 만들 수 있을 것이다.

생.각.해.보.기

1. 아리스토텔레스에 따르면, 우리가 행복해지기 위해서는 중용을 행해야 하고, 중용의 지점을 제대로 찾기 위해서는 많은 지식, 즉 정보가 필요하다고 한다. 다양한 정보에 의존함으로써 가장 적절한 방법을 찾아낼 수 있기 때문이다. 그래서 그는 실천 보다는 지식을 더 우위에 둔다. 정말 우리가 행복해지는 데에 지식이 필요조건일까? 물론 그는 지식이 필요조건이라는 것이지 충분조건이라고는 하지 않는다. 지식 외에도 다른 것들이 필요하기 때문이다.

2. 에피쿠로스학파는 우리가 쾌락을 추구하면 할수록 행복해지는 것이 아니라 쾌락의 노예가 되어 더 불행해진다고 한다. 한우 등심이 아무리 맛이 있어도 그것을 세 끼 네 끼 계속해서 먹는다면 더 이상 맛있다는 생각이 들지 않을 것이다. 그렇게 되면 우리는 한우 보다 더 맛있는 것을 찾아야 만족할 수 있다. 그러나 한우 보다 더 맛있는 것 또한 오래가지 못할 것이다. 같은 음식은 아무리 맛있어도 곧 질리기 때문이다. 그래서 우리는 더 큰 쾌락을 주는 것을 계속 쫓게 되지만, 아무리 우리가 얻으려 해도 모든 것을 다 얻을 수 없는 것이 인생이다. 그래서 그들은 차라리 욕망을 줄이는 것이 오히려 행복해지는 지름길이라고 한다. 경쟁이 심한 자본주의 사회에 사는 우리들이 이 의견에 동의할 수 있는가? 우리가 욕망을 줄이면 우리는 사회에서 루저로 남게 되어 불행해지는 것은 아닐까?
3. 스토아학파의 철학자들은 인간 또한 자연의 일부이기 때문에 자연의 이치에 맞게 살아야 한다고 한다. 그들이 말하는 자연의 이치란 일종의 자연의 섭리와 같은 것으로 정신적인, 즉 이성적인 원리를 말한다. 자연의 이치와 인간의 이치가 같으니 자연에 동화하여 살아야 한다는 것이다. 그러나 근대의 철학자 베이컨은 자연을 알면 우리가 자연을 극복할 수 있다고 한다. "아는 것이 힘이다."라는 그의 말은 자연을 알게 되면 자연을 정복함으로써 우리가 행복해질 수 있다는 의미이다. 그래서 그는 자연과학의 발달을 찬양한다. 식량의 부족을 해결하기 위해서 콩이나 옥수수의 유전인자를 바꾼 유전자변형 식품(GMO)의 예는 과학의 힘을 보여준다. 자연의 섭리를 따르는 것이 행복일까? 아니면 자연을 지배하여 자연을 극복하는 것이 행복일까?
4. 칸트의 말대로 꼭 도덕적이어야만 행복할까? 거의 모든 동화책이나 드라마에서는 악인이 벌을 받거나 자신의 행동을 후회하고 반성하는 것으로 끝을 맺는다. 그리고 그런 결말을 통해 우리는 마음이 후련해지는 것을 느낀다. 그러나 그것은 어디까지나 픽션이다. 실제의 삶에서 악인이 행복한 결말을 맺는 경우를 보거나 들었는가? 그런 경우가 있다면 사례를 제시해 보라. 그리고 그 사례를 통해 도덕과 행복의 관계에 대한 의견을 제시해 보라.
5. 공리주의의 "최대다수 최대행복"이라는 원칙에 따르면, 어떤 경우에는 개인의 희생을 필요로 할 수도 있다. 가령 어떤 사업장의 사장이 불법체류 중인 외국인 노동자의 약점을 이용하여 그들을 저렴한 임금으로 고용하였다고 가정해보자.

저렴한 임금으로 인하여 그는 자신의 공장에서 생산하는 물건의 단가를 낮출 수 있기 때문에 시장에서 경쟁사에 비하여 유리한 입장에 놓일 수 있다. 그 결과 그는 더 많은 물건을 팔 수 있게 되어 이익을 남기고, 더불어 많은 소비자들도 동질의 물건을 값싸게 살 수 있기 때문에 이익을 볼 수 있다. 소수의 외국인 노동자들의 희생을 바탕으로 다수의 사람이 이익을 얻게 됨으로써 최대다수 최대행복을 만족시킨 경우라고 할 수 있다. 이처럼 개인의 희생을 발판으로 삼은 다수의 행복이 정당화 될 수 있을까? 우리 사회의 법규가 이러한 원칙을 바탕으로 하여 만들어진다면 우리 사회는 과연 정의로운 사회가 될 수 있을까?

읽.어.볼.만.한.책

- 안광복 지음, 『처음 읽는 서양철학사』, 웅진 지식하우스, 2011
- 앙드레 베르제 · 드니 위스망 공저, 『인간과 세계』, 남기영 옮김, 정보여행, 1966
- 강순전 · 이진오 공저, 『생각하고 토론하는 철학수업』, 학이시습, 2011
- 데즈먼드 모리스 지음, 『털 없는 원숭이의 행복론』, 김동광 옮김, 까치, 2008

연.습.문.제

1. 행복은 모든 행위의 동기인가 목적인가? 칸트와 공리주의의 의견을 비교하여 각자의 의견을 서술해 보라.
2. 우리에게 행복해야 할 의무가 있을까? 의무가 있다면, 왜 그런지 이유를 써보라.
3. 행복과 욕망은 어떤 관계에 있을까? 양자의 관계에 대하여 자신의 의견을 제시하라.

5장

서양편 소중한 내 인생

종교

이상일

학.습.목.표

1. 주어진 종교 문제들 안에서 다루어지고 있는 주요 개념들을 분석한다.
2. 주어진 종교 문제들의 근원을 철학의 패러다임 안에서 합리적이고 논리적으로 고찰하고 비판한다.
3. 주어진 종교 문제들에 대한 새로운 대안을 찾아보고 논리적으로 제시해본다.

용.어.해.설

- **신정론** 神正論

본래 '신정(神正)'이란 신의 의인(義認) 또는 칭의(稱義)를 뜻하는 말로서 라이프니츠로부터 유래하는 개념이다. 한 마디로 말하여 이 개념이 재기하는 문제는 이 세계의 악의 현실 앞에서 신은 과연 어떻게 의로운 존재라고 불릴 수 있겠는가의 문제이다. "만일 신이 의롭다면 악은 어디로부터 오는가?" 이 세계의 악의 현실을 볼 때 선한 신은 전능하지 못하든지, 전능한 신은 선하지 못한 신이 아닌가? 왜 신은 악과 고난을 허용하는가?

- **신 존재 증명**

서양철학의 전개 과정에서 신의 존재 증명만큼 철학적 주목을 크게 집중시킨 종교적 문제도 흔치 않다. 신 존재 증명은 신의 존재가 기초적 믿음이라고 보는 관점을 거부하고 "신은 존재 한다"라는 명제가 참인지의 여부를 증명하는 것이다. 여기서 주의해야 할 점은 신의 존재를 증명하지 못하거나 제시된 증명이 어떤 사람들에게는 설득력이 없다고 해서 신이 존재하지 않는다는 것은 아니라는 점이다.

- **비판적 합리주의**

  종교의 문제, 특히 신앙과 이성의 문제에 있어서 비판적 합리주의는 칼 포퍼(Karl Popper, 1902-1994)의 합리주의, 오류가능주의, 상호비판주의로 요약되는 '비판적 합리주의'의 관점을 종교에 적용한 것이다. 이것은 종교적인 믿음 체계들에 대한 결정적인 증명이 불가능하더라도 그러한 믿음 체계들이 합리적으로 비판되고 평가될 수 있으며 또한 그래야만 한다고 보는 관점이다.

- **유추** 類推

  유추란 어떤 것이 다른 것에서 두 개의 비슷한 사물이나 사실에서 한쪽이 어떤 성질이나 관계를 가질 경우 다른 사물도 그와 같은 성질이나 관계를 가질 것이라고 추리되는 것이다.

- **상징** 象徵

  상징의 의미를 분명히 하려면 기호와 상징을 비교해보면 된다. 기호는 그 자체를 넘어서 그 밖의 어떤 것을 지시한다. 교통신호에서 빨간 불은 중지를 지시한다. 상징 역시 그 자체를 넘어서 어떤 다른 것을 지시한다는 점에서 기호와 같다. 그러나 상징은 그것이 지시하는 대상, 즉 실존에 참여한다. 깃발은 네모난 천에다가 색칠을 한 것이다. 그러나 깃발은 국민의 힘과 영광을 나누는 힘을 상징한다. 그러기에 사람들은 그 깃발을 위해 싸우고 또 그것을 위해 죽기도 한다.

본.문.구.성

1. 서론

종교가 인간의 삶에 지대한 영향을 미치고 있다는 사실은 여러 가지의 사례들을 통해서 알 수 있다. 우리 사회에 기독교, 가톨릭, 유교, 불교, 도교, 이슬람교, 무교(巫敎) 등이 깊숙이 뿌리를 내리고서 긍정적이든 또는 부정적이든 우리의 삶에 영향을 미치고 있다. 우리는 이러한 형태의 종교와 관련 없는 사람일지라도 어쩔 수 없이 종교적인 성향을 가지고 있는 것을 엿볼 수도 있다. 그러나 종교들 간의 많은 차이점들로 인하여 공통분모를 찾는다든지 종교 전반에 대해서 일반적으로 말한다는 것은 매우 어려운 실정이다. 그리하여

에벨링(G. Ebling)은 "하나의 보편적인 종교의 개념을 가지고 여러 가지 위대한 종교들의 비밀을 해명할 수 있는 열쇠를 소유하고자 하는 일을 아무도 감히 할 수 없다"고 말한다.

그리하여 여기에서는 대부분의 종교들의 교리에 관한 일반적인 내용들을 모두 소개하는 방식을 택하지는 않을 것이다. 그 대신에 종교에 관한 논의의 범위를 좀 더 좁혀서 전개해나갈 것이다. 기본적으로 여기에서는 분석적 방식을 채택하고서 종교에 있어서의 중요한 개념들과 논증들을 명료하게 하고 분석하는 작업을 하게 될 것이다. 다시 말하면, 여러 종교들의 기본 교리와 개념들을 설명하는 종교학적 방법이나 어떤 특정 종교의 교리신학, 또는 변증학과는 다르게 '종교철학적인 방법론'을 채택하여 종교에서 다루고 있는 여러 주제들을 분석하고 비판적으로 평가하는 시도를 할 것이다. 그런데 서양 철학자들 특히 현대 영미철학자들과 종교철학자들은 오랫동안 모든 종교들 예를 들면 여러 동양종교들과 무교(巫敎)까지를 포괄하는 모든 종교들의 관점에서가 아닌 서양의 유신론적 관점에서 종교의 여러 주제들을 비판적으로 검토해왔다. 그러므로 여기에서는 불가피하게 주로 유태교, 기독교, 이슬람교 등의 고전적인 유신론적 관점을 통하여 종교철학에서 중요하게 다루어지고 있는 몇 가지의 중요한 주제들을 중심으로 고찰할 것이다. 그리고 여기에서는 종교 안에서의 여러 가지 문제들을 고찰함에 있어서 주장과 반론, 그리고 여러 가지의 대안들에 대하여 개방적인 입장을 가지고서 출발할 것이다.

2. 본론

1 / 종교란 무엇인가?

인간의 삶에 가장 큰 영향을 미치고 있는 것들 중에 하나는 바로 종교이다. 인간은 어쩔 수 없이 종교적 성향을 가지고 있는 '종교적 동물'이라고 할 수도 있다. 왜냐하면 인간이 어쩔 수 없이 종교적인 성향을 가지고 있음을 입증하는 증거들이 고대로부터 현대에 이르기까지 다양하게 존재해왔기 때문이다. 예를 들면, 선사시대의 원시인들은 그들의 종교적인 충동을 애니미즘적이거나 토테미즘적인 신앙으로 표현하였다. 그들은 하늘에 있는 신령에게 자기들을 잘 돌봐달라고 또는 비를 내려달라고 빌었다. 현대 일본의 선종인(宣宗人)들은 '아(我)'와 '비아(非我)'의 합일에 대하여 묵상한다. 회교력의 제9월(라마단)에 독실한 이슬람교인들은 해가 뜰 때부터 해질 때까지 단식을 행한다. 우리나라의 석가탄신일에는 수많은 불교인들이 불교사찰을 찾는다. 성탄절이 되면 전 세계의 기독교인들이 예수 그리스도의 탄생을 기리는 예배에 참여한다.

영어에서 종교를 의미하는 'religion'라는 말은 라틴어 'religio'에서 유래된 것으로서 대체적으로 두 가지의 해석이 있다. 하나는 'religio'라는 말이 '다시 반복하여 읽는다'라는 의미를 가지고 있는 'relegere'에서 나왔다고 본다. 그리하여 이것은 종교라는 말이 신들에 대한 존경의 표시로서 신들에 대한 이야기를 종교의식을 통하여 반복적으로 읽는 데에서 유래되었다고 보는 입장이다. 또 다른 하나는 'religio'라는 단어가 '다시 묶는다'라는 뜻을 가지고 있는 'religare'에서 나온 것으로 본다. 그리하여 이것은 인간이 범죄함으로 인하여 생명의 본원이 되는 신에게서 떨어져 나와 죽게 되었는데, 중보자(仲保者)인 그리스도를 믿음으로써 신에게 결합하는 것, 즉 사람이 신을 알고 그 신을 따르는 경건한 태도로 신에게 결합한다는 의미를 지니고 있다. 그리하여 대부분의 사람들의 견해에 따르면, 종교라는 것은 인간이 초월적인 존재 또는 존재들을 신앙하는 것을 의미한다고 볼 수 있다. 그러나 종교에 대한 이러한 정의는 사전적 의미에 불과하며, 이러한 종교에 대한 이해는 어떤 다른 종교적 전통들을 도외시하고 있다. 예를 들면 유교와 같은 종교에서는 초월적 존재들의 현존의 문제가 전혀 발생되지 않는다는 것을 알 수 있다. 대체적으로 종교는 초자연적 존재나 신적 존재와 관련되어 있는 것이 사실이지만 모든 종교들이 다 그러한 것은 아닌 것이다. 불교의 경우에도 유신론적이지 아니한 종파들 가운데에서는 초자연적인 개념이 없는 사례들이 분명히 있다. 또한 도교, 힌두교, 이슬람교에서는 이러한 초자연적인 개념이 매우 다른 방식으로 표현되고 있다는 것도 발견된다.

현대의 세계 종교들에 대한 뛰어난 연구자들은 종교에 대하여 여러 가지의 정의를 내리고 있다. 예를 들면 티일(C. P. Tiele)은 경신(敬神)의 태도를 강조했고, 브래들리(F. H. Bradley)는 종교와 선(善)을 연계시키고 있고, 마티노(James Martineau)는 윤리적인 일신론에 대한 믿음에 초점을 맞추고 있음을 알 수 있다. 스펜서(Herbert Spencer)는 "종교란 모든 것이 우리의 지식을 초월해 있는 힘의 표현이라고 인정하는 것이다"라고 정의하고 있고, 아놀드(Matthew Arnold)는 "종교란 감정에 의해서 고양되고, 타오르고, 밝혀지는 윤리이다"라고 주장한다. 프롬(Erich Fromm)은 "종교란 인간의 형이상학적인 여러 욕구를 궁극적으로 충족시킴으로써 우리에게 궁극적인 마음의 안정과 의지할 곳을 가져다주는 가르침이다"라고 언급하고 있다. 스마트(Ninian Smart)는 모든 종교들에서 드러난다고 생각되는 여섯 가지의 큰 특징으로서 의식(儀式性), 신화(神話性), 교리성(敎理性), 윤리성(倫理性), 사회성(社會性), 경험성(經驗性) 등을 제시하기도 한다.

그러나 어느 하나 또는 몇 가지의 특징만을 가지고서 종교에 대한 보편적인 정의를 내리는 것은 잘못된 것이다. 왜냐하면 모든 종교들을 포괄하는 보편적인 정의를 내리기에는 종교들이 너머 복잡한 형태를 띠고 있기 때문이다. 이와 같이 종교들 간의 근본적인 차이점들로 인하여 모든 사람에게 만족을 줄만한 종교의 정의를 찾는다는 것 또는 종교를 한 마디로 정의한다는 것은 매우 어려운 실정이다. 결론적으로, 비트겐슈타인(Ludwig Wittgenstein)은 그의 언어이론에서 같은 이름으로 불리는 모든 사물에 공통된 것, 즉 '본질'은 없다고 단언한다. 그러므로 그의 주장에 의거해서 생각해보면, 종교의 본질이라는 것은 없으며 종교를 일의적(一義的)으로 정의할 수 없다는 것은 분명해 보인다.

그럼에도 불구하고, 가장 포괄적인 의미에서 종교를 규정해보자. 종교는 '궁극적 실재'라는 개념을 중심으로 형성된, 개인적이면서도 집단적인 믿음과 행위와 정서의 집합에 의해서 구성된다고 말할 수 있다. 여기에서 말하고 있는 '궁극적 실재'는 유일한 것일 수도 있고 다원적인 것일 수도 있다. 인격적인 존재일 수도 있고 비인격적인 존재일 수도 있다. 신성한 것일 수도 있고 그렇지 않을 수도 있다. 그리하여 그것들의 차이는 종교마다 다르다고 말할 수 있다. 그러나 우리가 종교라고 부르는 모든 문화적인 현상들은 이러한 정의에 들어맞는다고 말할 수 있다. 규정된 행위들은 의식(儀式)의 유형으로부터 윤리적인 생활에 이르기까지 다양하고, 정서들도 경신과 겸손의 감정에서부터 인생과 우주에 대한 낙관주의 또는 비관주의에 이르기까지 가지각색이다. 여기에서 우리가 고찰해야할 대상은 '믿음들'이다. 여러 종교들의 믿음들은 그 종교가 승인하는 특정한 행위와 그 종교가 일으키는 정서를 설명해 준다. 이러한 믿음들은 교리의 형태로 공식화되어 나타나거나 그 종교의 일상적인 관행에 포함되어 있다. 그러나 모든 종교의 다양한 세부 사항들은 궁극적인 실재에 관한 확장이라고 할 수 있다. 그러한 믿음들을 우리는 '종교적 믿음들'이라고 하며, 다른 모든 믿음들과 마찬가지로 '일관성'과 '정합성'과 '타당성'과 '진리성'이 검토될 수 있다. 그런데 '믿음들'간의 일관성과 진리성 등을 고찰하는 학문이 바로 철학이므로 철학은 '종교적 믿음들'을 정당하게 비판적으로 검토해 볼 수 있다.

역사적으로 철학은 종교를 비롯한 주요 문제를 탐구할 때 몇 가지 중요한 요소들을 강조해왔다. 첫째, 명료성이다. 예를 들면, 종교철학자들은 신이나 기적, 악과 같은 주요 용어들을 어떻게 정의할 것인지에 대해서 깊은 관심을 가지고 있다. 둘째, 비판성이다. 숨겨진 가정들을 찾아내고 검토하고, 각각의 입장에 대한 대안과 반론을 찾아내려고 하는 것이다. 그래서 종교철학자들은 하나의 주어진 특정 종교의 이론을 단지 해설하는 것으로 만족하지 않고 그 이론의 긍정적인 면과 부정적인 면을 드러낸다. 셋째, 철학자들은 어떤 의견이 책임 있는 의견이 되기 위해서는 개인적인 선호나 집단적인 확신에 근거한 것이 아니라 '논증'에 근거해야만 한다고 항상 강조해왔다. 우리의 논증을 필요로 하지 않는 믿음들이 있다고 주장하는 사람들조차도 그러한 주장을 입증하는 '논증'을 제시해야만 한다. 그런데 대부분의 영미의 종교철학자들은 주요 유신론적 종교들의 범위 안에서, 특히 기독교적 유신론 안에서 이러한 관점을 가지고서 종교의 여러 주제들에 대하여 논의해왔다. 그러므로 여기에서는 주로 이러한 '종교철학적' 관점에서 우리의 논의를 전개해 나갈 것이다.

2 / 악(惡)과 신정(神正)의 문제 : 악은 어디로부터 오는가?

신정(神正), 즉 '신의 정의(正義)'란 18세기에 라이프니츠(1646-1716)로부터 유래한다. 그런데 이러한 신정의 문제는 이 세계 안에 끊임없이 발생되고 있는 악의 문제와 밀접한 관련성을 가지고 있다. 한 마디로 말하면, 이 문제는 이 세계의 악의 현실 앞에서 신은 과연 의로운 존재라고 말할 수 있겠는가라는 것이다. "만일 신이 의로운 존재라면 악은 어디로부터 오는 것인가?" 이 세계의 악의 현실을 볼 때 의로운 신은 전능하지 못하든지, 전능한 신은 의롭지 못한 신이 아닌가? 신은 왜 이 세계 안에 있는 악과 고통을 허용하는가? 만일 이 세계가 신의 존재에 근거된 신적 세계라면, 이 세계의 모든 것이 신의 조화와 질서에 따라 일어난다면 인류가 당하고 있는 말할 수 없는 불의와 고통은 어디로부터 오는가? 이 세계에서 힘을 가지고 있고 승리하는 것은 악이 아닌가?

우리는 이러한 의문을 도스토예프스키(Fyodor M. Dostoevsky, 1821-1881)의 소설 『카라마조프가(家)의 형제들』 안에서 발견할 수 있다. 무신론자인 이반은 이 책에서 악의 여러 사례들, 특히 순진무구한 어린이들이 당하는 고통을 수집한 것을 보여주고 있다. 이 책에서 한 여종의 어린 사내아이가 주인의 개에게 장난으로 돌을 던진다. 이것을 본 주인은 그 다음날 아침에 그가 키우는 사냥개들을 데리고 와서 그 사내아이를 물어뜯어 죽이게 한다. 이러한 현실을 보면서 이반은 "이러한 지옥이 있는 곳에 무슨 조화가 있단 말인가?"라고 말한다. 이반이 말하고자 하는 바는 독실한 수도승인 알료샤의 신이 전능하고 정의롭다고 하는데, 이 세계는 온통 부당하고 불의한 일들로 가득 차 있고, 고통이 만연해 있다는 것이다. 따라서 이러한 현실이 자신의 전능하면서 동시에 의로운 신의 존재를 인정하는 데에 '커다란 암초'가 된다는 것이다.

악과 신정의 문제에 대하여 문제를 제기하는 학자들은 정의로운 신과 악이 함께 존재한다는 것이 논리적으로 불가능하다고 주장한다. 그러므로 이에 대하여 유신론자들이 반론을 제기하려면 신의 정의와 악의 공존이 논리적으로 가능하다는 것을 보여주어야 한다. 이에 대한 가장 설득력 있는 반론은 '자유의지론'이다. 이에 따르면 세상의 악과 고통은 우리가 우리의 행동을 자유롭게 선택하기 위하여 지불해야할 가치가 있는 대가(代價)이다. 우리의 자유의지는 순수하게 자발적인 선택을 가능하게 할뿐만 아니라 우리가 진정으로 도덕적 가치가 있는 삶을 살게 한다. 또한 그것은 신과의 사랑과 신뢰의 관계를 가능하게 하는 요소이다. 다만 우리는 종종 잘못된 선택을 함으로써 우리의 자유의지를 잘못 사용할 여지가 남아 있다. 그러나 그것은 우리가 감수할만한 가치가 있는 위험이고, 신은 우리에게 악한 의지를 이겨낼 수 있는 선한 의지를 함께 부여했다.

플란팅거(Alvin Plantinga)는 그의 자유의지론 안에 현대 논리학자들의 '가능 세계'라는 개념을 끌어들임으로써 반론을 펼친다. 가능 세계는 단지 전적으로 가능한 사태이며, 사물들의 가능한 존재방식이다. 플란팅거는 하나의 가능 세계를 끌어들임으로써 신의 전능성과 관련된 인간의 자유에 대해서 그의 저서 'Necessity'에서 다음과 같이 언급하고 있다.

> "(악한 행위보다는 선한 행위를 더 많이 자유롭게 수행하는) 매우 자유로운 피조물들로 이루어진 세계와 자유로운 피조물이 전혀 없는 세계를 놓고 볼 때에 모든 조건이 동일하다면 전자(前者)의 세계가 더 가치 있는 세계이다. 이제 신은 자유로운 피조물들을 창조할 수는 있을지라도 그들로 하여금 오직 올바른 일만 하도록 결정하거나 시킬 수는 없다. 그 이유는 만일 신이 그렇게 할 경우 그 피조물들은 전혀 자유롭지 않기 때문이며 그들은 올바른 일들을 자유롭게 할 수 없기 때문이다. 그러므로 도덕적으로 선할 수 있는 피조물을 창조하기 위해서 신은 동시에 도덕적으로 악할 수도 있는 피조물을 창조하여야만

한다. 그리고 신은 이러한 피조물들이 자유로이 악을 행하도록 내버려 두는 동시에 그러한 행동을 하지 못하도록 막아서는 안 된다. 신은 실제로 충분히 자유로운 피조물들을 창조하였지만 그들 중의 일부는 그들의 자유를 잘못 발휘하기도 하였는데 이것이 도덕적인 악의 근원이 되었다. 하지만 이러한 자유로운 피조물들이 때때로 잘못 행동한다는 사실로 인하여 신의 전능성과 도덕적 선이 훼손되지는 않는다. 왜냐하면 자유로운 피조물들은 단지 도덕적인 선의 가능성을 발휘함으로써 도덕적인 악의 발생을 미연에 방지할 수 있었을 것이기 때문이다."

플란팅거는 여기서부터 제3의 언명을 이끌어낸다. 신은 전능하지만, 도덕적인 선을 가지고 있으면서도 도덕적인 악을 가지고 있지 않은 세계를 창조하는 것은 그의 능력 안에 있지 않다. 신은 악을 행하는 선택을 할 수 있는 자유로운 피조물들의 세계를 창조할 수 있다는 것이 그의 제3의 언명이다. 다시 말하면, 신이 창조한 자유로운 피조물들이 살고 있는 가능 세계에 있어서 그와 같이 충분히 자유로운 피조물들이 전혀 잘못을 범하지 않게 하는 것은 신의 능력 밖에 있다는 것이다. 그리고 이러한 언명은 신의 존재를 주장하는 언명과 함께 악이 존재함을 함유하게 되기 때문에 정의로운 신의 존재와 악의 존재가 양립 가능함을 보여 줄 수 있게 된 것이다. 따라서 정의로운 신과 악이 공존할 수 없다는 주장은 반박된 것으로 보인다.

이에 대하여 매키(John Mackie)와 플루(Antony Flew)는 플란팅거의 주장에 반대하여 신이 도덕적인 선만 있고 도덕적인 악은 없는 가능 세계를 창조할 수 있었는데 그러한 세계에서는 사람들은 비록 그들의 선택이 결정되어 있더라도 오직 올바른 행동만을 수행하는 쪽을 선택할 수 있었을 것이라고 주장한다. 그런데 이러한 주장에 대하여 플란팅거는 자유 의지가 어떠한 형태의 결정론과도 양립할 수 없으며, 따라서 신은 자기의 마음에 드는 세계만을 창조할 수 없었을 것이라고 답변한다. 그의 설명에 따르면, 신은 자기처럼 창조적인 행위의 중심이 되는 자유로운 존재로서의 피조물들로 가득 차 있는 세계를 창조하는 것이 좋다고 생각했을 것이라고 주장한다. 많은 현대 철학자들은 자유 의지 옹호론이 그것의 묵시적인 양립 불가능론과 함께 악의 논리상의 문제에 대한 하나의 강력한 답변이라는 것을 인정하고 있다.

그러나 이러한 자유 의자 옹호론이 오랜 세월 동안 철학자들에 의해 지지를 받아왔음에도 불구하고 그것 역시 여러 가지의 문제 제기에 직면해 있음을 부정할 수 없다. 그 중에서 자유 의지 옹호론이 직면한 가장 명백한 문제 중의 하나는 바로 '자연적인 악'의 존재 문제이다. 설령 우리가 자유 의지 옹호론의 주장을 받아들여 간혹 잘못된 선택을 통해 저지를 수 있는 '도덕적인 악'의 위험을 감수한다 하더라도 '자연적인 악'의 존재는 또 어떻게 해결할 수 있단 말인가? 우리의 자유 의지와는 아무런 상관이 없는 자연적인 악, 다시 말하면 질병, 기아, 홍수나 지진과 같은 것들은 왜 존재하는 것일까? 이러한 질문에 대하여 플란팅거의 자유 의지 옹호론은 적절한 답변을 줄 수 없다.

플란팅거로 대표되는 자유 의지 옹호론 이외에 악과 신정의 문제에 대한 다른 여러 학자들 답변들이 있다. 고전적인 해결책 중의 하나로 초기 기독교 철학자이자 신학자인 아우구스티누스(Augustinus)의 답변이다. 그는 그의 저서 『신의 도성(The City of God)』에서 악은 신과 독립해서 존재하는 긍정적 실재가 아니라 '선의 결여 또는 결핍'이라고 말한다. 만일 악이라는 것이 실재하는 피조물이 아니라 선의 결여나 결핍이라고 한다면, 신이 악을 창조했다고 말할 수는 없을 것이다. 그런데 이러한 주장에 대하여 "전능한 신이 선의 결여나 결핍의 발생을 막을 수 있지 않았겠는가?"라는 반론을 제기할 수도 있을 것이다. 그러나 이것 또한 재반론이 가능하다. 선의 결여 또는 결핍의 결과로서 악은 피조물의 존재 속에 본래적으로 내재해 있는 '인간의 한계'의 필연적인 결과일 수 있다는 것이다. 신 자신은 완전하고 무한한 존재이다. 그러나 피조물인 인간은 피조 되었다는 그 사실로 인하여 완전하고 무한한 존재가 아닌 불완전하고 유한한 존재일 수밖에 없는 것이다. 신에게 피조물로부터 선의 결핍 또는 결여와 같은 불완전성 또는 유한성을 제거하라고 신에게 요구하는 것은 피조물을 신으로 만들라고 요구하는 것이다. 그래서 라크탄티우스(Lactantius, 240-320)은 이렇게 언급하고 있다. 그의 이러한 언급에 대한 적절한 반론은 없을까?

> "사람들은 인간이 질병에 걸리고 때 아닌 죽임을 당해야 한다는 것을 불평한다. 인간은 자신이 신으로 태어나지 않은 사실에 분노하고 있는 것이다."

플란팅거의 '자유 의지 옹호론'과 아우구스티누스의 '선의 결핍 또는 결여' 이외에, 악과 신정의 문제에 관한 답변으로서 18세기의 라이프니츠(G. W. F. Leibniz)의 '우주론적 낙관주의(Cosmological optimism)'가 있다. 그는 그의 저서 『변신론(Theodicy)』에서 다음과 같이 주장하였다.

"완전한 신은 어떠한 가능 세계도 창조할 수 있는 능력을 가지고 있다. 신이 완전하다면 그는 최상의 가능 세계를 창조할 것이다. 어떠한 창조된 현실도 전적으로 완전할 수 없으며 어떤 악을 가지고 있어야 한다. 따라서 신은 선과 악이 최적의 균형을 이루는 세계를 창조하였다."

그에 의하면, 신은 세계를 가능한 최선의 계획을 따라 창조했다. 그러나 "악은 더 높은 선을 수반할 수도 있으므로 최선의 계획은 악을 항상 피하려고 하지만은 않는다." 우리는 경험을 통하여 악이 선을 일으킨다는 것을 알고 있다. 예를 들면, 질병은 인간에게 낭비했던 과거의 삶을 반성하게 하고 보다 고귀한 삶을 추구할 수 있도록 명상하는 시간을 줄 수도 있는 것이다. 그러므로 모든 악은 우리가 알지 못하는 어떤 보다 더 높은 선을 위하여 봉사한다고 결론지을 수도 있을 것이다. 그렇지만 이러한 그의 생각은 거의 설득력이 없다. 왜냐하면 라이프니츠의 이러한 주장은 "만일 신이 더 나은 세계를 창조할 수 없다면 도대체 왜 이 세계를 창조하였는가?"라는 의문을 가지게 만들기 때문이다. 또한 그의 주장은 인간 고통의 자의적(恣意的)인 배분과 비율을 설명하는 데에 어려움이 있다. 예를 들면, 죄 없는 자가 고통을 당하고 사악한 자가 고통을 겪지 않는 상황에 대하여 납득할 만한 설명을 할 수 없다. 그리고 종종 고통의 양과 질이 인격 형성에 필요한 범위를 훨씬 넘어설 정도로 끔찍한 경우, 그리고 그러한 엄청나게 불행한 상태로 생을 마감했을 경우에도 마찬가지이다.

3 / 신의 존재에 대한 논증 : 신은 논증을 통하여 증명될 수 있을까?

서양철학에 있어서 신의 존재에 관하여 흥미로운 논증들이 많이 전개되어 왔음을 볼 수 있다. 고대철학에서부터 신학은 형이상학의 한 분야로서 신의 존재와 본성, 그리고 신과 세계와의 관계를 연구하는 학문이라고 정의되어 왔다. 우리는 자연신학과 계시신학 사이의 차이를 주의해야만 한다. 중세시대의 신뢰할 만한 지식의 두 가지 주요한 근원으로서 계시와 인간의 이성이 일반적으로 인정되었다. 중세의 신학자들은 신학적 지식의 가장 풍부한 원천은 계시라고 믿으면서도, 한편으로 신에 관한 지식을 "자연적 이성의 빛에 의해서" 얻을 수도 있다고 생각했다. 예를 들면 가톨릭교회는 제1바티칸 공회에서 "모든 사물들의 근원이요 목적이신 신은 인간 이성의 자연적인 빛의 도움으로

피조된 사물들로부터 확실히 인식될 수 있다"라고 천명하고 있다. 이에 반하여 개신교 신학자들은 신의 존재에 관한 논증에 대하여 비판적인 견해를 가지고 있다. 그러면 신의 존재에 관한 증명의 방법들과 이에 대하여 어떤 비판적인 견해들이 있는지를 검토해보자.

가. 우주론적 증명

우주론적 논증은 그 출발점이 우주에 있기 때문에 우주론적 논증이라고 부른다. 우주론적 논증의 핵심적인 질문을 한 마디로 말한다면 "우주의 원인은 무엇인가?"라는 질문일 것이다. 우주가 왜 존재하는가? 아무 것도 존재하지 않을지도 모르지만 그래도 무언가가 있다. 왜 있단 말인가? 이러한 우주론적 논증은 아리스토텔레스와 키케로의 저서에 이미 나타나 있다. 예를 들면, 아리스토텔레스는 "제일원동자가 오직 하나뿐이고 또 영원한 것임에 틀림없다는 것은 명백하다"고 말한다. 아리스토텔레스는 이 '부동(不動)의 원동자(原動者)'가 바로 신이라고 보았다.

이어서 이러한 우주론적 논증은 중세시대의 토마스 아퀴나스(Thomas Aquinas, 1224-1274)의 '다섯 가지의 길'에 의해서 발전되었다. 여기서는 토마스 아퀴나스의 우주론적 논증들 중에서 두 번째 논증만을 살펴보자. 그의 두 번째 논증은 이 세계의 원인들로부터 출발한다. 이 세계의 모든 사물들은 어떤 원인으로부터 온 결과이다. 그리고 이러한 원인은 다른 원인으로부터 오는 결과이다. 그리하여 우리는 계속 보다 높은 원인으로 소급하게 된다. 그러나 무한히 소급하는 것은 불가능하므로 우리는 더 이상의 원인을 갖지 않은 최초의 원인을 전제할 수밖에 없다. 이러한 존재가 바로 신이다. 그러면 이러한 우주론적인 논증에는 어떤 비판적인 견해들이 있을까?

첫 번째 비판은, 원인은 무한퇴행이 불가능한 것이 아니라 가능할 수 있다는 것이다. 우주론적 논증은 원인이 무한히 뒤로 소급하는 것은 불가능하다는 것을 가정하고 있다. 그렇지만 마치 가장 작은 수로 여겨지는 그 어느 수에든지 언제나 하나를 뺄 수 있기 때문에 가장 작은 수라는 것은 있을 수가 없는 것과 마찬가지로, 다시 말하면 이러한 무한급의 수가 가능하다면, 원인도 무한퇴행이 충분히 가능할 수 있다는 것이다. 두 번째 비판은, 원인의 소급 또는 퇴행이 어디에선가 끝나야 한다고 인정하더라도 원인이 없거나 스스로 원인이 되는 그 어떤 것이 우주 자체 일수도 있다는 것이다. 다시 말하면, 자기인과(self-causation)의 개념을 받아들인다면 신은 불필요하다. 세 번째 비판은, 우주론적 논증으로 인해 우리는 신에게 특이한 속성들을 부여하게 된다는 것이다. 스스로 원인이 되고, 반드시 존재하며 등등…. 이는 그 자체로 해석하기가 힘들고 문제가 많을 수밖에 없다.

나. 목적론적 논증

목적론적 논증은 토마스 아퀴나스의 우주론적 증명의 다섯 번째 방법이다. 이 논증은 세계 속에 있는 사물들의 방향으로부터 출발한다. 모든 사물들은 하나의 목적을 지향하고 있다. 그러므로 우리는 모든 사물들이 궁극적으로 지향하고 있는 최고의 목적을 전제할 수밖에 없다. 이러한 최고의 목적, 즉 모든 사물들이 그것에 의해서 목적을 향하여 배열되는 이성적 존재가 바로 신인 것이다.

설계로부터의 논증이라고도 불리는 이 논증은 윌리엄 페일리(William Paley, 1743-1805)에 의해서 '시계의 예증'이라는 것으로 제시되기도 했다. 당신이 무인도에서 시계 하나를 발견하게 된다면, 당신은 그 복잡하고 정밀한 구조를 보고서 틀림없이 어떤 시계 제작자가 만들었다고 추론할 것이다. 그런데 우주는 시계와는 비교도 할 수 없을 만큼 훨씬 더 훌륭한 기계이다. 그렇다면 우주가 뛰어난 지성을 가진 정신의 산물이다. 그리고 이 정신이 바로 신이라는 것이다. 그러면 이제 이러한 목적론적 논증 또는 설계 논증에 대한 비판적 견해들은 어떤 것들이 있는지 알아보자.

첫째, 목적론적 논증은 '그릇된 유비'에 의존하고 있다는 것이다. 흄(David Hume, 1711-1778)은 누구나 집이 실재함을 보고 건축자의 존재를 추측할 수 있다는 것을 인정한다. 우리는 집들을 '경험'하고, 또 집을 건축한 건축자와 설계를 한 설계자를 '경험'하기 때문에, 이를 추측할 수 있다. 그러나 자연의 질서가 사람에게 경험적으로 알려진다 해도, 우주의 설계자라는 존재는 사람에게 '경험을 통해' 알려지지 않는다고 흄은 지적한다. 그러므로 이 논증은 '그릇된 유비'에 의존하고 있는 것이다. 우리는 여기에서 유비논증의 설득력은 비교 대상이 되는 것들 간의 '유사한 정도'에 달려 있다는 점을 다시 한 번 생각해 볼 필요가 있다.

둘째, 우주가 정교한 질서를 보여주고 있다 해도, 그 정교한 질서에 관하여 '신'에게 호소하지 않아도 충분히 달리 설명할 수 있다는 것이다. 예를 들면, 다윈의 자연선택에 의한 진화론은 어떤 지적이 설계자에 의한 초자연적인 개입 없이도 그러한 경이로움과 목적의 합목적성을 설명할 수 있다.

셋째, 대부분의 자연물들은 아름답고 경외감을 불러일으킬지라도, 이 세계를 세부적으로 보았을 때에는 완벽하지 못하다는 것이다. 목적론적 논증은 이 세상에 존재하는 '자연적인 악,' 예를 들면, 지진, 해일, 태풍, 화산의 분출 등으로 인해 많은 인명이 피해를 당하는 일에 대하여 적절한 해답을 주지 못한다. 신이 존재한다는 것을 논증하기 위하여 이 우주가 조화롭게 설계되었다고 가정하지만 과연 이 세계는 완벽하게 조화로운 세상인가? 결함이 있는 설계물이 있다는 것은 결함이 있는 설계자가 있다는 의미는 아닐까?

다. 존재론적 논증

신의 존재에 관한 가장 영향력 있는 논증 중의 하나인 존재론적 논증의 고전적인 형태를 만든 사람은 11세기의 안셀무스(Anselmus, 1033-1109)이다. 그의 존재론적 논증은 신의 존재 자체로부터 출발한다. 먼저 안셀무스는 "신은 그보다 더 큰 것이 생각될 수 없는 것"이라고 전재한다. 이러한 존재를 우리가 말할 때 그것은 여하튼 우리의 생각 속에 있게 된다. 그러나 그것은 생각 속에 있을 뿐만 아니라 현실적으로도 있다고 말할 수밖에 없다. 만일 그것이 생각 속에만 있다면 "그보다 더 큰 현실적 존재가 생각될 수 있다." 그러므로 '그보다 더 큰 것이 생각될 수 없는 것,' 곧 신은 생각 속에 있을 뿐만 아니라 현실에 있어서도 존재한다고 말할 수밖에 없다. 우주론적 논증의 경험주의적인 토대와는 달리 존재론적 논증은 선험적으로 그리고 논리적 필연성에 의해 신의 존재를 부정하는 것은 모순임을 입증하려고 한다. 신이라는 관념 자체가 그것의 존재를 의미한다는 것이다. 이러한 내용의 존재론적 논증은 데카르트, 라이프니츠, 스피노자, 헤겔에 의하여 계승되고 발전되었다. 그러면 이러한 존재론적 논증에 대하여 비판을 제기해보자.

첫째, 존재론적 논증은 증명해야할 것을 미리 옳은 것으로 가정하는 '부당가정의 오류'에 빠져 있다는 것이다. 이 논증에서 우선적으로 입증해야 하는 것은 신이 존재한다는 사실이다. 그러나 이 사실이 존재론적 논증의 전제 속에 암암리에 승인된 것처럼 취급되고 있다. 다시 말하면, 존재론적 논증은 신이 존재한다는 것을 이미 전제하고 있기 때문에 신이 존재한다는 것을 먼저 증명해야 하는 '선결문제 요구의 오류'를 범하고 있는 것이다. 안셀무스의 존재론적 논증은 '정언진술'로 되어 있다. 그러나 엄밀하게 말하면, 존재론적 논증이 주장하는 모든 내용은 '가언진술'에 지나지 않는다. 즉, 그러한 진술은 "만일 신이 존재한다면, 그는 가장 위대할 것이다. 그리고 만일 가장 위대한 자가 존재한다면, 그는 존재 한다"라는 의미를 지니고 있는 진술에 불과한 것이다. 이 논증은 완전하고 필연적인 존재가 실제로 '있음'을 보여줌으로써 그러한 존재를 '사실로서 확인시키는 일'을 전혀 하지 못하고 있다.

둘째, 존재론적 논증이 모든 종류의 사물들을 존재하는 것으로 정의하는 것을 허용하는 것 같다는 것이다. 다시 말하면, 가장 완전한 섬이 실재하지 않는다면 그것은 가장 완전하게 생각될 수 있는 섬이 아니라는 것이다. 그러나 이러한 결론은 모순이다. 왜냐하면, 가장 완전한 섬이 이 세상에 없더라도 우리는 그러한 섬을 상상해볼 수는 있기 때문이다. 그리고 우리는 완벽한 해변과 야자수, 야생동물 등을 갖춘 '가장 완전한 섬'을 쉽게 상상해볼 수 있을 것이다. 그렇지만 이것으로부터 이러한 완전한 섬이 지구상의 어딘가에 현실로 존재한다는 결론이 뒤따라 나오는 것은 아니다. 이것이 바로 안셀무스와 동시대인이었던 가우닐로(Gaunilon)가 그의 저서 『바보를 대신하여』에서 존재론적 논증을 비판한 내용이다.

4 / 신앙과 이성 : 이 둘은 양립할 수 있을까?

초기 기독교 교부였던 테르툴리아누스(Quintus S. F. Tertullianus, 160-220)는 신앙과 이성이 전혀 양립할 수 없다고 단언한다. 그는 "아테네인들이 예루살렘과 무슨 관계가 있는가?"라고 묻는다. 여기에서 '아테네인'은 그리스 철학을 의미하고, '예루살렘'은 기독교를 의미한다. 그런데 이 말뜻은 "철학과 기독교 또는 신앙과 이성은 공통된 것이 전혀 없을 뿐만 아니라 양립할 수도 없다"는 것이다. 그러나 테르툴리아누스가 그리스 철학을 비난했음에도 불구하고 그 자신은 철학적인 훈련을 받았을 뿐만 아니라 기독교의 교리를 설명하면서 철학 또는 이성을 사용했다는 것은 분명하다. 그러므로 신앙과 이성의 문제의 핵심은 우리가 신앙을 이해할 때 이성을 사용할 수밖에 없다면, 신앙을 갖는 것은 우리의 신앙이 참이라고 믿을 수 있는 '이성적인 충분한 이유'를 갖는 것에 의존하는가의 문제이다.

가. 신앙주의(fideism)

신앙주의는 일반적으로 "종교적인 믿음 체계들은 합리적인 평가를 받지 않는다"라는 관점을 가지고 있다. 신앙주의는 얼핏 보면 맹목적일 수도 있다. 그러나 이것이 단순히

'그냥 무작정 믿기'인 것은 아니다. 신앙주의는 어떠한 논증도 어떤 종류의 전제(前提)에 근거해야한다는 사실을 상기시킨다. 처음부터 어떠한 전제도 인정하지 않는 사람과 논쟁한다는 것은 불가능하다. 논증을 계속하다보면 어느 지점에 가서는 그것들은 너무도 기본적이어서 그것들을 증명할 수 있는 더 기본적인 것이 없는 근본적인 전제들에 이르게 된다. 그런데 우리는 그러한 근본적인 전제들을 증명 없이도 받아들인다. 신앙주의자들은 신실한 종교인에게는 가장 근본적인 전제들이 그 종교적 믿음 체계 자체 내에서 발견된다고 주장한다.

신앙주의자들은 근본적인 전제들을 증명이 없이도 받아들이는 것에 대해서 아무런 문제도 없다고 생각할 뿐만 아니라 오히려 그것을 당연한 것으로 받아들인다. 이성의 차원 위로 신앙을 고양시키는 신앙주의자들은 신앙이 이성을 대신하여 진리로 통하는 방법이라고 생각한다. 그리고 그들은 이러한 방법이 종교적 차원에서 볼 때에는 옳다고 단언한다. 키에르케고르(Søren Kierkegaard, 1813-1885)는 이성과 논증을 통하여 객관적으로 종교를 추구하는 것에 반대한다. 그는 이에 대하여 다음과 같이 언급한다.

> "모험이 없이는 신앙이 있을 수 없다. 엄밀하게 말해서 신앙은 개인의 내향성이 가지고 있는 끝없는 열정과 객관적인 불확실성간의 모순이다. 신을 객관적으로 파악할 수 있기 때문에 믿는 것이 아니라 그렇게 할 수 없기 때문에 나는 믿어야만 한다. …당신은 자신을 내맡기고 '신앙(信仰)의 비약(飛躍)'을 감행해야만 한다. 즉 당신의 믿음이 참임을 보여 주는 이유나 증거를 가지지 않고서 또는 그것들을 원하지 않고서 믿어야 하는 것이다."

그러면 이러한 신앙주의자들의 관점에는 어떠한 문제점이 있을까? 그 중에 가장 큰 문제점은 우리가 수많은 신앙 체계들 가운데에서 도대체 '어떤 신앙 체계'를 위하여 신앙의 비약을 감행해야할 지를 알 수 없다는 것이다. 만일 우리가 수많은 신앙 체계들의 언명들을 평가할 수 있는 합당한 방식이 없다면 우리가 무슨 근거로 그것들 중의 하나를 선택하고 나머지 것들을 거부할 수 있겠는가? 그러므로 실제로 신앙 체계들을 합리적으로 평가하는 작업을 회피하는 것은 매우 어렵다. 우리는 우리의 확신에 대해서 비판이 제기되는 경우에 이 비판에 대해 성실하게 답변해야한다. 즉 우리의 신앙에 대한 반론이 잘못되었음을 보여주든지, 심각한 것이 못됨을 보여 주든지, 또는 신앙의 본질은 그대로 둔 채 신앙 체계들 중의 사소한 부분들을 수정함으로써 그 반론이 극복될 수 있다는 것을 보여 줄 수 있어야만 하는 것이다. 우리는 이러한 관점을 존 스튜어트 밀(J. S. Mill)의 저서『자유론』에서 찾아볼 수 있다. 이것은 '비판적 사고'가 없이 모든 것들을 받아들이는 데에 익숙한 독실한 신앙인들에게는 매우 불편하게 느껴질 수도 있다. 아무 것도 묻지 않는 무조건적 헌신이 무신론자들이 볼 때에는 매우 고지식하고 미신적으로 보일 수도 있을 것이다. 어떠한 권위를 무조건적으로 받아들이는 태도는 사람들을 파렴치한 종파나 종교에 빠져들게 할 수도 있고 가끔은 종교적 광신으로 나타나는 경우도 있다. 어떤 것에 대해서 자신이 신앙을 가지는 것은 존경할만한 일이지만, 단 '존경할 만한 것'을 믿어야 한다는 것이다. 분명히 몇몇 특정한 시기에 몇몇 특정한 종교에서 이성적 판단이 완전히 배제되어 노예제도, 성차별주의, 마녀사냥 등의 폐해를 보인 적이 있음을 부정할 수 없다.

나. 강한 합리주의(strong rationalism)

강한 합리주의는 종교적 믿음에 관한 어떠한 이성적 접근과 설명을 시도하여 증거들을 가늠해보고 결론에 도달하고자 한다. 다시 말하면, 강한 합리주의는 이성적인 사람이면 누구나 확신할 수 있는 방식으로 어떤 믿음이 참임을 보여주어야 한다고 주장한다. 이러한 강한 합리주의 관점은 영국의 수학자 클리포드(W. K. Clifford, 1845-1879)에 의해서 제시되었다. 그는 다음과 같이 언급한다.

> "불충분한 증거들을 가지고서 어떤 것을 믿는다는 것은 어느 경우이건 간에 그리고 누구이건 간에 언제나 잘못이다. 만일 그 믿음을 위태롭게 하는 물음들을 불경한 것으로 간주한다면, 그 사람의 삶은 인류에 대한 하나의 기나긴 죄악이다."

그러나 강한 합리주의자라고 해서 모두가 종교에 대해서 적대적인 것만은 아니다. 로크(John Locke, 1632-1704)는 그리스도교가 올바르게 이해되고 옹호된다면 그와 같은 기준을 충족시킬 수 있다고 생각했다. 또한 토마스 아퀴나스(Thomas Aquinas, 1224-1274)는 면밀하게 합리적으로 검토해보면 기독교의 진리가 옹호될 수 있다고 주장했다.

그러면 이제 강한 합리주의는 어떠한 문제점을 안고 있는지 알아보자. 첫째, 수세기에 걸쳐서 강한 합리주의자들이 논증했음에도 불구하고 모든 이성적인 사람들을 만족시키는 방식으로 증명된 종교적인 믿음 체계는 하나도 없다는 것이다. 둘째,

종합적인 세계관으로서의 과학, 즉 과학이 세계의 실재를 이루는 모든 것에 관해서 말해줄 수 있다는 '과학적 자연주의'는 여러 이론들 중에서 하나일 뿐 종교적인 믿음 체계들과 마찬가지로 모든 이성적인 사람들에게 증명될 수는 없다는 것이다. 셋째, 강한 합리주의는 상충하는 세계관들에 대해서'이성'을 중립적인 기능으로서 인간에 내재하는 기능으로서 가정한다. 그리하여 사람들이 처음에 어떠한 세계관을 수용하느냐 와는 상관없이 이성은 모든 사람들에게 사물들을 증명하는 데에 사용될 수 있다고 전제된다. 그러나 이성이 실제로 이러한 방식으로 중립적이지는 않다는 것이다. 이와 관련해서 비트겐슈타인(Ludwig Wittgenstein, 1889-1951)과 가다머(Hans-Georg Gadamer, 1900-2002)는 '순수하고 아무 것도 전제하지 않는 이성'이라는 이상(理想)에 대하여 분명하게 반대하고 있다. 그러므로 우리의 믿음 체계들로부터 기존의 확신과 편견들을 완전히 제거하려는 목표가 성립될 수 없다면, 강한 합리주의의 접근법은 성립할 수 없게 되는 것이다.

다. 비판적 합리주의(critical rationalism)

비판적 합리주의'라는 용어는 포퍼(Karl Popper, 1902-1994)의 저서『열린사회와 그 적들』에 나오는데 여기에서 사용된 '비판적 합리주의'라는 낱말의 의미는 포퍼의 용법과 넓은 의미에서 일치한다. 포퍼의 '비판적 합리주의'는 다음과 같이 요약될 수 있다. 첫째, 합리주의이다. 합리주의는 인간의 이성에 대해 신뢰하며, 비판적인 논증에- 귀를 기울이고 경험으로부터 배우고자 하는 태도이다. 둘째, 오류가능주의이다. 우리는 이성을 가지고 있지만 이성은 결코 완벽하지 않으며 오류를 범할 수 있다. 인간의 오류가능성, 즉 이성의 한계를 인정하자는 것이다. 셋째, 상호비판주의이다. 우리 모두가 가지고 있는 이성이 결코 완벽하지 않기 때문에 상호간에 비판을 허용하자는 것이다. 나의 상대방에 대한 비판과 상대방의 나에 대한 비판을 허용해야 한다. 따라서 진리의 발견은 우리 모두의 공동 작업이며, 어느 한 사람이 독점할 수 있는 것이 아니다. 포퍼는 한 사람의 진리 독점을 거부하며 독단주의를 경계한다. 한마디로 말하면 비판적 합리주의는 '시행착오의 방법'인 것이다. 그러므로 그에게 있어서 "모든 진리는 절대적이지 않고 다만 잠정적이다"라고 말할 수 있다.

이러한 포퍼의 '비판적 합리주의'의 관점을 종교에 적용해보자. 비판적 합리주의는 종교적인 믿음 체계들에 대한 결정적인 증명이 불가능하더라도 그러한 믿음 체계들이 합리적으로 비판되고 평가될 수 있으며, 또 그러해야만 한다고 보는 관점이다. 다니엘 테일러는 그의 저서 『확실성의 신화(The Myth of Certainty)』에서 이러한 관점에서의 긴장관계를 탁월하게 묘사하면서 나름대로의 결론을 내리고 있다. 비판적 합리주의자는 신앙주의자들이 주장하는 '완전한 위탁' 또는 '신앙의 비약'에 대해서 반론을 제기하지 않는다. 비판적 합리주의자는 다만 우리가 실제로 확보한 확실성보다 더 큰 확실성을 가지고 있는 것처럼 위장해서는 안 된다고 말한다. 그런데 그와 동시에 비판적 합리주의자는 우리가 인생의 가장 중요한 결단을 내리는 순간에 합리적인 사고력과 성찰의 힘을 발휘하지 못해서도 안 된다고 단언하고 있는 것이다. 이와 같이 '완전한 헌신'을 하는 종교적인 위탁과 합리적인 성찰을 종합시키려다 보면 또 다른 긴장이 생길 수도 있을 것이다. 그러나 이러한 긴장은 파괴적이고 유해한 종류의 것이 아니라 생각이 깊은 종교인들이 그들의 삶 속에서 가치 있고 생산적인 방식으로 이겨나가는 긴장이다.

5 / 종교와 언어 : 종교 언어는 어떠한 특이성(特異性)을 가지고 있는가?

일반적으로 여러 종교들에서 사용되는 언어는 '특이한 성질'을 가지고 있다. 다시 말하면, 종교언어에서 사용되는 대부분의 언어는 우리가 일상적으로 사용할 때와는 다른 어떤 특수한 의미를 지니고 있다는 것이다. 예를 들면, 기독교 신자가 '하늘에 계신 우리 아버지' 또는 '하나님은 사랑이시다'라는 어휘들은 일상적인 의미의 범주를 넘어서는 어떤 특이한 성격의 의미들을 가지고 있음이 분명하다. 이 말을 달리 표현하면, 언어의 종교적 의미는 어디까지나 일반적으로 우리가 매일 사용하는 언어의 의미에 대한 연장이거나 변형이다. 그러므로 일상적으로 사용하는 언어가 종교 언어를 선행한다는 것은 분명해 보인다.

가. 토마스 아퀴나스 유추론(類推論)

중세철학자들은 종교 언어가 당연히 의미를 가지고 있다고 생각했다. 그러나 그들은 종교 언어가 어떠한 방식으로 의미를 가지게 되는지를 설명하고자 노력했다. 토마스 아퀴나스는 '유추론' 또는 '유추적 술어론'이라는 유명한 이론을 발전시켰다. 그에 의하면, 신의 성질과 인간의 성질 사이에는 유사성이 있다. 예를 들면, 신의 정의(正義)와 인간의 정의(正義) 사이에도 유사성이 있다. '정의롭다'라는 술어가 이의적(異意的)으로 사용될 수 없는 이유는 이러한 신과 인간 사이의 유사성 때문이며, 그것이 일의적(一意的)으로 사용될 수 없는 이유는 무한한 신과 유한한 인간 사이의 차이 때문이다. 그리하여 그는 이러한 종류의 술어가 유추적(類推的)으로 사용되었다고 단언한다. 두 가지의 다른 맥락 안에서 동일한 낱말을 유추적으로 사용할 수 있는 것은 이질성 안에 있는 유사성과 유사성 안에 있는 이질성 때문이다.

그러나 일부 종교철학자들은 이러한 토마스 아퀴나스의 유추론이 종교 언어의 특이성을 만족스럽게 설명해주지 못하고 있다고 비판한다. 그들은 이러한 그의 유추론이 '밑으로 내려가는 유추론'은 쉽게 이해될 수 있지만 '위로 올라가는 유추론'에서는 만족스러운 설명이 되지 못한다고 지적한다. 인간의 충성심과 개의 충성심에 있어서 유추 과정의 기준이 되는 것은 우리가 확실하게 알 수 있는 인간의 충성심이다. 우리는 인간의 충성심으로부터 희미한 개의 충성심을 유추해낼 수 있다. 이제 기독교인이 '인간이 다른 인간을 사랑하듯이 하나님은 인간을 사랑 한다'라는 올라가는 유추론을 사용했다고 가정해보자. 여기에서 유추 과정의 기준이 되는 것은 우리가 확실히 알 수 없는 하나님의 사랑이다. 그러나 불완전한 우리는 무한하고 완전한 하나님의 사랑을 이해할 수 없기 때문에 그의 유추론은 어떠한 역할도 하고 있지 않게 되는 것이다.

이러한 비판에 대하여 로스(James F. Ross)는 또다시 반론을 제기한다. 그에 의하면, 토마스 아퀴나스가 의도하였던 바는 종교 언어의 모든 뉘앙스와 여러 의미를 보존시키면서 동시에 종교 언어와 일상 언어 사이의 유사성을 지적함으로써 '종교 언어의 유의미성'을 분명하게 하려는 것이었다. 더욱이 그의 유추론을 수학적인 모형에 따라 해석하게 될 경우 '의미 이론'으로서 유추론을 '추론 이론'과 혼동하는 결과를 낳는다. 이러한 추론 이론에서는 유추가 신에 관한 어떤 지식을 결론으로 도출하기 위해서 사용되지만, 토마스 아퀴나스는 이러한 식의 논증을 위하여 유추를 사용하지 않았다. 그는 이러한 의미 이론을 '신에 관한 정보에 이르는 길'로 의도하지 않았던 것이다. 그리하여 로스는 유추론을 신의 완전성이나 속성들의 구체적인 성격을 상세하게 설명하는 이론으로서가 아니라, 신에게 적용되는 술어들이 어떻게 의미를 가지게 되는지를 설명하는 이론으로서 옹호한다. 이러한 의미 이론을 취하게 되면 우리는 신에 관한 언명들이 무엇을 의미하는 지를 이해할 수 있고, 그렇게 함으로써 신에 관한 논증들을 구성할 때에 '치명적인 애매한 표현들'을 피할 수 있게 되는 것이다.

나. 폴 틸리히의 상징론

폴 틸리히(Paul Tillich)나 랜달(J. H. Randall, Jr.)와 같은 종교 철학자들에 의하면 "신앙의 언어는 상징의 언어이다." 상징(symbol)과 기호(sign)는 둘 다 '그 자신이 가지고 있는 것 이상의 것을 지시하는 기능'을 가지고 있다. 그러나 틸리히에 의하면, 기호는 마치 한국에서는 오른쪽으로 자동차를 운전하고 홍콩이나 영국에서는 왼쪽으로 운전하는 것과 같이 '순전히 인위적인 관례에 의하여' 사용되는 반면에, 상징은 '그것이 상징하는 것에 스스로 참여하는 창조적인 기능'을 가지고 있다. 예를 들면, 국기(國旗)가 그것이 상징하는 한 나라의 힘과 권위에 참여하는 것과 같이 그것이 지적하는 것에 스스로 참여하는 성격을 가진다. 그리하여 '하나님 아버지'라는 표현은 하나님은 인간의 세계를 초월하면서도 인간을 자신의 자녀로 삼는 존재라는 의미로 사용된 것이다. 그런데 종교 언어의 상징론이 지니고 있는 난점도 "인간이 알 수 없는 하나님을 어떻게 상징할 수 있는가?"라는 데에 있다. 이러한 난점을 해결하려는 시도가 바로 틸리히의 '참여론'일 것이다. 그러나 불행하게도 틸리히는 이러한 참여가 구체적으로 무엇을 의미하는지를 정확하게 설명하고 있지 않다.

다. 비트겐슈타인의 문법으로서의 신학

비트겐슈타인(Ludwig Wittgenstein, 1889-1951)은 '가족 유사성'과 '언어 게임'으로 유명한 분석철학자이다. 그에 의하면, 다양한 게임이 한 가족을 형성하는 것처럼 다양한 언어들은 한 가족을 형성한다. 그러나 그 언어 가족에는 공통된 속성은 없다. 그는 언어의 의미 문제를 도구의 쓰임과 언어 게임에서의 놀이말 또는 게임에 참여하는 사람의 역할에 비유함으로써 해명하려 한다. 도구나 놀이말이 그 자체로는 의미가 없지만 실제의 작업 상황이나 게임에서 쓰일 때 제 기능을 하는 것처럼 언어도 그 자체로는 의미가 없지만 실제로 쓰이는 상황에서 그 의미를 드러낸다. 언어를 게임에 비유할 때 유추되는 또 하나의 중요한 개념은 규칙의 개념이다. 우리가 게임을 할 때 일련의 규칙을 따라야 하는 것처럼 언어를 사용할 때에도 언의의 쓰임의 규칙, 즉 '문법적 규칙'을 따라야 한다.

이러한 배경 아래에서 비트겐슈타인은 '문법으로서의 신학'이라는 표현을 사용했다. 이러한 표현은 그의 저서 『철학적 탐구』 제373장에서 "문법은 존재하는 모든 것이 어떤 형태의 객체인가를 우리에게 알려 준다"라고 쓴 다음에 괄호 안에 간단히 삽입되어 있다.

그에 의하면, 신과 신에 관한 학문인 신학과의 관계, 그리고 확대해서 보면, 종교와 종교를 연구하는 모든 학문과의 관계는 '언어와 문법의 관계'와 비슷하다. 우리는 문법을 배우기 훨씬 이전에 언어를 습득한다. 그러므로 문법은 언어를 사용하는 것과 동일한 것은 아니다. 그러나 문법은 언어의 논리적 구조를 나타내는 역할을 하고 있기 때문에 언어와 문법이 완전히 독립적으로 존재하는 것은 아니다. 그리하여 문법이란 언어가 없으면 존재할 수 없으면서도, 다른 한편으로는 언어를 더욱 명확하게 하고 세련되게 사용할 수 있도록 도와주는 역할을 한다. 이와 마찬가지로 우리는 종교에 대한 신학적, 종교학적, 종교철학적 탐구를 하기 훨씬 이전부터 '종교 경험'을 가지게 된다. 그러므로 마치 종교에 대한 학문적인 고찰을 종교성을 가지는 것 또는 종교인이 되는 것 자체로 생각하는 것은 지식인의 오만에 불과한 것이다. 그러므로 마치 문법이 언어를 도와주는 역할을 하듯이, 종교에 대한 지적인 탐구는 종교성의 감지도를 좀 더 명확하게 해줄 수 있다. 지적인 성찰이 없는 맹목적인 신앙은 광신(狂信)으로 변할 수 있기 때문이다.

6 / 무신론(無神論)의 문제 : 신은 과연 존재하는가?

우리가 종교에 관하여 고찰함에 있어서 "신이 과연 존재하는가?"의 문제는 가장 중요한 논제 중의 하나이다. 왜냐하면 대부분의 종교들은 거의 '신' 또는 '신적인' 존재를 전제하고 있기 때문이다. 오늘날 이 세계 속에는 수많은 유신론적 사상이 있지만 무신론적 사상도 그에 버금가는 세력을 가지고 있다. 수많은 무신론적 사상들 가운데에서 가장 대표적인 세 가지는 과학적 무신론, 인간의 자유와 자율성을 위한 무신론, 저항적 무신론이다.

가. 과학적 무신론

과학은 어떠한 외적인 규범에 구속되지 않는 중립적인 방법과 법칙에 따라 이성을 사용하여 사물의 진리를 추구하는 인간의 활동을 말한다. 과학은 종교적 교리의 간섭이나 전제를 거부하고 객관성, 명확성, 정확성의 원칙에 따라 이 세계의 현상들을 관찰하고 그 원인과 결과들을 분석한다. 그리하여 인간이 이 세계를 지배할 수 있는 지식을 제시한다. 이와 같은 과학의 연구에 있어서 신은 증명될 수 없으며, 세계를 설명하고 지배하는 데에 있어서 신은 필요하지 않다. 그러므로 신의 존재는 부인될 수밖에 없다. 이러한 무신론을 가리켜 푈만(H. G. Pöhlmann)은 '과학적 무신론' 혹은 '방법적 무신론'이라고 부른다. 왜냐하면 과학의 연구에 있어서 신의 존재는 연구의 방법상 불필요하며, 또 객관적 연구를 위하여 과학은 신이라는 존재의 간섭을 받아서도 안 되기 때문이다. '인식의 가능성과 경험의 가능성을 초월하는' 그리고 이 세계와 인류를 창조하고 보존하는 '형이상학적으로 요구된 최고의 존재'를 과학은 증명할 수 없다. 과학의 증명에 의하면 이 세계는 내재적인 원천으로부터 우주적인 연속으로서, 상호 관련된 인과과정에 따라 발전한다. 이 세계에는 물리적 질서 이외에는 아무 것도 존재하지 않는다. 신의 존재에 대한 신앙은 객관적인 세계에 대한 비판적 사고를 주관적인 신앙으로 대체시킨다. 그리하여 이성을 포기하게 하거나 제한시킨다.

그러면 이러한 과학적 무신론에 대한 반론은 어떤 것들이 있을까? 첫째, 과학의 전적인 충족성의 문제이다. 각 분야의 과학은 이 세계의 일부를 연구 대상으로 가지고서 이것을 설명하려고 시도한다. 그러나 이 세계의 전체의 문제, 인간의 총체적인 삶의 문제에 대한 어떤 결정적인 답변을 할 수 없다. 둘째, 과학은 "내가 무엇을 알 수 있는가?"의 문제에 대하여 답변할 수 있지만 "내가 무엇을 해야 하는가?" 또는 "내가 무엇을 희망할 수 있는가?"의 문제에 대해서는 답변하기 어렵다. 골비처(H. Gollwitzer)는 이에 대하여 "과학은 우리가 원하는 것을 주기 위해서 존재하지만 우리가 무었을 원해야 하는지를 말하지 못 한다"고 말한다.

나. 인본주의적 무신론 : 인간의 자유를 위한 무신론

인본주의적 무신론의 견해에 의하면, 인간이 참으로 자유롭게 되고 자율적인 존재가 되기 위하여 신의 존재는 부정되어야 한다. 무신론적 실존주의 철학자 사르트르(Jean Paul Sartre, 1905-1980)는 다음과 같이 언급한다. "만일 신이 존재한다면 인간은 부자유하다. 인간이 자유롭다면 신은 존재하지 않는다." 이어서 그는 "신이 존재하지 않는다면 모든 것이 허용되어 있을 것이다"라는 도스토예프스키의 말을 인용하면서 그는 다음과 같이 연역한다. "모든 것이 허용되어 있다. 그렇다면 신은 없다." 존 듀이(J Dewey)도 신앙이 인간이 신에게 의존할 것을 요구하기 때문에 신에 대한 인간의 의존성은 인간의 자율성과 모순된다는 것을 지적한다. 그리고 나서 그는 이렇게 결론을 내린다. "신에 대한 신앙은 역사 속에서 이상적인 것을 실현시키고자 하는 인간의 노력을 좌절시킨다."

이와 같은 생각을 가진 대표적인 인물은 니체(F. Nietzsche)이다. 그에 의하면, 신은

'인간의 조작품일뿐만 아니라 망상'에 지나지 않는다. 신은 인간이 현실의 세계 속에서 모든 기대와 동경을 성취할 수 없기 때문에 만들어 낸 '착각이요 기만'이다. 인간을 비인간화하고 부자유스럽게 하는 형이상학적 세계와 이러한 세계로부터 유래하는 모든 가치체계와 도덕은 철폐되어야 한다. 그리고 이 모든 것의 궁극적인 원인이 되는 신이 먼저 없어져야 한다. 그러므로 니체는 "신은 죽었다"고 선언한다. "모든 신들은 죽었다. 이제 초인(超人)이 살기를 원한다."

그러면 이러한 인본주의적 무신론에 대한 반론은 어떤 것들이 있을까? 첫째, 인간의 자유를 위하여 신의 존재를 부정할 때 인간은 참으로 자기 자신과 다른 사람들에 대하여 참으로 자유로워질 수 있는가이다. 무신론적 인간이 참으로 자신의 탐욕과 이기심으로 가득 찬 '늑대 같은 인간'이 아닌 '신과 같은 인간'이 될 수 있을까? 둘째, 신으로부터 자유로워진 인간은 참으로 종교적으로 자유로워질 수 있겠는 가이다. 오히려 그는 결국 어떤 다른 것을 자기의 신으로 삼고 그것을 신봉하게 되지는 않을까? 이에 대하여 골비쳐(H. Gollwitzer)는 "인간은 신을 철폐함으로써 어떤 다른 것, 즉 국가와 민족, 에로스, 예술, 과학, 기술, 스포츠 등을 신으로 삼는다"고 비판한다.

다. 저항적 무신론

저항적 무신론은 악과 신정의 문제와 관련되어 있다. 저항적 무신론은 이 세계에서 일어나는 악과 고통의 현실로부터 출발하며 전통적인 신의 존재증명, 특히 우주론적 증명과 목적론적 증명에 나타나는 유신론에 대한 비판적 성격을 가지고 있다. 저항적 무신론은 다음과 같은 의문으로부터 출발한다. "만일 이 세계가 신의 존재에 근거된 하나의 신적인 세계라면, 이 세계의 모든 것이 신의 조화와 질서에 따라 일어난다면 인류가 당하는 이 말할 수 없는 불의와 고통은 어디로부터 오는가? 이 세계에서 힘을 가지고 있고 승리하는 것은 악이 아닌가? 오히려 신과 신에 대한 신앙은 악의 세력을 방조하고 인간의 고난을 가중시키지 않는가?." 그러므로 저항적 무신론은 이 세계의 불의와 고통을 제거하기 위하여 신의 존재와 신에 대한 신앙이 먼저 제거되어야 한다고 주장한다.

포이어바하, 마르크스, 니체, 그리고 카뮈, 사르트르 등 많은 실존주의 철학자들에 의하면, 신은 세계의 불의와 고통을 더하게 하는 원인이다. 마르크스(K. Marx)에 의하면, 현실의 세계에서 당하는 고통에 대한 위로를 받기 위하여 인간이 스스로 종교를 만들고 여기에서 참된 행복과 만족을 얻고자 한다. 그러므로 종교는 '전도(顚倒)된 세계의식'의 표현이다. 그것은 "인간의 본질의 환상적 현실이다. 왜냐하면 인간의 본질은 참된 종교를 소유하고 있지 않기 때문이다." 이제 인간은 그의 현실로부터 종교의 세계로 도피하며, 그의 현실에 대하여 무감각해진다. 그 결과 종교는 인간이 추구하는 현실적 행복 대신 환상적 행복을 주며 악을 방조한다. 그것은 '지배계급의 이데올로기'이다. 한 마디로 종교는 '민중의 아편'이다. 인간의 참된 현실적 행복을 가능하게 하기 위하여 종교는 철폐되어야 한다. 따라서 신의 존재도 부정되어야 한다.

그러면 이러한 저항적 무신론에 대해서는 어떠한 반론을 제기할 수 있을까? 첫째, '민중의 아편' 역할을 하는 신 또는 종교가 더 이상 존재하지 않게 되었을 때, 인간과 그의 세계는 과연 불의와 고통이 제거된 세계, 진정으로 행복한 세계, 이상적인 세계가 될 수 있을 것인가이다. 이와 관련해서 카뮈(Albert Camus, 1913-1960)는 그의 저서 『페스트(Die Pest)』에서 다음과 같은 의문을 제기한다. "인간은 신 없이 성자(聖者)가 될 수 있을까? 이것이 오늘 내가 알고 있는 유일한 현실적인 문제이다." 둘째, 인간의 고통의 문제는 단순히 물질적인 조건과 사회의 제도에만 의존하는 가이다. 인간은 물질적 풍요와 안정된 사회제도에도 불구하고 삶의 무의미 속에서 고통을 당하는 존재이다. 소위 말하는 물질적인 빈곤에 허덕이고 있는 후진국들보다 물질적 풍요를 누리면서 살고 있는 선진국에서 자살률이 훨씬 더 높다는 사실이 이를 증명하고 있지는 않을까? 종교가 이러한 고통 가운데에 있는 인간들에게 어떤 삶의 의미를 줄 수 있지는 않을까? 이에 대하여 마르크스의 종교 비판을 계승한 막스 호르크하이머(Max Horkheimer, 1895-1973)은 다음과 같이 말하고 있다. "신이 없다면 절대적 의미나 절대적 진리가 있을 수 없다. 도덕은 하나의 취미나 기분이 된다. 신 없이 하나의 절대적 의미를 얻고자 하는 것은 헛된 일이다. 이와 동시에 영원한 진리도 신과 함께 죽게 된다."

3. 결론

서론에서 언급했다시피, '종교'라는 말은 아주 다양한 의미로 사용되고 있어서 사실상 그 의미를 모두 다 열거할 수는 없다. 그리하여 여기에서는 종교가 보여주고 있는 양태들 가운데에서 오랫동안 철학하는 사람들의 관심거리가 되어왔던 문제들 중에 일부만을 한정적으로 다루었다. 철학이 항상 그렇듯이 종교철학은 '신념의 정당화'에 관여한다. 그런데 이것은 종교적 신념이 논증에 의해 옹호되거나 논박될 수 있다면 어떠한 논증에 의해 옹호되거나 논박될 수 있는가의 문제이다. 여기에서 다루어진 종교에서 제기되는 문제들은 모두 다 이러한 것과 관련되어 있다. 어떤 종교는 물론 그 종교의 경전에 기반을 두고 있기는 하다. 하지만 또한 그것은 그 시대의 상황에 대한 분석과 이 분석을 통하여 나타나는 질문과 이 질문에 대한 답변에 영향을 받을 수밖에 없다. 따라서 이 모든 것은 완전한 것이 아니라 불완전하고 제약되어 있는 것이라는 것을 망각해서는 안 된다. 종교는 우리에게 유익하기도 하지만 반면에 자칫 잘못하면 고통의 원인이 되기도 한다. 그것은 우리를 바른 길로 인도하기도 하지만 잘못된 오류에 빠질 수 있게도 한다. 그러므로 종교는 이러한 여러 상황들 속에서 언제나 비판적으로 재검토되어야 한다는 사실을 명심해야 할 것이다.

생.각.해.보.기

1. 불교, 이슬람교, 기독교, 유교, 도교, 무속종교 등 모든 동서양 종교들이 만족할 만한 종교의 정의는 무엇인지 생각해본다.
2. 기독교적 유신론 이외에 이슬람교, 불교, 유교, 도교, 무속종교 등이 악의 문제에 대하여 어떻게 설명하고 있는지를 알아본다.
3. 동서양의 여러 종교들은 신의 개념에 관하여 어떻게 정의를 내리고 있는지 검토해본다.

읽.어.볼.만.한.책

- 존 H. 힉, 『종교철학』, 김희수 옮김, 종로서적, 1984
- 임마누엘 칸트, 『이성의 한계 안에서의 종교』, 백종현 옮김, 아카넷, 2011
- 버트런드 러셀, 『종교와 과학 : 러셀이 풀어 쓴 종교와 과학의 400년 논쟁사』, 김이선 옮김, 동녘, 2011
- 윌리엄 제임스, 『종교적 경험의 다양성』, 김재영, 한길사, 2000
- 앙리 베르그송, 『도덕과 종교의 두 원천』, 김재희 옮김, 지식을 만드는 지식, 2013

연.습.문.제

1. 악과 신정의 문제에 있어서 플란팅거의 '자유의지옹호론'에 대하여 간략히 서술하라.
2. 신의 존재 논증 세 가지에 대하여 약술하고 그러한 논증들의 약점에 대해 서술하라.
3. 신앙과 이성의 문제에 있어서 신앙주의, 강한 합리주의, 비판적 합리주의에 대하여 간략하게 서술하라.
4. 종교와 언어의 문제에 있어서 토마스 아퀴나스의 유추론, 폴 틸리히의 상징론, 비트겐슈타인의 문법으로서의 신학을 비교해보고 각각의 논점들의 장단점에 대하여 논하라.
5. 무신론의 문제에 있어서 과학적 무신론, 인본주의 무신론, 저항적 무신론의 주요 논점들의 장단점은 무엇인지를 논하라.

6장

서양편 소중한 내 인생

성과 사랑

조흥만

학.습.목.표

1. 가면의 자기 기만적 메커니즘을 분석한다.
2. 디오티마의 사랑(erōs)과 아리스토파네스의 성애(aphrodisia)를 비교하여 고찰한다.
3. 소크라테스-디오티마의 불사(不死) 논변과 사랑론을 파악한다.

용.어.해.설

• **플라톤적 사랑** Platonic Love

플라톤적 사랑과 결부된 전통적으로 가장 중요한 두 가지 해석은 플라톤 『향연』에서 아리스토파네스의 연설과 소크라테스-디오티마의 연설이다. 희극 작가인 아리스토파네스는 하늘로 올라가서 신들을 공격하려 시도했던 둥근 인간의 주의를 촉구하는 이야기를 전해준다. 이 불경스런 행위에 대한 제우스의 처벌로 둥근 인간은 둘로 분리되었지만, 분리된 또 다른 반편의 인간과 결합해서 최초의 전체를 회복하려는 멈추지 않는 욕망을 그는 사랑(erōs)이라고 부른다. 다른 한편으로, 소크라테스-디오티마의 연설에 따르면, 사랑은 두 사람 간의 수평적인 끌림이라기보다는 오히려 올라가야 할 수직의 사다리(a vertical ladder)로 형상화된다. 아리스토파네스는 상승과 신격화에 반대하고 이에 대해 엄중한 경고를 제시하는 반면에, 소크라테스-디오티마는 되레 그것들을 추천하고 있는 것이다. 인간의 사랑에 대한 아리스토파네스의 성공적인 묘사는 르네상스에서 프로이트나 융에 이르는 해석의 역사에서'플라톤적 사랑'과 동의어적인 것으로 이해되어 왔다. 그래서 16, 17세기에 플라톤적 사랑은 전형적으로 하나는 천상의 이상적인 것에 대한 사랑과 다른 하나는 남녀추니의 분리된 반편들 간의 사랑이라는 두 얼굴을 갖고 있었고, 이들 두 가지 해석이 사실상 상호 배타적이라고 해도 그것들은 평화롭게 공존했다.

- **소년애** paiderastia

우리가 검토하려는 고대 아테네의 소년애와 현대적 의미의 동성애는 몇 가지 차이점이 있다. 현대 동성애는 그것의 최종 목적이 성적 관계에 있고, 나이 제한이 전혀 없으며, 강제나 위협의 상태에서 발생하는 반면에, 고대 그리스 소년애는 성인 남성들간의 사랑 관계가 아니라 사랑하는 사람(erastēs; lover)으로서 연장자인 자유민 남성과 사랑받는 사람(erōmenos; beloved)인 나이 어린 소년(pais) 또는 소년 애인(paidika) 간의 사랑 관계를 말하기 때문이다. 특히, 소년 애인의 나이는 사춘기 연령이 시작되어 턱수염이 날 때까지의 연령대에 속하며 대체로 12-18세이다. 그래서 사랑받는 사람의 성적 매력은 그의 뺨에 솜털이 나기 시작할 때에 정점에 이르고 턱수염이 날 때까지 이어졌는데, 턱수염이 난 뒤에도 남자 시민과의 성적 관계에서 비대칭적이고 수동적인 역할을 지속하는 경우는 조롱의 대상으로 전락되었다. 이런 그리스 소년애에 대한 플라톤의 노골적인 비난은 광적인 성적 쾌락(ta aphrodisia)에 대한 반대에서 엿볼 수 있고(『국가』402e-403b), 아울러 성적 관계의 자연적인 목적이 자녀생식이라는 점을 들어 소년애가 비자연적이라고 비판했다(『법률』836b8-e). 방종의 원인이자 생물학적으로 불필요하다는 것 말고도, 덕의 관점에서 유혹을 당한 자의 영혼에 용기가 그리고 유혹하는 자의 영혼에 절제가 생겨서 자라날 수 없다는 점도 지적하고 있다(『법률』836b8-e). 소년애에 대한 플라톤의 이런 비우호적인 태도와 달리, 당시 아테네의 엘리트들은 소년애적 사랑 관계를 선호했고, 『향연』의 일곱 연설자들도 사랑하는 사람과 소년애적 관계에 있거나 적어도 그것에 대해 우호적으로 이야기한다. 그리스 소년애는 성별이 분리된 아테네 사회 구조나 여기서 비롯된 낭만적 사랑의 부재 등이 그 원인으로 거론되곤 한다.

- **수치문화** shame-culture **와 죄문화** guilt-culture

죄문화에서 행동의 기준은 '양심'인 반면에 수치문화는 남이 나를 어떻게 볼 것인가에 따라 행동을 결정하기 때문에 행동 기준이 '타인의 이목(耳目)'이다. 이를 테면, 제우스, 자신의 운명, 에리뉘스 그리고 아테(atē, 미망[迷妄]) 때문에 아킬레우스의 여자 브리세이스를 빼앗는 과오를 범했다고 항변하는 아가멤논의 진술(『일리아스』 19.86-138)을 전체적으로 꼼꼼하게 들여다보면, 겉보기와 달리 그 목적이 변명이나 책임 회피에 있는 것이 아니라 초기 그리스의 수치문화와 결부된 관행이고 행위자의 의도가 아니라 행위 자체가 문제라는 것을 간파할 수 있다. 이와 마찬가지로 심리적 사건의 원인을 신이나 신들에게 돌리는 이런 경향은 『오뒷세이아』에서도 예외가 아니다(9.381; 14.178).

- **신성 부대** Hieros Lochos; Sacred Band

기원전 379/8년 테바이의 장수 고르기데스(Gorgides)가 남성 커플 150쌍으로 창설한 정예 부대이다. 활약이 대단하여 레욱트라 전투(371년)의 승리에도 크게 기여하였고, 기원전 338년 카이로니아(Chaeronea)에서 소탕되기까지 불패로 남아 있었다고 전해진다(크세노폰의 『향연, 경영론』 8.32-35).

- **불사에 대한 사랑**

사랑은 욕망이다. 어떤 욕망에 대한 충족은 그 욕망을 소멸시키기 때문에, 인간은 결핍된 것만을 욕망할 수 있다. 이것으로부터 도출되는 결론은, 어떤 욕망이든 욕망의 대상 안에는 적어도 그 욕망이 충족되는 시점까지 욕망하는 주체의 지속적 실존이 포함된 것으로 미리 전제되어 있다는 사실이다. 그런데 가사자에게 실존 자체는 하나의 과정이다. 그러므로 이 주체의 지속적 실존에 대한 욕망은 그것의 근원에서 그 주체의 과정의 지속에 대한 욕망이다. 요컨대, 사랑은 가사자에게 존재의 근본적이고 필수적인 구성 요소이다. 사랑이 가사자에게 존재의 필수적인 구성 요소라면, 가사자가 존재하는 한 가사자는 반드시 사랑하는 사람으로서 존재할 것이다. 그러므로 사랑이 그 사랑하는 사람의 지속적 실존을 필연적으로 전제하고 있다면, 불멸성에 대한 사랑은 어느 가사자의 실존에도 미리 전제되어 있다는 것을 깨닫게 된다. 바로 이 논의를 통해 우리는 사랑이 가사자와 불사자 사이의 존재라는 디오티마의 주장(202d8-e7)에 담긴 철학적 함축을 이해할 수 있다.

본.문.구.성

플라톤 대화편의 연대기(chronology)에 비춰 볼 때, 기원전 387년부터 367년까지 저술된 대화편들은 '중기 대화편'으로 분류된다. 플라톤 연구자들은 플라톤 자신의 독자적인 사상인 이데아론이 전개되는 중기 대화편이 가장 훌륭한 철학적 드라마라는 점에 동의하며, 그 중에서도 사랑(에로스)에 관한 찬미 연설에 바쳐진 『향연』을 특별한 찬사를 위해 남겨 두곤 한다. 『향연』은 플라톤의 가장 널리 알려지고 가장 영향력 있는 저작들 중 하나인데, 이 대화편의 철학적 중요성과 대중적인 인기비결은 여러 상이한 요소들에서 비롯되고 있다. 첫 번째가 『향연』에서의 사랑에 대한 여섯 개의 찬미 연설들이고, 두 번째는 소크라테스와 디오티마의 대화에서 다뤄지는 사랑의 최종적인 대상인 플라톤적인 '형상', 즉 아름다움 그 자체이다. 세 번째는 소크라테스 자신의 말과 잔치 참석자들의 논평, 그리고 알키비아데스의 긴 연설을 통해 제시된 소크라테스의 독특함(221c4, atopia)이고, 네 번째 이유가 그의 철학적 재능과 예술적 천재성이 유감없이 발휘되어 철학적 논제와 문학적 형식이 통합된 작품이라는 데에 있다. 우리는 사랑에 관한 여섯 가지 찬미 연설 중에서 특히, 파이드르스, 아리스토파네스 그리고 소크라테스-디오티마 연설을 차례로 살펴볼 것이다.

1. 이 시대의 사랑

1 / 소년 애인 파이드로스

사랑에 관한 첫 번째 연설자로 지명된 파이드로스는 에로스가 가장 오래된 신일뿐만 아니라 최대로 좋은 것들의 원인이라고 극찬하면서 연설을 시작한다. 그는 사랑이 아름답게 살려는 이들을 일생 동안 인도해야 한다고 선언한 후, 이에 대한 정당화 논의를 사랑하는 사람(erastēs)이 아니라 사랑받는 사람(erōmenos) 편에서 제공하고 있다. 이를 통해 그는 에뤽시마코스와의 연인관계(176d5-7)에서 소년 애인인 자신의 입장을 옹호함과 동시에 그리스의 소년애적 관계에 특징적인 사랑 관계의 비대칭성을 매우 교묘하게 드러내고 있다.

"어린 사람에게는, 그것도 아주 어렸을 적부터, 자기를 사랑해주는 쓸 만한 사람을 갖는 것보다, 그리고 사랑하는 사람에게는 쓸 만한 소년 애인을 갖는 것보다 더 크게 좋은 어떤 것이 있을지 나로서는 말할 수 없거든."(178c3-5)

2 / 가면의 사랑

다음으로 그는 아름답게 살기 위한 구체적인 전략으로 추한 것들에 대한 '수치심'과 아름다운 것들에 대한 '명예욕'(philotimia)을 추천하고 있다. 이 대목에서 우리는 '죄'와 '수치'간의 인류학적 구분을 염두에 둘 때, 고대 그리스가 '수치문화'에 기반을 두고 있었다는 것을 확인하게 된다. 왜냐하면 수치문화의 근간을 이루는 두 가지 핵심 원리가 수치심과 명예욕이고, 명예를 얻으려는 욕망과 경멸을 자초하는 것에 대한 두려움은 사실상 사적인 삶과 공적인 삶 모두에서 유덕한 행위를 위한 근본 동기이기 때문이다. 그런데 우리는 파이드로스의 연설에서 불명예가 보여지는 것과 밀접한 관련이 있다는 것에 주목할 필요가 있다.

"그래서 내가 주장하는 바는 누군가를 사랑하는 사람이 뭔가 추한 일을 하다가, 혹은 누군가에 의해 추한 꼴을 당하면서도 용기가 없어서 스스로를 방어하지 못하다가 그런 일들이 공공연히 밝혀지는 경우, 아버지나 동료나 다른 어느 누구에게 들키는 것보다 소년 애인에게 들키는 것을 더 고통스러워하리라는 것이네. 그리고 이와 마찬가지 것을 우리는 사랑받는 자의 경우에서도 본다네. 사랑받는 자는 어떤 추한 일에 연루되어 있다가 들키게 될 때 자기를 사랑하는 자들에 대해 유독 수치심을 느낀다는 것 말이네. 그러니 국가나 군대가 사랑하는 자들과 소년 애인들로 이루어지게 할 어떤 방도(mēchanē)가 생기게 된다면, 이렇게 서로를 의식하면서 모든 추한 일들을 멀리하고 명예를 추구하는 것보다 그들이 자기들의 국가를 더 잘 운영할 방법이란 없고, 또 이런 사람들이 서로와 더불어 전투를 수행하게 되면 아무리 적은 수라 할지라도, 말하자면 모든 사람들을 이길 수 있다 할 것이네. 왜냐하면 누군가를 사랑하고 있는 사람이 제 위치를 떠나거나 무기를 내던질 때 다른 어느 누구에게보다도 소년 애인에게 들키는 것을 가장 꺼릴 게 분명하며, 이렇게 되느니 차라리 여러 번 죽기를 택할 것이니 말일세. 곤경에 처한 소년 애인을 못 본 체 내버려 두거나 위험에 빠져 있는데도 도우러 나서지 않는 것에 대해 말한다면, 에로스(Erōs) 자신이, 덕을 향한 열망을 갖도록 신 지핀 상태로 만들어 나면서부터 아주

용감한 자와 비슷하게 되도록 하지 못할 만큼 그렇게 비겁한 자는 아무도 없네."(178d2-179a8)

방금 전에 언급한 바와 같이, 사랑받는 사람은 사랑하는 사람과 달리 추한 꼴을 당하는 것에 대해 걱정할 필요가 없다. 그렇다고 해도 우리는 사랑하는 사람을 사랑받는 사람이 보고 있지 않을 때도 동일한 효과를 갖게 될 것인지에 대해 묻지 않을 수 없다. 본성상 매우 용기 있는 사람이야 단적으로 용감한 행위를 감행하겠지만, 사랑을 통해 영감을 받은 사람은 나면서부터 최상의 용기 있는 사람이 아니라는 데에 문제가 있다. 이렇게 되면 결국 사랑은 겁쟁이처럼 행동하는 것에 대해 남자가 수치심을 갖도록 자극함으로써 용기를 북돋우는 열등한 수단에 지나지 않는다는 것이 된다. 따라서 사랑은 최상의 본성보다 열등하다. 이렇게 되면 사랑하는 사람도 사랑받는 사람이 보고 있는 경우에만 용기 있는 행위를 실천하게 될 것이고, 이런 점에 비춰볼 때 우리는 파이드로스가 추한 것 자체에 대해서는 별로 신경을 쓰고 있지 않다는 사실을 깨닫게 된다.

그리스 사회에 만연된 현상 중심의 관습은 이처럼 매우 분명하면서도 대단히 천박한 방식으로 파이드로스의 연설에 묘사되어 있다. 파이드로스는 누군가가 행하는 것에 관심을 두지 않고 누군가가 받아들이는 것에 더 큰 관심이 있는데, 단적으로 말해서 그는 죄가 아니라 수치심과 관련되어 있을 뿐이다. 불명예에 대한 두려움과 명예에 대한 욕망은 인간 행동에 단순히 외적이고 피상적인 동기들에 불과하다. 이와 달리 플라톤에게 덕(aretē)은 자신에 대한 의미 규정의 힘을 자기 자신에게 정초시키려는 도덕적인 역량이다. 파이드로스의 연설에서처럼, 고유한 자기규정 능력을 타자에게 양도하는 그리스 문화의 현상 편향적 태도는 모든 종류의 인간적인 패악을 자초하는 가장 근본적인 타락인 것이다.

이 논증의 골자만 추려보면, 파이드로스의 진술에 함축된 논점은 내면보다 겉으로 드러나 보이는 것(what one seems to be)이 한층 더 중요하다는 것이다. 그는 이것을 사랑 관계에 필요한 중추적인 요인으로 간주하고 있다. 그는 사랑 관계에서 타자에게 보이는 것을 비중 있게 다루고 있고, 따라서 보이는 것은 사랑의 힘이 발원하는 원천이다. 그렇지만 이것은 연인들이 상대방이 원한다고 각자가 믿는다는 것을 핑계 삼아 현재의 자신들에게 가면을 착용시켜서 스스로를 숨길 것이란 비극적 사실을 내포하고 있다. 모름지기 사랑 관계는 서로의 참된 내면에 대한 점진적인 이해를 바탕으로 심화되는 것이다. 그런데 두 연인은 각각 상대방이 현재 자신의 있는 그대로의 모습을 사랑해주기를 바라면서도, 안타깝고 측은하게도 이를 성취하려고 노력하는 과정에서 상호간에 좀 더 깊은 사랑 관계를 불가능하게 만드는 아이러니한 비극적 상황을 연출하게 되기 때문이다.

가령, '갑'이 '을'을 유혹하기 위해 가면을 착용했고 그래서 '을'이 유혹됐다고 가정해보자. 좀 더 정확하게 지적하자면, '을'이 유혹된 것은 '갑'이 아니라 '갑'이 착용하고 있는 가면일 뿐이다. 이렇게 되면 결국 '갑'은 사랑받고자 하는 자신의 욕망을 실현하는데 실패한 것이다. 한편으로, 아이러니하게도 '을'이 어떤 가면도 착용하지 않았다면 유혹됐을지 모른다고 해도, '을'이 '갑'의 가면에 유혹되지 않는다면, 그 노력은 수포로 돌아간 것이나 마찬가지이다. 다른 한편으로, '을'이 자신이 '갑'을 원한다고 믿는 것으로 보이게 하려고 한다 해도 상황은 달라지지 않는다. 게다가 그나마 획득한 작은 것이 상실될까 하는 두려움 때문에 어느 누구도 감히 가면을 벗어버리지도 못한다. 이처럼 사랑하는 사람들은 상호간의 몰이해 때문에, 처음에 서로를 유혹했던 대상을 극복할 수 없는 것이다. 결과적으로 남는 것 전부는 상호간에 춤추는 두 개의 가면일 뿐이고, 가면들 배후의 인간 개별자들은 결코 만날 수 없게 된다. 아무도 상대방의 드러나 보이는 표면을 넘어서는 것을 허용할 수 없고, 따라서 인격체로서 개별 인간에 대한 상호적인 탐구에 바탕을 둔 좀 더 깊은 관계는 불가능한 일이 되고 만다.

연인들 상호간에 친밀한 관계가 전제되지 않는다면, 아무도 상대방이 실제로 원하는 것을 알 방도가 없다. 이처럼 각자가 상대방이 원하는 것을 알 수 없다면, 사랑을 원하는 사람들은 상대방을 유혹하기 위해 어떻게 해야 할까? 그들에게 남겨진 선택은 사회가 부여한 관습의 견지에서 상대방이 원하는 것을 바라보는 것이고, 이것은 사회적인 덕이라는 가면을 쓰는 것과 같다. 결국 이들은 당시 그리스 사회가 규정했던 용기와 명예에 걸 맞는 역할을 수행하게 되고, 이는 자기규정의 고유한 힘을 사회에 양도함으로써 가면으로 전락하는 것이다. 이런 의미에서 결국 파이드로스가 말하는 사랑은 순응을 위한 힘에 불과하다.

파이드로스는 앞서 국가나 군대가 그리스인들의 소년애적 관습의 결과라고 간주한다. 이미 논의된 바와 같이, 그가 제안한 국가나 군대를 조직하는 방법은 이미 약점과 실패에 노출되어 있다. 파이드로스의 군대의 힘은 비겁한 행위를 하는 동안에 소년 애인에게 보이는 것보다 차라리 죽음을 선택할 사랑하는 사람들의 잠재적인 수치심과 같기 때문에 대단히 제한적이다. 사랑이 용기의 가장 큰 장애물인 죽음에 대한 두려움을 극복한다고 해도, 우리의 정치 문화가 훌륭한 질서 상태에 놓여 있다면 추한 일을 행하지 않기 위해 반드시 연인 관계를 필요로 할 이유가 없기 때문이다. 오히려 국가에 대한 공유된 헌신이 추한 행위에 대한 충분한 억제책이 될 것이다.

아이러니한 점은 그의 군대에 대한 논의에서 용기가 수치심에 대한 두려움으로 전락된다는 것이고, 이로 인해 자신이 찬미하려는 덕을 평가절하하게 된다는 것이다. 파이드로스에게 용기 같은 것은 없고, 용기의 출현은 실은 몇몇 두려움이 더 크기 때문이다. 게다가 파이드로스는 더 이상 사랑받는 사람의 부끄러움도 언급하지 않는다. 처음에 제시된 상호적인 명예에 대한 사랑이 이제는 사랑하는 사람들의 경우만으로 국한되어 있기 때문이다. 이로 인해 실질적인 통제력은 사랑하는 사람이 아니라 사랑받는 사람의 손아귀에 놓이게 된다.

파이드로스에게는 수동적인 '보이는 것'과 '사랑받는 것'은 능동적인 '행동하기'나 '사랑하기'보다 더 중요하게 생각된다. 능동성을 수동성에 종속시킴으로써, 그는 영웅의 시각을 시종의 시각으로 전락시켜서 결국 시종의 도덕을 찬미하고 있는 것이다. 이처럼 파이드로스는 사랑 관계 자체에서는 아무런 가치도 발견하지 못했을 뿐만 아니라 사랑의 가치를 사랑 관계 외부에 위치시켜서 사랑 관계를 다른 것들에 대한 수단으로 여기고 있을 뿐이다.

2. 사랑은 언제나 목마르다

1 / 최초의 둥근 인간 신화

사랑에 관한 일련의 찬미 연설은 연설의 아버지인 파이드로스와 두 번째 연설자였던 파우사니아스까지는 비교적 순탄하게 진행되어 왔다. 그런데 포도주와 극장의 신 디오뉘소스와 사랑의 여신 아프로디테에게 전념하던 아리스토파네스의 차례가 되자, 예상치 못한 딸꾹질의 발작으로 그는 불가피하게 에뤽시마코스와 연설 순서를 바꾸게 된다. 에뤽시마코스가 연설하는 동안 딸꾹질이 멈췄고, 마침내 그는 사랑 찬양 연설에 착수한다. 아리스토파네스는 인간이 사랑의 힘(dynamis)에 대해 몰지각한 탓에 사랑의 신을 경배하기 위한 가장 큰 신전과 제단도 짓지 않고, 가장 큰 제사도 바치지 않았다고 진단한다. 그러면서 그는 우리가 사랑의 신을 숭배해야 하는 이유가 신들 가운데서 사랑의 신이 가장 인간을 사랑하는 신이고, 인간 본성을 치료하는 의사이며, 인간을 돕는 신이기 때문이라는 데에 있음을 밝히고 있다(189c8-d3). 동시에 그는 스스로를 사랑의 신에 대해 지각이 없는 인간을 사랑의 힘에 입문시키려는 교사로도 규정한다. 따라서 인간에게 가르침을 제공하려 한다는 차원에서 아리스토파네스의 연설은 사실상 '교육'(paideia)인 것이다.

아리스토파네스는 인간 본성과 그것이 겪은 것들에 관한 신화로 연설을 시작한다. 그에 따르면, 현재는 남성과 여성 두 성만 존재하지만, 오래 전에 인간의 본성에는 남성(남남), 여성(여녀) 그리고 남녀추니(남녀)라는 세 가지 성(性)이 있었다고 말한다. 그런데 현재 이름만 남아 있고 실재 자체도 사라진 특기할 만한 성인 남녀추니(androgynos)는, 이름이 비난할 때만 사용되는 용어가 되어 불명예스러운 것으로 남고 말았다는 것이다. 그는 제3의 성의 부재를 통해 인간 본성의 변화 가능성에 대해 강조하고 있는데, 이것은 인간 본성이 정적이지 않다는 것이고 따라서 인간의 과거의 본성은 현재와 달랐고, 현재도 미래와 다를 가능성이 있다는 것을 암시하고 있다.

그렇다면 최초의 인간들의 형태(eidos)는 어떠했을까? 그는 각 인간이 둥근(stroggylos) 모양의 통일된 전체였다면서 이를 상세하게 묘사한다. 등과 옆구리는 둥글었고, 네 개의 팔다리를 갖고 있었으며, 둥근 목 위에 반대 방향을 바라보는 쏙 빼 닮은 두 개의 얼굴로 이루어진 하나의 머리가 있었다. 머리와 목을 제외하면, 네 개의 귀와 두 개의 생식기 등 육체의 다른 모든 부분이 정확히 두 배였는데, 매우 추했지만 환상적인 존재였던 둥근 인간은 원하는 어느 방향으로든지 빠른 원형 운동이 가능했다고 한다. 아리스토파네스는 인간이 원형으로 빠르게 운동할 수 있는 둥근 존재였던 이유에 대해 우리에게 설명할 때, 인간적인 것을 초월하여 우주론의 영역으로 들어선다. 남성, 여성, 그리고 남녀추니 각각이 신들인 태양, 지구, 그리고 달의 자손이기에 그들이 자신들의 부모인 우주적인 신들의 모습을 닮아 있었다고 말하기 때문이다.

2 / 에로스(erōs)와 아프로디시아(aphrodisia)

우주적 신들의 자손인 최초의 둥근 인간들은 무시무시한 힘과 활력, 고매한 생각을 갖고 있었고, 급기야 올림포스 신들을 공격하고 반란을 획책하는 불경건의 포문을 열고 만다(190b5). 신들은 인간의 이 같은 방종한 행위를 참고 있을 수 없었고, 인간의 공격에 대한 대응 전략을 마련하기 위해 회합을 갖기에 이른다. 아마도 둥근 인간들과 달리, 신들은 정치적인 기관을 갖추고 있었던 것 같다. 그렇다고 해도 신들은 인간의 숭배와 제사에 의존할 정도로 불완전했다. 신들이 둥근 인간을 필요로 하지 않으면서도 자신들의 필요를 충족시킬 수 있었다면, 거인들을 멸망시켰던 것처럼 아마도 그들은 인간을 절멸시켰을 것이다. 그러나 예상과 달리 둥근 인간에 대한 신들의 이런 의존성은 그들을 곤혹스런 처지로 내몰고 말았던 것이다. 그렇지만 최초의 둥근 인간들이 올림포스 신들에 대한 종속을 거부했던 반란은 실패로 끝나고 말았는데, 살아있는 신들을 거스르는 모든 반란은 자연히 실패할 수밖에 없기 때문이다.

신들의 응전은 인간의 생존을 유지시키면서도 동시에 인간을 자신들의 종으로 복속시키는 전략이었던 것 같다.

> "그래서 제우스가 간신히 생각을 짜내어서는 다음과 같이 말했네. '어떻게 하면 인간들이 계속 살아 있으면서도 힘이 약해져서 방종을 멈추게 될 수 있을지 그 방도를 나는 갖고 있다고 생각한다. 이제 나는 그들 각각을 둘로 자르겠다. 그러면 한편으로는 그들이 약해지면서 동시에 다른 한편으로는 그 수가 더 많아지게 되어 우리에게 더 쓸모 있게 될 것이다.'"(190c6-d3)

전지한 제우스가 빈틈없이 생각해야 했다는 것은 아리스토파네스의 연설에서 분명한 희극적 표현이다. 그런데 제우스가 둥근 인간을 반쪽으로 나눔으로써 탄생한 사랑은 올림포스 신들의 선물이 아니었다. 왜냐하면 올림포스 신들은 인간에 대한 사랑이 아니라 그들 자신들의 이익에 의해 자극되었을 뿐 아니라 신들 중에서 인간을 가장 사랑하는 신인 사랑의 박애란 것도 사실상 올림포스 신들의 이기성에 뿌리박고 있다고 할 수 있기 때문이다. 그도 그럴 것이 우주적 원형 모양의 회복에 대한 욕망인 사랑은 우주적 신들에게 속한 것이어서 올림포스 신들의 행위와는 정반대로 불경건하다. 어쨌든 인간을 이전보다 약화시키면서 동시에 수적으로 증가시키려는 제우스의 책략은 인간에 대한 신들의 유용성을 증대시키는 형벌 행위를 통해 일단락된다. 인간이 다수화되었다는 것은 다양성 속에 구체화된 연약함의 현존을 나타내는 표시이고, 따라서 결국 인간은 강제로 가족과 정치적인 삶 속으로 밀어 넣어 졌다는 것이다. 이처럼 신들은 인간을 자신들과 비슷하게 만들었고, 인간을 직립하게 만들어서 인간을 인간이 되게 만들었으며,

신에 대한 반란의 모체였던 고매한 사상의 상실을 가져왔다. 문명이 고매한 사상들의 상실을 수반하는 정의와 질서 정연함의 획득이기 때문에, 인간이 폭군의 백성들처럼 문명화되고만 것이다.

그렇지만 이 같은 제우스의 간계가 미봉책으로 그칠 수 있다는 우려는, 인간이 조용히 있기를 거부한다면 인간을 한 차례 더 반쪽으로 나누겠다는 제우스의 거듭된 경고에서 사실로 드러난다. 제우스의 엄포에 나타나 있듯이, 인간 본성이 세 번째 수술에 의해 또 다시 바뀐다는 것은 얼마든지 가능하다. 인간이 한 차례 더 반쪽으로 나뉜다면, 인간의 생식기는 파괴되고 말 것인데, 최초의 둥근 인간의 생식 행위가 "매미처럼, 땅에서"(190a8 ff., 191b6) 이루어졌다는 것과 비교할 때, 사랑의 소멸은 최초의 것보다도 한층 더 나쁜 상태로 전락되는 원인이 될 것임에 틀림없다.

그의 연설은 다시금 수술의 장소인 육체를 향해 있다. 인간이 신적 자양물의 원천이라는 것을 상기시키려는 의도에서인지는 몰라도, 제우스는 인간이 과일이나 계란이라도 되는 듯이, "마가목의 열매를 자르는 사람들처럼 또는 머리카락으로 계란을 자르는 사람들처럼"(190d8-e1) 인간을 둘로 자른다. 이것은 또한 아리스토파네스의 희극 작품에 등장하는 사례들을 연상시킨다. 이로 인해 인간은 우주적 신의 자손이라는 천상적 영역으로부터 음식이라는 세속적 세계로 강등되고 만다. 또한 이렇게 둘로 잘린 열매와 계란이 더 이상 열매를 맺을 수 없듯이, 자른다는 것은 일종의 '거세'를 의미하기 때문에, 문명화된 인간은 거세된 것이나 다름없다고 할 수 있다. 결국 인간 본성의 질서 정연함을 위해 신들은 기술을 통해 인간 본성을 변형시킨 것이다. 또한 신들의 자양물로서 인간은 일시적인 교접에 의해 대체될 뿐 진정한 육체적 합일이 부재하는 상황에서 안전하게 보호받게 된다.

제우스의 명령에 따라 뒷수습을 맡은 의사이자 신발 제작자의 신인 아폴론은 잘려진 부분을 보고 한층 더 질서 잡힌 인간이 되도록 인간의 얼굴과 목을 잘려진 방향으로 돌려놓는다. 또한 그는 인간에게 "고대의 고난을 생각나게 하려고"(191a4-5) 배꼽 주변에 몇 개의 주름도 남겨놓는다. 아폴론의 수술은 신들의 유용성 모델과 인간의 영속적인 불완전성을 함께 꿰매는 작업이었다. 사랑이 탄생하는 지점이 바로 여기인데, 이것은 제우스와 아폴론의 둘로 쪼개기와 꿰매기가 문제를 전혀 해결하지 못했다는 것을 방증하는 것이기도 하다.

"그런데 이제 그들의 본성이 둘로 잘렸기 때문에 반쪽 각각은 자신의 나머지 반쪽을 그리워하면서 줄곧 만나려 들었네. 서로 팔을 얼싸 안고 한데 뒤엉켜 한 몸으로 자라기를 욕망하다가 결국에는 상대방과 떨어진 채로는 아무것도 하고 싶어 하지 않았기 때문에 굶어서 혹은 다른 아무 일도 하지 않음으로 해서 죽어 갔네."(191a5-b2)

그런데 제우스의 명령에 따라 아폴론이 집도한 1차 수술 결과는 예측과 많이 달랐다. 인간은 그들이 한 때 소유했던 전체성을 회복하려고 그들의 반쪽을 찾는 일에 전적으로 매달렸고, 이로 인해 신들이 바라던 명예와 희생을 인간이 제공하지 못했기 때문에 제우스의 목적이 좌절되고 말았기 때문이다. 여기서 눈여겨봐야 할 점은 분리된 인간의 잃어버린 반편 찾기가 무작위적이고, 무성적(無性的)이었다는 것과 다른 반편에 대한 갈망이 생식기의 접촉과는 아무런 관련도 없었다는 점이다. 이 단계에서 성(性)은 충동이고, 대상도 인간에게만 한정되어 있다. 둘로 잘린 인간은 설상가상으로 음식과 휴식에 대한 육체의 필요들까지 전적으로 무시하기에 이른다. 사태가 심상치 않게 돌아가자, 제우스는 인간의 절멸과 죽음에 의해 심각한 위협을 받고 만다.

제우스는 배고픔과 무위(無爲)로 멸망해 가는 인간에게 연민을 느꼈다고 말한다. 이것은 완곡어법인데, 여기서의 연민도 우리가 앞서 살펴보았던 바와 같이 이익에서 비롯된 연민이기 때문이다. 어쨌든 제우스는 인간을 올림포스 신들과 유사하게 만들 묘안을 짜낸다. 생식기를 앞쪽으로 옮기는 제우스의 두 번째 수술을 통해 인간들 상호간에 성애가 도입되기 때문이다. 이제 전체성은 상대방을 팔을 사용해 포옹하는 것이 아니라 새로운 개체의 창조를 가능하게 하는 삽입 행위를 포함하게 된다. 이 같은 난관을 미리 알지 못했던 제우스는 외과적 분할이라는 첫 번째 해결책을 완성시킴과 동시에 그 문제에 대해 성적 결합이라는 새로운 해결책도 마련했던 것이다.

인간을 최초의 둥근 인간의 본성으로 되돌리려는 절박한 '포옹'에 현시된 사랑이 에로스(erōs)이고, 성적 만족을 통해 고통을 일시적으로 경감시켜서 우리를 신들의 종들로 복속시키는'성애'가 아프로디시아(aphrodisia)이다. 성애는 인간 종의 생존을 유지시키기 위한 신들의 책략으로서 제우스의 자기 이익으로부터 유래했다. 반면에 사랑은 인간 본성의 치료자이자 고대적 본성의 회복을 위한 인간의 자연적인 욕망으로서 획득 불가능한 어떤 것에 대한 갈망이다. 최초의 인간 본성이라는 전체성은 본질적으로 충족될 수 없고, 따라서 성적 결합은 성적인 욕망의 궁극적인 목표가 아니다. 사랑은 불행하고 아픈 인간의 현재적 본성으로 대단히 비극적인데, 희망 없는 인간의 본성과 신들의 이기적인 본성을 바꿀 어떤 방법도 없기 때문이다.

3 / 헤파이스토스의 그물

아리스토파네스는 소년애자를 포함해서 모든 사랑하는 사람이 각자의 반편을 만나게 되면 우정, 애착(oikeiotēs), 사랑이 발생하고, 그들이 한 순간도 떨어져 있기를 거부한다고 말한다. 여기서 논점은 성애가 필요 불가결한 측면이라고 해도, 그들이 서로 함께 있는 데서 얻는 기쁨이 단지 성적인 함께함, 즉 성애에 불과한 것일 수 없다는 점이다(192c). 우리는 이 지점에서 논의의 장소가 육체로부터 어떤 모양도 갖고 있지 않으면서 잘려질 수도 없고 봉합될 수도 없는 영혼으로 이행하고 있다는 것을 놓쳐서는 안 된다.

아리스토파네스는 자신의 희극에서나 있을 법한 '헤파이스토스의 그물'이라는 한 가지 사유 실험을 통해 영혼을 논의의 중심에 놓고 있다. 이것은 희극적 반전(peripeteia, 反轉)이고, 『오뒷세이아』 8.321-43에서는'부끄러운 포획'이 주제였다면, 아리스토파네스의 연설에서는 '상호간의 갈망'에 초점이 맞춰져 있다. 대장장이 신 헤파이스토스는 본래의 반편을 만난 연인들에게 자신의 그물을 제안하며 다음과 같이 묻는다.

"'인간들이여, 그대들이 서로에게서 받아 갖게 되었으면 하고 바라는 게 무엇인가?'하고 말일세. 또 그들이 어쩔 줄 몰라 하고 있을 때 재차 묻는다고 해 보세. '그대들이 욕망하는 게 바로 이것인가? 밤이고 낮이고 서로에게서 떨어져 있지 않을 정도로, 할 수 있는 한 많이 서로와 같은 곳에 있게 되는 것, 그것인가? 그대들이 욕망하는 게 이거라면 나는 기꺼이 그대들을 한데 다 융합, 용접시켜 줄 용의가 있거든. 그렇게 되면 그대들은 둘이던 것이 하나가 되어 살아 있는 동안에는 하나로 있으니까 둘 다가 삶을 공유하게 되고, 죽은 후에는 이번에는 저곳 하데스의 집에서 둘 대신 하나가 되어 죽음을 공유하게 되지. 그대들이 사랑하는 게 바로 이것인지, 이걸 얻게 되면 그대들이 만족하는지 살펴보세.'하고 말일세."(192d3-e5)

그런데 사랑에 사로잡힌 인간들은 왜 자신들이 욕망하는 바를 말할 수 없는 것일까? 그것은 이들의 고통이 더 이상 육체 안에서 감지되지 않을 뿐만 아니라 그 고통이 성적인 결합에 의해 제거될 수 있는 것도 아니기 때문인 것 같다. 고통의 장소가 육체에서 영혼으로 옮겨지자, 제우스가 성애를 통해 육체의 갈망만을 진정시켰을 뿐 영혼의 고통을 철저하게 외면했다는 것이 비로소 드러나기 시작한다. 분리된 반편의 인간들은 이중적인 영혼을 갖고 있고, 성적 행위를 통해 육체의 욕구가 충족되었다고 해도, 각각의 영혼이 다른 어떤 것을 원한다는 것은 분명하기 때문이다.

아리스토파네스는 제우스의 징벌적인 외과수술을 전복시키는 헤파이스토스의 이런 솔깃한 제안을 듣는다면 누구도 거절할 수 없을 것이라고 단언한다. 그는 헤파이스토스가 그들이 이것을 욕구하는지에 대해 확답을 받고자 한다고 해도, 이런 말을 듣고서 불만족을 표현하거나 다른 어떤 것을 원한다고 말할 사람은 아무도 없다고 덧붙이고 있기 때문이다. 성(性)은 신들에 대항한 둥근 인간들의 오만에 대한 기억이지만, 그것은 인간성에 대한 신들의 청지기 역할의 표시이기도 하다. 제우스는 처벌을 위해 우리를 절반으로 쪼겠지만, 그와 아폴론은 보존을 위해 우리를 성적인 존재로 만들었다. 그런데 헤파이스토스는 사랑하는 사람들에게 신들에 대한 보복의 기회를 제공하고 있다. 그래서 사랑은 성적 욕망이라기보다는 되레 반란이다. 하데스의 아킬레우스와 달리, 헤파이스토스의 그물에 묶인 죽은 자들은 생명을 바라지 않고 죽음에 만족하기 때문이다. 이들에게는 두 사람이 진정으로 하나가 되고 그래서 자기를 완성하게 된다면, 삶 자체는 중요하지 않은 것 같다.

이러한 절망적 사태는 제우스를 곤경에 빠뜨렸던 사랑의 탄생 국면과 많이 닮아 있다. 사랑하는 사람과의 융합에서 둘이 하나가 된다는 것은 분리된 정체성의 완전한 상실을 의미하기 때문에, 사후(死後)에 함께 사는 것과 사후 정체성의 지속에 대해서 헤파이스토스는 육체가 아니라 영혼에 의존하고 있다. 이로부터 우리는 육체들의 단일성은 죽음 없이는 불가능하고, 영혼들의 단일성은 죽음 후에도 가능하다는 사실을 알게 된다. 아리스토파네스가 헤파이스토스에게 귀속시키는 제안은 사실상 그들의 파멸을 보증하는 것이다. 죽은 후에만 사랑이 있고 그래서 비극은 인간의 사랑에 필연적인 요소로 자리 잡게 되는 것이다. 아리스토파네스는 인간을 나쁜 조언의 잠재적 희생자로 만들고 있다. 우리는 특히 그의 헤파이스토스가 연인들이 육체적인 결합을 바라지만 그것이 인간의 목적이라고 그들에게 설명하지 않는다는 점에 주목해야 한다.

헤파이스토스의 사슬들이 아리스토파네스의 해결책을 나타내는 정도로 그것들은 그만큼 인간적인 불만족도 드러내고 있는 것이다.

물론 헤파이스토스는 우리 앞에 현존하지 않는다. 사랑하는 사람들의 영혼들은 대장장이의 도구에 의해 하나로 결합될 수도 없다. 아리스토파네스의 신화는『향연』의 처음 연설들에서 논의됐던 것보다 사랑에 대해 현격하게 다른 개념을 제시하고 있다. 요컨대, 사랑은 하나의 삶을 공유하고 점차 하나가 되어 가는 것이다. 아리스토파네스는 사랑이 전체적인 것에 대한 욕망과 추구에 대한 이름이라고 일갈한다. 그리고 우리의 이러한 고대적 본성에 대한 추구는 우리의 육체들의 가사적 삶의 영역 안에서 수행되어야 한다. 그러나 육체들의 완전한 결합은 죽음을 뜻할 뿐이고, 결국 하나가 된다는 것은 회복될 수 없고 충족될 수 없는 욕망인 것이다.

우리가 우리 스스로를 파괴시키지 않고서 우리는 부분성을 극복할 수 없다. 아리스토파네스의 가르침의 목적은 사랑이 결코 완성될 수 없고, 그것은 불가능한 것에 대한 갈망이라는 것이다. 사랑이 충족될 수 없다는 이러한 비극적 통찰은 아리스토파네스를 희극 작가에서 비극 작가로 변형시키는 플라톤의 천재성이고, 이런 의미에서 희극 시인 아리스토파네스는 사랑이 본질적으로 비극적이라는 것을 가르치는 비극적 희극 시인이다.

3. 무엇을 사랑할 것인가

1 / 사랑의 본질과 아름다움의 역할

아리스토파네스의 다음 연설자인 아가톤은 사랑이 아름다움에 대한 사랑이라는 찬미 연설을 통해 비극 경연 대회 우승자답게 참석자 전원의 박수갈채를 받는다(191a1-3). 그런데 진리에 근거한 찬미 연설을 하겠다고 선언하는 소크라테스는 곧바로 아가톤에 대한 논박에 착수한다. 소크라테스 역시 젊은 시절에는 사랑이 아름답다고 믿었다는 점에서 아가톤과 유사한 견해를 갖고 있었다. 하지만 여사제 디오티마에게 설득되어 그는 아가톤으로 하여금 사랑이 아름다움을 결여하고 있다는 사실을 인정하도록 만든다. 그러면서 그는 만티네이아의 디오티마에게 들었던 사랑에 관한 이야기를 전달하는 제자의 역할도 수행한다.

이제 본격적으로 우리는 플라톤적 사랑 중 나머지 다른 해석을 담고 있는 소크라테스-디오티마 연설을 듣게 된다. 출발점은 아가톤에 대한 논박의 결론인 사랑의 신이 아름답지도 않고 좋지도 않다는 것이다. 그런데 소크라테스는 중간자로서 사랑의 정체를 아름다운 것과 추한 것 그리고 좋은 것과 나쁜 것 '사이에 있는 어떤 것'(ti metaxy)이고, 가사자와 불사자(不死者) 사이의 위대한 신령(daimōn megas)임을 확인시켜준다(201d1-203a8). 이 논의는 사랑 탄생 신화를 통해 구체화되어서 사랑은 아름다운 것들을 사랑하는 자로 밝혀지기에 이른다(203a8-204c6).

그렇다면 아름다운 것(즉, 좋은 것)을 사랑하는 자는 무엇을 사랑하는 것일까? 이에 대해 디오티마는 좋은 것의 소유를 사랑하는 것이라고 강조한다. 왜냐하면 좋은 것이 자기의 것이 될 때 행복하기 때문이다(205a2-3). 다른 한편으로 그녀는 나쁜 것이라면 자기에게 속하는 것이라도 그것을 절단할 수 있다는 사지절단의 경우를 들어, 좋은 것에 관한 사랑을 긍정하면서 아리스토파네스의 연설에 나타난 자기 자신에 대한 사랑을 명시적으로 거부한다. 그래서 사랑은 좋은 것이 자신에게 늘 있음에 대한 것이다(206a11-12).

좋은 것에 대한 영원한 소유가 단순한 유지(維持)라면, 사랑에는 이것 말고도 창조적인 기능도 포함되어 있다. 디오티마가 사랑의 행위가 몸과 영혼 모두에서 아름다운 것 안에서의 출산(tokos en kalōi)이라고 밝히고 있기 때문이다. 그녀는 모든 사람들이 몸과 영혼에 있어서 임신 상태에 있고, 일정 연령에 도달하게 되면 자연스럽게 출산을 욕망하게 된다고 말한다. 이로부터 우리는 임신과 출산이 성적 결합의 원인이라는 것을 깨닫게 된다. 그런데 특기할 만한 사항은 '모든 사람들'이 임신하고 있다는 그녀의 진술이다. 이것은 어떤 면에서 인간 모두가 여성들이고, 생물학적으로야 불가능하겠지만 남성들도 어떤 면에서 임신할 수 있다는 의미이다. 또한 디오티마는 추한 것 안에서는 출산이 불가능하고, 단지 아름다운 것 안에서만 출산을 할 수 있다고 진술한다. 이처럼 출산의 수단은 외재적이다. 또한 우리는 여기서 아름다운 것의 도구적 위상을 발견하게 되는데, 왜냐하면 임신에서 출산으로의 이행 원인이 아름다움이기 때문이다. 아름다운 것은 수단, 미끼, 좋은 것에 대한 영원한 소유의 조건이자 매개물이고 촉매인 것이다.

2 / 불사에 대한 사랑

앞서 밝혀진 바와 같이, 사랑은 아가톤의 주장처럼 아름다운 것에 대한 사랑이 아니다. 디오티마는 사랑이 아름다운 것 안에서의 출산이기 때문에 사랑이 불사에 대한 사랑이라고 선언한다. 사랑과 욕망의 원인은 출산을 욕망할 때 모든 짐승에게 나타나는 성적 결합과 새끼 양육에서 사랑에 애타는 상태에서 여실히 드러나고 있다. 새끼 양육에 관해서는 가장 힘이 약한 것들이라도 새끼를 위해 가장 힘 센 것들과 맞서 싸우며 자기희생을 감내할 준비가 되어 있고, 굶주림의 고통도 마다하지 않을 뿐 아니라 어떤 일이라도 기꺼이 행하려 하기 때문이다(207a6-c1). 디오티마는 이런 일들을 행하는 데 있어서 사랑에 애타는 짐승들의 상태는 계산적 이성에 의한 인간의 경우와는 분명히 다르다고 명시한다.

짐승의 경우에 이렇게 사랑에 애타는 상태가 되는 원인은 무엇일까?

> "이 경우에도 저것과 같은 이치에 따라 가사적인 본성은 할 수 있는 한 늘 있기를 즉 불사이기를 추구하거든요. 그런데 그건 이 방법으로만 즉 생겨남으로써만 할 수 있습니다. 그럼으로써 오래된 것 대신 또 다른 새로운 것을 늘 남기니까요."(207c9-d3)

요컨대, 출산 행위의 원인은 불사에 대한 욕망이다. 나아가 출산 행위는 불사적인데, 인간의 출산의 연속성이 대체를 통한 연속성이고, 따라서 불사에 대한 욕망인 사랑은 죽음에 대한 초월이나 죽음에 대한 부정을 함축한다. 이것은 사실상 자기 자신의 죽음을 수용한다는 것을 뜻하고 있다. 따라서 사랑은 죽음을 부정하는 것이 아니라 오히려 죽음을 미리 전제하고 있고, 죽음을 고려하지 않은 상태에서 사랑을 이해한다는 것은 불가능한 일인 것 같다.

디오티마는 인간의 개인적 실존도 지속적인 대체의 과정임을 밝히고 있다. 그녀는 몸 전체에 있어서 머리카락, 살, 뼈, 피 등의 지속적인 상실을 말한 다음, 인간의 영혼으로 옮겨간다. 몸에서와 마찬가지로 영혼에서도 어떤 것들은 동일한 것으로 있지 않고 생성하고 소멸한다. 영혼과 몸의 분리 불가능성은 영혼 또한 유전 상태, 즉 과정적 상태에 있다는 것을 뜻한다. 그런데 왜 디오티마는 영혼에 있어서의 상실과 회복을 말하면서 몸과 관련해서는 회복을 말하지 않는가? 이것은 지속적인 정체성이라는 것을 환상에 불과한 것으로 만드는 몸의 차원이 엄연히 존재한다는 사실을 확인시켜 주는 것 같다. 아울러서 영혼에 있어서의 성격, 성품, 의견, 욕망, 쾌락, 고통, 두려움 등의 생성과 소멸은 인간이 자신의 존재를 지속시키는 기제이며 인간이 일시적으로라도 향유할 수 있는 자아동일성의 근거임을 밝혀주고 있다. 나아가 이 논의는 망각과 기억의 의해 작동하는 앎에 대한 논의로 확장되어 학문에서의 동일성 위상을 밝혀주고 있다(208a3-7).

이와 같이 디오티마는 모든 가사적인 것의 본성이 과정적이라고 진술한다. 모든 면에서 동일한 존재인 신적인 것과 대조적으로, 가사적인 것의 동일성은 늙어가고 떠나가는 것이 그것 자체의 원래 모습과 닮은 또 다른 새로운 것을 뒤에 남겨 놓음으로써 보존되는 과정적 지속성이라는 것이다(208a7-b4). 또한 헤라클레이토스의 강물 유비에서 보이는 바와 같이, 가사자들의 동일성은 과정 자체의 지속성 안에서 발견될 수 있다. 가사자가 참여하는 과정이 생명력 자체이기 때문에 불사에 접근하는 방법은 그 과정에 참여하는 것일 뿐이다.

몸에서의 임신과 영혼에서의 임신을 구분한 디오티마는 몸의 출산을 불사에의 욕망과 연결한 후에 영혼이 임신하고 있는 사리분별과 여타의 덕으로 이동한다. 영혼의 자손인 명예에 대한 사랑도 불사성과 밀접한 관련이 있다. 불멸하는 명예와 깊이 연관된 이것들을 어려서부터 영혼에 임신한 사랑하는 사람은 나이가 차면 오랫동안 임신해 온 덕들을 출산하고자 욕망하게 되는데, 그녀는 아름다움의 역할에 대한 이전 논의를 바탕으로 그 사랑하는 사람이 아름다운 영혼을 찾아 출산하게 된다고 말한다(209b2-4). 그러면 배아 같은 덕을 영혼에 임신한 자가 아름다운 자를 만날 때 산출하는 것은 무엇인가?

> "그래서 곧바로 이런 사람을 상대로 하는 이야기들, 즉 덕에 관한 이야기들, 그리고 훌륭한 사람이 어떠해야 하고 무슨 일들을 실행해야 하는지에 관한 이야기들이 풍부해져서 이 사람을 가르치려 시도하게 됩니다."(209b2-c1)

이처럼 영혼에 임신한 자는 덕에 관한 논변으로 사랑받는 사람을 교육하는 데로 나아간다. 소년 애인을 교육하는 사람으로서 사랑하는 사람의 역할에 대해서는 파우사니아스 연설에 잘 나타나 있다(184d-e). 하지만 몸의 차원과 달리, 영혼에 임신한 사람이 아름다운 사랑받는 사람과의 영혼의 성교(haptomenos, cf. 175c8)인 덕에 관한 대화를 나눈 후에 임신해온 덕들을 출산하는 것에 대한 묘사는 철학적인 활동과 다르지 않다.

> "곁에 있을 때나 떨어져 있을 때나 그를 기억하며, 이렇게 해서 생겨난 것을 그와 더불어 함께 기릅니다. 그래서 이런 사람들은 서로에 대해 아이들에 대한 공유보다 훨씬 더 중대한 공유와 더 확고한 친애를 얻게 됩니다. 더 아름답고 더 불사적인 아이들을 공유하게 되었기 때문에 그렇지요."(209c4-7)

3 / 사랑의 사다리

지혜의 완전한 소유자로 묘사되는 디오티마의 연설의 세 번째 부분은 종교적이고 비의적인 것들에 대한 계시이다. 이 부분은 그녀의 최고 비의(秘儀)로서 가장 난해한 대목에 속한다. 그런 탓에 여기서 소크라테스는 전적으로 수동적이고 그에게 질문을 통한 참여 기회조차 제공되지 않는다. 어쨌든 그녀가 제시하는 사랑의 상승은 이 첫 번째 설명에서는 모두 다섯 단계로 이뤄져 있다. 첫 단계는 하나의 몸에 대한 사랑, 두 번째 단계는 모든 몸들에 대한 사랑, 세 번째 단계는 아름다운 행실과 법에 대한 사랑, 네 번째 단계는 아름다운 앎에 대한 사랑 그리고 다섯 번째이자 최종 단계는 아름다운 것에 대한 직관이다. 디오티마가 최대한 주의를 기울이라고 촉구하는 최종 단계는 사실상 '말할 수 없는 것'이다. 그러나 다음과 같이 예를 드는 것이야말로 '말할 수 없는 것'에 대해 말하는 최선의 방법이다.

> "우선 그것은 늘 있는 것이고, 생성되지도 소멸하지도 않고, 증가하지도 감소하지도 않는 것입니다. 그 다음으로 그것은 어떤 면에서는 아름다운데 다른 면에서는 추한 것이 아니고, 어떤 때는 아름다운데 다른 때는 아닌 것도 아니고, 어떤 것과의 관계에서는 아름다운 것인데 다른 것과의 관계에서는 추한 것도 아니며, 어떤 자들에게는 아름다운데 다른 자들에게는 추한 것이어서 여기서는 아름다운데 저기서는 추한, 그런 것도 아닙니다."(210e6-211a5)

디오티마가 설명하는 아름다운 것의 본성은 그것이 언제나 존재하는 것으로 영원하다는 것이고, 그런 다음 그녀는 일련의 부정적인 진술을 제시한 후 짧은 긍정적인 말로 끝맺고 있다(211b1-5). 나아가 디오티마가 사랑의 사다리에 대해 반복해서 설명한다는 점에 주목할 필요가 있다. 거기서는 하나의 아름다운 몸에서 아름다운 몸들, 아름다운 몸 들에서 모든 아름다운 몸, 아름다운 몸에서 아름다운 관습, 아름다운 관습에서 아름다운 학문, 아름다운 학문에서 아름다운 것 자체에 대한 앎이라는 여섯 단계의 이행이 나타나 있기 때문이다(211c1-d3).

마침내 디오티마는 인간에게 가치 있는 삶이 단일 형상이고 신적인 아름다운 것 자체를 관조하며 사는 삶이라고 선언한다. 그것을 보면서 사는 사람은 덕의 모상이 아니라 참된 덕을 산출하는데 이럴 때에라야 신이 친애하는 자가 되고 불사자가 된다고 말한다. 소크라테스는 사랑의 일에 관한 이러한 디오티마의 말에 자신이 설득되었고, 그래서 설득된 자신이 이제는 다른 사람들을 설득하려 한다고 덧붙이면서 위대한 연설을 마무리하고 있다(212b2-3).

생.각.해.보.기

1. '기만'은 애매모호한 관념이다. 그것은 스스로에 의해 드는 다른 사람에 의해 기만을 당한다는 것을 의미할 수 있거나 또는 그것은 다른 누군가를 속이려고 시도하는 것을 의미할 수 있기 때문이다. '화장'이나 '연기'의 경우를 예로 들어 내가 나 자신을 속이는 모순을 존립 근거로 하는 '의식의 자기 기만적 메커니즘'의 본질에 대해 생각해보자.
2. 법무부가 2007년 제정을 예고했던 차별금지법은 2013년 차별금지법 반대 운동에 부딪쳐 포괄적 차별금지법(이하 포차법) 법안 발의 철회로 난항을 거듭하며 끝내 법제정에 실패했다. 논란의 핵심에는 이 포차법에 포함된 '성적 지향'(동성애 등)과 '성 정체성'(트랜스젠더 등)에 대한 차별금지 조항이 있었다. 구성주의와 본질주의 간의 끝나지 않은 논쟁을 배경으로 『향연』의 아리스토파네스의 유산(191d3-192b5)을 검토하여 법 이론상의 게이 권리(gay rights)의 정당화 근거를 찾아보자.
3. 고(故) 스티브 잡스는 2005년 스탠포드 대학 졸업식에서 "타인이 생각하는 결과에

맞춰 살아야 한다는 도그마에 빠지지 말라. 다른 사람들이 시끄럽게 떠드는 소리에 파묻혀, 여러분 내면의 소리를 잃지 말고 무엇보다도, 용기를 갖고 여러분의 마음과 직관을 좇아 진정으로 하고 싶은 것을 하라."는 유명한 연설을 행한 바 있다. 신자유주의 경제 질서 하에서 이 시대의 청춘들은 '열정 페이'에 멍들고 '희망 고문'에 지친 나머지 이미 오래전에 사랑할 시간도 돈도 열정도 모두 빼앗겨버렸다. 한국 사회에서 '이 시대의 사랑'이 안녕한지 그리고 자신의 내면의 소리를 따르라는 담대한 선언에 동참할 의사가 있는지에 대해 각자의 생각을 말해보자.

읽.어.볼.만.한.책

- 장경춘, 『플라톤과 에로스』, 서울: 안티쿠스, 2011
- 플라톤, 『향연』, 강철웅 옮김, 서울: 이제이북스, 2010
- 서동욱, 『일상의 모험』, 서울: 민음사, 2006
- 크세노폰, 『향연, 경영론』, 오유석 번역, 서울: 작은이야기, 2005
- 도즈, 에릭 R, 『그리스인들과 비이성적인 것』, 주은영, 양호영 옮김, 서울: 까치. 2002
- 『헤드윅』(Hedwig and the Angry Inch, 2000)

연.습.문.제

1. 가장 강력한 군대는 사랑받는 소년과 그를 사랑하는 소년 애인으로 조직된 연인군대라는 파이드로스의 입론을 논박하시오.
2. 아리스토파네스의 연설에서 최초의 둥근 인간에 관한 신화를 바탕으로 남녀추니가 소멸하게 된 이유를 말해보시오.
3. 소크라테스-디오티마의 연설에 나타난 영혼과 몸에 관한 논의를 통해 인간의 자아동일성의 조건을 규명하시오.
4. 디오티마의 최종 비의인 '사랑의 사다리'에 대한 두 가지 진술의 차이점을

서술하시오.

5. 『향연』에서 사랑에 관한 찬미 연설을 한 여섯 명의 연설자들을 순서대로 말하시오.

서.양.편

함께 사는 세상

1 자연

2 정치

3 자유

4 평등

5 과학

6 법과 정의

1장

서양편 함께 사는 세상

자연

이 선

학.습.목.표

1. 자연에는 시작과 목적이 존재할까? 그리스 문화에서 발생함이라는 '피지스'의 개념과 기독교 문화에서 신의 창조물로서의 자연이 어떻게 융합되는지 살펴본다.
2. 서양 철학의 역사를 따라 고전주의, 기독교 문화, 계몽주의, 낭만주의와 자연주의 시대의 자연관을 이해하고 자연관의 특징과 차이점을 살펴보자,
3. 아리스토텔레스와 플라톤의 사상이 서구 자연관에 어떻게 반영되고 어떻게 발전되었는지 살펴본다.

용.어.해.설

- **고전주의** classicism

고전주의는 예술 사조에서 고대 그리스와 로마의 예술에 바탕을 둔 역사적 전통이나 미학적 태도를 일컫는다. 고전주의적 예술은 일반적으로 조화, 명쾌함, 절제, 보편성, 이상주의 등의 특징을 갖는다. 헤겔에 따르면 고전주의 시대의 예술은 가장 조화롭고 완벽하게 표현되었다.

- **계몽주의** enlightenment

계몽주의는 보편적인 판단 근거인 이성에 입각하여 기존의 전통과 관습적으로 받아들여진 권위를 비판하면서 인간 사회의 변혁을 시도했던 시대적 경향이다. 역사적으로는 프랑스 혁명 전후 1650년경에서 1800년에 이르는 시대를 지칭한다. 계몽주의는 지식과 과학을 통해 인류의 계몽을 이룰 수 있다는 진보적 세계관을 지니고, 자연적 이성에 의한 인륜적인 기독교를 확립하고자 하며, 자연이 부여한 천부적 권리인 자연권과 이성적 보편타당성에 근간하는 자연법을 추구한다.

- **낭만주의** romaticism

낭만주의는 18세기에서 19세기 중반에 이르는 문화와 학문의 경향이다. 자연적 이성에 근간한 계몽주의에 반대하는 낭만주의는 자연적인 본능의 발현을 긍정한다. 자연을 살아있는 세계영혼(또는 세계정신)으로 이해하면서 문학과 민족도 자연처럼 살아있는 하나의 유기체로 이해한다. 낭만주의는 세계영혼의 창조력을 보편적으로 긍정하는 초기 낭만주의와 민족성을 중심으로 민족 언어와 역사 및 문화를 부흥하고자 했던 민족적 낭만주의로 나뉜다.

- **자연주의** naturalism

모든 것은 자연으로부터 발생하며 자연 이외의 세계적 근거를 인정하지 않는 세계관이 자연주의다. 자연주의에서는 정신적인 것이 모두 자연적인 것과 결합된 것으로 이해된다. 예술사에서 자연주의는 19세기 중반의 예술 사조로서 더 이상 아름다움을 이상으로 추구하지 않으며, 리얼리즘을 강화시키면서 자연적 현실성을 예술가 작업의 원칙으로 삼는다. 또한 메타윤리학적 입장인 소극적인 자연주의는 모든 윤리적 개념과 표현이 자연적이고 경험적인 과정으로 소급되어야만 한다고 주장한다.

- **범신론** pantheism

범신론은 신이 자연 안에 있고 자연은 신의 자기 실현으로 이해하는 학설이다. 범신론에서는 신과 자연의 구분을 인정하지 않기에 신이 곧 자연이다. 범신론의 대표적 철학자인 스피노자는 존재하는 모든 것에서 신을 보았고 신에서 존재하는 모든 것을 보았다. 헤겔과 셸링은 신과 자연이 동일하다는 범신론을 비판하면서 모든 것이 신 안에 내재하고 있다는 범내재신론(panentheism)을 주장한다.

- **유물론** materialism

유물론은 물질 이외의 어떤 현실성도 존재하지 않는다고 주장하는 세계관이다. 영혼, 정신 그리고 사유는 물질의 힘과 운동으로 이해된다. 대표적 유물론 중 하나인 역사적 유물론은 노동에 대한 유물론적 이해에 근간한 맑시즘의 역사 철학이다.

본.문.구.성

1. 서론

자연에는 시작과 목적이 존재하는가? 이 물음은 인간의 이성이 가장 궁금하게 여기는 물음이지만 인간의 이성으로는 대답할 수 없는 문제라고 칸트는 말한다. 『순수이성비판』의 변증론에서 칸트는 '세계는 출발점과 목적이 있느냐 아니면 없느냐'(KrV A426; B454)에 대한 물음을 던지면서, 세계가 시초를 가짐과 세계가 아무런 시초를 갖지 않음의 두 가지 가능성 사이에서 두 가지의 증명가능성을 제시한다. 우리는 자연과 세계가 항상 있어 왔다고 주장할 수 있다. 그러나 시작이나 출발점 없이 무엇인가가 지금처럼 존재할 수 있을까? 우리는 이에 반대되는 입장에서 자연과 세계가 어느 시점에서 생겨난 것임에 틀림없다고 말할 수 있다. 따라서 자연과 세계는 절대적 무(無)에서 어떤 것으로 생겨났을 것이기에 자연과 세계는 창조된 것이 된다.

이 두 가지 가능성의 증명을 통해 칸트는 이 문제에 대해 우리의 이성으로는 어떤 확실한 결정을 내릴 수 없다고 말한다. 자연이 어디에서 생겨났는지를 묻는다면 이성은 결코 확실한 대답을 줄 수 없다. 이 물음은 자연의 일부에 지나지 않는 우리의 인식으로는 불가능한 자연 전체에 대한 물음이기 때문이다. 그래서 자연 전체에 대한 이 물음은 서로 모순되면서도 똑같이 정당하고 똑같이 부당한, 즉 이율배반적인 한 쌍의 대답이 가능하다. 자연을 지금 있는 대로 바라보든지, 아니면 신에 의해서 주어진 것으로 바라보든지 간에 이 문제 자체는 우리의 이성으로는 증명할 수 없는 문제이다. 따라서 우리는 철학 사상 안에서 어떻게 자연 개념을 이해했는지의 문제로 접근할 수밖에 없다.

이 글은 서구 철학에서의 자연 개념을 서양 사상사에서 자연관이 변화된 과정에 따라 살펴보고자 한다. 첫 번째 장은 고전주의 자연관이라는 주제로 고대 그리스의 자연관, 즉 소크라테스 이후 그리스 철학의 자연관에 대해 다룬다. 소피스트와 플라톤의 대립을 중심으로 플라톤 자연관을 분석하고, 플라톤과 아리스토텔레스의 자연관의 대립을 중심으로 아리스토텔레스 자연관의 특징을 밝힌다.

두 번째 장은 기독교 문화가 서구의 주된 사상으로 변모되면서 변화된 자연관을 '신의 창조물인 자연'이라는 주제로 다룬다. 유대교적 자연관의 특징은 자연을 신이 등장한 역사 속에서 바라보기 시작했다는 점이다. 이러한 유대교적 자연관과 아리스토텔레스적 자연관의 결합에 의해 형성된 기독교 문화의 자연관을 살펴보고 르네상스 시대의 범신론을 살펴보고자 한다.

세 번째 장은 근대 자연과학적 자연관의 특징을 아리스토텔레스 이후 전승된 기존 자연탐구와 근대 자연과학적 방법에서 찾고자 시도한다. 케플러와 갈릴레이가 확립한 관찰, 실험, 수학적 법칙화의 방법을 알아보고 이에 사상적 기반을 제공한 베이컨의 사상을 살펴보고자 한다.

네 번째 장은 근대 이후 기계론적 세계관을 드러내는 계몽주의적 자연관을 다룬다. 계몽주의 시대의 자연관을 살펴보기 위해 근대 초기의 데카르트의 이원론적 자연관과 스피노자의 일원론적 자연관의 대립, 흄의 자연법칙 자체에 대한 회의와 이에 대해 자연법칙이 가능한 이성적 근거를 제공한 칸트의 논증을 다루고자 한다.

다섯 번째 장은 계몽주의적인 경향에 반대하여 나타난 낭간주의적 경향을 살펴보고자 한다. 이성을 강조하고 자연법칙에 기반했던 계몽주의의 반대급부로서 낭만주의는 내면적 자연성을 중요시하고 이성과 자연을 전체 유기체적 자연으로 파악한다. 자연의 합목적성에 대한 칸트의 논증은 셸링을 비롯한 낭만주의적 자연철학의 동기가 된다.

여섯 번째 장은 19세기 중반부터 20세기에 발전한 자연주의 사상의 자연관을 살펴본다. 여기에서는 자연주의적 사상을 크게 유물론과 관념론으로 구분하여 대표적인 유물론적인 사상으로 엥겔스의 자연 변증법과 관념론적인 사상으로 니체의 자연 철학의 특징을 살펴보고자 한다.

2. 본론

서양 문명이 유대교적인 문화와 그리스적 문화의 융합에서 발생한 것과 마찬가지로 서양 문명의 자연관 또한 유대교적인 자연관과 그리스적 자연관이 결합된 것이다. 유대교적인 자연관은 자연을 신의 창조물로 바라보고 자연을 신이 등장한 역사 속에서 바라보게 만든다. 그리스적 자연은 '피지스'(physis)로서, 즉 발생함, 자라남, 생기게 함이나 생성을 의미한다. 그리스 문화가 기독교 문화와 결합된 중세에 와서는 자연 개념이 '나투라'(natura), 즉 태어남이나 태어남과 함께 생겨난 것을 의미하게 된다. 따라서 서양 철학에서 자연 개념을 크게 두 가지 의미, 즉 그리스 자연 개념인 피지스와 기독교 문화의 나투라에서 유래한 의미로 나누어 볼 수 있으며, 그리스의 피지스적인 의미가 중세의 나투라적인 의미로 이행하거나 결합되면서 서양 문명에 자연의 의미를 형성했음을 알 수 있다.

서구 자연 개념의 근간이 된 피지스에 대해 가장 영향력 있는 사유를 제시한 자는 단연코 아리스토텔레스이다. 그는 피지스를 '자기 안에 움직임과 멈춤의 시작을 지닌 것'으로 정의하며, 여기에서 한 걸음 더 나아가 '고유한 본질의 사태 자체'라는 의미로 이해한다. 이러한 아리스토텔레스의 자연 개념에 근간한 그리스의 자연관은 서구의 사상사 속에서 한편으로는 기독교 문화의 유입과 함께 신의 창조물인 자연을 결합하는 형태로 발전하며, 다른 한편으로는 플라톤적인 자연관과 자연과학의 비판을 받으며 새로운 형태로 발전된다. 근대 자연과학의 발달과 함께 자연의 본질과 자연법칙의 타당성을 이성적으로 검증하는 근대 계몽주의 철학과 이성과 과학의 발전을 인간 사회의 변혁에 적용하려는 계몽주의 사상이 대두된다. 이성에 입각한 이러한 계몽주의 철학에 반대하면서 낭만주의는 자연적 본성으로부터 발현되는 인간의 성향을 긍정하고 자연성 자체에 대한 무한한 동경과 자연과의 신비적 합일을 강조한다. 자연의 인식이든 합일이든 계몽주의와 낭만주의가 자연과 이성을 분리시켜 이해한 것과는 달리, 자연주의는 자연 이외에 어떠한 현실성도 인정하지 않으며 자연에 입각하여 자연적인 과정 안에서 자연 전체인 모든 것을 설명한다.

1 / 고전주의적 자연관

이 장에서는 고대 그리스, 헬레니즘과 로마의 시대를 고전주의 시대로 묶어서 고전주의적 시대의 자연관을 살펴보고자 한다. 물론 자연철학자와 플라톤, 아리스토텔레스, 헬레니즘 시대와 로마시대의 스토아와 에피쿠로스의 다양한 철학적 체계를 이렇게 하나의 자연관이나 사상으로 규정하는 것은 사실상 어려운 일이다. 그럼에도 이 시대의 자연은 서양 철학의 자연 개념이 근간하고 다양한 철학적 체계를 꿰뚫고 있는 피지스(physis)라는 개념으로 설명될 수 있다.

그리스의 자연철학자들은 세계와 자연의 발생에 대해 철학적인 원리로 설명하고자 했다. 이들은 자연의 변화를 신화로 설명했던 기존의 방식에서 벗어나, 자연의 변화를 자연적인 방식 안에서 철학적으로 설명하고자 한다. 이 그리스의 자연철학자들은 자연 자체와 자연의 진행과정에 관심을 갖고 자연의 변화 과정 속에서 원질과 근본원리를 제시한다. 이들은 자연의 내부에서 어떻게 끊임없이 변화가 일어나는지 관찰하면서, 이러한 변화를 일으키는 특정한 원질, 즉 아르케가 있다고 주장했다.

그렇다면 소크라테스 이후, 즉 플라톤과 아리스토텔레스로 대표되는 고전주의 시대의 자연관은 무엇일까? 자연의 발생과 진행과정을 밝히던 자연철학자들과는 달리 고전주의 시대의 철학자들은 자연과 연관된 세계와 인간의 문제를 자연 개념으로 다룬다. 자연은 인간의 본성적 토대로 이해됨과 동시에 세계가 발생한 근본 원리로서도 이해된다. 고전주의적 자연은 우주론적이며 자연학의 논의의 대상임과 동시에 인간학이나 교육학, 윤리학의 대상이 된다.

이 글에서는 고전주의 시대의 자연관의 특징을 대표적인 철학자들 간의 대척지점을 통해 자연 사상을 구분하고 분석하면서, 이 과정을 통해 추출되는 고전주의적 자연관을 규정해보자 한다. 이를 위해서 첫째, 플라톤의 자연 개념을 그와 그의 스승인 소크라테스가 대립했던 소피스트와의 구분 지점에서 살펴본다. 둘째, 아리스토텔레스의 자연 개념을 그의 스승인 플라톤과의 대립 지점을 통해 분석한다.

첫째, 플라톤은 자연 개념을 그와 그의 스승인 소크라테스가 대립했던 소피스트와의 구분 속에서 규정했다. 우선 소피스트들과 **소크라테스**(기원전 470~기원전 399)는 기존의 자연의 변화와 존재가 물음이었던 자연철학자들의 물음을 인간중심적이고 교육적인 관심으로 전환시킨다. 특히 **소피스트들**은 자연의 신성에 관한 그리스적 사유를 발전시키며 신적인 '자연'(피지스, physis)과 인간 세상의 법칙인 '법률'(노모스)을 대립적으로 파악하고, 자연을 인간의 제작으로 가능한 '예술과 기술'(테크네)과도 구분했다. 또한 그리스인들에게 '탁월함'(아레테)을 가르치는 교사였던 소피스트는 이 탁월함을 추구하는 데 필요한 자연적 본성의 문제를 다룬다.

소피스트가 자연을 다루는 방식과 관심사는 플라톤에게서도 그대로 나타난다. **플라톤**(기원전 427~기원전 347)도 자연의 개념을 윤리학과 인간학적인 영역에서 철학적으로 중요하게 다룬다. 소피스트는 자연과 법률의 관계 및 자연과 예술과의 관계를 대립적으로 파악하면서 신적인 것과 인간적인 것이라는 서로 완전히 다른 체계로 논의했던 반면, 플라톤은 자연과 법률의 관계 및 자연과 예술과의 관계를 연속성 안의 동일성에 기반을 두고 있다. 플라톤은 대화편 『고르기아스』에서 자연과 테크네의 논쟁적 대립을 칼리클레스와 소크라테스의 대립으로 구현하고 있으며, 『국가론』에서는 트라시마코스와 소크라테스의 대립을 통해 자연과 법률의 대립을 보여주고 있다. 플라톤은 자연 속에서 영원불변하는 것뿐만 아니라 도덕과 사회 속에서 영원불변하는 것을 밝히고자 했기 때문에 플라톤에게 자연과 법률의 관계 문제는 결국 영원불변한 이데아를 드러내는지 그렇지 않은지가 문제일 뿐, 영원불변한 것의 측면에서는 같은 것이었다. 따라서 플라톤은 진정한 자연 속에서 자연과 인간세계를 모두 아우르는 영원히 변하지 않는 고유한 현실성을 파악하려고 노력하였다. 또한 자연과 테크네의 관계에 입각하여, 플라톤은 자연이 신적 정신의 계획적이고 제작적인 작용임을 밝힘으로써 자연이 테크네와 동일함을 밝히고 이 자연 안에서 모든 사물의 영원한 본질인 이데아가 드러난다고 주장했다.

결국 소피스트들은 자연을 신적인 자연으로서 인간의 산물인 법률과 테크네에 대립되는 것으로서 우월하게 파악한 반면, 플라톤은 자연을 단순한 자연적인 것을 넘어선 형이상학적인 것으로 파악했다. 플라톤에게 인간의 문화적 산물과 법률은 자연보다 열등한 것이 아니라 직접적으로 신적인 법칙과 연관되기에 더 높은 자연인 진정한 자연으로 규정된다. 플라톤에게 이 진정한 자연이란 좋음의 이데아이며, 이 좋음의 이데아는 진리와 인식, 존재와 생성의 피안에서 모든 것의 원인이 된다. 플라톤은 자연을 한편으로는 형이상학적인 인간 영혼의 영원불멸한 정신적 토대로 이해했고, 다른 한편으로는 자연을 이데아와의 연관성 속에서 신적인 본질로서 이해했다.

둘째, **아리스토텔레스**(기원전 384~기원전 322)의 자연 개념을 그의 스승인 플라톤과의 대립 지점을 통해 분석해보자. 앞에서도 언급했듯이 아리스토텔레스는 확실히 지금의 자연 개념으로도 이야기할 수 있는 대표적인 철학자이다. 아리스토텔레스는 자연 세계를 신적인 작용에 의한 것으로 보는 플라톤의 생각에 반대한다. 그는 자연이 예술을 모방하는 것이 아니라 거꾸로 예술이 자연이 모방한다고 말한다. 인간의 문화가 할 수 있는 일이란 자연이 준 것을 그저 보완하는 정도일 뿐이다.

아리스토텔레스는 서양 철학의 근간이 되는 자연(피지스, physis)의 개념을 두 개의 저작을 통해 확립한다.『형이상학』의 4장에 따르면 자연은 생성하고 자라는 것들의 발생과 근원이다. 그는 또한『자연학』에서 자연과 예술을 구분하고 자연 존재와 그 외의 것들을 구분한다.

그렇다면 자연에서 발생한 것들의 특징은 무엇인가? 아리스토텔레스에 따르면 자연에서 발생한 것은 '자기 자신 안에 운동과 멈춤의 원칙'을 지닌다. 제작과 예술은 자기 안에 운동의 원칙을 자기 안에 스스로 갖고 있지 못하고 외부에 있는 인간 손에 의해 만들어지기 때문에 자연과 구분된다. 이 자연의 특징은 아리스토텔레스의 '실체' 개념과 밀접하게 연관되어 있다. 자기 안에 운동의 원칙을 지니는 자연은 내적으로 합목적적인 본질을 구성한다. 그래서 자연이란 '자기 자신 안에 운동의 원칙을 가지는 존재하는 것의 본질'을 의미한다. 서양 철학에서 다른 모든 자연의 의미는 사실 여기에서 추론된 것이라고 볼 수 있다.

아리스토텔레스의 이러한 자연의 특성이 플라톤의 영혼 개념으로부터 도출된 것이 아니냐는 의문을 제기하는 철학자들도 있다. 그러나 아리스토텔레스에게 영혼은 유기체적 자연의 살아있음의 원리이기 때문에 플라톤적인 의미에서 자기운동에 반대하고 플라톤적인 자연과 영혼의 동일화에 반대한다. 자연과 영혼을 이데아적인 측면에서 동일화시켜 덕의 위계 서열을 논의한 플라톤과는 달리, 아리스토텔레스는 자연으로부터 윤리적인 문제를 엄격하게 분리한다. 모든 덕은 관습적이라는 점에서 자연적인 성질을 지니지만 이 자연적인 덕을 진정한 덕이라고 볼 수는 없다. 그러므로 윤리적인 덕은 자연적인 것이 아니다. 아리스토텔레스에 따르면 우리는 자연에 의해서라면 좋고 지혜롭게 될 수 없다.

요약하자면, 소피스트들은 자연을 신적인 것으로 이해하면서 이 자연과 인간의 산물 간에는 건널 수 없는 심연이 놓여있다고 생각했다. 이에 반하여 플라톤은 자연과 인간세계의 영원불변한 것 모두 이데아가 드러나는 것으로 파악한다. 또한 자연과 테크네 모두 예술적 행위인 신적인 창조행위와 인간의 제작행위라는 점에서 동일하며, 둘 사이의 위계적 차이는 있지만 이데아가 드러난다는 점에서는 동일하다고 말한다. 자연을 신적인 창조행위로 이해하면서 자연이 예술 행위를 모방한다고 말한 플라톤에 반대하면서, 아리스토텔레스는 자연이 문화를 모방하는 것이라고 말한다. 아리스토텔레스에 따르면 자연의 합목적성은 신적 이성에 의해 결정되는 것이 아니라 자연 스스로의 발전 과정이다. 아리스토텔레스에게 자연이란 '자기 안에 움직임과 멈춤의 시작을 지닌 것'으로, 즉 자기 안에 내재적 운동 법칙과 그 근거를 지닌 것이다. 이 자연은 인간의 테크네와 대비되는데, 테크네는 인간의 손이라는 외부로부터 운동과 변화의 요인을 갖기 때문이다. 자기 원인과 목적을 자기 안에 갖는 자연은 아리스토텔레스의 실체 개념과 연관된다. 또한 자연과 영혼이 이데아를 드러낸다는 점에서 동일화를 추구하는 플라톤과는 달리, 아리스토텔레스는 자연과 영혼을 엄격하게 구분한다. 아리스토텔레스의 윤리학은 자연 본성의 문제를 다루는 것이 아니라 인간적 영혼의 특징인 이성의 역할을 다루는 것이다.

2 / 신의 창조물인 자연

그리스적 전통과 함께 서양 문명의 자연관을 성립한 것은 유대 기독교적 전통이다. 이 유대 기독교적 전통에서 자연은 유일신에 의해 창조된 것이다. 유대 기독교적 전통에 의해 자연은 역사의 부분이 된다. 일찍이 신이 세상을 창조했고 역사가 시작되었다. 그러나 이 역사는 언젠가 최후의 심판에 의해 끝을 맞이할 것이라고 말한다. 이 전통의 특징은 자연을 역사 속에서, 그것도 신이 포함된 역사 속에서 바라보기 시작했다는 것이다. 즉, 신과 인간의 역사가 자연과 인간의 관계 속으로 들어와 역사로서 중요해졌다는 점이다.

플라톤 철학과 기독교적인 사고를 연결시킨 **아우구스티누스**(354~430)는 그리스 철학의 자연 개념을 '나투라'(natura)라는 개념으로 전승한다. 이 '나투라', 즉 자연 개념은 태어남이나 태어남과 함께 생겨난 것을 뜻한다. 태어남을 의미하는 자연은 무에서 유로 변하는 태초의 시작점이 존재했음을 함의하며 무에서 유로 변화시키는 신적 창조행위에 의해 태어난 것이 자연임을 의미한다. 자연은 태초의 출발점을 자기 안에 지니고 있음과 동시에 자기 안에 스스로 운동의 원리를 가지기 때문에 본질(essentia)이나 실체(substantia)와 동일시된다.

이러한 의미에서 보면 신 또한 자연이며 자연은 창조된 것이 아니라 태어남의 창조하는 행위로 이해된다. 아우구스티누스는 자연을 세 가지 종류로 이해한다. 우선 장소와 시간에 의해 이해되는 '신체'와 같은 자연이 있다. 또한 장소성은 없으면서 단지 시간적으로만 이해될 수 있는 '영혼'과 같은 자연이 있다. 마지막으로 장소성도 없고 시간성도 없는 '신'과 같은 자연이 있다. 태어남이라는 태초의 시작을 자연으로 이해하는 아우구스티누스의 자연 개념은 중세 전반에 걸쳐 자연을 이해하는 기반이 된다.

13세기 서구 중세는 이슬람으로부터 유입된 아리스토텔레스의 철학과 이에 대한 주석 및 천문학과 우주론의 강한 영향을 받는다. **토마스 아퀴나스**(1225~1274)는 자연은 이성의 작품이 아니라 이성의 대상이므로 자연철학을 자연을 관찰하면서 수학과 형이상학으로 개념화해야 한다고 주장한다. 자연은 그 자체로 자율성을 지닌다. 이는 자연이 신의 항상성과 작용능력으로부터 나오기 때문이다. 그러므로 그는 자연의 원리를 탐구하고 현상을 설명하는 것이 바로 이성의 과제라고 말한다.

르네상스 인문주의자들은 중세의 자연 개념을 비판하면서, 한편으로는 아우구스티누스의 자연 개념에서 벗어나 자연을 원죄로부터 벗어난 근원적 질서의 발자취이자 신의 징표로 바라본다. 다른 한편으로는 아리스토텔레스에 근간한 토마스 아퀴나스를 비판한다. 왜냐하면 아리스토텔레스의 물리학과 형이상학의 자연 원리를 자연 법칙의 근간으로 전제했기 때문이다. 이 아리스토텔레스적인 자연관에 대한 투쟁은 신플라톤주의적인 범신론적인 자연관에서 시작된다.

중세의 철학자들은 신과 피조물 사이에 건널 수 없는 심연이 있다고 생각했다. 그런데 르네상스 시대에 와서 자연은 그 자체로 신적인 것으로 간주되었으며 신의 자기실현으로 간주되었다. 범신론은 르네상스 시대에 새롭게 등장한 자연관이다. 이제까지 신은 창조물이나 창조행위 속에 존재한다고 생각했다. 그러나 신은 무한하다. 그래서 신은 자연 어디든지 존재한다. 범신론은 인간이 지금의 삶과 자연을 긍정한다는 것을 의미한다. 이는 대지 위의 삶을 더 이상 천국을 위한 준비로 여기지 않게 되었다는 것을 의미하기도 한다.

자연이 더 이상 닫힌 구조가 아니라 인간에 의해 넓혀질 수 있다는 생각은 르네상스의 예술 발전과 실천적 행위의 모티브가 되었다. 제작하고 만드는 인간의 행위가 바로 세계를 재구성하고 자연의 두 번째 창조를 이루는 것이기 때문이다. 특히 연금술사는 자연의 완전성을 구현하기 위해 자연을 변화시키고자 시도했다. 물론 규제되지 않는 열린 세계에서 자연의 비밀을 추구하는 이러한 신비주의적 경향에 대해 반대하던 아리스토텔레스주의자들도 여전히 존재했다. 아무튼 르네상스 이후 인간은 단순히 신의 피조물이 아니라 스스로 자연에 개입해 자연을 만들어내는 존재가 되었다.

요약하자면, 자연을 신의 창조물로 바라보는 유대교적 자연관의 가장 중요한 특징은 자연을 신이 등장한 역사 속에서 바라보기 시작했다는 점이다. 이러한 유대교적 관점에 대해 기독교 문화의 대표적인 철학자인 아우구스티누스는 아리스토텔레스의 본질로서의 자연 개념을, 아퀴나스는 아리스토텔레스의 자연학적인 자연 개념을 접합시켜 자연을 규정한다. 중세의 아리스토텔레스적 자연 개념을 비판하면서 르네상스 시대에 와서는 신플라톤적인 범신론의 도입된다. 르네상스의 범신론은 신이 자연 안에 있다고 주장하면서 지금의 삶을 긍정하고 신의 창조행위를 긍정하면서 르네상스적 예술가의 창조적 행위를 긍정했으며 우주의 무한함을 주장하기도 했다.

3 / 근대 자연과학의 자연관

중세 시대에 신이 자연 안의 모든 사물에게 내재한다는 생각은 아리스토텔레스의 본질 개념을 전승한 것이다. 근대적 자연에 대한 사유는 이 본질 개념에 반대하여 모든 본질 규정은 추론에 의한 가정일 뿐이며 이 가정은 실험이라는 경험적 방법에 의해 검증되어야만 한다고 주장한다. 아리스토텔레스는 자연에 대해 여러 가지 중요한 것을 관찰했지만 체계적인 실험을 하지는 않았다. 이제 사람들은 자연을 근본적으로 관찰하고 경험과 실험을 바탕으로 탐구해야 한다고 생각했다. 이 새로운 자연 과학의 방법이 바로 실험에 근간한 경험적 방법이다. 근대 자연 과학은 개방적이고 일반적인 규칙을 따르며 실험의 경험적인 방법 속에서 결과를 도출하여 자연법칙을 세운다. 또한 과학자들은 이 자연 탐구의 결과를 정확한 수학적 언어로 표현한다. 따라서 근대 자연과학은 자연의 가설들을 실험을 이용하여 검증함으로써 자연을 경험적 방법으로 탐구하고 자연법칙을 수학으로 표현하는 방식이다.

고전주의 시대부터 가장 영향력을 발휘해 오던 아리스토텔레스의 자연관은 르네상스의 신플라톤적인 경향과 근대 자연과학의 경험적 방법과 자연법칙의 수학 법칙화에 의해 무너지게 된다. 아리스토텔레스적인 자연 연구 방법, 즉 자연을 본질에 의해 사유하고 관찰하던 방법에 반대하면서, 근대 자연과학의 자연관은 실험의 도구로 자연을 대상화하면서 경험적 방법을 통해 자연을 탐구하고 자연법칙을 수학의 언어로 체계화시키는 자연과학적인 방법을 고안했다. 특히 케플러와 갈릴레이는 자연과학적인 경험적 방법을 통해 가정을 과학적 인식으로 증명하고 자연법칙을 수학으로 표현하는 자연과학적 방법을 구축한다. 여기에 자연을 지배하고 도구화시킬 수 있는 철학적 기반으로 베이컨의 사상이 제시되었다. 이러한 새로운 과학적 방법은 근대 이후 과학 기술 혁명을 가능하게 했다.

이전까지 인간은 지구가 우주의 중심이라고 확신하며 지구 중심의 세계관을 믿었다. 이 세계관을 떠받치고 있던 것이 바로 신이 모든 천체를 지배한다는 기독교적인 관념이었다. **코페르니쿠스**(1473~1543)는 태양이 지구 주위를 도는 것이 아니라 지구가 태양 둘레는 돈다는 지동설을 주장했다. 그러나 코페르니쿠스는 지구와 다른 행성들이 원 모양을 궤도로 태양 주위를 돈다고 믿었다. 고전주의 시대 이래로 공과 원을 가장 완벽한 기하학적 형상으로 간주했기 때문이다. 이에 대해 **케플러**(1571~1630)는 지구가 태양을 중심으로 타원 궤도를 운행한다는 사실을 증명하는 포괄적인 관찰 결과를 발표하게 된다. 케플러에 와서야 비로소 지구가 다른 행성과 마찬가지로 똑같은 행성임이 분명해졌으며 우주의 모든 곳에 똑같은 물리학적 법칙이 적용된다는 점을 분명하게 밝혔다.

17세기의 가장 중요한 과학자 중 한 사람인 **갈릴레이**(1564~1642)는 경험적 실험 방법을 확립하고 자연을 수학화시켰다. 갈릴레이에 따르면 자연과학적 인식은 가설과 귀납적 방법으로 얻어진다. 논리적인 추론을 통해 원인과 근거들을 원리로 구축했던 이전의 과학에 반대하여 경험적 실험을 통해 가정을 검증함으로써 결과를 도출한다. 이렇게 도출된 실험적 결과들이 통용될 수 있도록 수학을 이용한다. 이는 경험적 사실을 수량화함으로써 가능했는데 그는 양으로 잴 수 있는 것은 양을 재야하며 양을 잴 수 없는 것은 잴 수 있게 만들어야 한다고 말했다. 그래서 갈릴레이는 자연이라는 책은 수학적인 언어로 쓰여 있다고 말했다.

갈릴레이에 의해 시도된 자연의 도구화는 **베이컨**(1561~1626)의 주장에 의해 가장 급진적인 방식으로 개진된다. 베이컨은 기술적인 자연의 이용을 주장한다. '아는 것이 힘'이라는 그의 말은 앎의 실제적인 효용을 강조한 말이다. 이제 인간은 자연을 지배하게 되었으며 자연은 이제 인간이 사용할 수 있는 어떤 것이 되었다. 베이컨에 따르면 자연은 과학의 첫째 과업은 모든 인간의 물질적인 풍요를 실현시키는 것이다. 왜냐하면 과학은 자기 목적을 지니지 않고 특정한 목적, 즉 '모든 인간의 물질적인 풍요'를 이루기 위한 도구이기 때문이다.

요약하자면, 케플러와 갈릴레이는 경험적 방법과 수학적 법칙화를 통해 근대 자연과학적 방법을 구축하였다. 케플러는 코페르니쿠스의 지동설에 대해 지구가 타원 궤도를 운행한다는 관찰 결과를 제시하면서 우주의 모든 곳이 똑같은 물리적 법칙이 적용된다는 것을 밝혔다. 갈릴레이는 경험적 실험 방법을 확립하고 이것을 수학 법칙화하는 자연과학적 방법의 근간을 마련했다. 이와 같은 케플러와 갈릴레이가 확립한 자연과학적 방법에 대해 베이컨의 주장은 인간의 물질적인 풍요를 위해 자연의 이용할 수 있다는 사상적 기반을 제공한다.

4 / 계몽주의적 자연관

고대 그리스 자연인 피지스는 자립적이며 자기로부터 스스로 완전성을 추구한다.

고대 자연 개념에서 발전한 근대 자연 개념은 법적으로 완전한 질서를 세운 자연이자 전제적 의지와 같은 외부 영향에서 벗어나 자립적이고 자기완결적인 자연이라는 의미를 갖는다. 고대와는 달리 근대 자연에 대한 사유는 정치적 사회에 대한 사유가 유입되면서, 근대 사상가들은 자연이 독립적이고 자기완결적으로 작용하듯 인간 사회도 어떻게 좋은 헌법에 근거하여 합목적적으로 작용하도록 만들 수 있는지를 제시하고자 한다. 계몽주의 시대는 인간 사회의 이상적인 정치적 모델을 자연에서 찾고, 자연처럼 자기완결적이고 독립적으로 인간 사회가 작동할 수 있도록 자연법과 자연권을 발전시킨 시기이다. 계몽주의적 자연관은 인간의 자연적 본질을 자연적 이성으로, 자연의 자립적이고 자기완결적인 운행 작용을 인간 사회에 적용시키고자 시도한다. 특히 인간의 자연적 이성에 근간하여 인간 사회의 비이성적인 관습과 권위, 기존 종교를 비판하고 인간 사회가 자연과 같이 작동하는 것을 이상으로 삼으면서 시민의 자연권과 자연법을 법적 장치로 구축시킨다.

계몽주의는 이성에 입각하여 이제까지 그저 옳다고 관습적으로 받아들여진 모든 권위를 철저하게 의심해 보고, 만약 비이성적인 권위가 존재한다면 이 권위에 철저히 대항하여 깨부수고자 한다. 따라서 이성을 추구하는 과학과 지식이 널리 보급되면 될수록 인류가 점점 더 진보하게 될 것이라는 진보적 세계관을 지닌다. 이 사회에서 비이성과 무지가 사라지도록 민중은 계몽되어야 한다고 본다. 이를 위해 계몽주의자들은 백과사전의 편찬과 교육에 매진한다.

계몽주의적 자연관에서는 자연을 인간의 이성과 같은 것으로 이해한다. 인간의 이성이 자연적 본성으로서 추구되어야 하듯 인간 사회도 문화와 문명 중심에서 벗어나 자연 그대로의 상태로 나아가야 한다. **루소**(1712~1778)에 따르면 교회나 문명과는 반대로 이성은 자연이 인간에게 선사한 것이다. 루소는 '자연으로 돌아가라!'를 외치면서, 자연이 선하기 때문에 인간도 자연 그대로의 상태에서는 선하고 모든 나쁜 요소는 인간을 자연과 멀어지게 만드는 문명에 의해 만들어진다고 주장한다. 사회와 역사에 대한 관심에서 출발한 루소는 문화와 문명에 반대하면서 자연을 수호하고자 시도한다. 루소의 자연은 자연에 대해 항상 새로운 것을 요구하는 예술가들에게 감성적 충격을 주었다. 이 자연은 또한 가식, 위장, 거짓말 등으로 사람들과 관계 맺는 기술적 장애를 극복하기 위하여 교육해야만 하다는 규범적인 의미도 지닌다.

더 나아가 계몽주의자들은 종교 역시 인간의 자연적 이성과 일치해야 한다고 주장했다.

계몽주의자들은 수많은 비합리적인 교의와 신조로부터 기독교를 해방시켜 인본주의적 기독교를 확립하고자 했다. 대부분의 계몽주의자들은 이렇게 이성적으로 구성되어 있는 세상에 신이 없는 세상을 상상하는 것 자체가 비이성적인 일이라고 여겼다. 이들에게 영혼 불멸에 대한 믿음 역시도 이성적이라고 간주되었다.

계몽주의 사상은 자연이 인간에게 부여한 천부적 권리를 자연권으로 주장한다. 프랑스의 계몽주의자들은 인간의 사회적 지위에 대한 이론에만 만족하지 않고 시민의 자연권을 획득하기 위해 싸웠다. 계몽주의자들은 모든 인간이 인간으로 태어난 한에서 예외 없이 갖는 어떤 권리들을 확정하려 했으며 이 인간의 천부적 권리를 자연권으로 이해했다. 또한 계몽주의 사상은 인간의 이성에 근거하는 법인 자연법을 주장한다. 인간 이성에 근간한 보편적 법인 자연법에 입각하여 국가의 통치가 이루어져야 한다. 물론 한 나라의 법률은 자연법과 완벽히 일치하지 않을 수도 있다. 그러나 법의 이념은 인간의 이성에 근간하는 보편적인 자연법이 되어야 한다. 그래서 오늘날에도 우리는 어떤 개인이나 소수 민족이 무법적인 부자유와 억압으로부터 자신을 지키기 위해 자연법에 호소하는 것을 볼 수 있다.

이와 같이 계몽주의적 사상은 자연을 거의 이성과 같은 것으로 이해한다. 계몽주의자는 이성에 위배되는 잘못된 관습과 권위를 철저하게 부정하고 이성적인 사회를 건설하기 위해 민중을 계몽시키는 교육을 실시한다. 자연이 부여한 인간 이성에 어긋나는 문화와 문명을 비판하고 순수한 자연적 이성으로 회귀하려는 사상적 시도를 감행한다. 또한 이들은 종교 역시 인간의 자연적 이성과 일치하는 인본주의적 기독교를 만들고자 시도한다. 자연의 본질이 이성의 본질로 이해되며 자연 법칙이 이성에 근간한 자연법으로 이해되며 자연권이 이성적 인간에 부여된 권리로 이해된다. 이런 계몽주의적 자연관을 구축한 철학 사상에는 무엇이 있으며 그 안에서 자연 개념이 어떻게 나타나는지를 살펴보기로 하자.

17세기 이전 철학자들은 아리스토텔레스의 개념에 입각하여 영혼을 전체 유기체 안에 깃든 생명의 원리로 보고 육체와 분리할 수 없는 것으로 생각했다. 그러나 17세기에 이르러 철학자들은 영혼과 육체를 철저히 분리하면서 동물이나 인간의 육체를 포함한 모든 물리적 대상을 기계적 과정으로 설명하였다. 특히 **데카르트**(1596~1650)는 사유하는 자연과 연장된 자연을 구분하면서 연장하는 자연을 완전히 결정된 기계 장치로 바라본다. 이러한 데카르트의 이원론에 반대하는 **스피노자**(1632~1677)는 존재하는 모든 것은 자연이며 신과 자연은 같은 것이라고 보았다. 스피노자는 존재하는 만물 속에서 신을 보았고 신 안에서 만물의 존재를 보았다. 그래서 우리 주위의 모든 존재들은 신이나 자연을 나타낸다. 신과 자연법칙은 모든 일의 내적 원인이다. 그러므로 자연의 모든 일은 필연적으로 일어나는 것이다. 신이나 자연만이 철저히 자기 원인으로서 완전한 자유 속에서 행동할 수 있으므로 오직 신이나 자연만이 자유롭고 필연적인 모습을 보여준다. 우리가 모든 것이 필연에서 생기는 것을 인식한다면 우리는 자연 전체에 대한 직관적인 인식을 얻을 수 있다. 우리는 모든 것이 서로 관계를 맺고 있으며 모든 것이 하나라는 사실을 분명하게 체험할 수 있다. 스피노자는 모든 존재를 자연과 신의 전체적인 관점에서 파악한 것이며 영원의 형상에서 바라본 것이다.

자연의 본질이 무엇인지에 대한 데카르트와 스피노자의 논쟁과는 달리 흄과 칸트는 자연의 기계적 운동을 법칙적으로 정립하고자 시도한 자연법칙을 문제 삼는다. **흄**(1711~1776)은 자연법칙 자체가 존재하는 것은 분명하지만 그 존재하는 방식은 인간 이성의 관습적 사고방식을 넘어서 있다. 인간이 인식하고 정립하는 자연법칙에 대해 회의적인 흄에 반하여 칸트는 인간의 이성적 능력 안에서 이미 선험적으로 보편타당한 자연법칙을 정립할 수 있는 방식이 존재함을 밝힌다. 흄은 자연법칙에 대해 말할 때 인간적 습관에 대해 말하는 것이지 논리적으로 필연적인 것에 대해 말하는 것이 아니다. 자연 법칙이란 이성적인 것도 아니고 비이성적인 것도 아니다. 자연 법칙 자체는 그냥 존재하는 것이다. 원인과 결과의 관계 또한 시간적으로 뒤따라 생기는 사건들일 뿐이지 이 사건들 사이에 필연적인 인과 관계가 있는 것은 아니다. 흄은 변하지 않는 자연 법칙이 있다는 사실을 부인하지 않았지만 우리가 자연 법칙 자체를 경험할 수 없기 때문에 잘못된 결론을 내릴 위험이 있다고 생각했다.

칸트(1724~1804)는 세계 그 자체를 우리가 확실히 알 수 없다는 점에서 흄의 생각에 동의한다. 우리는 세계가 나를 비롯한 모든 사람에게 어떤 것인지를 알 수 있을 뿐이다. 이런 점에서 칸트는 사물 자체와 우리에게 보이는 사물인 '현상'을 구분한다. 사물 자체가 어떤 것인지 우리는 확실히 경험할 수 없다. 우리는 다만 그 사물이 우리에게 어떻게 보이는지를 알 수 있을 뿐이다. 그러나 우리는 이 사물을 사람의 이성이 어떻게 파악하는지를 분석할 수 있다. 칸트는 우리의 인식의 법칙을 파악하는 방식을 보여줌으로써 자연 법칙의 보편적 타당성을 증명할 수 있다고 주장했다. 칸트는 우리가 지각을 통해 알 수 있는 인식의 내용이 있는 반면, 이 내용을 시간과 공간의 사건으로 관찰하고 변경할 수 없는 인과적인 방식으로 분석하고 관계를 구성하는 인식의 형식이 존재한다고 말한다. 칸트의 자연 형이상학은 경험적 자연 과학이 고유한 이론을 형성하고 자연에 대한 실험적 연구를 시행하기 위해서 요구되는 자연적 이해에 대한 설명을 줄 수 있다. 자연을 경험할 수 있는 것으로 구성하는 선험적 종합 판단에 대한 칸트의 기획은 아마도 자연 과학이 뉴턴과 함께 확실한 기반을 얻어 더 나아갈 수 있다는 확신에서 의도된 것일 것이다.

계몽주의는 인간의 이성적 능력에 입각하여 인간 사회에 자연법과 자연권을 발전시킨다. 근대 초기 데카르트와 스피노자는 자연이란 무엇인지를 밝히면서 이원론과 일원론으로 대립한다. 자연이 무엇인가가 아니라 자연을 어떻게 인식할 수 있는지에 대해 물음을 던졌던 흄은 이성을 자연에 그대로 적용시킨 자연법칙에 대해 철저히 비판한다. 흄과 달리 칸트는 자연법칙을 정립할 수 있는 인간의 선험적 종합판단을 규정하면서 자연법칙이 보편타당하게 정립될 수 있는 가능성을 논증한다.

5 / 낭만주의적 자연관

낭만주의는 계몽주의의 반동적인 흐름으로 태동했으며 계몽주의의 자연적 이성과 기계적인 세계상에 반대한다. 계몽주의는 자연의 자립적이고 자족적인 작용을 인간 사회의 이상적 모델로 삼고 자연적 이성의 작용을 통해 인간 사회의 계몽을 이루고자 했던 반면, 낭만주의는 자연 자체의 생산성을 모든 자연에 내재하는 능력으로 바라보면서 인간 본능을 발현시킨 예술과 민족 문화를 강조한다. 낭만주의는 이미 사라져 버린 시대인 중세를 동경하고 먼 곳에 있는 신비한 종교가 있는 동양을 그리워했다. 루소의 '자연으로 돌아가라'라는 말은 낭만주의에게 자연에 대한 동경을 표현하는 문구가 된다. 낭만주의자들은 인생의 어두운 면과 신비스러움에 매료되었다. 이러한 낭만주의적 자연관은 자연에 대한 동경과 철저한 자연 신비주의라고 말할 수 있다.

낭만주의자들은 모두 돌이나 식물은 물론 민족까지도, 심지어는 문학 작품까지도 살아 있는 유기체로 간주했다. 낭만주의자들은 철학과 자연 연구, 시문학은 보다 고차원적인 통일을 지향했다. 이제 자연은 죽은 기계가 아니라 살아있는 세계 영혼으로 이해된다. 낭만주의자들은 이 세계 영혼이 자연과 예술에 존재하는 것과 마찬가지로 민족과 민중 문화에도 내재한다고 생각했다. 이들은 민족과 민중 문화도 자연과 마찬가지로 그 속에 가능성을 발전시키는 하나의 유기체로 간주했기 때문이다. 따라서 낭만주의는 각 민족이 갖고 있는 고유한 동질성을 강하게 느끼는 데 기여했다.

철학사적으로 보면 낭만주의는 계몽주의에 대한 비판에서 발전된 것으로 볼 수 있다. 계몽주의가 인간과 사회를 분리시켜 인간의 자연적 이성을 통해 인간 사회를 계몽시키고자 했던 반면, 낭만주의는 더 이상 인간을 자연을 인식하는 주체로서 바라보지 않고 인간 자체도 유기체적 자연의 부분으로 해석하면서 인간의 문화와 예술도 자연의 흐름으로 인정한다.

특히 낭만주의 자연 철학자인 **셸링**(1775~1854)은 자연철학을 통해 이론 철학과 실천 철학을 아우르는 체계를 세우고자 한다. 셸링에 따르면 자연은 더 이상 인식하는 주체에 의해 법칙으로 구분되는 사물이 아니라 절대적인 행위성이자 생산성 자체이다. 그 자체로 생산성인 자연은 다양한 산물들 모두를 통해서 구조적으로 통일하는 연결지점으로 드러나야 한다. 셸링은 생명이 없는 자연에서 복잡한 인간의 삶에 이르는 점차적인 변화 과정을 설명한다. 그는 자연 속에서 돌부터 사람의 의식에 이르기까지의 발전과정을 드러낸다. 셸링의 이러한 낭만주의 자연관은 자연을 생산성 자체인 하나의 유기체로, 즉 시간이 흐름에 따라 그 안에 있는 생산적 가능성을 발전시키는 하나의 통일체로 본 것이다.

자연이 자기 안에 합목적적으로 발전할 수 있는 어떤 가능성을 지니고 있다면, 셸링은 자연이 절대적인 생산성일 수밖에 없다고 말한다. 이렇게 자기 스스로 생산하는 활동으로 자연을 규정한다면 자연은 물질의 영역을 넘어서 정신의 영역으로까지 확장된다. 자연의 운행뿐만 아니라 세계의 모든 과정 또한 자연적인 발달과정으로 이해되고 문학과 민족까지도 하나의 유기체로 생성되고 소멸되는 자연의 흐름 안에서 바라보게 된다.

낭만주의에서 인간은 자연을 인식하는 주체가 아니라 인간 자체도 자연의 유기체적 부분이며 자연적인 발달과정의 한 계기일 뿐이다. 셸링은 자연을 하나의 유기체로, 자연적인 발달 속에서 그 안에 내재하는 가능성을 발현하는 하나의 통일체로 보았다. 전체의 자연은 하나의 유기체로서 자연적인 발달 과정 속에서 세계 정신을 드러낸다. 셸링에 따르면 자연은 볼 수 있는 정신이며 정신은 볼 수 없는 자연이기에 자연에서 세계 정신을 찾을 수 있다고 말했다. 우리는 이 세계 정신을 자연뿐만 아니라 우리의 내면에서도 찾을 수 있다. 자연이 자연적인 발달과정에 따라 가능성을 발현하듯 예술과 민족 문화도 스스로에게 내재한 창조적 상상력을 발휘한 것이다. 자연이 절대적인 세계 창조의 생산성이듯 예술과 민족 문화도 인간 자연의 내면적 본능을 발휘하여 창조된 것이다.

계몽주의 자연관은 인간의 자연적 이성에 근간하여 자연성으로 회귀하기 위해 인간 사회의 변혁을 시도하지만, 낭만주의 자연관은 인간의 예술과 문명도 자연의 발달과정의 하나로 긍정하며 그 자체도 자연에 속하는 하나의 유기체로 바라본다. 계몽주의는 자연적 이성 능력을 바탕으로 지식과 과학을 추구하지만 낭만주의는 자연적인 내면적 본능을 발현하는 예술과 민족을 긍정한다. 이러한 차이에도 불구하고 계몽주의와 낭만주의 자연관은 자연을 인간의 자연적인 능력을 중심으로 드러내고자 했다는 점에서 자연으로부터 인간을 비롯한 모든 존재물의 흐름을 규정하고자 했던 자연주의와 구분된다.

6 / 자연주의적 자연관

전체적으로 보자면 19세기 중반부터 20세기에는 자연주의적 흐름이 지배한다. 자연주의란 인식할 수 있는 자연적 세계만을 인정하는 현실관이다. 따라서 자연주의자는 인간도 자연의 일부로 본다. 자연주의자는 합리주의적 사변이나 어떤 신의 계시, 자연적 본능의 발현이 아닌 오로지 자연이 준 사실에서 시작한다. 19세기 서양 철학사상과 자연과학의 표제어들은 '자연', '환경', '역사', '발전'과 '성장'이었다. 마르크스(1818~1883)는 인간의 의식은 단지 사회의 물질적 토대의 산물이라고 주장했다. 다윈(1809~1882)은 인간이란 긴 생물학적 진화의 결과임을 증명한다. 그리고 프로이트(1856~1939)의 무의식 연구는 인간의 행동이 종종 인간 본성에 내재한 특정한 동물적 충동이나 본능에 따른 것임을 알려주었다. 여기에서는 자연주의적 사상을 크게 유물론과 관념론으로 나누어, 대표적인 유물론적 자연주의 사상인 자연 변증법과 대표적인 관념론적 자연주의 사상인 니체의 자연 철학을 살펴보고자 한다.

엥겔스(1820~1895)는 자연 변증법을 통해 셸링과 헤겔에 연계하면서도 관념주의적인 전통에 대립하면서 유물론적인 전제를 바탕으로 자연 속에서의 변증법적인 구조를 증명하고자 시도한다. 역사철학적인 전통에서는 인간의 특정한 역사적 장에서 산출된 것이었던 역사적 과정을 자연 변증법에서는 자연의 과정으로 파악한다. 엥겔스는 이 과정을 자연의 산물로 생각하면서 이 산물은 행동 안에서 자연에 반응하면서 자연과 함께 변증법적인 대립을 통해 통일로 나아간다. 이런 속에서 자연변증법의 프로그램은 정치적인 철학을 위한 동력을 갖는다. 정치 철학 안에서 사람과 자연, 인간과 인간 간의 소외를 지양하는 경향을 작용시키기 때문이다.

엥겔스의 자연 변증법은 유물론적 전제를 바탕으로 자연의 변증법적 구조를 밝히고자 했던 반면, **니체**(1844~1900)의 자연주의는 자연적 생명력에 근간하는 힘에의 의지를 바탕으로 자연의 생성적 흐름을 밝히고자 한다. 니체는 칸트가 분석했던 자연이 자연 자체를 대상화하여 법칙을 부여하는 자연과학적 태도라고 비판하며, 이 자연과학적 태도 자체도 사실은 힘에의 의지에 의한 것이라고 밝힌다. 자연을 사태 자체로 규정하고 인간의 인식에 의해 자연을 파악하려는 자연 법칙 또한 진리를 추구하는 하나의 힘에의 의지에 불과하다. 니체에 따르면, 모든 자연의 생성과 흐름은 힘에의 의지에 의해 파악된다. 이 힘에의 의지는 우리 안의 자연적인 것으로 원초적 생명력인 힘의 감정이라고 할 수 있다.

니체에 따르면, 자연적인 힘인 이 힘에의 의지를 발현시키는 인간은 이성적 존재가 아니라 '몸'(Leib)을 가진 존재로 이해된다. 니체의 몸은 생물학적인 신체와는 달리 신체적인 작용과 정신적인 작용을 모두 포함하는 것이다. 니체는 인간을 자연과의 구분 속에서 이성의 존재로 규정하는 것을 비판하며 인간을 자연의 부분이자 몸의 존재로 주장한다. 니체는 인간 의식에 의해 신체가 도구화되는 것을 거부하며 힘에의 의지를 기반으로 생명력이 드러나는 몸의 징후를 해석하고 진단하고자 한다.

니체는 인간의 자연적 생명력에 근간하여 기존 이성과 자연의 대립을 비판하면서 이성과 자연과의 상호연관성을 밝히는 한편 인간과 자연과의 관계성에 기반하여 인간과 자연의 상호작용을 밝힌다. 니체는 인간의 생명력의 근간이라 할 수 있는 힘에의 의지가 발현되는 양상을 심층심리학적으로 분석하고 이 힘에의 의지가 작용하는 자연과의 관계를 계보학적으로 분석한다. 지금까지 과학자는 자연을 사유와 실험 행위의 대상으로 만들었던 반면, 이제 과학자는 행위하는 신체적 존재로서 자연의 연관성과 작용에 맞추도록 해야 한다. 이때 자연은 과학자가 연관시켜서 파악해야만 하는 상호연관성이 존재하는 전체적인 세계이다.

엥겔스는 관념론에 반대하여 유물론적인 전제를 바탕으로 자연 속에서의 변증법인 자연 변증법을 주장한다. 자연 변증법은 하나의 사태를 자연의 산물로 생각하면서 이 산물은 행동 안에서 자연과 반응하며 자연과 함께 변증법적인 지양을 통해 통일로 나아간다. 이러한 자연변증법은 사람과 자연, 인간과 인간 간의 소외를 지양하기 때문에 사회를 변화시키는 정치적인 동력을 갖는다. 엥겔스의 자연 변증법이 자연을 유물론적으로 파악하는 데 반하여 니체의 자연을 자연 안에 내재하는 생명력으로 관념론적으로 파악한다.

니체는 자연과학적 태도가 자연을 대상화시키는 인식임을 비판하면서 자연 속에서, 자연에 의해, 자연 전체를 드러내는 방법을 제시한다. 니체는 자연의 생성과 흐름이 자연적 생명력인 힘에의 의지임을 밝힌다. 이 힘에의 의지로 파악하는 인간도 자연의 한 존재임을 밝히기 위해 니체는 인간이 이성적 존재가 아니라 몸의 존재임을 밝힌다. 더 나아가 니체는 자연과의 연관성 속에서 인간과 자연의 상호작용을 드러내는 것이 미래의 과학자적인 태도임을 밝힌다.

3.결론

서양 문명의 자연관은 그리스적 자연관을 바탕으로 유대교적인 자연관이 결합되면서 사상적인 기반을 형성하고 근대 이후 자연과학적인 방법과 사회 철학적인 기획을 통해 변형되거나 확장된다. 서양 문명 자연관의 기반은 그리스적 피지스이며, 이 개념에 가장 큰 영향을 끼친 철학자는 단연코 아리스토텔레스이다. 아리스토텔레스에 따르면 자연은 '자기 자신 안에 운동과 멈춤의 원칙을 가지는 존재하는 것의 본질'이다. 이 개념은 두 가지 규정으로 나누어 살펴볼 수 있다. 첫째, 자연은 '자기 안에 움직임과 멈춤의 시작을 지닌 것'이다. 자연이 자기 안에 운동과 변화의 요인을 갖는다는 것은 자연이 내적으로 자유롭고 자립적인 존재라는 의미이다. 이러한 자연에 대한 규정은 자연 자체를 실체로 규정하는 두 번째 규정으로 이행될 수 있다. 둘째, 자연은 존재하는 것들 안에 내재하는 '고유한 본질의 사태 자체'이다. 내적 자율성을 지닌 자연은 실체로서의 고유한 본질인 자연성을 지닌다. 이 자연성은 자연을 인간 사회가 지향해야 하는 모델이나 인간의 인식이 근간해야 하는 근본으로 이해된다.

아리스토텔레스적인 이해에 기반한 그리스의 자연 이해는 기독교의 유입과 함께 태어남을 의미하는 '나투라'로 이행된다. 나투라는 태어남의 의미로 자연이 신의 역사 안에 태어난 것임을 뜻한다. 자연은 신에 의해 창조된 것이므로 신에 의해 태어난 존재이다. 이 자연은 그 자체로 내적인 자율성을 지니며 시공간적인 한계 안에서 신성을 부여받는다. 스콜라 철학에 와서는 이성과 관찰로 자연을 탐구하는 것 또한 신을 알아가는 중요한 수단이 된다.

이러한 아리스토텔레스적인 자연관은 범신론과 자연과학의 비판을 받는다. 첫째, 르네상스 시대에 와서 범신론과 함께 플라톤적인 피지스 개념이 중요하게 대두된다. 자연이 신의 창조물이라면 자연은 그 자체로 신적인 것이고, 이 신의 창조행위 자체가 자연을 만든 것이다. 자연이 신적 창조행위임을 밝힌 것은 플라톤의 자연 철학이며 이 신의 창조행위는 인간의 예술과 기술적인 창조를 신적인 행위로서 긍정하게 된다. 또한 신은 무한하므로 신적인 창조행위가 이루어지는 자연 또한 닫힌 구조가 아니라 열린 구조이다. 이 열린 구조를 가진 자연에 대한 탐구 또한 가능성으로 열려있게 된다. 둘째, 서구 근대의 자연과학적인 방법은 기존 아리스토텔레스 자연관에 근간한 이성과 관찰에 의한 자연의 본질 규정을 비판하고 경험적 실험과 수학적 법칙화를 통해 자연법칙을 세우고자 한다. 자연 및 우주에서 일어나는 모든 변화는 자연의 운동 법칙 때문이기에 자연에서 일어나는 모든 변화는 실험에 의해 수량적으로 측정하여 수학으로 법칙화할 수 있다.

17세기 이래 근대를 지배하는 자연과학적인 자연관은 기계론적인 결정론이었다. 이에 대해 근대 철학 사상은 기계론적인 자연관과 자연법칙, 자연 자체에 관해 논쟁을 벌인다. 첫째, 17세기 기계론적인 결정론에 대항하면서 데카르트는 기계적으로 작동하는 자연과 사고하는 자연을 이원론적으로 분리시키고, 스피노자는 범신론적인 입장에서 신이 곧 자연이고, 신이자 자연으로서 일원론적인 자연관을 주장한다. 스피노자에 따르면 모든 존재에서 신과 자연이 드러나고 신과 자연법칙이 이 존재들의 내적 원인이 된다. 둘째, 자연법칙에 대해 가장 비판적인 철학자는 흄이며 이 흄의 비판을 바탕으로 자연법칙의 보편타당성을 논증한 철학자가 바로 칸트이다. 흄은 자연법칙 자체가 존재한다는 것은 부인하지는 않았지만 우리가 자연법칙 자체를 경험적으로 구성할 수는 없다고 논증한다. 칸트는 흄의 비판에 동의하면서, 경험적인 내용을 보편타당한 선험적 판단에 의해 자연법칙으로 구성할 수 있는 근거를 제시한다. 셋째, 자연 자체를 포괄적인 자연 철학으로 정립하려는 철학적인 시도가 있다. 셸링은 자연 자체를 유기체적으로 규정하는 자연 철학을 제시함으로써 자연에 대한 기계론적인 세계상 자체를 넘어서고자 한다. 자연은 인식하는 주체에 의해 법칙화될 수 있는 사물이 아니라 자연 자체가 절대적인 행위성이자 생산성으로 발현된다.

근대 철학의 이러한 시도들은 계몽주의 사상과 낭만주의 사상 안에서 포괄적으로 이해될 수 있다. 인간이 자연이라면 자연적 고유한 본질인 이성에 근간해야 한다. 계몽주의자들은 인간의 자연적 이성에 근간하여 인간 사회의 계몽을 시도한다. 이 자연이 자립적이고 자유롭다면, 자연적 이성을 지닌 인간과 이 인간이 이루는 사회도 자연과 같이 작용해야 한다. 따라서 계몽주의자들은 인간이라면 천부적인 자연권을 지니며 인간 사회 또한 자연법에 의해 통치되어야 한다고 주장한다. 이렇게 인간의 자연적 이성의 능력에 근간했던 계몽주의와 달리, 낭만주의는 인간의 자연성을 본능에까지 확장시킨다. 자연적으로 형성된 민족과 민족 문화를 중요시하고 본능적 감각에 입각한 예술적 창조행위를 긍정한다.

19세기의 자연주의적 사상은 더 이상 자연'에 대한' 철학이 아니라 철학이 자연을 위해 복무하는 것으로 이해한다. 자연주의적 사상들은 자연 외에는 어떤 현실도 인정하지 않고, 자연이 준 사실을 추구하는 방법 외에는 어떤 방법도 받아들이지 않으며, 전체로서의 자연을 자연 안에서 파악하고자 한다. 자연주의적 사상은 크게 유물론적인 토대에서 시작하는 엥겔스의 자연변증법과 관념론적인 토대에서 시작하는 니체의 자연 철학으로 나눌 수 있다.

철학은 자연과 인간의 관계를 다루는 학문이다. 그런데도 현대 대부분의 철학은 자연보다는 인간을 중점적으로 다루며, 자연을 다루더라도 인간과의 관계성 안에서 필수적인 전제를 언급하는 것에 그치고 있다. 그러나 이러한 현상은 철학사에서 일반적인 것은 아니었다. 그리스 철학이 태동한 것도 자연에 대한 철학이었지 인간에 대한 철학이 아니었으며, 칸트나 헤겔의 방대한 자연학적 연구와 니체의 자연 연구 등은 철학자들이 자연을 탐구하는 것을 지속적으로 중요한 과제로 여겼다는 것을 보여준다.

철학이 과도하게 인간에 집중하는 경향은 자연과학의 엄청난 발전 이후 두드러지는데, 이는 아마도 자연과학이 자연의 영역에 대한 수학적인 방법론을 구축하면서 더 이상 철학자들이 자연법칙의 방법론이나 근원적인 자연성 이외에 자연에 대해 구체적으로 언급할 수 없게 되었기 때문일 것이다. 이 지점이 바로 철학이 자연과학과 과학기술에 자연과 세계에 대한 지배적인 담론을 넘겨준 시기일 것이고 철학이 자연에 대해 침묵을 거쳐 망각하기에 이른 시기일 것이다. 물론 이러한 현상에 반대하여 19세기에 자연주의 사상이 대두되었지만, 이 또한 자연을 포괄적 해석으로 접근하면서 인간과 자연의 관계를 드러내는 데에 집중할 수밖에 없었다. 자연과학의 방법과 내용이 너무나 전문화되고 복잡해져서 철학자들이 더 이상 전문적으로 논의할 수 없는 지경에 이르렀기 때문이다.

이렇게 인간에게 과도하게 집중하여 자연을 망각하거나 침묵하는 경향을 보이는 것이 자연과학이 지배적 담론이 된 이후의 철학적 경향이라고 진단할 수 있다면, 우리에게는 수학의 언어로 표현된 자연의 구체적인 내용까지도 철학적으로 논의할 수 있는 자연철학이 요구된다. 이러한 자연철학은 아직까지 우리에게 주어지지 않았다. 이런 이유로 자연은 우리에게 여전히 큰 물음으로 남아있다.

생.각.해.보.기

1. 플라톤은 자연을 신적 정신의 제작 행위에 의한 것으로 바라보면서 자연과 예술을 동일성 속에서 파악한 반면, 아리스토텔레스는 자연과 예술의 차이에 입각하여 예술은 외부의 영향을 받아 만들어지고 자연은 스스로 성장한다고 말한다. 자연과 예술의 동일하게 바라본 플라톤의 자연관과 자연과 예술을 확연하게 구분한 아리스토텔레스의 자연관의 특징을 비교하면서, 더 나아가 서양 문명의 자연관의 흐름을 아리스토텔레스적 또는 플라톤적 자연관으로 구분하여 설명해보자.
2. 자연이 신의 창조물이라는 생각은 동일하나 유대교의 자연관과 기독교적 자연관은 서로 다르다. 이 두 자연관이 서로 어떻게 다르고 그 이유는 무엇인지 논의해보자. 또한 자연이 신의 창조물이라는 생각이 중세의 사상가와 르네상스 인문주의자들에 의해 어떻게 다르게 이해되었는지 살펴보자.
3. 본문에서 자연과학적인 방법론이 자연을 대상화시키고 수량화시켰다고 비판했다. 그렇다면 자연을 자연과학적인 방법을 통해 파악하는 것 외에 자연을 파악하는 방법은 무엇인지를 논의해보자. 자연을 파악하는 데 자연과학적인 방법이 지니는 장점과 단점은 무엇인지에 대해서 논의해보고 이 장점과 단점을 자연을 파악하는 다른 방법들과 비교해보자.
4. 루소의 '자연으로 돌아가라'라는 표현이 계몽주의 사상가들에게는 어떻게 이해되었으며 낭만주의 사상가들은 어떻게 이해하였는지 비교해보자. 계몽주의 사상이 어떻게 낭만주의적 자연관을 생겨나게 했는지 살펴보자.
5. 엥겔스의 자연 변증론과 니체의 힘에의 의지가 어떻게 자연만으로 세계의 모든 현실성을 설명할 수 있는지 논증해보자. 인간도 자연의 일부로 바라본

자연주의자들은 인간과 자연의 관계를 어떻게 규정했으며, 인간 세계와 자연 세계의 관계 또한 어떻게 규정하는지를 살펴보자.

읽.어.볼.만.한.책

- 요슈타인 가아더, 『소피의 세계』, 장영은 옮김, 현암사, 1994
- 클라우스 헬트, 『지중해 철학기행』, 이강서 옮김, 효형출판, 2007
- 플라톤, 『테아이테토스』, 정준영 옮김, 이제이북스, 2013
- 아리스토텔레스, 『형이상학』, 김진성 옮김, 이제이북스, 2007
- 임마누엘 칸트, 『순수이성비판』, 백종현 옮김, 아카넷, 2006
- 임마누엘 칸트, 『판단력 비판』, 백종현 옮김, 아카넷, 2009

연.습.문.제

1. 플라톤의 자연 개념이 소피스트의 자연 개념과의 주된 차이점은 무엇인가? 아리스토텔레스와 플라톤의 자연 개념 간의 가장 두드러진 차이점은 무엇인가?
2. 이 글에서 아우구스티누스의 자연관이 아리스토텔레스적 자연관을 기독교적으로 변형시켰다고 설명하였다. 그렇다면 아우구스티누스는 아리스토텔레스의 자연 개념을 어떤 식으로 변형시켜 자연을 신의 창조물로 이해하였을까?
3. 르네상스 시대의 범신론과 스피노자의 범신론, 셸링의 범신론(범내재신론)은 구분할 수 있을까? 이들의 범신론이 다르다면 어떻게 서로 다른가?
4. 계몽주의와 낭만주의 특징은 무엇인가? 또한 계몽주의와 낭만주의는 어떤 지점에서 서로 대립을 일으키며 어떤 지점에서 연속성을 발견할 수 있는가? 더 나아가 계몽주의 자연관과 낭만주의 자연관의 차이와 각각의 특징은 무엇인가?
5. 이 글은 서구 철학 전통에서 자연 개념을 대표적인 사상가로 아리스토텔레스의 자연 개념을 언급했다. 그렇다면 이 아리스토텔레스의 자연 개념의 내용은 무엇이며 이 개념은 어떤 사상들에 의해 어떻게 비판되었는가?

2장

서양편 함께 사는 세상

정치

이충한

학.습.목.표

1. 정치의 개념을 알아본다.
2. 정치적 주체에 대한 논쟁을 파악한다.
3. 권리의 정치와 선의 정치를 고찰한다.

용.어.해.설

- **좋음** the good **과 옳음** the right

좋음과 옳음은 윤리학의 가장 기본적인 개념이다. 아리스토텔레스와 같은 목적론자들이나 벤담과 같은 결과론자들은 어떤 목적을 설정하고 그 목적에 비추어 '좋음'을 규정한다. 때문에 그런 좋음을 만족하는 행위가 옳은 행위가 된다. 반면에 칸트와 같은 의무론자들은 사람으로서 마땅히 해야 할 일 또는 자신에게 주어진 목적을 자유롭게 선택할 수 있는 개인의 권리에 초점을 맞추면서 '좋음'과 상관없이 '옳음'을 규정한다. 때문에 옳은 행위는 '좋음'에 기반하는 행위가 아니라 좋음에 우선하는 '옳음'을 만족하는 행위다. 따라서 개인의 자유로운 선택능력의 보존에 관심을 갖는 자유주의자들은 '좋음에 있어서 옳음의 우선성'을 주장한다.

- **다원주의** pluralism

특정한 하나의 것만을 주류로 간주하려는 사고방식과 반대되는 관점을 의미한다. 즉 이 세계의 사물과 사태, 개성, 그리고 문화를 바라보는 사람의 관점을 복수성(plurality)으로 인식하는 주의나 태도를 가리킨다. 따라서 어떤 단 하나의 관점이나 접근방식이 대폭적인 지지나 관심의 대상이 되지 않고 다수의 양식이 공존한다는 사실을 승인한다. 이렇게 볼 때 도덕적 다원주의는 서로 양립할 수 없어도 도덕적으로 가치 있는 삶의 방식들이 많이 있다고 보는 관점이라고 할 수 있다.

- **통약불가능성** incommensurability

  공통의 척도로 각자의 가치가 갖는 비중이나 무게를 상호비교하거나 평가하기 어려운 사태가 갖는 성질. 즉 어떤 것이 다른 것 보다 더 낫거나 또는 양자가 동등한 가치를 갖는다는 것이 성립하지 않을 경우 그 둘은 통약불가능한 것으로서의 가치를 갖는다고 본다.

- **반완전주의** anti-perfectionism

  정치적 영역에서 개인의 권리와 자율성을 보호하기 위해서는 국가가 개인이 추구하는 좋은 삶에 대한 판단을 내려서는 안 된다고 보는 입장. 즉 반완전주의자들은 국가가 어떤 특정한 가치관이나 도덕적 관점을 장려하거나 정치적으로 지지해서는 안 된다고 주장하며 국가가 공공정책을 정당화 하는 과정에서 최우선적으로 고려해야 할 사항은 개인의 권리를 동등하게 고려하고 존중하는 것이라고 본다.

- **완전주의** perfectionism

  반완전주의와 달리 국가가 개인이 추구하는 좋은 삶에 대한 판단을 내릴 수 있다고 보는 입장. 즉 완전주의자들은 정치적 영역에서 개인들이 가진 다양한 선관념이 공동으로 숙고되어야 한다고 주장하며 그러한 과정을 통해 공공정책들이 정당화될 때, 비로소 한 사회의 구성원들이 추구해야할 공동선을 발견할 수 있다고 본다.

본.문.구.성

1. 서론

현대사회는 다양성과 차이를 추구하는 다원주의 사회다. 자본주의와 시장경제 그리고 민주주의의 발전이 함께 맞물려 우리들의 정치적 삶의 내용은 매우 복잡해졌다. 이제 정치는 신자유주의가 부여하는 경제성장의 과제와 사적소유권의 강조가 가해 오는 압력으로부터 어떻게 사회의 공공성을 지켜내고 추구해나가야 할 것인지를 두고 고민해야 하는 어려운 처지에 놓여 있다. 경제성장과 효율의 강조는 우리에게 물질적 풍요와 삶의 질의 개선을 가져왔지만 동시에 극심한 빈부 차, 물질과 소비에 집중하는 개인의 삶, 정치적 무관심과 민주주의의 약화 등과 같은 결함들을 동반했다.

개인의 이해관계에 몰두하는 삶으로부터 파생된 개인주의의 경향은 시민의 파편화를 불러왔다. 때문에 민주주의는 공동의 삶을 모색하는 가운데 구체적인 자유와 평등의 내용을 함께 확인해 나가는 정치적 삶의 이상이 되지 못하고, 오히려 개인의 권리를 보호하기 위한 안전한 정치체제 내지는 선거를 통해 대표자를 선출하는 제도로 전락했다. 정치에 무관심한 개인들은 대의제를 통해 확인되는 민주주의가 여전히 그들 곁에 있다는 사실에 안도할 뿐, 그 내용이 점점 더 지배적이고 비민주적으로 변화하고 있다는 사실에는 둔감해졌다. 개인의 권리와 이익에는 점점 더 민감해졌고, 공공의 것이 사적인 것으로 전환될 때는 그것이 개인의 이익으로 귀속되기를 내심 기대하면서 허용하는 경향도 강해졌다. 또한 시민은 정치적 주체에서 관료제적 지배의 대상으로 스스로의 자리를 좁혀왔다.

시민들이 정치적 영역에서 각자가 지닌 영향력을 잃어간다는 것은 무엇을 의미할까? 아마도 그것은 그들의 삶에 직접적인 영향을 미치는 법과 제도의 정당성을 묻지 못한 채 그것의 지배를 허용해야 한다는 것을 의미할 것이다. 때문에 민주주의는 시민들이 정치를 통해 법과 제도를 결정하는 정치적 주체가 되어줄 것을 요구한다. 그러나 정치적 주체로서 국가의 의사결정과정에 참여하는 것의 중요성을 시민들에게 일깨우는 것만으로 정치에 관한 논의가 끝나는 것은 아니다. 오히려 보다 까다로운 문제는 그 이후에 등장한다고 볼 수 있다. 그것은 바로 우리의 삶을 지배할 법과 제도를 어떻게 정당화시켜 나갈 것인지에 관한 문제라고 할 수 있다. 만약 누군가 이 문제에 대해 관심을 갖기 시작했다면 그는 이미 정치철학의 중요한 논쟁에 발을 디딘 셈이다. 이어서 우리는 정치철학의 매우 까다로운 이슈중의 하나인 국가중립성 논쟁을 다룰 것이다.

2. 본론

국가중립성 논쟁은 국가가 공공정책을 결정할 때 시민들의 좋은 삶에 대한 판단을 해야 하는지의 여부를 두고 자유주의자와 공동체주의자 사이에 벌어지는 정치철학적 논쟁이다. 자유주의자는 개인의 권리에 대한 동등한 존중과 고려를 우선하기 때문에 정치적 영역은 어떤 특정한 관점이나 삶의 방식을 고려해서는 안 된다고 주장한다. 반면에 공동체주의자는 정치적 영역은 사회의 역사와 맥락에 대한 고려를 통해 공동의 선을 발견해 나가는 영역이 되어야 한다고 주장한다. 정치철학은 인간이라는 존재에 대한 고민과 해석에서 시작한다. 왜냐하면 우리가 인간존재를 어떻게 바라보는 지에 따라 그런 존재가 추구할 수 있는 유의미한 삶의 방식과 정치공동체를 논의할 수 있기 때문이다. 자유주의는 기본적으로 인간을 독립적이고 자율적인 주체로서 파악하지만, 공동체주의는 인간을 공동체의 역사와 맥락에서 분리될 수 없는 주체로 파악한다. 먼저 우리는 그들이 어떻게 인간존재에 대한 이해를 달리하는지를 살펴볼 것이다. 아마도 우리는 이 논쟁을 통해 정치의 정당성을 묻는 철학적 논쟁에 참여함으로서 각 입장이 지닌 의미와 한계를 발견할 수 있을 것이다.

1 / 정치

아리스토텔레스는 국가를 단순히 상호 이익을 위해 같은 장소에 모여 사는 개인들의 결사체가 아닌 고귀한 행위들을 통해 함께 좋은 삶을 추구하는 것을 목적으로 하는 정치적 결사체로 규정한다. 물론 우리는 가족, 마을 그리고 종교 등과 같은 작은 공동체들을 통해 좋은 삶을 추구해 가지만 국가는 그러한 종류의 공동체들이 추구하는 협소한 선과 목적들을 능가하거나 포괄하는 보다 광범위한 의미에서의 좋은 삶을 추구한다.

이렇듯 우리가 함께 좋은 삶을 추구할 수 있는 이유는 다른 동물들이 지니지 못한 언어와 이성을 가졌기 때문이다. 언어와 이성을 통해 무엇이 옳고 그른지 또는 무엇이 보다 좋고 나쁜지를 함께 숙고하고 판단한다는 것은 다른 동물들과 인간을 구별시켜 주는 본질적 특성이다. 따라서 아리스토텔레스는 인간을 '정치적 동물(*zoon politikon*)'이라고 정의한다. 언어와 이성을 통해 정치적 삶을 살아가야 하는 개인들은 그들이 속한 정치공동체 안에서 단순한 생존을 넘어서는 공공의 문제를 다루게 된다. 그리고 자연스럽게 자신이 속한 정치공동체의 번영과 발전을 위해 어떤 선택과 결정들을 내려야 할지에 대해 함께 숙고한다.

아리스토텔레스의 말처럼 우리는 함께 살아가면서 좋은 삶을 추구하기 위해 고민하고 의견을 나눠야 하는 정치적 동물이다. 그러나 보통 우리는 정치를 좋은 삶을 위한 상호협력의 행위로 파악하기보다는 권력의 쟁취와 행사에 관심을 둔 소수의 사람들이 서로 다투는 추악한 싸움정도로 여기며 불신한다. 그렇다면 도대체 권력이란 무엇일까? 그것이 무엇이기에 사람들은 그것의 획득과 행사를 두고 다투는 것일까? 권력은 국가운영을 위한 법과 제도를 결정하는 권한을 의미한다. 따라서 권력을 행사한다는 것은 그러한 국가운영에 영향을 미친다는 것을 의미한다. 이렇게 볼 때 정치는 법과 제도를 통해 국가를 운영하는 행위내지는 활동을 의미하며 우리는 시민으로서 그러한 운영행위에 직간접적으로 참여하고 있다고 볼 수 있다. 즉 우리도 정치를 하고 있는 것이다. 권력투쟁이 일어나는 이유는 국가운영의 기본원리인 법과 제도가 어떻게 결정되느냐에 따라 개인이나 집단의 이익이 달라지기 때문이다.

그러나 정치철학은 어떤 법이나 제도가 누구에게 더 유리하고 이익이 될 것인지에 대해 관심을 갖기 보다는 그러한 법이나 제도가 어떻게 정당화되어야 하는가 하는 규범적 문제에 관심을 둔다. 정치적 주체로서의 인간을 주어진 목적들을 자유롭게 선택할 수 있는 능력을 지닌 권리의 담지자로서 파악하는 자유주의적 관점은 우리가 정치적 영역에서 법이나 제도를 결정할 때 개인의 선관념이나 종교적 신념들을 가지고 들어와서는 안 된다고 주장한다. 반면에 인간을 한 사회의 역사전통, 맥락과 같은 특수성으로부터 분리될 수 없는 구성적 존재로서 파악하는 공동체주의적 관점은 개인의 선관념이나 종교적 신념들을 정치적 영역에서 배제하면 안 된다고 주장한다. 때문에 전자는 권리의 정치를 추구하며, 후자는 선의 정치를 추구한다. 이어서 우리는 이렇게 인간과 정치에 대해 서로 이해를 달리하는 두 가지 입장을 살펴볼 것이다.

2 / 정치적 주체: 자유주의적 인간관

칸트(Immanuel Kant, 1724-1804)는 모든 인간을 그 스스로 자유의지를 지닌 '선험적 주체(transcendental subject)'로서 파악한다. 우리가 도덕법칙에 이를 수 있는 길은 우리가 가진 경험적 목적들로부터 떨어져 합리적인 존재가 되는 것이다. 이러한 자유의 개념은 정의의 원칙을 도출하려는 롤스에게 강한 영감을 불러일으킨다. 롤스 역시 개인의 자유와 권리를 외부의 선관념과 사회적 맥락들로부터 보호하는 일이 중요했던 상황에서 옳음의 우선성에 대한 칸트의 생각은 롤스가 추구하는 '공정으로서의 정의(justice as fairness)'를 위한 중요한 기초를 제공한다.

그림 2-1 임마뉴엘 칸트

칸트는 선과 악의 개념이 '도덕법(the moral law)'에 우선하여 정의되지 않으며 도덕법에 의해 정의되어야 한다고 주장한다. 또한 "그 자체로 목적으로서 존재하는 합리적 행위자로서 인간을 파악하는 '인간성의 원리(the principle of humanity)'는 경험으로부터 비롯되지 않는다."고 말한다. 도덕법과 목적으로서의 합리적 행위자 개념은 바로 '좋음(the good)'에 대한 '옳음(the right)'의 우선성과 연결되는 것이다. 도덕법은 우리가 인간주체의 본성에 대한 칸트의 설명을 이해할 수 있는 여건을 제공한다. 무엇보다 도덕법은 어떤 특정한 선관념이나 행복으로서의 경험적인 목적에 치우치지 않는다. 왜냐하면 도덕법에 의해 지배되는 자유로운 인간주체의 지위가 그러한 편향적인 태도에 의해 손상되기 때문이다.

칸트는 인간이 자신의 목적과 선을 외부의 간섭 없이 자유롭게 선택할 수 있는 의지를 소유하며 그러한 의지가 스스로에게 부여한 법칙이 따라 행위 하는 자율적인 존재라고 본다. 이러한 인간본성에 대한 칸트의 이해는 그의 도덕철학의 근본적인 토대로 작용한다. 칸트에게 있어서 인간주체를 자유롭게 만드는 것은 경험적인 목적이나 특정한 선이 아니라 선택의 자유를 유지할 수 있는 능력이다. 따라서 칸트는 공리주의에 반대한다. 그는 '효용성(utility)'과 같은 경험적인 원리들은 도덕의 기초로서 봉사할 수 없다고 주장한다. 왜냐하면 그와 같은 원리들은 인간을 그 자체로 존중할 가치를 지니는 목적으로서 대하지 않고 타인들의 행복을 위한 수단으로서 대하기 때문이다. 롤스 역시 "정의에 의해 보장된 권리들은 어떠한 정치적 거래나 사회적 이득의 계산에도 좌우되지 않는 것이다."고 주장한다. 때문에 자유주의적 관점은 어떤 우월한 삶의 방식을 가정하지도 않으며 특정한 선 관념에도 의존하지 않는 '옳음'에 대한 설명을 필요로 한다.

칸트의 도덕철학에서 자아는 욕구와 목적들에 의존하지 않고 독립적으로 선택하는 자아다. 칸트는 이러한 생각을 인간에게 '자율적 의지'를 부여함으로써 표현했다. 이와 유사하게 현대 자유주의자들의 입장 역시 목적에 있어 독립적이고 또한 그에 선행하는 자아개념에 기초한다. 롤스 역시 인간주체의 본성에 대한 칸트의 견해를 매우 호의적으로 수용한다. 롤스의 이론에서 원초적 상황은 그러한 칸트의 견해가 반영되었다는 사실을 말해준다. 원초적 상황은 정의의 원칙을 도출하기 위한 공정한 절차를 마련하기 위해 설정된 것이다. 때문에 원초적 상황의 계약 당사자들은 자신이 지닌 특정한 지식이나 선관념을 '무지의 베일(a veil of ignorance)'로 가린 채, 서로 동등한 입장에서 만나게 된다.

물론 롤스(John Rawls, 1921-2002)는 무지의 베일이라는 개념이 여러 가지 어려움을

그림 2-2 존 롤스

일으킬 수 있다는 것을 인정한다. 누군가는 자신이 가진 정보나 지식을 전혀 모르는 사람이 원초적 상황에 처한 자신의 상황을 어떻게 이해할 수 있겠느냐고 반박할 수도 있다. 그러나 롤스는 "한 사람 혹은 그 이상의 사람들이 적합한 제한 조건에 따라 추리하기만 하면 언제든 이러한 입장을 취할 수 있거나 혹은 이러한 가정적 상황에서 하게 되는 숙고를 모방할 수 있게 되리라는 사실에 주목한다면 도움이 될 것이다."라고 응답한다. 원초적 상황에 대한 롤스의 가정은 우리가 우리의 목적을 어떤 선관념에도 구애받지 않고 자유롭게 선택할 수 있으며 또한 그렇게 해야 한다는 것을 의미한다. 이러한 롤스의 논증은 이후 우리가 살펴보게 입장, 즉 우리의 목적과 선관념을 통해 우리의 선택을 발견한다고 보는 견해와 대립된다.

그렇다면 정의의 원칙에 합의하기 위해 우리가 우리 자신의 선관념을 몰라야 한다는 것은 우리를 어떤 자아개념으로 이끄는가? 계약의 당사자들이 자신이 처한 사회적 상황이나 특정한 지식들로부터 물러나게 됨으로써 비로소 자유로운 인간이 된다고 주장할 때, 그 인간은 어떤 특징을 지니는가? 이 물음에 대한 답변을 찾아가는 과정에서 롤스의 자유주의적 인간관은 자연스럽게 드러난다. 원초적 상황에서 배제되는 선관념은 좋은 삶을 위해 우리가 깊이 고려하고 의존하는 가치이다. 그것은 우리가 처한 사회의 역사나 문화 또는 공동체적 가치들로 존재하는 인간적 가치들이다. 그러나 칸트나 롤스가 지적한 것처럼 사람들은 매우 다양한 선관념을 갖기 때문에 그러한 선관념을 지닌 채로는 모두의 권리를 동등하게 고려하고 존중하는 정의의 원칙에 합의할 수 없다. 그런데 달리 생각해보면 사람들을 인간적 선들과 분리시킨다는 것은 매우 중요한 문제를 일으킨다. 왜냐하면 자신의 선관념에 대해 모르는 사람들이 그들의 좋은 삶에 대해 깊이 고민할 수 있을 것이라고는 기대하기 어렵기 때문이다. 바로 여기에서 인간의 본성에 대한 이해가 달라진다.

이렇게 목적과 선관념으로부터 분리된 자아는 어떤 '자기이해(self-understanding)' 또는 '자기지식(self-knowledge)'도 갖지 않는 자유로운 자아다. 때문에 이러한 자유주의적 자아는 개인의 권리를 중심으로 그 지위를 획득하며 옳음이 좋음에 우선한다는 주장으로 우리를 안내한다. 칸트에게 있어서 모든 합리적 존재의 개념은 의지의 준칙이 보편적 입법에 있어 항상 타당하도록 행위 하는 인간에 있다. 이것은 우리의 자아개념이 어떤 특정한 선관념에도 의존하지 않는 보편적이고 무연고적인 것임을 의미한다. 이렇게 볼 때 시간과 공간을 초월한 본체계는 롤스에게 있어서 원초적 상황이라는 가상적인 세계로 재구성된 것이다. 왜냐하면 롤스의 원초적 상황 역시 계약의 당사자들이 시간과 공간에 구애받지 않고 언제든지 자유롭고 합리적인 행위자의 입장에 설 수 있도록 마련된 이론적 장치이기 때문이다.

3 / 정치적 주체: 공동체주의적 인간관

현대의 의무론적 자유주의로서 롤스의 자유주의에 대한 샌델(Michael Sandel, 1953-)의 비판은 1982년에 출간된 그의 첫 번째 저서 『정의의 한계』에서 시작되었다. 자유주의에 대한 그의 비판적 견해는 현대사회의 다양한 현상과 문제점들을 지적하는 방식으로 꾸준히 이루어져 왔다. 샌델은 주로 칸트의 의무론적 자유주의와 롤스의 자유주의 이론을 다룬다. 그는 칸트의 도덕철학과 자유주의 이론에서 취하는 자아에 대한 이해에 초점을 맞춘다. 특히 샌델은 좋음에 대한 옳음의 우선성을 주장하는 칸트의 의무론적 자유주의에 주의를 기울인다. 그의 책의 제목이 말해주듯이, 좋음에 대한 옳음의 우선성 주장은 자유주의의 한계와 밀접하게 연관된다. 우리는 이를 선관념을 배제한 '정의의 우선성(the primacy of justice)'을 통해 이해할 수 있다.

그림 2-3 마이클 샌델

칸트에 따르면 "옳음의 우선성은 인간의 상호 외재적 관계에서 나타나는 자유의 개념으로부터 도출되며 그것은 모든 사람이 본래 갖는 목적 또는 그러한 목적을 달성하기 위한 수단과는 관련되지 않는다." 달리 말하면 앞서 설명한 것처럼 칸트적 자유주의는 자아에 대한 매우 특별한 관점을 갖는다. 칸트는 인간이 자유롭게 선택하고 수정할 능력을 보호하기 위해 자유로운 도덕적 주체의 어떤 사실, 지식, 맥락 또는 내용들을 허용하지 않는다.

샌델은 자아에 대한 이런 칸트의 견해가 그 자체로 잘못되었다고 생각한다. 왜냐하면 그는 우리의 의지가 그 자체로 제일의 원인이 될 수 없고 선행하는 어떤 원인의 결과 혹은 충동이나 경향이라고 보기 때문이다. 여기에서 우리는 그가 선관념과 자아를 연관 짓고자 한다는 것을 알 수 있다. 그러나 샌델은 그렇게 인간의 외재적 관계로부터 규정되는 이상적인 자유개념이 자아의 이해에 대한 심각한 실수를 범한다고 지적한다. 왜냐하면 실제로 행복을 추구하는 이 세계의 사람들은 그러한 외재적 관계에서 살아가고 있지 않기 때문이다. 그는 비록 외재적 관계에 대한 칸트의 가정이 성립 가능하다고 해도 실제로 다양한 방식으로 외부의 목적들의 영향을 받으며 관계를 맺고 살아가는 사람들에 대한 올바른 설명을 제공하지 못한다고 본다. 단적인 예로 우리는 친구나 가족을 만날 때 우리의 자유를 위해 외재적 관계를 추구하지 않는다. 외재적 관계는 타인과의 관계와 깊이 관련되는 자아의 욕구나 목적을 전혀 고려하지 않는다. 우리의 행복의 성취가 우리의 욕구나 목적과 분리되는 것이 아니라고 볼 때, 칸트의 자유에 기초한 인간관은 어떤 특정한 목적이나 선관념에도 지배받지 않는 공허한 자아에 대한 의문을 남긴다.

샌델은 목적이나 선관념을 소유하는 주체로서 자아를 파악하는 태도에 대해 비판적이다. 소유의 주체로서 우리자신을 이해할 수 있다는 주장은 그에게 있어 설득력이 없는 설명이다. 롤스의 원초적 상황은 우리의 목적이나 선관념을 자유로운 의지에 따라 자아로부터 거리를 두고 선택할 수 있다는 것을 말해준다. 그는 이런 자아개념을 가리켜 '무연고적 자아(the unencumbered self)'라고 부른다. 샌델에 따르면 그것은 소유의 주체로서의 자아개념이다.

> 내가 어떤 것을 소유한 이상, 나는 그 어떤 것에 관계하면서도 거리를 둔다. 어떤 특질, 욕망, 야망을 소유한다고 말하는 것은 내가 그것과 어떤 식으로든 연루된다고 말하는 것이다. 그 어떤 것은 내 일부가 아닌 내 것이다. 마지막 말은 내가 소유했던 것을 상실해도 나는 여전히 동일한 '나' 임을 뜻한다. 이는 언뜻 보면 역설적이지만 반성해보면 피할 수 없는 의미다. 그 안에서 소유의 개념은 거리 두는 개념이다. 이 거리 두는 측면은 자아의 연속성이 필요하다. 자아의 이런 측면은 아주 사소한 우연성에 직면하여 바뀌지 않음으로써 자아의 존엄성과 온전함을 보존한다.

여기에서 소유적 주체로서의 자유주의적 자아에 대한 샌델의 핵심적인 비판은 "그러한 무연고적 자아개념에는 언제나 '나' 라는 사람과 '내가 가진 가치' 사이의 구분이 존재한다는 사실이다."샌델에 따르면, 무연고적 자아에게 부정되는 것은 선택에 앞선 어떤 도덕적 연대에 의해 묶여진 공동체의 구성원 의식의 가능성이다. 그러한 자아는 그것이 속해 있는 어떤 사회에도 소속될 수 없다. 샌델은 무연고적 자아의 문제가 목적론을 부정하거나 거절하는 것이 아니라 우리 자신에 대한 이해를 갖는데 문제를 갖는다는 사실에 있다고 본다. 때문에 만약 우리를 둘러싼 특수한 문화나 전통 또는 사회적 맥락과 관계없이 우리의 목적을 선택한다면, 우리가 속한 공동체를 위한 진정한 선택을 추구할 수 없을 것이라고 생각한다. 샌델이 볼 때 무연고적 자아의 중요한 관심사는 어떤 목적을 선택하는지의 문제가 아니라 그러한 목적을 선택할 수 있는 능력을 유지하는지의 문제이다.

매킨타이어(Alasdair MacIntyre, 1929-)와 같은 공동체주의자들은 자아에 대한 이해에 있어서 자유주의자들과는 매우 다른 입장을 취한다. 그들은 자아가 특정사회의 가치나 선관념과 같은 사회적 맥락에 위치 지워져 있는 연고적인 자아라고 믿는다.

그림 2-4 알레스데어 매킨타이어

이러한 관점에 따르면 우리가 처한 상황을 파악할 때, 특정한 사회의 정체성을 지닌 자아를 통해 접근해야 한다. 예를 들면 사회 안에서 우리 자신의 행위가 갖는 의미를 파악하고자 할 때, 우리는 자아가 지닌 자기지식을 알아야 한다. 즉 현재 내가 있는 이 자리에서 어떤 행위를 하고 있는 '나'는 누구인지에 대해 물어야 한다.

매킨타이어에 따르면 정체성은 다양한 사회적 역할들로 설명될 수 있다. 우리는 누군가의 아들이나 딸이며 또는 사촌이거나 삼촌이다. 동시에 한 도시의 시민이면서 동시에 생계를 위한 어떤 직업을 갖는 사람이다. 우리는 좁게는 씨족과 부족 그리고 넓게는 민족에 속한다. 따라서 나에게 좋은 것은 나와 같이 살아가는 사람들에게도 좋은 것이 된다. 이러한 매킨타이어의 입장은 자유주의적 입장에서 볼 때 받아들이기 불편한 것이다. 왜냐하면 그것은 우리로 하여금 우리의 사회적 맥락이나 인간적 선들로부터 분리되는 것을 허용하지 않기 때문이다. 특히 롤스는 정치적 영역에서 이러한 입장을 거절할 것이 분명하다. 앞서 확인한 것처럼 개인의 다양한 선관념들은 개인의 권리를 동등하게 존중하는 정의의 원칙을 도출하는 과정에서 자의성과 우연성을 발생시키는 요인이기 때문이다. 이러한 자유주의적 제한에도 불구하고 매킨타이어는 우리는 자기지식으로부터 물러날 수 없으며, 나의 선택과는 상관없이 주어진 사회적 의무와 책무를 갖는다고 주장한다. 그렇게 우리가 태어나기 이전부터 존재하는 사회적 배경들은 우리의 삶과 도덕적 입장들을 구성한다.

매킨타이어는 우리에게 있어서 핵심적인 물음은 독립적인 주체에 대한 직접적인 질문에 있지 않다고 말한다. 오히려 그는 "나는 어떤 이야기 또는 이야기들의 부분에서 나 자신을 발견할 수 있는가? 라는 물음에 답할 수 있을 때에만 나는 무엇을 해야만 하는가? 에 대한 질문에 답할 수 있다."고 주장한다. 이렇게 볼 때 그가 주장하는 역사와 문화적 가치들로 '각인된 자아(the embedded self)' 개념은 우리가 사회로 들어갈 수 있는 핵심적인 통로가 되는 것처럼 보인다. 따라서 매킨타이어의 관점에서 공정한 여건으로 나타나는 원초적 상황은 실제로 존재하는 인간사회를 반영할 수 없을 뿐만 아니라 우리의 행위와 자아의 본질에 대해서도 적절한 설명을 제공하지 못하는 것이다.

이러한 매킨타이어의 입장은 특수성을 부정하고 보편성을 성취하려는 자유주의적 전략이 아닌 특수성의 바탕 위에서 우리가 추구해야할 인간적 선들을 반성하고 숙고하는 전략을 채택한다고 볼 수 있다. 샌델과 마찬가지로 매킨타이어 역시 인간을 여러 가지 이야기들을 지닌 서사적 존재로서 바라본다. 이것은 우리가 우리의 삶이나 도덕적 입장을 통해 우리의 행위를 설명하는 어떤 방식을 갖는다는 것을 의미한다. 이러한 '서사적 자아(the narrative self)'는 역사나 사회적 맥락으로부터 고립된 독립적 주체가 아니라 역사적 주체로서 자기이해를 갖는 자아다.

한편 테일러(Charles Taylor, 1931-)는 자유주의적 자아가 우리가 의미 있게 구체적으로 고려할 수 있는 것들을 아무것도 지니지 않는다고 본다. 그의 논증은 무연고적 자아가 지니는 그 '공허성(the emptiness)'에 대한 비판에 초점을 맞춘다. 테일러에 따르면 아무런 내용도 지니지 않는 텅 빈 자아는 우리에게 선관념을 형성하는 사회적 여건과 맥락들에 대해 자유롭게 도전할 것을 요구한다.

> 완전한 자유는 가치 있는 행위를 이끌어내지도 못하고 어떤 것에 대한 고려도 누리지 못하는 공허한 것이 될 것이다. 외적인 장애물이나 영향들을 한쪽으로 제쳐두는 것에 의해 자유에 도달하는 자아는 아무런 특징도 지니지 않고 정의된 목적도 없다. 그러나 이러한 자아는 그럴 듯하게 보이는 '합리성(rationality)'과 '창조성(creativity)'이라는 용어들에 가려져 있다.

테일러는 자유주의자적 자아가 그것이 지닌 목적들과는 관계없이 독립적으로 자유를 이해하거나 설명하는 방식이 공허한 합리성과 창조성에 바탕을 둔 완전한 자유 이상의 의미를 갖지 않는다고 보는 것이다. 테일러에 따르면 인간은 이야기와 역사 속에서 자기이해를 갖는 '자기-해석적 동물(self-interpreting animals)'이다. 때문에 그는 우리가 우리자신을 공동체를 통해 발견하고 이해할 수 있다고 주장한다. 이러한 그의 관점에 따르면 자유주의적 인간관 속에서 정당화되는 자기결정은 공동체에서 함께 살아가는 타인들과의 관계 속에서 어떤 의미도 성취하지 못한다. 매킨타이어와 마찬가지로 테일러 역시 우리는 다른 사람들과의 대화에 참여해서 '이야기를 나누는 사람(interlocutors)'으로서의 자아를 지닌다. 따라서 우리가 자아에 대한 어떤 내용들을 파악하기 위해서는 우리가 속한 공동체와 사회적 맥락들에 대해 진지하게 숙고해야 한다. 이것은 자아가 공동체에 위치 지워져 있다는 것을 의미한다.

그는 자유주의적 자아는 우리가 추구하고 또 성취하고 싶어 하는 목적이나 목표들에 대해 설명할 수 없다고 본다. 왜냐하면 그것은 선관념들로부터 단절되어 있기 때문이다. 그래서 테일러는 무엇보다 우리의 자아에 대해 물어볼 때, 현재 우리가 어디에 위치해 있는지를 아는 것이 중요하다고 말한다. 그러므로 우리는 우리가 살아가는 공동체에 대한 질문이 자아에 대한 질문과 분리될 수 있다고 생각해서는 안 되는 것이다. 테일러 역시 샌델이나 매킨타이어의 입장과 마찬가지로 자아를 둘러싼 가치나 배경들이 자아의 자유로운 선택에 대해 갖는 실천적 의미들을 강조한다고 볼 수 있다. 지금까지 살펴본 것처럼 선택의 자유를 보호하기 위해 자아로부터 자기지식과 공동체의 역할을 정의의 문제로부터 배제시키는 롤스의 입장은 샌델과 매킨타이어 그리고 테일러 모두에 의해 거절된다.

4 / 권리의 정치 : 반완전주의 정치

다양한 가치들이 경쟁하고 갈등하는 현대사회에서 국가는 시민들이 가진 각 개인의 선 관념들을 어떻게 대해야 할 것인가? 이 문제는 세계화 시대의 정치 · 경제적 흐름과 문화의 교류를 통해 이전보다 다양한 가치관을 실어 나르고 판단해야 하는 부담을 지닌 개인들과 그들의 국가에게 있어 매우 현실적인 것이다. 앞서 반완전주의적 중립성의 토대가 되고 있는 개인 개념에 따르면 이 질문에 대한 답은 의외로 매우 단순 명료하다. 즉 국가는 그렇게 다양한 가치를 소유하고, 그 가치들을 통해 자신의 삶의 내용과 의미를 채워가는 자율적이고 합리적인 개인을 방해하지 않는 방향으로 대하면 되는 것이다.

중립성 또는 중립주의는 철학적이면서 국가적인 차원에서 규정될 수 있다. 철학적 중립성은 인간이 가진 다양한 선 관념의 사실로부터 한 사회가 정의의 원칙들을 도출할 때, 어떤 특정 가치나 좋음에 대해 중립적이어야 한다는 정치철학적 원칙이라면. 국가중립성은 이러한 철학적 중립성을 통해 국가가 어떤 삶의 방식이 다른 삶의 방식 보다 더 좋은 것이라고 규정하거나 특정한 삶의 방식을 강요해서는 안 된다는 정치적 실제와 관련된 정치 원리라고 할 수 있다. 이 두 차원의 중립성은 반완전주의적 국가중립성으로 함께 설명될 수 있는 것이다.

정치적 영역은 시민의 삶을 규정하는 법과 제도를 다룬다. 이 모든 정책과 사회제도는 한마디로 모든 개인들에게 정의로운 것이 되어야 한다. 왜냐하면 사회 주요 제도 들은 개인의 권리와 의무를 규정하고 심지어 개인이 살아가는 삶의 내용과 인생의 전망까지도 정해주는 것이기 때문이다. 만약 이러한 주요 사회제도들이 그 사회의 구성원들에게 정의롭지 않은 방식으로 작동한다면, 그것은 개인의 권리를 침해하는 것이 된다. 롤스가 정의의 일차적 주제를 사회의 기본구조, 즉 사회의 주요제도가 개인의 권리, 의무 그리고 이익을 배분하는 방식에 관한 것으로 정한 이유가 바로 여기에 있다.

그러므로 반완전주의의 관점에서 국가가 중립성을 유지해야 하는 중요한 이유는 그것이 롤스가 언급한 사회의 기본구조 즉 사회의 주요제도 들을 다루고 개인의 삶에 적용시키는 권력의 실행체계로서 사회에 드러나기 때문이다. 이렇게 국가에 대한 엄격한 접근은 롤스에게 있어서 진리를 추구하는 것과 다르지 않다. 그는 "사상체계의 제 1덕목을 진리라고 한다면 정의는 사회제도의 제 1덕목이다. 아무리 정치하고 간명하다 할지라도 그것이 진리가 아니면 배척되거나 수정되어야 하듯이 법이나 제도가 아무리 효율적이고 정연하다 할지라도 그것이 정당하지 못하면 개선되거나 폐기되어야 한다."고 말한다.

이렇게 볼 때 국가의 개인의 권리에 대한 동등한 존중과 고려라는 자유주의적 미덕은 정의가 그 우선성을 득하게 되는 근거라고 할 수 있다. 동시에 정의의 우선성은 국가에게 그 어떤 좋은 삶이나 특정한 가치관을 지지하거나 장려해서는 안 된다는 엄격성을 부여한다. 따라서 롤스는 『정치적 자유주의』(*Political Liberalism*, 1993)에서 정치적 강제력에 대해 언급하면서 "정치권력은 사회적 협동체로서 자유롭고 평등한 개인에 대한 강제력이기 때문에 헌법적인 본질과 정의의 문제들이 위기에 처할 때 그것은 공통의 인간 이성을 통해 모든 시민들이 합당하게 기대할 수 있는 방식으로 실행되어야 한다."고 주장한다.

그렇다면 가치다원주의는 자유주의적 관점에서 어떻게 이해되고 있는 것인지 구체적으로 살펴보자. 자유주의 이전의 해석에서 가치다원주의는 어떻게 보면 사회의 통합과 결속을 제한하는 사태로 파악되었다. 정치공동체의 구성원들이 제 각각 다른 가치관과 선 관념을 가지며 그에 따라 자신의 삶을 어떤 방식으로 살아가야 할지에 대해 결정한다고 가정할 때, 그 공동체의 연대와 결속을 상상하기란 쉽지 않기 때문이다. 그러나 기본적으로 반완전주의적 자유주의는 그러한 사회적 조화와 통합에 대한 욕구를 경계한다. 왜냐하면 단일한 조화로의 경향성은 다원주의로 드러나는 사태들을 단순한 것으로 취급하고 동시에 정치적 강제력을 불관용에 기초한 개인의 권리침해로 이끌기 때문이다.

따라서 가치다원주의를 수용하는 자유주의적 방식은 관용에 기초한다. 즉 그 어떤 종교적 · 도덕적인 포괄적 교리도 그 우선성을 갖지 않으며 다만 동등하게 양립 불가능한 것으로서 서로를 인정하는 방식에 기초한다. 때문에 가치의 다원성은 어떤 유력하고 우세한 가치들에 의해 통합되거나 배제되어야 하는 운명에 놓인 것이 아니라 각 개인이 서로를 인정하며 동등하게 추구해야 하는 '합당한 불일치'(reasonable disagreement)의 맥락에서 이해된다.

롤스는 이러한 다원주의의 특징을 '합당한 다원주의의 사실'(the fact of reasonable pluralism) 이라고 기술한다. 그는『정치적 자유주의』에서 이러한 합당한 다원성이 입헌민주체제에서 인간의 이성을 통해 긍정되고 자연스럽게 수용될 것으로 가정한다. 왜냐하면 관용에 기초한 합당한 다원성을 추구하는 개인들은 민주주의체제가 요구하는 기본적인 정치적 정의관을 거부하지 않을 것이기 때문이다. 즉 서로가 선 관념이 다르다는 사실을 알고 있고 그러한 선 관념을 자유롭게 추구하고자 하는 자신의 권리를 침해당하기를 원하지 않기 때문에 정치적인 영역에서 그 들의 선 관념 을 배제하는데 반대하지 않는다는 것이다.

따라서 포괄적인 교리들이 복잡하게 추구되고 있는 가치다원주의라는 인간적 사태와 함께 정치적 정의를 다루어야 하는 영역이 따로 거론될 수 있는 가능성이 확보된다. 바로 여기에서 반완전주의적 중립성이 포괄적 교리들과 충돌하지 않고 그 위치를 정할 수 있게 되는 것이다. 이러한 사태는 자연스럽게 모든 사람들에게 공유되지만 그들이 지닌 가치관을 자유롭게 추구하는 것을 방해하지 않는 공적인 영역을 요청한다. 롤스는 "어떠한 도덕적 판단이 맞느냐 하는 것은 정치적 자유주의에서 문제가 되지 않는다. 왜냐하면 도덕적 판단은 한 개인의 제한된 관점으로부터 모든 문제를 접근하기 때문이다."라고 말하면서 정치적인 영역으로서 공적영역이 개인의 가치판단에 거리를 둔다는 사실을 분명히 한다.

드워킨(Ronald Dworkin, 1931-2013)은 자유주의적 평등에 기초한 개인의 권리를 주장한다. 만약 어떤 정치공동체가 평균복지를 향상시킨다거나 국력과 권위를 강화해야한다는 목표 또는 어떤 특정한 삶의 형태나 좋은 것에 대한 특정한 판단을 추구하게 된다면 그리고 그것이 그 공동체 안에서 근본적인 것으로 간주된다면, 그것은 그런 목표에 부합하는 분배에 편향적인 것이 될 것이라고 비판한다. 즉 공정성에 취약한 형태의 국가형태를 갖게 된다는 것이다. 드워킨은 한 사회의 개인들이 가진 윤리적 맥락들이 공동체의 특수한 법으로 규정될 수 있다는 사실에 반대하지 않는다. 이것은 사회적인 배경이 개인의 선 관념에 영향을 미친다는 설명과 대립을 거절한다.

오히려 공동체의 특수한 맥락들은 그 공동체에 살고 있는 사람들이 자신들의 행복한 삶에 관하여 숙고할 때 반영되어야 하는 것이 당연하다는 것이다. 그런데 중요한 것은 롤스가 추구하고 있는 자유주의적 정의라는 것이 그렇게 다양한 선 관념을 가진 개인들에게 있어 하나의 공리처럼 객관적인 원칙으로서 우리의 도덕적 직관에 의해 포착되는 것이 아니라는 것이다.

드워킨은 오히려 특정한 선 관념을 가진 개인들이 함께 모여 그들의 기본사회구조에 대해 논의할 때 자유주의적 정의라는 원칙에 도달하는 방식으로 그러한 논의가 진행되어야 한다는 책임을 갖게 된다고 가정한다. 그리고 이러한 가정을 통해서 구성적으로 자유주의적 정의를 정당화하고자 한다. 이것은 정의라는 것이 특수한 공동체가 추구할 수 있는 행복의 조건들 중의 하나가 될 수 있다는 것을 인정해야 한다는 것과 다르지 않은 것이다. 개인의 다양한 선 관념들이 일반적 정의론으로 공동체의 구성원들에게 자연스럽게 의욕 되고 추구될 수 있다고 믿는 것이다. 롤스와 달리 드워킨의 주장은 개인의 선 관념들에 대해 중립적이지 않다는 인상을 받게 된다. 그러나 그런 방식으로 개인의 다양한 선 관념을 정치적 영역에 허용하지만 그것이 개인의 자유와 평등을 침해하는 방식으로 제도화 되거나 법적으로 규정되는 것에는 반대한다는 주장은 유지된다. 따라서 드워킨은 언뜻 보기에 선 관념들을 배제하지 않는다는 입장에서 국가가 그러한 선 관념들 중에 좋은 어떤 것을 장려하거나 가치 있다고 생각할 수 있다는 맥락으로 이어지는 듯 보이지만, 결국은 그 선 관념의 다양한 목록들은 개인의 권리에 기초한 자유주의적 정의와 평등의 원칙을 통과해야할 후보자들서 정의된다고 볼 수도 있을 것이다. 때문에 드워킨 역시 반완전주의적 자유주의의 입장에 있다고 평가된다.

이렇게 볼 때, 롤스와 드워킨은 다원주의의 사실과 반완전주의적 중립성주장을 연결하는 형식이 약간 다르다고 볼 수 있다. 즉 롤스는 원초적 상황이라는 가상적 상황을 통해 개인의 권리와 정의의 우선성을 도출해낸다. 그리고 이는 정치적 영역에서 합당한 불일치로 규정되는 다양한 개인의 선 관념들을 배제해야 한다는 결론을 통해 그 반완전주의적 중립성 주장으로 이어진다. 반면에 드워킨은 경쟁하는 다양한 가치관들을 정치적 영역에 허용하더라도 그 안에서 그들이 추구해야할 기본적인 사회 구조에 대해 논하게 되면 결국 개인의 권리와 평등을 고려하는 자유주의적 정의개념에 도달한다고 가정함으로써 국가가 다양한 가치관들에 대해 중립을 지켜야 한다는 결론에 도달한다. 이런 논증의 형식에 있어서의 차이에도 불구하고, 국가는 합당한 불일치로서 개인의 선 관념을 인정하고 바라봐야 한다는 결론에서 양자는 의견의 일치를 갖는다고 볼 수 있다.

반완전주의는 가치다원주의에 대한 매우 설득력 있는 논변이며 실제로 현대사회의 자유주의적 경향성과 밀접하게 연결된다. 또한 그것은 정치적 영역에서 경쟁하는 선들을 어떤 방식으로 처리해야 할지에 대한 명료한 관점을 제공한다는 의미에서 고무적인 것이 될 수 있다. 그러나 이러한 장점들에도 불구하고 어떤 사람들은 다원주의에 접근하는 이렇게 선명한 관점이 정치공동체의 토대를 약화시키며 공동의 선에 대해 고민하기를 부담스러워 하는 원자적 개인들의 집합 그 이상의 국가 개념을 갖기 어렵다고 지적한다. 또한 국가는 시민의 참여를 통한 공동의 숙고를 통해 어떤 삶이 보다 좋은 삶인지에 대한 판단을 내리고 규정하면서 다양한 선 관념을 가진 개인들이 자신의 가치관을 견주어 평가하고 반성할 수 있는 평가 틀을 제시할 수 있어야 한다고 주장한다. 그리고 실제로 도덕적 · 종교적 신념들과 관련한 문제들에 대해 국가가 중립을 지키는 것은 어렵다고 비판한다. 이어서 우리는 반완전주의 정치에 대한 비판으로서 완전주의를 살펴볼 것이다. 이러한 비판들은 주로 공동체와 개인에 대한 역사주의적이고 맥락주의적인 해석을 시도하는 공동체주의자들의 입장을 통해 이루어질 것이다.

5 / 선의 정치: 완전주의 정치

개인의 권리에 근거한 반완전주의는 가치다원주의가 가져오는 선의 불일치의 문제를 효과적으로 진화한다. 그것은 정의의 우선성을 위반하지 않는 방식으로 이루어진다. 즉 특정한 선 관념을 개인의 삶에 밀접하게 연관되어 권리의 내용과 의무를 규정하는 정치적 영역에서 밀어내는 전략을 취한다. 그렇다면 왜 이러한 자유주의적 전략이 문제가 되는 것일까? 일반적으로 중립주의에 대한 핵심적 비판은 '권리의 정치'(politics of rights)가 강화시키는 개인주의적 경향과 파편화 현상에서 그 근거를 찾는다. 단순히 정의나 권리를 강조하는 것에 그 문제가 있는 것이 아니라, 개인의 권리의 우선성을 완고하게 주장하고 각자의 가치관을 존중하는 관용의 정신이 정치공동체로서의 국가의 개념을 충실하게 담을 수 있는 온전한 정치적 이상인지에 대한 의문을 제기하는 것이다. 이렇게 반완전주의적 중립성에 의문을 갖는 사람들은 각 개인들이 최소한 공동체에 대한 공통의 이해를 통해 그들이 추구하는 가치들을 비교하고 판단하면서 공동의 선을 발견하려는 노력이 필요하다고 믿는다.

공동체 안에서 같이 살아가고 있는 사람들은 단지 처음부터 사회이전에 '개체화된 존재'(individuated beings)가 아니라 동일한 역사와 문화 그리고 사회적 맥락을 통해 영향을 받고 자아를 형성해온 이야기를 지닌 '자기해석적 존재'(self-interpreting creatures)로서 이해되어야 한다는 것이 완전주의적 입장의 인간이해라고 볼 수 있다. 따라서 개인의 삶은 전적으로 국가로부터 간섭받지 않을 권리와 그로부터 추상되는 자유의 의미를 통해 유의미하게 되는 것이 아니라 그들이 살고 있는 공동체의 선들로 이루어진 삶의 지평을 통해 비로소 그 의미를 득할 수 있는 것이다. 이러한 개인과 개인의 삶에 대한 이해의 차이가 반완전주의와 완전주의를 가르는 중요한 맥락으로 작용한다. 이렇듯 공동체와 개인의 삶을 긴밀하게 연결시키는 관점은 국가가 단지 개인이 자신의 특정한 선 관념을 형성 · 수정하고 추구하는데 관심을 갖기 보다는 공동체의 생활방식을 함께 규정하고 그렇게 규정된 공동의 선에 순응하는 선 관념들을 선택하도록 장려하려고 할 것이다.

테일러는 현대사회의 도덕적 지평이 이전의 문명과는 매우 다르다고 주장한다. 또한 근대성이 가져온 문명의 발전도 부정하지 않는다. 그러나 서구사회에서 상호 존중에 대한 원칙이 권리의 관점에서 정의되고 있으며 이러한 경향은 우리의 법적 체계의 핵심으로 자리하게 되었다고 지적한다. 동시에 이러한 경향은 우리의 도덕적 사고에서도 중요한 위치를 차지한다고 말한다. 여기에서 테일러는 그 권리의 개념이 '주관적인 권리'(subjective right)이며 이는 곧 우리가 어떤 사람을 존중하는 것은 그 사람의 자율성을 존중한다는 의미가 된다고 생각하는 입장에 놓인 것이라고 파악한다.

또한 사람들은 그들의 방식대로 그들이 지닌 개별성을 발전시킬 자유를 갖는다는 밀(J.S. Mill)의 말은 우리스스로에게는 물론이고 우리의 도덕적 의미에 대해 저항하는 방식으로 그 의미를 확장해 왔다고 지적한다. 테일러가 파악하는 밀의 입장은 다음과 같은 그의 주장에서 더욱 분명해진다. 밀은 "비록 한 사람을 제외한 전 인류가 동일한 의견을 갖고 있고 오직 한 사람만이 반대의견을 가진다고 하더라도 그 한 사람이 권력을 가지고 있어서 전인류를 침묵시키는 것이 부당한 것과 마찬가지로, 인류가 그 한 사람을 침묵시키는 것도 부당하다."고 주장한다. 여기에서 밀이 개인에게 미칠 수 있는 어떤 강제력과 개인의 권리의 관계를 파악하면서 강제력 그 자체의 정당성이 확보될 수 없음을 강조하고 있음을 확인할 수 있다. 즉 테일러는 반완전주의적 입장으로 이어지는 자유주의적 전통이 개인과 국가의 관계를 대립시킴으로서 보다 원자적인 방식으로 개인의 삶과 자아를 이해하도록 이끌었다고 비판한다.

이러한 원자적 삶의 방식은 개인의 권리개념을 개인의 선호와 취향이라는 가치로 삶의 의미를 좁게 해석해 버렸으며, 이런 의미에서의 '자기진실성'(authenticity)을 이해하고 수용하는 개인들은 그들의 가치판단과 선 관념에 중립적인 자유주의를 지지한다고 말한다. 따라서 이렇게 파악된 자기진실성은 자연스럽게 무엇이 좋은 삶인가에 대한 정의가 개인으로부터 시작되며 만약 정부가 이런 문제에 대해 개입한다면 그것은 공정성을 위반하는 것이라는 자유주의적 신념체계로 이어진다. 테일러는 드워킨이 선 관념을 정치적 영역에 허용하는 것을 인정하면서도, 그것은 단지 실질적인 좋은 삶에 대한 판단의 문제를 다루는데 소극적이기는 마찬가지라고 비판한다.

그럼에도 불구하고 테일러는 자유주의적 개인주의가 온전히 부정될 수 있는 것으로 생각하지는 않는다. 왜냐하면, 원자적인 개인을 중심으로 삶이 해석되고 선이 추구되는 경향으로 인하여 정치공동체의 연대와 공동체적 가치가 훼손되기는 했지만, 그것은 그에 대한 긍정적 반작용으로서 개인 스스로가 자신의 내면과 깊이 만나고 대화할 수 있는 관심을 불러 일으켰기 때문이다. 테일러가 볼 때, 개인은 항상 어떤 공동체에 위치 지워져 있는 존재이며 자신의 정체성을 타자와의 대화와 이야기를 통해 형성해 가고 인정받는 존재이다. 바로 이 점에서 국가는 개인의 권리를 침해할 수 있는 강제력을 잠재적으로 지닌 위험한 집단으로서 규정되기 보다는 개인과 개인이 만나 서로의 선 관념을 드러내고 갈등하며 동시에 소통을 이루려는 노력을 통해 상호 인정을 성취하는 공론의 장으로서의 정치공동체로 규정된다.

테일러는 롤스가 말하는 합당한 다원주의의 사실이 사회구성원들의 협동을 방해하고 국가의 안정성을 위협하는 것으로서 정치적 공간으로부터 분리되어야 하는 것이라고 보지 않는다. 오히려 그러한 다원주의의 사실은 한 공동체에 속하면서 그 공동체의 특수한 맥락들을 통해 형성해온 개인의 정체성이라는 자아의 사실에 대한 인정과 함께 상호 공유되고 발전적으로 극복되어야 하는 것으로 보는 것이다. 그러므로 이런 관점에서 구성되는 국가는 개인이 좋은 삶을 이끌 수 있도록 사회구성원들이 공유하고 발견한 특정한 선 관념을 사회의 기본구조와 주요제도들에 적극적으로 반영하려는 노력이 요청된다. 그것은 개인들의 권리를 침해하는 것이 아니라 공동체와 개인의 좋은 삶을 밀착시킴으로서 공동체 구성원 스스로가 그들의 좋은 삶을 추구하기위한 국가와 정부를 함께 발전시켜 가는 것이다. 테일러는 공적인 것에 대한 무관심과 개인적 선호의 표현을 통해 좋은 삶을 추구하는 자유주의적 경향에서 벗어나야한다고 생각한다. 때문에 각 개인들의 삶에 영향을 미치는 정치적 영역에서 자신의 의견을 제시하고 토론하면서 보다 이상적인 국가공동체를 실현해나가는 완전주의 정치를 지지한다고 볼 수 있다.

매킨타이어 역시 자유주의의 도덕적 주관주의에서 비롯된 개인의 권리에 대한 밀착과 오류에 대해 지적한다. 그는 현대사회에 있어 개인의 선호에 함몰되고 타인과의 소통보다 개인적 정서를 토대로 도덕적 판단을 수행하는 자유주의적 경향이 '정의주의'(emotivism)에서 기인한다고 본다. 정의주의는 모든 평가적인 판단, 특히 도덕판단이 개인의 선호의 표현이나 감정표현에 불과한 것이라는 도덕적 주관주의의 입장이다. 매킨타이어는 근대성을 이러한 정의주의적 문화의 지배적 경향에서 찾는다. 그는 이러한 경향이 개인의 권리 특히 가치 판단과 실행에 있어서의 권리 근거를 온전히 개인의 내부로 이끌고 들어간다고 비판한다. 그리고 롤스에 의해 제시된 합리성의 개념이 바로 이러한 도덕성에 토대를 둔다고 본다. 그러나 이러한 토대 위에서 성립되는 정치공동체는 다양한 가치를 추구하는 다양한 개인들로 구성된 불일치의 공간으로서의 공동체 그 이상의 의미를 갖지 못한다.

따라서 매킨타이어는 자유주의의 지배적 경향으로서 맥락을 같이하는 이 정의주의 문화를 전통적 도덕문화를 되살려 치유해야 한다고 믿는다. 전통적 도덕문화 속에서 가치판단의 합리성은 개인이 채택하는 관점에 의해서 규정되는 것이 아니라, 그 개인이 가지고 있는 역사와 사회적인 맥락들을 통해 규정된다. 매킨타이어는 "본래적 의미의 현대적 자아, 즉 내가 정의주의적 이라고 명명한 자아는 자신이 판단을 내릴 수 있는 사안에 대해서 어떤 한계도 알지 못한다"고 지적한다. 왜냐하면 그와 같은 기준들이 갖는 합리성이 개인으로부터 비롯된다고 생각하기 때문이다. 따라서 매킨타이어는 선의 불일치라는 현대사회의 특징이 단순히 역사적으로 가장 근접한 문화적 특징일 뿐이지 그것이 과거의 역사와 문화적 전통의 맥락과 연결된 결과로서 해석되어서는 안 된다고 생각한다.

매킨타이어가 보기에 가치다원주의를 특징으로 하는 현대사회의 국가 또는 사회의 특징은 자유로운 개인의 권리와 다양한 선 관념을 보호하면서 동시에 무정부의 상태로는 빠져드는 것을 경계하고자 부단히 균형을 잡는 관료제적 특징을 갖는다. 이러한 반완전주의 정치형태는 그에게 있어 장기적으로 지속될 수 없는 회의적인 체제일 뿐 이다. 그가 볼 때 개인이 그의 가치판단을 내면에서 홀로 정당화 하는 것은 잘못된 것이다. 오히려 개인이 속한 정치 공동체에 객관적으로 존재하는 선 관념의 틀을 형성하기 위한 노력을 통해 자신이 추구하는 좋은 삶의 의미를 비교하고 반성하는 윤리적 삶을 추구하는 것이 옳은 것이다. 이것은 좋은 삶에 대한 객관적 가치체계를 국가가 발견하고 장려할 수 있다는 완전주의적 이상으로 이어진다. 매킨타이어의 입장은 정의주의에서 개인의 주관적 가치판단의 우위성이 갖는 한계를 지적함으로써, 반완전주의 정치를 비판하고 있다고 볼 수 있다.

샌델은 테일러, 매킨타이어와 마찬가지로 자유주의적 개인개념에 근거한 권리의 해석과 반완전주의 정치에 회의적이다. 그는 자유주의적 인간관이 갖는 한계가 현대 자유주의가 그 정치적 현상으로서 갖게 되는 파편화와 정치에 대한 무관심 그리고 최소국가에 대한 시민들의 요구와 깊이 관련된다고 생각한다. 다양한 가치관을 가진 개인들은 점점 더 개인의 삶에 집중하고 자신의 가치관에 충실해지면서 자유주의적 관용을 통해 선의 불일치의 문제를 적극적으로 다루기를 꺼려한다는 것이다. 샌델에게 있어서 이러한 회피의 전략 속에 녹아있는 관용의 의미는 오히려 사회적 갈등을 키우고 연대를 불가능하게 만든다. 그리고 그렇게 진행되는 개인의 권리와 가치관에 대한 불간섭의 원리는 정치적인 영역에서 논의될 수 있는 선의 문제를 밖으로 밀쳐낸다. 왜냐하면 개인은 자신의 목적이 외부에서 주어지는 것으로서 보지 않고 자신이 자유롭게 선택하고 추구할 수 있는 것으로 이해하기 때문이다.

샌델이 볼 때 이런 관점에서 국가는 계약론적인 흐름에서 파생된 하나의 행정기관내지는 공공 서비스를 제공하는 야경국가 이상의 의미를 갖지 못한다. 자유주의적 정치공동체는 상호무관심한 개인들이 서로의 이익을 추구하기 위한 협동체제 라는 오해와 위험으로부터 결코 자유롭지 못한 것이다. 또한 반완전주의 정치가 강조하는 개인의 권리 보호는 정의의 우선성을 근거로 사회구성원들로 하여금 공통적으로 추구하고자 하는 국가의 정치형태와 내용들을 고민하기 어렵도록 개인들을 추동한다. 반완전주의를 토대로 하는 개인의 자율성에 대한 절대적 존중과 정의의 우선성은 자유주의가 정의하는 개인개념에 의해서만 정당화될 수 있는 것일 뿐 그 자체로 정치적 실제로서의 지도원리가 되기는 어려운 도덕적 토대라고 비판한다.

따라서 샌델은 우리가 가치다원주의에 대응하는 바람직한 태도는 다양한 선 관념들의 불일치를 회피하는 전략을 구사하기 보다는 공공의 숙고를 통해 그러한 불일치와 갈등을 해결해 나가고 공동의 선을 모색하고자 노력하는 것이라고 말한다. 더욱이 반완전주의적 중립성을 토대로 정치적 영역을 구성하려는 국가는 실질적으로 개인의 삶에서 개인 혼자서는 판단하기 어려운 도덕적 문제들에 답해야 하는 처지에 놓일 수밖에 없기 때문에 일관적으로 그 정치체제를 추구해 나가기 어렵게 된다고 비판한다.

반완전주의에 대한 완전주의적 도전은 주로 자유주의적 개인의 개념에 근거한 개인의 권리의 우선성에 대한 비판으로부터 출발하여 그것이 결과하는 불합리한 정치적 사태에 대응하기 위한 공동체적 대안을 모색하는 방향으로 이어진다고 볼 수 있다. 완전주의자들이 보기에 반완전주의자들이 가치다원주의의 사실을 배제함으로서 정의의 우선성을 기초로 국가체제를 유지해 나가야 한다고 믿는 정치적 신념은 매우 의심스러운 것이다. 왜냐하면 정치공동체는 개인의 좋은 삶에 대한 방향성과 공동의 선을 발견하고자 노력하는 시민의 노력과 참여로 유지되는 것이기 때문이다.

3. 맺음말

가치다원주의는 롤스가 타당하게 기술한 것처럼 현대 사회에서 피할 수 없는 현재적 사실이 되었다. 실제로 다양한 가치관의 갈등과 충돌은 우리 앞에 사회적 사태들로 등장했고 완전주의자들이 지적하는 것처럼 개인은 자신이 추구하는 선 관념과 가치판단에 외부의 간섭을 수용하지 않으려는 경향을 갖게 되었다. 우리의 정치적 삶에 대해 고민할 때, 정치적 무관심과 파편화의 문제는 민주주의가 갖는 본래적인 가치와 토대를 더욱 빈약하게 만들고 있는 것이 사실이다.

우리가 갖는 시민적 삶에 대한 성찰을 시도할 때, 완전주의자들의 지적은 어떻게 보면 매우 자연스러운 것이다. 그러나 우리는 동시에 반완전주의 정치가 개인의 권리보호에 초점을 맞추고 있다는 사실을 기억해야 한다. 개인의 권리와 자율성은 마땅히 보호되어야 한다. 그것은 완전주의 정치가 정의내리는 국가의 역할과 시민의 삶을 정당하게 거론할 수 있기 위해서라도 필수적인 것이다.

그럼에도 불구하고, 개인의 권리해석이 타자의 권리를 침해하지 않는 개인적 선호의 체계와 같은 것이 되는 것은 바람직한 것인지에 대해서는 논의의 여지가 있는 것처럼 보인다. 적어도 반완전주의 정치는 인간복제나 임신중절과 같은 문제에 대해 그 중립성을 유지하기 어렵다. 단순히 개인의 자유로운 선택과 권리라는 개념에 의존해서 이러한 도덕적 선 관념과 관련한 사태들에 대해 중립을 지키기는 어려운 노릇이다. 이것은 가치있고 좋은 삶의 문제가 단순히 개인의 선택의 문제로 남겨질 수 없다는 것을 의미한다. 그러나 한편으로는 우리가 중립주의에서 물러나게 될 때 갖게 되는 위험을 생각하지 않을 수 없다. 국가가 좋은 삶에 대한 판단을 하게 되고 그러한 결정이 어떤 개인의 권리를 침해하는 것임에도 분명하고, 다수의 지배적인 의견이라는 명분으로 정당화될 수 있는 위험을 배제할 수 없다. 반완전주의 정치가 자율성을 중심으로 그들의 중립주의 신조를 고수하기 어렵듯이 완전주의 정치 역시 국가의 강제력의 과잉에서 비롯되는 억압과 배제의 위험에서 벗어날 수 없다. 시민의 삶을 개선하고 선을 증진한다는 구호아래 개인의 좋은 삶을 규정하거나 자유를 제한하는 독재국가의 형태는 완전주의 정치의 위험을 말해준다.

생.각.해.보.기

1. 자유주의자들은 정치적 주체로서 인간을 바라볼 때 어떤 특정한 포괄적인 혹은 도덕적 혹은 철학적 교설들로부터도 자유롭게 존재하는 자유로운 선택능력을 지닌 권리의 주체로서 파악한다. 반면에 공동체주의자들은 그러한 자유주의적 인간관이 우리가 특정한 공동체에 속해있으며 태어날 때부터 지속적으로 공동체의 역사와 사회적 맥락으로부터 영향을 받는 선의 주체라는 사실을 무시한다고 비판한다. 정치적 주체에 대한 상반된 두 가지 관점에 대해 우리는 어떤 입장을 취할 수 있을지

생각해보자.

2. 법과 사회제도는 우리의 삶을 규제하고 자유를 제한하는 것으로 파악해야 한다고 보는가? 아니면 실질적인 우리의 자유를 구체적으로 실현할 수 있도록 돕는 것으로서 파악해야 한다고 보는가?
3. 정치공동체를 자유롭고 평등한 개인들이 계약의 형식을 통해 성취한 의지의 산물이라고 보는 관점과 각 개인의 가치와 선으로서는 환원될 수 없는 보다 깊은 의미를 갖는 것으로서 애정과 헌신의 대상으로서 파악하는 관점이 지닌 각각의 한계들에 대해서 생각해보자. 더불어 우리는 어떤 형태의 정치공동체를 추구해 나갈 수 있는지 생각해보자.
4. 가치다원주의 사회에서 권리의 정치를 주장하는 사람들은 우리에게 개인의 선관념이나 종교적 신념을 정치적 영역에 가지고 들어와서는 안 된다고 주장한다. 반면에 선의 정치를 주장하는 사람들은 정치적 영역에서 개인의 선관념이나 종교적 신념을 배제하는 것은 오히려 사회적 갈등을 심화시킬 뿐 아니라 한 사회가 추구해야할 공동선을 찾는 적절한 방식이 아니라고 비판한다. 가치다원주의 사회에서 우리는 권리의 정치와 선의 정치 중 어떤 형태의 정치를 추구해야한다고 생각하는가?

읽.어.볼.만.한.책

- 로버트 노직, 『로버트 노직: 자유주의 정치철학』, 장동익 역, 철학과 현실사, 2006
- 마이클 샌델, 『공동체주의와 공공성』, 김선욱 외 역, 철학과 현실사, 2008
- 마이클 왈쩌, 『해석과 사회비판』, 김은희 역, 철학과 현실사, 2007
- 사회와 철학연구회, 『한국사회와 다원주의』, 이학사, 2003
- 스테판 뮬홀 · 애덤 스위프트, 『자유주의와 공동체주의』, 김해성 · 조영달 역, 한울아카데미, 2001
- 존 롤스, 『정치적 자유주의』, 장동진 역, 동명사, 1998
- 찰스테일러, 『불안한 현대사회』, 송영배 역, 이학사, 2001
- 프랭크 러벳, 『롤스의 정의론 입문』, 김요한 역, 서광사, 2013

연.습.문.제

1. '좋음에 대한 옳음의 우선성' 주장에 대해 설명하시오.
2. 정치적 주체로서 인간에 대한 자유주의적 관점과 그에 대한 공동체주의자들의 비판을 설명하시오.
3. 권리의 정치를 주장하는 반완전주의자들의 입장을 설명하시오.
4. 선의 정치를 주장하는 완전주의자들의 입장을 설명하시오.

3장

서양편 함께 사는 세상

자유

임정아

학.습.목.표

1. 결정론, 자유의지론, 이 둘의 양립가능성, 혹은 양립불가능성에 대해 이해한다.
2. 자유의 원리(해악의 원리)와 가부장적 간섭주의에 대해 이해한다.
3. 소극적 자유와 적극적 자유에 대해 이해한다.

용.어.해.설

- **자유의지론**

자유의지만 있고, 결정론은 성립하지 않는다는 주장이다. 자유의지론자는 인간의 자유의지가 진실이며 우리의 선택과 행동은 결정되지 않았다고 주장한다. 우리의 행동은 불확정적이고 원인 없는 사건이기 때문에, 우리의 행동에 대한 책임은 순전히 우리가 져야 한다. 자유의지에 따른 행동은 원인이 없기 때문에 그 어떤 설명도 가능하다는 점에서, 이 자유의지론 주장은 공허하며 무의미하다.

- **강한 결정론**

결정론이 참이며, 자유의지는 성립할 수 없다는 주장이다. 우리 행동은 인과관계에 의해 결정되며 우리는 자유롭지 못하다. 우리는 결정된 것으로부터 벗어날 수 없고, 우리의 행동은 정해져있는 것이기 때문에 우리의 행동에 대해 도덕적으로 비난하고 칭찬하는 것은 정당하지 않다.

- **온건한 결정론**

결정론은 참이지만 자유의지도 동시에 성립할 수 있다는 주장이다. 만약 우리가 선택을 한다면, 다른 행동을 할 것이라는 사실은 우리 행동이 자유롭다는 것에 대해 충분한 개념을 제공한다. 우리의 어떤 선택이 인과관계에 의해 결정된다는 것과 자유, 부자유는 관련이 없다. 핵심은 그것이 강제된 것이 아니고 우리의 바람과 반대되는 것이 아니라는 것이다.

- **해악의 원리**

이것은 존 스튜어트 밀이 『자유론』에서 주장한 것이다. 이 원리에 따르면, 인간 사회에서 개인이든 집단이든 다른 사람의 행동의 자유를 침해할 수 있는 경우는 오직 한 가지, 자기 보호(self-protection)를 위해 필요할 때 만이다. 다른 사람에게 해를 끼치는 것을 막기 위한 목적이라면, 당사자의 의지에 반해 권력이 사용되는 것도 정당하다고 할 수 있다. 이 유일한 경우를 제외하고는, 문명사회에서 개인의 자유를 침해하는 그 어떤 정치권력의 행사도 정당화될 수 없다.

- **가부장적 간섭주의**

국가나 사회가 아버지(가부장)의 입장에서 한 개인의 이익을 위해 그 개인의 자유를 간섭해야 한다는 주장이다. 자유주의자들은 가부장적 간섭주의를 허용해서는 안 된다고 주장한다. 왜냐하면, 우리 자신의 선호에 대해 가장 잘 아는 것은 우리이기 때문이고, 사회의 대부분의 구성원이 특정 관습에 대해 도덕적으로 그르다고 생각하더라도, 그 특정 관습을 주장하는 소수의 견해는 여전히 옳을 수 있기 때문이다.

- **소극적 자유**

우리가 하고 싶어 하는 것을 방해하는 사람이 없는 한 우리는 자유롭다는 의미에서의 자유이다. 그러나 이렇게 우리의 자유를 행사하는 과정에서 필연적으로 다른 누군가의 자유를 침해하게 된다. 따라서 이 사회 속에서 다른 사람들과 어울려 살아갈 수밖에 없는 우리는 어느 정도 우리의 자유에 대해 타협을 할 수 밖에 없다.

- **적극적 자유**

적극적 자유는 어떤 목표를 성취하기 위한 자유이다. 이 자유를 확장해서 이해해 이 자유는 한 개인이 자신의 잠재력을 발휘하고 자신의 목표를 실현하도록 조건을 확보해야 한다는 주장이라고 볼 수 있다. '소극적 자유'가 본질적으로 여러 사람들과의 관계에서 생겨나고 존재한다면, '적극적 자유'는 반대로 한 개인의 내부에서 발전하고 생성되는 측면이 있다.

본.문.구.성

자유.. 우리는 일상적으로 이 단어를 많이 사용하고, 또 상당히 익숙하게 사용한다. 자유는 거의 모든 사람들이 동의하는 일종의 원칙이다. 그리고 자유는 좋은 것이고 가장 중요한 정치적 이상 가운데 하나이다. 동시에 자유는 사람들이 의견일치를 보지 못하고 있는 문제 가운데 하나이다. 자유라는 말은 개인마다 뉘앙스의 차이가 있고, 서로 연관된 여러 가지 다른 개념들을 한꺼번에 지칭하고 있는 것 같다. 그럼에도 불구하고 우리는 끊임없이 자유의 질문을 제기한다. 우리가 누리는 자유는 무엇인가? 우리는 자유를 얼마만큼 소유해야 할까? 더 큰 이익을 위해 자유는 제한되어야 하는 것일까? 우리는 자유로운가? 때때로 부딪히는 사람들 간의 자유를 어떤 방식으로 화해시켜야 할까?

자유에 대한 기원을 거슬러 올라가보면 그것은 '해방'의 의미를 갖는다. 권력을 가진 자들이 권력에 종속된 사람을 노예 상태, 포로 상태 또는 묶인 상태에서 풀어준다는 '해방(manumission)'은 손에서 멀리 놓아 보낸다는 뜻인 'manumittere'에서 유래했다. 고대 세계에서 노예나 포로는 주인의 재산으로서 소유물이었고, 주인의 소유는 합법적이었다. 해방은 노예나 속박된 사람을 자유민(libertinus)으로 만들어 주었다. 이 자유민은 '노예가 아닌 자'로서 온전한 인간존재가 아니었지만 소유물도 아니었다. 고대나 중세 영어에서 자유란 언제나 일종의 '면제'-세금, 통행료, 의무, 영주의 사법권으로부터의 면제-를 의미했고, 이 면제는 특권이었다.

이와 같이 자유(freedom) 또는 해방(liberty)은 "내부나 외부로부터의 속박이나 지배를 받지 않는 것"을 말한다. 우리를 둘러싼 상황에서 내부나 외부의 속박이 없는 것이 자유라고 할 때, 우리는 다양한 자유를 생각해 볼 수 있다. 국가의 헌법과 법률에 의하여 보장된 법적 자유로는 보통 신체의 자유, 재산의 소유 · 처분의 자유, 언론 · 출판 · 결사의 자유, 거주 · 직업의 자유, 신앙과 양심의 자유 및 통신 비밀의 자유 등이 있다. 정치적 자유는 국민이 공개적이며 공정한 재판을 요구할 권리, 선거 및 피선거의 권리를 갖는 자유를 의미한다. 한편, 법률적 및 정치적 자유는 경제적 · 사회적 평등이 보장되지 않는다면 무용지물이 되기 때문에 경제적 · 사회적 자유가 필요하다. 경제학에서는 관세와 가격의 규제를 받지 않고 장사할 수 있는 거래의 자유가 말해진다. 그리고 물리학에서는 자유 낙하, 즉 그 물체의 자체 무게 이외에는 어떤 힘의 영향도 받지 않는 자유를 말한다.

1. 자유의지와 결정론

철학에서 말하는 자유는 외적인 속박은 물론 내적인 결정성에도 의존하지 않고 행동할 수 있는 자유이다. 이 자유는 우리가 가진 관념, 본능, 관습에 의해 미리 결정되지 않은 그런 행동을 할 능력을 말하는 것으로 자유의지(free will)라고 말한다. 이러한 의미에서 자유의지는 결정된 것이 없는 절대적인 자유이다. 자유의지를 인정하는 것은 범행을 한 사람이 범행을 하지 않을 수도 있었다는 것을 인정하는 것이다. 동일한 사람이 동일한 환경에서 성장하고 또 동일한 상황에 처하더라도, 그런 범행을 저지르지 않을 수 있다고 생각하는 것이다. 이러한 자유는 인간 외부의 속박도 없고, 내적인 결정도 없는 자유이다. 그런데 이렇게 외부의 어떤 강제 없이, 완전히 자유롭게 내 의사에 따라 어떤 선택을 결정할 수 있을까? 우리가 물려받은 유전자, 양육 환경, 교육에 의해 형성된 양심, 성격, 욕망과 같은 내적인 그 어떤 것으로부터도 완전히 자유롭게 어떤 선택을 할 수 있을까? 만약 그렇다면 이것은 일상생활의 순간순간마다 인간에게 주어지는 기적과 같은 것이다. 그러나 사실 우리의 모든 욕망과 이성을 초월하는 자유의지는 우리의 일상생활에서 일어나는 실제 사건과 모순된다.

오히려 모든 것은 그 이전에 생긴 것의 결과물이거나 그에 의해 결정된 것 같다. 또 이전의 것은 그보다 앞선 훨씬 이전의 것과 연관된 것들의 결과인 것 같다. 우리가 이렇게 행동하고 선택하는 것은 내가 태어나기 전, 부모님, 부모님의 부모님, 그 부모님의 부모님 등으로 무한히 소급되는 일련의 사건들에 의해 이렇게 결정된 것인 것 같다. 인간들은 처한 환경에 영향을 받는 존재이고, 모든 것은 결정된 것인 것 같다. 이렇게 모든 사건에는 원인이 있다는 입장을 결정론이라고 한다. 결정론은 우리가 자유롭게 행동한다는 생각을 위협한다. 따라서 자유의지 문제에는 우리자신이 우리의 행동을 완전히 제어할 수 있는 자유로운 주체라고 보는 관점과 이러한 행동들 및 그 밖의 모든 일에 대해 과학이 제시하는 결정론적 이해를 조화시키는 것이 포함된다. 이를 둘러싼 철학적 입장은 강한 결정론, 온건한 결정론, 자유의지론의 세 가지가 있다.

강한 결정론은 결정론이 참이며, 자유의지와 동시에 참일 수 없다는 주장이다. 우리의 행동은 인과관계에 의해 결정되며 우리는 자유롭지 못하다. 살인을 저지른 범죄자는 부모, 혹은 그 전세대로부터 물려받은 유전자 때문이거나, 아니면 살인을 저지를 수밖에 없는 환경에서 양육되었기 때문이고, 사람을 구하는 일을 하는 사람 역시 유전자 때문이거나 환경 때문이다. 이처럼 우리는 결정된 것으로부터 벗어날 수 없고, 우리의 행동은 정해져있는 것이기 때문에 우리의 행동에 대해 도덕적으로 비난하거나 칭찬하는 것은 정당하지 않다.

온건한 결정론은 결정론이 참이지만 자유의지 역시 성립할 수 있다고 하는 주장이다. 우리가 선택을 한다면, 다른 행동을 할 것이라는 사실은 우리 행동이 자유롭다는 것을 증명하는 것이다. 우리의 어떤 선택이 인과관계에 의해 결정된다는 것은 중요하지 않다. 요점은 그것이 우리를 강제한 것이 아니고, 우리의 바람과 반대되지 않는다는 것이다. 따라서 우리가 어떤 행동을 했다면, 그렇게 하지 않았을 수 있었는데, 그렇게 행동하기로 결정(선택)한 것이기 때문에 우리의 선택에 대한 책임을 우리 스스로 져야한다. 하지만 이렇게 행위자의 책임을 물을 수 있으려면, 우리는 이성적이고 합리적이어야 한다는 전제조건이 있다.

자유의지론은 자유의지만 있고, 결정론은 성립하지 않는다는 주장이다. 이 주장에 의하면 우리가 선택을 한다면 다른 행동을 할 것이라는 온건한 결정론자의 주장은 공허하다. 왜냐하면 그러한 선택을 하지 않는 것 자체가 인과관계에 의해 결정되었기 때문이다. 이처럼 자유의지론자는 인간의 자유의지가 진실이며 우리의 선택과 행동은 결정되지 않았다고 주장한다. 우리의 행동이 불확정적이고, 원인 없는 사건이므로, 우리의 행동에 대한 책임은 순전히 우리가 져야 한다. 그러나 자유의지론자의 주장처럼 아무 원인 없이 자유의지의 결과로 악한 행동이 저질러졌다면, 이것은 고칠 방법이 없기 때문에 우리의 도덕 관점에서는 절망적이다. 게다가 자유의지에 의한 것은 원인이 없기 때문에 그 어떤 설명도 가능하고, 이런 점에서 자유의지론 주장은 공허하며 무의미하다.

과학의 발달과 더불어 우리가 예측할 수 있는 영역은 점점 확장되고 있다. 결정론자의 주장이 맞는 것 같다. 생물학은 인간의 동작(행동)을 화학적 배합이나 호르몬의 작용에 의해 설명하고 있다. 정신분석학은 우리의 무의식적 행동을, 어린 시절의 환경이 자신도 모르는 사이에 심리구조 속에 잠재해 있다는 컴플렉스를 통해 밝혀낸다. 사회학에서는 우리들이 받은 교육, 우리가 속해있는 사회계층 등등이 우리들의 행동의 근원이 되어 행동을 결정한다고 말한다. 범죄 행동의 결정론을 발견하려는 범죄학은 선천적 범죄자를 예측 설명하고, 유전학의 발달은 이러한 예측에 도움을 준다. 교육과 환경을 통해 사회적이고 경제적인 차원의 범죄 발생의 원인을 찾으려는 여러 학문의 노력들, 그리고 미묘한 부분인 정신분석학의 예측과 분석 또한 우리가 그런 결정론을 현실로 받아들이고 있다는 증명이다. 우리는 이제 결정론의 손을 들어주어야 할까?

2002년에 만들어진 영화 〈마이너리티 리포트〉에서 '범죄예방프로그램(pre-crime)'으로 살인이 일어나기 전에 그 살인자들을 체포하는 내용이 나온다. 그러한 행동이 확실하게 예언될 수 있다고 믿기 때문이다. 그러나 현실의 이 세계에는 우리가 어떻게 할 수 없는 사건들이 많이 일어난다. 우리는 혜성의 궤도, 화산 폭발, 태풍의 발생을 어떻게 할 수 없다. 우리는 추운 겨울 밤늦게 고장 난 보일러를 고치기 위해 수리공을 부를 수 없고, 추위에 떨면서 아침까지 기다려야 한다. 고통이나 절망에 빠져 우리는 종종 '케세라세라'라고 말한다. '일어날 일은 일어난다'고. 우리는 미래에 영향을 미칠 수 없다. 혹은 지나간 과거를 한탄한다고 해도 현재 상황을 뒤집기 위해 우리가 할 수 있었던 일은 아무것도 없었다. 문제의 사건들은 이미 결정되어 있었다. '시험공부를 하면 뭐해? 붙기 아니면 떨어질 건데, 에이 그냥 놀자'

그림 3-1 자유와 결정론
- 영화 '마이너리티 리포트'

정말로 일어날 일은 꼭 일어날까? 만일 그렇다면 어떤 일이 일어나는 것을 막거나 일어나도록 하는 것은 의미 없는 것이 될까? 사실 생겨날 것은 생겨나고, 일어날 일은 일어난다. 그러나 우리가 전적으로 운명에 매여 있고 미래에 영향을 미칠 수 없다는 것은 결코 사실이 아니다. 일어날 일은 일어난다. 일어날 일은 일어나야 한다? 이 둘은 완전히 다른 주장이고, 후자는 누구도 입증하지 못한 주장이다. 만일 어떤 일이 일어날 것이라면 우리가 무엇을 하는가와 상관없이 일어날 것이라고 가정하는 것은 오류이다. '일어날 일은 일어난다'는 주장이 논리적으로 '일어날 일은 우리가 무엇을 하든 일어난다'는 주장으로 이어지지 않는다. 즉 결정론과 숙명론은 다르다. 모든 것은 결정되어 있지만, 우리는 삶에 영향을 미칠 수 있다. 숙명론은 인간을 노예로 만들고, 결정론은 인간을 해방시킨다. 숙명론자는 이전에 무슨 일이 있었든지, 이 사건을 피하려 무슨 짓을 하든지 이 사건은 일어날 것이라고 주장한다. 고대 그리스 신화에 보면 오이디푸스는 숙명적으로 어머니와 결혼하고 아버지를 죽이게 되어 있다. 이와는 달리 결정론자는 여러 사건들이 필연적 법칙에 따라 서로 연결되어 있다는 점만을 인정한다.

그렇다면 자유와 결정(필연)과의 관계는 무엇일까? 스토아(Stoa) 철학이나 스피노자(Spinoza) 철학과 같은 필연성의 철학에 의하면, 인간은 우주의 한 요소, 전체에 의해서 결정된 자연의 작은 부분, 세계라는 거대한 기계의 하나의 단순한 톱니바퀴일 뿐이다. 자유롭게 된다는 것은 이러한 피할 수 없는 필연성에 동의하는 것, 즉 원인과 결과의 필연적인 관계를 긍정하는 것이다. 스토아 철학은 신의 필연성에 순종하는 것을 자유라고 생각한다. 스피노자에 의하면 자유롭게 된다는 것은 자기 행위의 적절한 원인이 된다는 것이다. 자유롭게 되려면, 인간은 외적 원인에 의해서가 아니라, 자신의 본성에 의해서 결정된 행동만을 실행해야 한다. 우리가 자유로워지려면, 우리는 우리에게 닥친 모든 것을 필연적이라고 이해하고, 우리의 지성을 사용하여 이 피할 수 없는 필연성과 일치하지 않으면 안 된다.

내가 내 멋대로 아무렇게나 행동할 때, 또는 동기가 없는 행동을 할 때 자유로운 것이 아니다. 나는 내가 원하는 것을 할 때, 또는 내 마음 속 깊은 곳에 있는 성향을 만족시킬 때 나는 자유로운 것이다. 자유롭게 생각한다는 것은 규칙도 동기도 없이 생각하는 것이 아니라, 우리의 정신(이성)에 따라 (외적인 속박을 받지 않고) 생각하는 것이다. 우리가 어떤 원리나 이론에 동의하는 것은 우리 정신(이성)이 추론(inference)의 내적인 논리에 따른 필연성에 동의하는 것이다. 이러한 정신(이성)의 동의는 정신(이성)의 법칙만을 표현한다는 의미에서 자유롭다. 결국 자유로운 행위는 주의 깊게 반성한 행위, 깊은 동기가 있는 행위, 우리가 모든 동기를 검토해 본 행위이며, 무관심한 행위와는 정반대되는 행동이다. 만일 우리가 일시적인 변덕이나 감정적인 충동을 따른다면, 우리는 자유롭지 않다. 우리는 이 행동을 후회할 것이기 때문이다. 술집으로 달려가는 술주정뱅이나 노름방으로 달려가는 노름꾼은 자유롭지 않다. 다음날 술주정뱅이는 숙취에 시달릴 것이고 노름꾼은 빚쟁이에 시달릴 것이다. 그들이 원했던 것은 이런 것이 아니다. 순간적으로 참을 수 없는 강렬한 충동에 사로잡혀서 한 행동일 뿐이다.

자유는 무정부상태로 내버려 두는 것이 아니라 합리적으로 조직할 것을 전제로 한다. 쇠에 열을 가하면 팽창한다. 그러나 쇠가 팽창하기를 바라지 않는다면 열을 가하지 않으면 된다. 인간이 자유롭게 되기 위해 필요한 것은 기적이 아니라 자연법칙을 잘 이용하는 것이다. 이성은 자연법칙을 매개로 하여 작용한다. 우리는 학문의 발전을 통해 해방될 수 있다. 이것이 자유에 대한 본질적인 내용이다. 만일 물리적 세계에 결정된 것이 없다면, 우리는 물리적 세계의 변덕의 노예가 되었을 것이고, 아무런 자유도 갖지 못했을 것이다. 사회에 법이 없다면, 즉 모든 인간의 자유를 추상적으로만 보장한다면(모든 개인은 각자 자기가 원하는 대로 할 수 있다는 자유), 인간 사회의 실상은 강자가 약자를 억압하는 약육강식의 모습이었을 것이다. 경제적 자유주의라는 체제는 추상적인 자유밖에 보장해 주지 못한다. 수요와 공급이 자유롭고, 국가가 물가와 임금 책정에 간섭을 하지 않는다면, 생산수단을 소유한 자는 노동력 밖에 없는 사람을 지배하게 될 것이다.

2. 해악의 원리와 가부장적 간섭주의

우리가 하고 싶어 하는 것을 방해하는 사람이 없는 한 우리는 자유롭다. 그러나 이렇게 우리의 자유를 행사하는 과정에서 대부분 다른 누군가의 자유를 침해하게 된다. 예를 들어, 내가 공동주택에서 자기 전에 샤워를 하면서 큰 소리로 노래를 부르는 것은 위층에 사는 사람이 조용한 저녁시간을 보낼 자유를 침해하는 것이다. 그러나 어느 누구도 다른 사람의 자유를 침해하면서까지 자신의 자유를 무제한적으로 즐길 수는 없다. 따라서 이 사회 속에서 다른 사람들과 어울려 살아가는 한 우리는 어느 정도 우리의 자유에 대해 타협을 할 수 밖에 없다.

이에 대해 고전적 자유주의자들이 채택한 입장은 '해악의 원리'(harm principle)라는 것이다. 이것은 밀(J. S. Mill)이 『자유론』에서 주장한 것이다. 이 원리에 따르면 각 개인은 다른 사람에게 해를 끼치지 않는 범위 안에서만 자유롭게 행동할 수 있다. 인간 사회에서 개인이든 집단이든 다른 사람의 행동의 자유를 침해할 수 있는 경우는 오직 한 가지, 자기 보호(self-protection)를 위해 필요할 때 만이다. 다른 사람에게 해를 끼치는 것을 막기 위한 목적이라면, 행위 당사자의 의지에 반해 권력이 사용되는 것도 정당하다고 할 수 있다. 이 유일한 경우를 제외하고는 문명사회에서 개인의 자유를 침해하는 그 어떤 정치권력의 행사도 정당화될 수 없다. 이러한 주장의 근거는 다음과 같다. 우리는 사회적 삶이 우리들에게 의무를 부과한다는 사실을 받아들여야 한다. 왜냐하면 사회의 보호를 받는 사람은 누구라도 그 혜택에 대한 보답을 빚지고 있기 때문이다. 다른 사람들과 평화롭고 행복하게 살기 위해서 우리는 받는 것만이 아니라 주는 것도 각오해야 한다. 따라서 사회나 사회의 구성원들이 손해와 괴롭힘을 겪지 않도록 하는

그림 3-2 밀(J.S. Mill)과 자유

노동과 희생의 우리 몫을 기꺼이 우리는 감내해야 한다. 그리고 우리는 분명히 우리의 동료 시민들에게 어떠한 해악도 입혀서는 안 된다. 만약 우리가 이러한 의무를 다하지 못한다면, 우리는 외부의 간섭과 제재를 받게 될 것이다.

그렇다면, 우리가 보기에 자기 자신에게 피해를 주는 개인의 경우는 자유가 절대적으로 보장되어야 할까? 술이나 도박, 마약 중독자들은 자신의 나쁜 습관 때문에 자기 자신에게 피해를 줄 수 있다. 이러한 경우 해악의 원리에 의하면, '단지 그 자신에게만 개인적인 것'인 한 그러한 잘못은 자기 자신의 문제이다. 따라서 국가나 사회는 개인의 이익을 위해 그 개인의 자유를 간섭(가부장적 간섭)해서는 안 된다. 이것은 두 가지 이유 때문이다. 먼저, 우리의 선호에 대해 가장 잘 아는 것은 우리 자신이기 때문이다. 따라서 국가나 사회가 우리의 이익을 위해서 라는 이유로 우리의 행동을 간섭하는 것은 '부당하게, 그리고 적절하지 않은 일에' 간섭하는 것이 된다. 다음으로, 이러한 사회의 간섭은 사회 구성원의 대다수가 옳다고 느끼는 것이 반드시 옳다고 하는 가정에 의해 정당화되기 때문이다. 행위자 한 사람을 제외하고는, 사회의 대부분의 구성원이 특정 관습에 대해 도덕적으로 그르다고 생각하더라도, 그 특정 관습을 주장하는 소수의 견해는 여전히 옳을 수 있다. 그러므로 개인의 행위에 대한 사회의 간섭은 그르다.

자기관련 문제와 관련된 사람들의 행동, 의견, 그리고 취향은 절대적으로 그 자신의 관심사이다. 그리고 한 개인은 자신이 좋아하고 싫어하는 것에 대해 다른 사람들이-아무리 다른 사람들의 수가 많더라도- 싫어한다고 하더라도, 자신의 좋아하고 싫어함을 금지당하거나 누그러뜨릴 의무를 갖는 것은 아니다. 만약 고전음악을 좋아하는 사람이 시끄러운 랩 음악을 좋아하는 이웃사람 때문에 괴로워하더라도, 랩 애호가는 고전음악 애호가인 이웃사람 때문에 자신의 취향을 바꾸어야 할 아무런 이유는 없다. 그 둘은 서로 다르다는 것을 단순하게 동의해야 하고, '서로 자기 방식대로 사는'(live, and let live) 상호적인 태도를 취해야 한다. 물론 랩 애호가는 이웃사람이 잠을 자는 시간에는 시끄럽게 음악을 틀어서는 안 될 것이다.

그러나 자기 관련 행동의 경우라 하더라도 우리의 나약함, 어리석음 혹은 무책임함이 다른 사람들에게 부정적인 영향을 주기 시작하는 순간, 그것들은 사회의 문제가 된다. 따라서 단지 술에 취했다는 이유만으로 처벌을 받을 사람은 없지만, 군인이나 경찰이 근무 중에 취했다는 이유로 처벌을 받는 것은 정당한 것이 될 것이다. 우리의 선택이 자기 자신에게 준 피해와 그 선택이 다른 사람들에게 준 피해를 구분할 수 있는 경우에

한해서는, 후자의 경우 사회적 간섭을 허용하는 충분한 근거가 될 것이다. 하지만 현실은 그 경계선상에 있는 사례들이 많다. 가계 소득의 대부분을 도박이나 음주로 '날린' 도박자나 술꾼이 있다면, 그런데 그는 자신의 가족이 먹고 살만한 정도의 돈은 남겨둔 양심적인 사람이라면 그에 대해 어떤 조치를 취해야만 하는 것일까? 자신의 가족에 대한 책임이나 직업상의 의무를 이행할 능력을 상실한 사람이 있는데, 그 사람의 능력이 알코올 중독이나 약물 중독으로 인해 완전히 상실된 것은 아니라면 사회가 그에 대해 간섭을 해야만 하는 것일까? 밀의 주장에 의하면 우리는 그러한 사람들이 스스로 자신의 행실을 고치도록 충고해야 한다.

다른 한편, 개인의 자유가 무제한적으로 허용될 수 없는 몇몇 사례를 우리는 찾아 볼 수 있다. 우선, 철저히 자기관련적이고 타인에게 부정적인 영향을 주지 않았다 하더라도, 자신을 노예로 팔거나 자신을 노예로 파는 것을 인정하는 것과 같은 자유까지 허용되지는 않는다. 왜냐하면, 자신의 자유를 타인에게 양도하는 것을 허용하는 것은 자유를 허용하는 것이 아니기 때문이다. 다음으로, 사회는 '분명히 사회의 구성원이 되기에 부적격한 사람들에 대한 지도를 포기'해서는 안 된다. 통상적으로 어린아이와 미성년자의 경우에는 자신들이 원하지 않아도 보호해야 한다. 비록 '가족 관계'가 사적인 영역이지만, 국가는 시민으로 태어난 모든 인간을 일정한 기준까지 교육해야 하고, 아이들이 적절히 양육되고 학대로부터 보호받도록 보장해야 한다. 국가의 의무교육 시행은 가부장적 간섭에 해당하지만, 그것의 정당성 근거를 이러한 관점에서 찾아볼 수 있는 것 같다.

3. 소극적 자유와 적극적 자유

앞에서 우리는 자유란 외부적 제한이나 강요가 없는 것을 말한다고 하였다. 즉 우리가 원하는 것을 방해하는 장애물이 없을 때, 우리는 자유롭다고 생각한다. 다음과 같은 상황을 생각해 보자. 알콜중독자인 김씨가 소주가 가득 든 잔을 앞에 두고 앉아 있다. 아무도 그에게 그 술을 마시라고 강요하지 않는다. 어떤 강요도 없고, 어떤 제약도 없다. 그는 자기가 원하는 대로 술을 마시거나 마시지 않을 자유가 있다. 그는 떨리는 손으로 소주가 가득 든 잔을 들어 입으로 가져간다. 김씨는 완벽하게 자유롭다. 그러나 그는 자신이 술을 마시는 것은 나쁘다는 것을 알고 있다. 자신이 술을 마시면 가족, 자식들, 직업, 친구 그리고 자신의 자긍심을 잃게 될 것이다. 심지어는 목숨까지 잃을 수 있다. 김씨는 스스로를 자신의 뜻대로 할 수 없다. 그는 자신의 이익에 반하면서까지 술을 마실 수밖에 없다. 그는 스스로를 통제할 수 없고, 자신의 운명을 컨트롤하지 못한다. 이러한 관점에서 보면 그는 술을 마시지 않겠다는 선택을 하는 것이 불가능하고, 따라서 그는 자유롭지 못하다. 이렇게 한 개인이 자유로우면서 자유롭지 않을 수 있을까?

김씨가 자유로운 것은 '소극적 자유'의 측면에서 이다. 벌린(I. Berlin)은 자유를 '소극적 자유'와 '적극적 자유'로 구분하였다. 소극적 자유(부정적 자유, negative liberty)는 무엇인가(보통은 외부적 힘)의 '없음'으로 정의되는 것으로 앞서 우리가 살펴본 외부나 내부의 강제나 제약이 없는 의미의 자유가 이것에 해당한다. 한편, '적극적 자유(긍정적 자유, positive liberty)'는 어떤 것의 '있음'(자기 통제, 자율성, 이성적으로 자신의 이익에 최선이라고 생각하는 것을 실행에 옮길 능력)으로 정의되기 때문에 '긍정적'이라고 불린다. 김씨는 바로 이 자기 통제 능력이 없기 때문에, 적극적 자유의 측면에서는 부자유하다고 말할 수 있다.

그런데 소극적 자유만으로 자유를 이해한다면 몇 가지 문제점들이 있다. 그 가운데 하나는 우리가 어떤 자유를 공식적으로 인정받았다 하더라도 실제 그 자유를 향유할 능력이나 자원을 갖지 못했을 때 정말 우리가 자유롭다고 말할 수 있는가 하는 문제이다. 오늘날 우리나라에서는 국민(헌법에 의하면, 선거일 현재 5년 이상 국내에 거주하고 있는 40세 이상의 국민)은 누구라도 대통령이 될 자유를 법적으로 가지고 있다. 헌법이 정한 간단한 기준을 만족하는 한국인이라면 누구나 대통령이 될 수 있다. 그러나 실제로는 많은 사람들이 대통령이 되는데 장애에 부딪힌다. 왜냐하면 많은 사람들에게는 금전, 교육, 사회적 지위 등의 필수적 자원이 부족하기 때문이다. 결국 극소수를 제외한 국민들은 자신들이 형식적으로 소유한 권리를 실현할 실질적인 자유를 갖지 못한다. 이러한 자유의 결핍을 개선하도록 국가가 정부 차원의 간섭을 통해 사람들에게 실질적인 자유를 부여해야 한다고 주장하는 사람들이 있다. 유럽의 사회복지 국가에서 실행하는 여러 복지 정책들은 이러한 배경과 연관을 갖는다. 정부의 이러한 간섭을 가능케 하는 시각에는 자유에 대한 보다 적극적인 해석이 들어 있다.

이와 같이 적극적 자유는 어떤 목표를 성취하기 위한 자유이다. 이것은 일종의 권리 부여라는 형태를 통해 한 개인이 자신의 잠재력을 발휘하고 그의 목표를 실현하도록 하며, 자율성을 갖도록 하는 것이다. 넓은 범위의 정치적 의미에서 볼 때, 이러한 적극적 자유는 개인의 자기실현을 가로막는 문화적, 사회적 압력들로부터의 해방으로 여겨질 수 있다. '소극적 자유'가 본질적으로 여러 사람들과의 관계에서 생겨나고 존재한다면,

'적극적 자유'는 반대로 한 개인의 내부에서 발전하고 생성되는 것이다. 김씨의 경우에 이성적 자아가 욕구와 충돌하는 것처럼, 적극적 자유는 대체로 한 사람의 자아가 이성적인 부분과 저차원적인 욕망 부분으로 구별될 수 있음을 전제한다. 따라서 이 자유를 얻기 위해서는 도덕적, 이성적 측면을 가진 높은 차원의 자아가 요구된다. 김씨의 경우 그의 자아 중 일부는 분명히 자신에게 가장 좋은 것이 무엇인가를 이해하고 있는데, 이것은 이성적으로 높은 차원의 자아이다.

만약 김씨가 이 높은 자아의 의지를 제대로 실행하지 못한다면, 현명한 누군가가 도움을 주어야 할 것 같다. 우리가 곧 김씨의 술잔을 억지로 뺏어 놓는 것이 정당하다고 생각한다면, 이것은 앞에서 보았던 간섭에 해당한다. 그런데 이렇게 우리가 김씨에게 한 것처럼 국가가 우리에게 똑같은 행동을 할 수 있기 때문에 벌린은 이러한 일이 일어날 것을 염려했다. 즉, 적극적 자유라는 미명하에 어떤 국가(정부)가 아주 전제적(tyrannic)으로 변할 수 있고, 사회에 어떤 특정 목표를 강요할 수도 있는 것이다. 전제 국가(정부, 통치권력)는 국민들이 추구해야 할 것에 대해 우선순위를 두어 지정할 것이고, 그렇게 지정된 목표는 각 개인이 진정으로 원하는 것이 아닐 것이다. 프랑스 혁명 당시, 자유(적극적 성격의 자유)라는 이름 아래 끔찍한 일들이 저질러졌다. 또한 소련에서 스탈린이 저지른 여러 행위들도 이에 해당한다. 이 문제는 사회를 위해 옳은 길은 단 하나라는 믿음에서 기인했다. 이러한 관점에 반발한 벌린은 인간 가치에 대한 다원론을 강하게 지지했다. 그의 주장에 의하면 서로 구별되고 양립할 수 있는 다원적 선(善)이 존재하며, 사람들은 선택을 통해 자신들이 삶을 통제하고 가꿀 수 있는 가장 적절한 환경을 조성 한다는 것이다.

고대 그리스 신화에서 오디세우스는 만약 자신이 결박당하지 않으면 사이렌의 달콤한 노래에 정신을 빼앗겨 사이렌의 유혹에 복종할 것임을 알았다. 그래서 그는 선원들에게 자신을 돛대에 묶어놓고, 자신이 그 노래에 현혹되어 밧줄을 풀라고 명령해도 선원들이 듣지 못하도록 그들의 귀를 밀랍으로 막으라고 명령했다. 그렇게 해서 역설적으로 오디세우스는 자신이 나중에 하고 싶어 할 일을 하지 않도록 의도적으로 예방했다. 이러한 오디세우스의 노력은 적극적 자유로 바라볼 수 있다.

오디세우스가 아닌 우리의 현실은 우리 자신을 미래와 연결시키면서, 문제가 발생한다는 것이다. 이성은 우리에게 미래의 유혹에 굴복하지 않도록 상황을 설정해야 한다고 일러준다. 그러나 막상 그 유혹에 부딪혔을 때 우리는 상황을 다르게 보게 되고 유혹에 기꺼이 굴복하리라는 것을 안다. 오늘날 우리를 죽음으로 끌어들이기 위해 노래를 부르는 사이렌은 어디에도 없다. 그러나 일상에서 우리는 맛있는 것의 유혹에 너무나도 쉽게 무너진다. 그래서 이런 음식이 진열되어 있는 곳을 일부러 피한다. 하지만 곧 우리는 조금 전의 결심을 후회한다. 적극적 자유를 행사하여 스스로를 통제하고자 한 과거의 자아 때문에, 맛있는 것이 없는 시간과 공간에 우리를 속박할 필요가 있을까? 그리고 이 문제를 생각하면서 우리는 동네 슈퍼마켓이 문을 열었는지 시간을 확인하고, 가까운 24시간 편의점을 생각해 내고, 아니면 집 안 어딘가에 있을 맛있는 것을 찾아 코를 킁킁 거린다. 때로 어떤 일에 전념하는 것이 지금은 합리적이지만 나중에는 불합리해지기 때문에 문제가 발생한다. 그래서 문제의 그 과제를 수행하려는 우리의 다짐이 쉽게 무너지곤 한다.

그림 3-3 오디세우스와 적극적 자유

우리는 주어진 상황 속에서 행동하기 때문에, 자유로운 행동을 오로지 우리 자신에 의해서만 정의할 수 없다. 인간의 자유는 추상적인 차원에서 보면 아무런 의미가 없다. 자유로운 행위는 우리가 처해있는 상황이 제기하는 문제들을 독자적으로 해결하는 형태로 나타나는 경우가 많다. 또한 자유로운 행위는 사람과 사람의 관계가 제기하는 문제이고, 인간과 세계의 관계에 의해 제기되는 문제된다. 전자의 경우에는 우리가 행위 하기 이전에 독자적으로 생각하고 지성적으로 해결책을 결단한다면 자유로운 행위이다. 후자의 경우에는 우리가 우주의 결정요인과 자연법칙을 알아서, 우리의 필요를 충족시키며 안전을 확보하기 위해 우주와 자연의 필연성을 이용한다면 자유로운 행위이다. 결정론에 대한 지식은 우리를 자유롭게 만드는 과학기술의 존재조건이고, 우리가 도덕적으로 행위 할 가능성을 넓게 열어주는 역할을 한다.

우리가 사회적 존재라는 사실에서 볼 때, 자유 자체는 사회적 사실이다. 그리고 자유 사회적으로 생산된다면, 특정한 시간과 장소에서 갖는 의미는 사회적으로 형성된다. 그럼에도 불구하고 자유를 향유할 때 절대적인 원리로 작용하는 것은 타인에게 피해를 주지 않는 한 누릴 수 있는 해악의 원리이다. 우리는 다른 사람에게 피해를 주면서까지 우리의 자유를 누릴 수 없다. 그 외의 경우에는 우리의 이익을 위한다는 이유로조차 국가나 사회가 우리의 자유를 간섭할 수 없다. 자기를 속박하는 계약이나 미성년자의 경우와 같은 가부장적 간섭이 필요한 특별한 예외적 경우를 제외하고는.

외부의 장애나 속박이 없다는 의미에서의 자유만으로는 개인이 자신의 잠재력을 발휘하고 목표를 실현하기가 어려운 것이 우리의 현실이다. 따라서 우리는 장애나 속박이 없다는 의미에서의 소극적 자유 이외에 자기실현을 가로막는 문화적, 사회적 압력들로부터의 해방이 될 수 있는 적극적 자유 개념이 필요하다. 가부장적 간섭이 독재자의 오용으로 적극적 자유의 부정적 결과를 빚는 사례가 역사적으로 발생하기는 했지만, 계급과 빈부가 세습, 악화되는 자본주의사회에서 여전히 적극적 자유는 유의미한 자유라고 볼 수 있다.

철학자 아리스토텔레스는 자유인의 조건으로 '스콜레(scholē)'를 꼽는다. 스콜레란 '여가(餘暇)'라는 뜻이다. 여가는 시간이 남고 경제적인 여유가 있다 해서 절로 누릴 수 있는 게 아니다. 오히려 주체하지 못할 부담일 수 있다. 실업자는 공장이나 사무실의 근무시간에 얽매이지 않고 업무에 시달리지도 않기 때문에 자유롭다. 한편 실업자는 빈곤에 얽매여 있기 때문에 노예이다. 직업을 가져 경제적 여유가 있는 사람 역시 스스로 자유를 내던져 버리고 강력한 누군가의 밑에서 불평하며 살아갈 수 있다. 일차적인 욕망대로 살면서, 삶의 주인이 나타나기만을 기다리는 노예근성. 스스로가 자율적으로 답을 찾지 않고, 반성하지 않는 삶은 금방 나락으로 추락해 버린다. 나는 진정 자유로운지 끊임없이 질문해야 한다. 자유인으로 살기란 쉽지 않다.

생.각.해.보.기

1. 자유의 사전적 정의는 '외부의 장애나 속박이 없음'이다. 그러나 일상적으로 우리가 자유라는 용어로 의미하는 것은 더 다양하고 중층적인 것 같다. 그러한 경우를 일상에서 찾아보자.
2. 온건한 결정론자의 주장에 의하면 결정론과 자유는 양립 가능하다. 모든 것이

결정되어 있다면, 우리의 자유가 성립할 수 있을까? 한편, 아직 우리의 과학적 지식은 모든 것의 원인을 말할 수 있을 정도로 발전하지 않은 영역이 있다. 예를 들어, 유전자나 뇌신경과학 등과 같은 경우에는 결정론과 자유의 양립 가능성을 어떻게 설명할 수 있을까?

3. 해악의 원리에 의하면, 기분전환을 목적으로 한 마약(중독성이 강한 환각제)의 사용은 타인에게 피해를 주지 않는 행동이라고 볼 수 있다. 그렇다면 이것을 법적으로 금지하는 것은 개인의 자유를 부당하게 침해하는 것일까?
4. 나 자신을 노예로 파는 것은 다른 사람에게 피해를 주지 않는 것이다. 그런데 왜 이것은 허용되어서는 안 될까? 이것을 금지하는 것은 나의 자유에 대한 모욕이지 않을까?
5. 행복하지 않은 결혼생활을 하는 부부가 이혼을 하기로 결정하는 경우, 이것은 어떤 자유의 근거로 정당화될 수 있을까?
6. 자식은 부모의 일부이기 때문에, 부모가 자식에게 대하는 태도나 행동에 대해 국가가 간섭하는 것은 정당하지 않다고 대부분의 사람들은 생각한다. 자녀에 대해 신체적 학대를 하거나 교육을 시키지 않고 방치하는 경우에 부모의 권리를 박탈하는 것을 어떻게 정당화 할 수 있을까? 미성년 자녀가 하고 싶어 하는 것을 하지 못하게 금지하는 부모의 경우 국가가 그러한 부모를 처벌해야 할까?
7. 현대 복지국가의 여러 활동 가운데 긍정적이라고 생각하는 국가의 가부장적 간섭에 대해 옹호해 보자. 국가가 개인의 삶에 관여하면, 그 개인이 스스로 성장하고 자기 개발할 기회를 빼앗아 자율성을 침해하는 결과를 가져온다고 주장하는 사람들이 있다. 적극적 자유는 이러한 경우에 잘 실현되는 것이라고 해석할 수 있을까?

읽.어.볼.만.한.책

- 에픽테토스 지음, 아리아노스 엮음, 『에픽테토스의 자유와 행복에 이르는 삶의 기술』, 강분석 옮김, 사람과 책, 2008
- 베네딕트 데 스피노자 지음, 『에티카』, 조현진 옮김, 책세상, 2006
- 존 스튜어트 밀 지음, 『자유론』, 서병훈 옮김, 책세상, 2005

● 이사야 벌린, 『자유론』, 박동천 옮김, 아카넷, 2006

연.습.문.제

1. 자유의지론, 강한 결정론, 온건한 결정론의 주장을 검토하고 차이점을 정리해 보시오.
2. 해악의 원리가 무엇인지 정리하고, 자기관련적인 행동이지만 국가나 사회의 간섭이 정당화되는 경우를 말하시오.
3. 적극적 자유와 소극적 자유 구분의 정당성을 검토하고, 각각의 한계를 정리해 보시오.

4장

서양편 함께 사는 세상

평등

이충한

학.습.목.표

1. 평등주의에 대해 알아본다.
2. 정치적 평등, 경제적 평등, 사회적 평등과 관련된 논의들을 파악한다.
3. 다원적 평등 개념을 고찰한다.

용.어.해.설

- **업적** merit

  당연한 보상이나 처벌 혹은 응분의 기초가 되는 특질이나 행동, 혹은 칭찬받을 만한 특질이나 덕성, 업적, 올바른 행동을 함으로써 얻게 된 정신적 신망을 의미한다.

- **응분** desert

  어떠한 분수나 정도에 알맞음을 의미한다. 즉 어떠한 보상이나 보복을 받을 가치가 있거나 적합하다는 의미를 가지고 있다. 그래서 가질만한 것을 갖는 것은 정의로운 것이 되고, 그렇지 못한 것은 정의롭지 않은 것이 된다. 또는 죄를 저질러 그에 상응하는 처벌을 받게 되면, 그 사람은 '응분'의 죄 값을 치르게 된다는 의미가 된다.

- **일반의지** general will

  보편의지 또는 총의(總意)라고도 한다. 루소의 사회계약설의 기본 개념이다. 그에 의하면 인민이 주권자인 국가라는 것은 '각 개인이 그 자신과 재산을 공동의 힘을 통해 지키고 옹호하는 결합 형식'이다. 루소는 이처럼 개인의 자유로운 계약으로 성립하는 국가가 가지는 단일한 의지를 일반의지라 불렀다. 이러한 일반의지는 특수한 이해관계에 입각하여 개개인이 갖는 의지(특수의지)의 산술적 총합에 불과한 전체의지(will of all)와 구별된다.

- **원초적 상황** original position

  원초적 상황은 롤스가 공정한 여건에서 공정한 원칙을 이끌어내기 위해 이론적 장치로써 도입한 가상적인 상황이다. 원초적 상황에서는 사회의 기본구조와 제도를 규정할 정의의 원칙에 합의하기 위해 참여한 계약당사자들 모두가 자유롭고 평등하다고 가정된다. 롤스는 원초적 상황의 계약당사자들이 자신의 재능이나 능력 등 자신에 관한 일련의 정보를 차단하는 무지의 베일을 통해 자신의 이해관계를 버리고 공정한 상황에서 정의의 원칙에 합의하게 된다고 본다.

- **무지의 베일** a veil of ignorance

  무지의 베일은 롤스가 원초적 상황의 공정성을 최종적으로 확보하고 보증하기 위해 도입한 가상의 이론적 장치이다. 무지의 베일에 가려진 사람들은 자신의 능력, 재산, 신분 등의 사회적 조건을 알 수 없기 때문에 사회계약 체결 후 어떤 계층에 속할지 알 수 없다. 롤스는 그러한 상황에 처한 사람들이 어떤 계층에 특별히 유리하거나 불리하지 않도록 공정하고 조화로운 사회계약을 체결할 것이라고 본다.

본.문.구.성

1. 서론

88서울올림픽의 열기가 채 가시지 않은 1988년 10월 8일 500만원을 훔친 죄로 총 17년의 격리 감금형을 받은 미결수가 호송 중 탈출하여 인질극을 벌이는 사건이 벌어졌다. 16일 새벽 서울의 한 가정집에서 인질극으로 비화된 이 사건은 탈주범 중 2명이 자살하고 한 명이 사살되면서 마무리되었다. 이 사건은 경찰에 의해 사살된 남성이 남긴 '유전무죄, 무전유죄'라는 말 때문에 더욱 화제가 됐다. 당시 전두환 전 대통령의 동생은 76억원 횡령죄로 징역 7년을 선고받았지만 1991년 특별사면과 가석방을 통해 자유의 몸이 된다. 벌써 20여년이 지난 오래전의 사건이다.

그럼에도 불구하고 우리가 아직도 그가 남긴 '유전무죄, 무전유죄' 라는 한마디에 공감한다면, 이는 분명 법 앞의 평등에 대한 의문과 회의가 이 시대에도 유효하다는 것을 말해준다. 얼마 전 한 신문기사 자료에 의하면 1990년부터 2012년까지 국내 10대재벌총수 중 7명은 모두 합쳐 23년의 징역형을 선고 받은 것으로 나타났다. 그러나 그들은 집행유예로 풀려 나와 전혀 실형을 살지 않은 것으로 밝혀져 여전히 '유전무죄, 무전유죄'의 현실이 끝나지 않았음을 알 수 있다. 이들은 형이 확정된 후 평균 9개월 만에 사면을 받고 현직에 복귀했다. 서민들은 사소한 범죄로도 복역을 한다. 반면에 재벌총수들은 천문학적 액수의 탈세와 횡령을 해도 대부분 집행유예로 풀려난다. 우리는 법 앞에 만인이 평등하다는 것을 믿어 의심치 않는다. 하지만 이러저러한 특권과 경제력의 부재로 인해 실제로 불평등과 불이익을 경험한 사람들은 우리사회가 평등하다고 느끼지 않을 것이다.

최근 전 세계적인 경제 위기의 여파로 떠오른 하나의 화두는 경제적 불평등이다. 효율과 생산성에 집중해온 자본주의 시장경제는 돈이 돈을 버는 정도가 노동의 대가로 얻은 소득과 생산을 앞지를 수 있는 환경을 제공했다. 이것은 부익부 빈익빈의 심화, 중산층의 감소, 부의 세습과 가난의 대물림 등과 같은 여러 가지 문제들을 가져왔다. 그것은 다시 소득의 불평등, 교육기회의 불평등, 사회계층이동성의 저하와 같은 문제들을 동반하면서 시민들의 삶을 더욱 피로하게 만들었다.

불평등으로부터 오는 삶의 피로감은 평등한 세상에 대한 요구와 맞물려 '경제민주화'라는 구호를 작동시키기 시작했다. 물론 누군가는 경제적 불평등에 대한 문제의식을 공유하면서도 경제민주화라는 실천적 구호에는 공감하지 않을 수도 있다. 왜냐하면 그와 같은 기조에서 출발하는 평등주의적 과세나 복지정책들이 그것을 가능케 하는 경제발전을 저하시킬 수도 있다고 생각할 수 있기 때문이다. 오히려 이러한 입장은 불평등한 분배가 다른 사람들을 훨씬 더 풍족한 삶으로 이끌 수도 있다는 사실을 강조하고 싶을 것이다.

이렇듯 살아가면서 겪게 되는 여러 가지 불평등의 문제는 우리로 하여금 평등이라는 가치를 반추하게 만든다. 과연 우리가 평등한 존재로서 대우를 받는다는 것은 어떤 의미를 함축하고 있는 것일까? 누군가는 국가나 사회가 시민들에게 동등한 관심과 존중을 표시하는 것이라고 응답할 수도 있다. 만약 그와 같은 응답이 시민들 모두가 행복한 삶을 살아갈 권리가 있다는 사실에 대한 인식에서 출발하는 것이라면 앞으로 살펴볼 평등에 대한 논의는 다소 까다로운 것일지라도 매우 의미 있는 일이 될 것이다.

2. 본론

우리는 '평등'이라는 개념을 어떻게 규정해 나갈 수 있을까? 이 질문은 결코 간단하지 않다. 아마도 완전히 모든 사람이 똑같은 상황과 여건에 처하는 상황을 꿈꾸는 극단적인 평등에 동의할 사람은 거의 없을 것이다. 게다가 우리가 이러한 사실에 근거하여 평등에 대한 논의를 회의적이거나 불필요한 것으로 여기지 않을 것임은 자명하다. 적어도 스스로를 진지하고 사려 깊은 평등주의자라고 생각하는 철학자들은 어떤 선택에 따른 정당한 차별의 가능성을 완전히 부정하지 않으면서 추구할 수 있는 평등의 개념을 고민할 것이다. 그러한 평등개념은 언제나 모든 면에서가 아니라 어떤 면에서의 평등을 고민하는 형태로 드러날 것이다. 만약 그와 같은 고민이 정치적 맥락에서 이루어진다면 그것은 정치적 평등(투표권, 정치참여 등)에 대한 논의가 될 것이며, 경제적 맥락에서 이루어진다면 경제적 평등(부나 재화의 분배)에 대한 논의가 될 것이다. 또한 그것이 사회적 맥락에서 이루어진다면 사회적 평등(고용과 교육의 기회, 신분, 남녀, 언어, 인종, 종교에 따라 차별받지 않을 권리 등) 에 대한 논의가 될 것이다. 우리가 불평등한 사회에서 살아가기 보다는 평등한 사회에서 살아가기를 원한다고 말할 때, 평등은 우리의 삶을 더욱 가치 있고 행복한 것으로 만들어 가는 어떤 것을 의미한다.

물론 평등에 대한 논의는 복잡한 상황과 맥락 그리고 다양한 집단과 주체들 사이에서 일어난다. 그럼에도 불구하고 우리는 '우리의 삶에 기여하는 평등'이라는 문제의식을 바탕으로 몇 가지 측면에서 일반적으로 논의되는 평등의 개념을 다룰 것이다. 정치적 평등, 경제적 평등, 사회적 평등에 대한 논의들이 바로 그것이다.

1 / 평등주의 : 누구나 평등한 세상이 갖는 몇 가지 문제들

그림 4-1 프랑수아노엘 바뵈프

'평등하다'는 말의 의미는 무엇일까? 만약 우리가 '평등'이라는 말을 어떤 상황이나 맥락, 개인의 기여나 헌신 또는 역량 등과 같이 사람들 사이에 실질적인 차이를 일으킬 수 있는 요소들과 관계없이 사용하고자 한다면, 그것은 나이나 성별을 제외하고는 '누구도 예외 없이 같은 상태에 있음'을 의미할 것이다. 프랑스의 혁명가 바뵈프(François-Noël Babeuf, 1760-1797)는 아마도 이런 종류의 절대적 평등을 급진적으로 주장한 사람 중의 하나일 것이다.

> 부자와 가난한 자, 거물과 소인, 주인과 노예, 지배자와 피지배자라는 혐오스러운 구분에서 영원히 벗어나자. 사람들 사이에 나이와 성별을 제외하고는 다른 차이가 없게 하자. 모든 사람들은 같은 필요와 같은 능력을 가졌으므로 이제부터는 같은 교육을 받고, 같은 음식을 먹게 하자. 그들 모두가 똑같은 태양과 똑같은 공기를 즐긴다. 왜 각자가 똑같은 양과 질의 음식에 만족하게 하지 않는가?

그러나 이와 같이 우리가 '평등'이라는 개념을 우리의 삶 속에서 규정하고 어느 상황에서나 일관되게 사용하는 것은 가능할까? 상식을 지닌 합리적인 사람들 내지 대부분의 철학자들은 이런 방식으로 '평등'이라는 말을 규정하거나 사용하기를 원하지 않을 것이며 그렇게 할 수 없다고 주장할 것이다. 만약 그렇게 할 수 있어도 그것은 매우 비인간적인 것이라고 비판할 것이다. 왜냐하면 그것은 정교한 기계에 의해 한 치의 오차도 없이 만들어진 로봇들 사이에 있을 법한 '획일성(uniformity)' 이지 다양한 개성과 가치관을 지닌 인간들 사이에서 추구될 법한 '평등(equality)'이 아니기 때문이다. 여기에서 우리가 인간적인 것이 무엇인지에 관한 논의를 따로 확장할 필요는 없을 것이다. 일반적으로 사람마다 타고난 외모와 재능, 체력, 인종 그리고 주어진 사회적 환경 등이 다르다는 것과 상이한 가치관을 지닌다는 사실 정도를 기술하는 것만으로도 인간적인 것에 대한 논의는 충분하다.

어떤 사람은 영화배우인 부모로부터 매력적인 외모와 연기력을 이어받아 훌륭한 배우가 될 수도 있다. 좋은 목소리와 음악적 감수성을 타고난 아이는 자라서 인정받는 아이돌 가수나 성악가로 활동하기도 한다. 관찰력이 좋고 발명과 탐구에 능한 아이는 세상을 변화시키는 과학자가 될 수도 있다. 이렇듯 다양한 재능과 개성을 지닌 사람들을 누구나 평등한 상태로 만들어야 한다고 주장하는 극단적 평등주의자는 이상해 보인다. 그는 아마도 비이성적이고 비상식적인 사람이거나 평등이라는 말 자체를 완전히 오해한 광기어린 평등주의자라는 비판에서 자유로울 수 없을 것이다.

또한 어떤 극단적인 평등주의자는 우리 모두가 똑같은 부와 소득을 소유해야 한다고 주장할 수도 있다. 빈부의 차가 절대로 존재해서는 안 되며 누구나 똑같은 경제력을 지녀야 한다는 이유로 말이다. 성인이라면 누구나 똑같은 소득과 부를 소유하는 사회를 상상해보자. 이 얼마나 이상적인 사회인가? 그러나 조금만 생각해보면 우리는 언뜻 보기에 매우 인간적이며 이상적으로 보이는 이런 종류의 평등기획이 동반하는 두 가지 문제점을 지적할 수 있다. 그것은 적어도 다음과 같이 요약될 수 있다.

첫째 사람들은 각각의 기여와 노력에 대한 정당한 대가를 원한다는 것이다. 예를 들어 당신이 동네 카페에서 일하는 점원이라고 하자. 만약 카페주인이 매일 빠지지 않고 출근해서 열심히 일한 당신과 자주 결근하고 게으름을 피운 당신의 동료에게 평등의 원칙을 내세워 같은 임금을 지불한다면 어떨까? 아마도 당신은 주인에게 왜 열심히 일한 내가 그렇지 않은 사람과 같은 임금을 받아야 하는 것인지 되묻고 싶을 것이다. 우리는 카페주인이 사용하고자 하는 '평등'의 개념을 쉽게 납득할 수 없다. 이러한 예는 평등의 개념이 '공정성(fairness)'에 대한 우리의 직관과 충돌할 때 생기는 어려움을 단적으로 보여준다. 만약 개인의 기여에 따른 대우나 임금의 차이가 고려되지 않는다면 우리는 아마도 다른 사람보다 더 열심히 일할 필요를 느끼지 못하거나 그 일을 맡으려고 하지 않을 것이다. 이것은 어떠한 업적(merit)과 그에 상응하는 응분(desert)이 제대로 연결되지 않았을 때 벌어지는 현상이다. 어떠한 보상이나 보복을 가질만한 사람이 그렇지 못할 때 또는 그 반대의 경우에 직면할 때 우리는 부당하다고 여긴다. 아무리 평등이라는 가치를 궁극적으로 추구한다고 해도 그것이 우리에게 정당하고 공정한 것으로 여겨지지 않는다면 그런 평등을 중요한 사회적 가치로서 지지하기는 어렵다. 그렇기 때문에 우리가 받아들일 수 있는 평등주의는 어떤 차이에 따른 정당한 차별을 인정하는 형태가 될 것이다.

둘째, 사람들은 저마다 다른 필요를 가지기 때문에 소득과 부의 평등한 분배를 유지하는 것이 현실적으로 불가능하다는 것이다. 만약 우리 사회에 급진적인 이상을 추구하는 정부가 수립되어 강제적으로 소득과 부를 평등하게 분배했다고 가정해 보자. 그러나 정부는 평등한 분배에 성공함과 동시에 그것의 지속을 유지하는 일의 어려움에 직면할 것이다. 그러한 어려움은 삶의 질에 대한 고려의 문제, 돈이나 재화의 사용 방식이 개인마다 다를 수 있다는 사실에서 비롯된다. 일찍이 영국의 도덕철학자 흄(David Hume, 1711-1776)은 이러한 극단적 평등의 실현 불가능성을 지적했다. 그는 이러한 평등이 실현된다고 하더라도 새로운 불평등이 생겨나며, 다시 이 불평등을 교정하기 위한 권력의 개입과 전제가 불가피하다고 주장한다.

우선 정부는 삶의 질에 있어서의 평등을 요구하는 사람들 앞에서 단순히 소득과 부의

평등한 분배에만 매달리기 어려울 수도 있다. 만약 우리가 어떤 신체적 장애나 선천적인 질병을 가지고 태어났다고 해보자. 또는 갑작스런 교통사고를 당할 수도 있을 것이다. 우리는 보통의 건강한 사람들이 생계유지를 위해 소비하는 돈을 병원진료비나 약값으로 사용해야할 것이다. 물론 매우 풍족한 사회라서 많은 소득과 부가 분배되고, 그와 같은 의료비용이 우리의 생계에 있어 크게 문제가 되지 않을 수도 있다. 그러나 그렇지 못한 사회라면 이야기는 달라진다. 우리는 삶의 어려움에 쉽게 직면하거나 최소한의 인간적인 삶조차 영위하기 힘들어질 것이다. 이것은 공평하지 않은 것처럼 보인다. 적어도 우리는 건강하게 정상적인 생활을 하는 사람들과 같은 수준의 복지를 유지하기 위해 더 많은 경제적 자원이 필요하다고 생각할 것이다. 즉 부와 소득의 분배에 있어서는 평등하다고 생각하지만, 여전히 삶의 질에 있어서는 평등하지 않다고 느낄 것이다. 만약 정부가 삶의 질에 있어서의 평등까지 고려하고자 한다면, 원칙적으로 평등한 부와 소득의 분배는 불가능한 것이다.

정부가 평등한 분배의 상태를 지속하는데 있어 직면하는 또 다른 어려움은 우리 모두가 같은 방식으로 같은 곳에 같은 양의 돈이나 재화를 소비할 것이라고 기대하기 어렵다는 사실에 있다. 아마도 정부는 평등한 분배의 상태를 깨지 않기 위해 각 개인들이 그들에게 주어진 소득과 부를 어떤 곳에 어느 정도로 쓸 것인지에 관해서까지 철저하게 관리해야 할 것이다. 그렇지 않으면 평등한 분배의 상태는 매우 일시적으로 달성될 뿐, 깨지기 쉬울 것이기 때문이다. 우리는 서로 다른 방식으로 다양한 곳에 돈을 사용한다. 누군가는 출퇴근을 위해 자동차를 구매할 수도 있고 누군가는 자동차 대신 자전거를 구매할 수도 있다. 또 누군가는 자동차나 자전거를 구매하는 대신 걸어서 다니기로 결정할 수도 있다. 또 어떤 사람은 술이나 담배를 구입할 수도 있고 도박으로 모든 재산을 탕진할 수도 있다. 누군가는 명품브랜드의 고급시계를 사거나 무소유의 정신으로 주변 이웃들에게 자신의 경제적 자원들을 나누어 줄 수도 있다. 그렇게 되면 정부는 평등한 분배의 상태를 지속하기 위해 사람들의 욕구나 필요에 대한 도덕적 우선성을 계산해내야 하는 복잡함을 피하지 못할 것이다. 예를 들면 정부는 출퇴근을 위해 고가의 자동차를 구매하고 싶어 하는 사람에게 자신이 가진 욕구를 자발적으로 포기하도록 하기 위해 자전거를 타거나 걸어 다니는 일이 왜 더 바람직한 것으로 현재 고려되어야 하는지 설명할 수 있어야 한다. 그러나 우리는 개개인이 지닌 욕구나 필요가 왜 고려되거나 우선할 수 없는지를 일일이 설명하고 간섭하는 정부나 기관의 관리들을 허용하면서까지 평등한 분배에 매달리지는 않을 것이다. 이렇게 볼 때 부의 평등 분배라는 이상은 개인이 선택의 자유나 사생활을 강제적이고 억압적인 분배의 주체에게 반납하지 않는 이상 결코 실현가능해 보이지 않는다. 그러나 자신의 자유로운 선택과 사생활을 포기하는 인간의 삶을 꿈꾸는 사람은 거의 없다.

이렇듯 완전히 평등한 세상을 꿈꾸는 일은 어리석거나 실현 불가능한 것처럼 보인다. 사려 깊은 평등주의자라면 평등한 세상을 위해 누구나 같은 집에서 같은 음식을 먹고 같은 옷을 입어야 한다고 주장하지 않을 것이다. 우리가 그렇듯이 그들 역시 평등의 대상들(자원, 경제적 부, 권력, 복지, 기회 등)을 세심하게 구분하길 원할 것이다. 동시에 각각의 대상들의 평등한 분배를 위한 타당한 기준내지는 한계를 정하기 위해서는 까다로운 철학적 논의들이 필요하다는 것을 인정할 것이다.

그럼에도 불구하고 우리 앞에 명확하게 드러난 사실은 경제적 불평등의 문제와 도덕적으로 수용할 수 없는 불평등이 이 세계에 존재한다는 것이다. 그렇다면 우리에게 주어진 과제는 무엇일까? 아마도 그것은 인간적이고 실현가능하며 타당한 평등의 한계들을 지속적으로 고민하고 규정해 나가는데 있을 것 같다. 이미 수많은 철학자와 정치이론가들은 오래전부터 이런 작업을 수행해 왔다. 이어서 우리는 여러 가지 측면에서 논의되는 평등의 개념들을 간략하게 살펴볼 것이다.

2 / 정치적 평등

① 대한민국은 민주공화국이다.
② 대한민국의 주권은 국민에게 있고, 모든 권력은 국민으로부터 나온다.
(『대한민국 헌법』 제1조).

『대한민국 헌법』 제1조는 '민주주의'와 '권력'에 대한 규정에서 시작한다. 즉 국가의 주인된 권리가 특정 집단이나 소수의 엘리트들에게 있는 것이 아니라 국민 모두에게 있으며, 국가권력의 정당성은 국민에 의해 주어져야 한다는 것을 명확히 하고 있다. 민주국가에서 국민이 권력을 형성하고 주권을 행사하는 방법은 사회의 법과 제도를 결정하는 과정에 직접 참여하는 것이다. 정치적 평등은 국가가 권력의 근원인 시민 모두에게 동등한 고려와 존중을 가지고 대해야 한다는 주장과 관련된다.

앞서 확인한 것처럼 우리는 보통 평등을 고려할 때 단순히 경제적 자원이나 부의 분배문제로 생각하기 쉽다. 그러나 평등의 기초가 되고 있는 원칙이나 토대가 단순히 분배적 이상으로서의 평등에 있는 것인지는 확실하지 않다. 왜냐하면 그것은 다음과 같이 보다 근본적인 질문에 열려있기 때문이다. 도대체 왜 우리는 분배적 평등에 관심을 갖는 것일까? 물론 여러 가지 답변이 가능할 것이다. 하지만 기본적으로는 우리가 한 국가의 동등한 시민으로서 누구나 행복한 삶을 살아갈 권리가 있다는 공유된 이해를 가지고 있기 때문이라고 할 수 있다. 즉 우리 모두가 시민이라는 동등한 자격을 가지고 함께 행복한 삶을 추구하며 살아간다는 바로 그 사실 안에 평등원칙의 근거나 토대가 자리한다고 볼 수 있다. 이렇게 볼 때 정치적 평등은 시민이라는 자격에 대한 국가의 동등한 관심과 존중을 의미한다. 동시에 그것은 분배적 평등과 이런 저런 불평등의 허용 가능여부에 대한 정당화의 기초를 제공한다. 자원의 평등한 분배를 주장하는 법철학자 드워킨(Ronald Dworkin, 1931-2013)은 자유주의 정치도덕의 기초가 자율적이고 독립적인 주체로서 도덕적 능력을 지닌 평등한 시민들에 대한 동등한 존중과 고려에 있다고 주장한다.

그림 4-2 로널드 드워킨

시민들이 갖는다고 말할 수 있는 권리에는 두 종류가 있다. 첫 번째 종류의 권리는 평등한 대우(equal treatment)의 권리인데, 그것은 어떤 기회나 자원 또는 혜택이나 부담을 평등하게 분배받을 권리이다... 두 번째 권리는 평등한 자로서 대우받을(treatment as an equal)권리이다. 그것은 어떤 부담이나 혜택의 동일한 양을 받을 권리가 아니라 다른 어떤 사람과 동일한 존중과 배려를 받아야 한다는 권리이다.

그는 평등한 자로서 대우받을(treatment as an equal) 권리가 평등한 대우(equal treatment)의 권리를 파생시킨다고 본다. 이것은 분배적 평등의 이상이 근본적으로는 시민의 자격을 가진 사람들에 대한 동등한 고려와 존중에 의존한다는 것을 의미한다. 그러나 이렇게 우리가 마땅히 인정해야 할 것으로 보이는 시민의 자격과 정치적 평등의 개념이 인류의 역사에서 보편적으로 자리 잡기까지는 꽤 오랜 시간이 걸렸다. 다른 사람도 나와 똑같은 인간이며, 국가는 나와 대등하게 인간적 존엄성을 지닌 사람들이 함께 살아가는 정치공동체라는 생각이 처음부터 자연스럽게 받아들여졌던 것은 아니다.

우리가 잘 알고 있는 것처럼 인류역사의 대부분은 신분의 차이를 인정하고 그러한 토대로부터 정치나 사회질서를 파악하는 형태로 이루어져 왔다. 즉 누구나 성인이 되면 정치적으로 평등한 독립적 주체로서 정치에 참여할 권리를 갖는다는 주장은 오랫동안 무의미하거나 위험한 것으로 여겨져 왔다. 그것은 권력을 가지고 행사하는 지배계층이 보기에 정상적인 사회질서를 무너뜨리고 혼란을 초래하는 것으로 보였기 때문이다. 그렇다고 해서 근대 시민사회의 성립 이전에 정치적 평등에 대한 논의가 없었던 것은 아니다. 물론 오늘날 우리가 이해하는 정치적 평등에 비하면 불완전한 형태이긴 하지만 분명 민주주의적 이상과 시민의 자격에 대한 의미 있는 논의들이 있었다. 특히 고대 그리스와 기독교의 전통에서 발견되는 '자연법(Natural law)' 사상은 정치적 평등에 대한 형이상학적이고 신학적인 토대를 제공했다고 볼 수 있다. 자연법은 인간의 이성에 의해 발견되는 법으로서 인간이 만든 법과 제도에 우선한다. 그것은 우주와 이 세계의 모든 생명체가 공유하고 있으며 본질적으로 변하지 않는 인간본성에 기반을 둔 질서라고 할 수 있다.

인간은 본성적으로 자신의 생명을 보호하고자 하며 사회적 관계에서 정의를 추구한다. 만약 이러한 인간의 본성이 자연적인 것이라고 한다면, 인간존재의 목적은 그러한 자연적 본성에 어긋나지 않도록 행동할 때 더욱 잘 실현된다고 볼 수 있다. 즉 자연법은 인간존재의 완전성을 이루는 적절한 방법 내지는 이상적 질서라고 할 수 있다. 그렇기 때문에 중세 신학적 세계관에서는 자연법을 신의 이성이나 의사가 현시된 '신의 법(divine law)'으로 파악했다. 로마의 정치가이자 사상가인 키케로는 『국가론』(De re publica)에서 자연법을 다음과 같이 표현했다.

> 자연에 따르고, 모든 것 속에 내재하며, 불변적이고 영원한 법, 올바른 이성이 실재로 존재한다. ... 그것은 로마에서 다르고 아테네에서 다른 것이 아니라 ... 모든 국가와 모든 시대에 걸쳐 영원하고 불변적인 법이다.

이렇듯 자연법은 시대와 계층을 떠나 이성을 지닌 인간 모두에게 포착되며 동시에 동등하게 적용되는 것으로 여겨졌다. 고대 그리스의 소피스트인 알키다마스(Alkidamas)는 모든 인간은 신에 의해 부여된 가치를 동등하게 지니고 태어난 자유로운 존재라고 주장하면서 노예제를 거부했다. 또한 성경에서 바오로는 "유대인도 그리스인도 없으며, 구속도 자유도 없으며, 남성도 여성도 없으며, 예수 그리스도에게서 모두가 하나이다."라고 말한다. 이와 같은 생각들의 토대에는 모든 인간이 신 앞에서 평등하다는 자연법 사상이 자리하고 있다. 이러한 자연법 사상은 중세를 거쳐 근대 시민혁명의 이론적 기초를 제공한 홉스와 로크에게까지 이어졌다. 자연권론자인 그들은 '자연상태(state of nature)'라는 가상적 상황과 자연법을 통해 인간의 자유와 평등을 정당화하고자 했다.

게다가 아리스토텔레스는 정치적 정의의 문제를 다루면서 오늘날 우리가 이해하는 정치적 평등의 개념에 가까운 체계적 분석을 보여주었다. 그는『니코마코스 윤리학』에서 시민을 자급자족을 목표로 하는 삶을 공유하는 자유롭고 평등한 사람들이라고 규정한다. 또한『정치학』에서 빈민정과 과두정에서 주장하는 종류의 평등을 구분하면서 전적으로 어느 한쪽의 평등에 치우쳐 조직되는 국가는 좋은 국가가 아니라고 말한다. 물론 이러한 아리스토텔레스의 생각은 그가 여성과 노예 그리고 외국인에 대한 정치적 불평등을 허용하는 한계를 지닌다는 점에서 불완전한 것이다. 하지만 그것이 정치에 참여하는 시민의 정치적 평등에 대한 매우 세련된 통찰임은 부정할 수 없을 것이다.

평등에 대한 철학사적 논의를 시대와 사상가에 따라 살펴보는 일은 매우 가치 있는 일이다. 그러나 여기에서 우리는 정치적 평등의 개념과 그에 대한 비판적인 문제의식을 확인하는 일에 초점을 맞출 것이다. 앞서 간략하게 살펴본 평등에 대한 전통적 논의가 영국의 명예혁명, 프랑스 혁명, 미국의 독립혁명 등과 같은 근대의 시민혁명을 통해 오늘날의 정치적 자유와 평등으로 이어지기 까지는 오랜 시간이 걸렸다. 물론 자명한 진리로서 만인의 평등과 행복추구의 권리를 주장한 시민혁명이 한 번에 모든 것을 해결한 것은 아니다. 이후 스스로 민주적인 국가라고 여기는 대부분의 나라에서 정치적 평등에 대한 선언들이 의미심장하게 동원되었음에도 불구하고 노예제도폐지와 여성의 참정권 성취가 이루어지기까지는 거의 두 세기에 가까운 시간이 더 필요했다. 노예제도에 반대했던 미국의 대통령 에이브러햄 링컨(Abraham Lincoln, 1809-1865)은 남북전쟁에서 희생된 군인들을 추모하는 게티스버그 연설에서 민주주의와 정치적 평등의 이상을 매우 간단명료하게 표현했다. 정치적 평등의 개념은 바로 그가 '인민에 의한'이라고 표현한 부분에서 발견된다.

그림 4-3 링컨의 게티스버그 연설

> 87년 전 우리의 선조들은 이 대륙에, 자유 속에서 잉태되고, 만인은 평등하게 창조되었다는 명제에 봉헌된 새로운 국가를 탄생시켰습니다 ... 우리는 지금 그렇게 잉태되고 봉헌된 나라가 혹은 그 어떤 나라가 이 지상에 오랫동안 지속될 수 있는지 없는지를 시험하는 큰 내전(內戰)을 치르고 있습니다 ... 여기에서 싸운 그들이 그토록 고결하게 진전시킨 미완의 과업을 수행하는데 헌신해야 하는 사람들은 바로 우리들 자신입니다. 하느님의 가호아래 이 나라는 새로운 자유의 탄생을 보게 될 것이며, 인민의, 인민에 의한, 인민을 위한 지배는 이 지상에서 결코 사라지지 않을 것입니다.

오늘날 정치권력이 인민의 권력이어야 한다는 데는 대브분의 정권들이 동의하는 것처럼 보인다. 물론 어떤 동의는 지배체제의 정당성을 유지하기 위해 거의 형식적으로 동원하는 수사에 불과할 수도 있다. 그럼에도 불구하고 민주주의를 실현하고 발전시켜가려는 국가들에게 있어 실질적인 정치적 평등의 실현은 매우 중요한 과제라고 할 수 있다. 왜냐하면 정치적 평등의 실현의 정도는 민주주의가 지닌 가치의 실현 정도를 가늠하는 매우 중요한 기준이기 때문이다. 여기에서 우리가 정치적 평등에 대한 역사적 논의와 의미 있는 규정들을 다루는 일에서 떠나 그러한 규정 이후의 문제들에 관심을 갖는 것은 적절할 것이다. 그러한 관심은 민주주의 정치제도를 통해 실질적인 정치적 평등을 달성하는 일이 어려울 수도 있다는 것을 확인하고 그에 대한 문제의식을 갖게 되는 정도로 충분하다.

정치적 평등은 대한민국 헌법 제1조에서처럼 국가의 수립과 함께 공적으로 엄숙하게 공표되면 더 이상 논의할 필요가 없는 것처럼 보인다. 하지만 민주국가라 하더라도 정치적 평등을 실현하는 일은 매우 도전적인 일이 될 수 있다. 즉 정치적 평등이라는 목표의 설정과 성취는 다른 문제일 수 있다. 정치적 평등을 실현할 수 있는 유일한 정치체제는 민주주의다. 그러므로 오늘날 우리가 갖는 민주주의에 대한 어떤 불만족은 정치적 평등에 대한 불만족과 연관된다고 볼 수 있다. 이제부터 우리는 정치적 평등의 실현을 방해할 수 있는 대표적 장애에 관해 살펴볼 것이다. 그것은 오늘날 대부분의 민주국가에서 채택하고 있는 대대의민주주의가 '인민에 의한 지배'라는 민주주의의 이상을 제대로 실현시키기 어렵다는 사실과 관련된다. 민주국가에서는 누구나 일정한 나이가 되면 투표권을 갖게 된다. 우리는 주기적인 선거를 통해 투표권을 행사하고 우리를 대표할 소수의 사람들을 선출한다. 선출된 사람들은 의회에서 법제도와 공공정책들을 결정한다. 만약 오늘날의 민주국가들이 고대 그리스 폴리스(Polis)처럼 소규모의 정치공동체라면 굳이 대의민주제를 고집할 필요는 없을 것이다. 아테네의 프닉스 힐 (Pnyx hill)과 같은 공간에서 대화나 토론을 통해 정책이나 제도를 결정했던 시민들은(물론 그들이 공적인 일에 관심을 쏟을 수 있는 여유를 지닌 남성시민들이라는 사실이 불만족스럽긴 하지만) 오늘날의 우리보다 민주주의의 이상에 가까웠던 것처럼 보인다. 왜냐하면 적어도 그들은 우리처럼 소수의 사람들에게 정치적 결정에 직접 참여할 권리를 양도하지는 않았기 때문이다. 정치적 평등과 관련한 대의민주주의 한계는 이와 같이 선거를 통한 주권의 합법적 양도라는 간접적 의사결정에서 발생한다.

시민들이 선출한 정치인이나 공직자들이 시민들의 의견과는 상관없이 자의적으로 정치적인 의사결정을 시도할 때 우리가 갖게 되는 것은 단순한 심리적 반감 이상의 것이다. 그것은 오히려 정치권력을 정당화 하는 근본적 토대로서 시민이 누려야 할 자격의 상실을 의미한다. 민주주의에 대한 현대사회의 대표적 불만은 시민들의 요구가 정책이나 법에 제대로 반영되지 않는데서 발생한다. 물론 시민들은 선거를 통해 정치인들을 교체하는 방식으로 정당을 압박하고 정치적 의사결정 과정에 간접적으로 참여할 수 있다. 하지만 그런 사실이 정치적 평등의 성취에 대한 모든 것을 설명한다고 보기는 어렵다. 우리는 '인민에 의한 지배'가 우리의 삶을 규제하는 법과 제도의 내용에 있는 것이 아니라 그것을 결정하는 방식에 있다는 사실에서 정치적 평등에 대한 이해를 확장시킬 필요가 있다.

그럼에도 불구하고 누군가는 플라톤이 민주주의를 거부하며 철인왕의 지배를 지지한 것과 유사한 이유로 소수 정치엘리트들의 현명한 결정이 반드시 나쁜 것만은 아니라고 말할 수 있다. 또한 누군가는 오늘날 국가들의 정치체제의 규모는 고대의 도시국가와는 비교할 수 없을 만큼 커졌기 때문에 인민에 의한 지배와 정치적 평등의 실현을 지나치게 강조하는 것은 현실성이 떨어진다고 볼 수도 있다. 때문에 소수의 사람들이 복잡하고 전문적인 문제들을 면밀히 검토하는 것이 시민 모두가 그렇게 하는 것보다 훨씬 더 좋은 방법이라고 생각할 수도 있다.

하지만 이처럼 대의민주주의에 대한 긍정적인 관점들은 직접민주주의를 강조했던 루소의 견해에서 볼 때, 조금 의심스러운 것이 될 수도 있다. 루소(Jean-Jacques Rousseau, **1712~1778**)는『사회계약론』에서 "국민이 자유롭다고 생각하지만, 자유로운 것은 오직 의회의 대의원을 선출할 때 뿐 이며, 일단 선출이 끝나면 그들은 노예가 되고, 아무것도 아닌 존재다"고 주장하면서 대의민주주의의 한계를 지적했다. 그는 정치공동체 구성원 모두를 위한 공공선으로서의 '일반의지(volonte generale)'를 대변하지 않는 법은 그 정당성을 인정받을 수 없다고 보았다. 때문에 그는 이러한 한계를 극복하기 위해서는 무엇보다 그 사회가 추구하는 가치, 규칙을 잘 아는 사람이 대표로 선출되어야 한다고 생각했다.

마르크스주의자들 역시 대의민주주의가 시민들에게 선거를 통해 정치에 참여하고 있다는 환상을 심어줄 뿐 인민에 의한 지배는 제대로 보장하지 못한다고 비판한다. 왜냐하면 그들은 민주주의 정치체제가 평등한 주권을 내세우고 있기는 하지만, 결국 사회의 지배계급인 경제적 특권층을 중심으로 한 '부르주아 민주주의'에 불과하다고 보기 때문이다. 즉 경제적 불평등을 해결하기 위한 근본적 처방 없이 강조되는 대의민주주의는 결국 형식은 있으나 수많은 결함에 열려있는 정치적 평등을 산출할 수밖에 없다고 보는 것이다. 예를 들어 선거비용 상한선이 없는 사회에서는 대대적인 홍보나 캠페인을 유치할 수 있는 경제적 능력을 갖춘 후보가 그렇지 않은 후보에 비해 당선되기 쉬울 것이다. 또한 부자나 특권층들은 가난한 자나 피지배계층들에 비해 정치에 대한 관심을 표현할 수 있는 삶의 여유를 갖기 때문에 정치적 결정에 자신의 이해관계를 반영할 수 있는 기회를 더 많이 가지게 될 것이다. 이렇게 볼 때 정치적 평등의 실현은 경제적 불평등의 문제로부터 자유롭지 않다고 볼 수 있다. 물론 선출된 대표들이 시민들을 대표하여 전문적인 이슈들을 다루는 것은 효율적인 방법일 수 있다. 하지만 그들의 결정이 현명한 것이 될지는 확실하지 않다. 게다가 그것이 현명한 결정이라고 하더라도 인민에 의해 정당화된 결정에 우선할 수 있는 것은 아니다. 우리는 타인에 의해 강요된 선택에 의해 주어지는 이익에 현혹될 수 있다. 그러나 자신의 선택이 가져올 불이익을 두려워하며 삶의 모든 선택을 타인에게 맡길 사람은 거의 없을 것이다. 민주주의적 이상은 소수 대표들에 의한 현명한 결정이 아닌 인민에 의한 정당한 결정에서 출발한다. 따라서 대의민주주의의 한계는 우리가 어떻게 민주주의의 이상으로서 정치적 평등을 더욱 발전시켜 나갈 수 있을 것인지에 관한 고민이 필요하다는 것을 함축한다.

3 / 사회적 평등

① 모든 국민은 법 앞에 평등하다. 누구든지 성별 · 종교 또는 사회적 신분에 의하여

정치적 · 경제적 · 사회적 · 문화적 생활의 모든 영역에 있어서 차별을 받지 아니한다.

② 사회적 특수계급의 제도는 인정되지 아니하며, 어떠한 형태로도 이를 창설할 수 없다.

③ 훈장 등의 영전은 이를 받은 자에게만 효력이 있고, 어떠한 특권도 이에 따르지 아니한다. 모든 국민은 인간으로서의 존엄과 가치를 가지며 행복을 추구할 권리를 가진다. 국가는 개인이 가지는 불가침의 기본적 인권을 확인하고 이를 보장할 의무를 진다(『대한민국 헌법』 제 **11**조).

이와 같이 『대한민국 헌법』 제 **11**조에서는 법 앞의 평등과 함께 사회에서 성별이나 종교 또는 사회적 신분에 의해 차별받지 않을 권리를 명시하고 있다. 앞서 살펴본 정치적 평등이 동등한 시민으로서의 정치적 자격에 관한 논의였다면, 사회적 평등은 보다 구체적인 우리의 사회적 삶 속에서 등장하는 가시적 또는 비가시적인 차별들에 관한 논의라고 할 수 있다. 근대 사회 이전의 봉건사회는 신분제 사회였다. 봉건사회에서는 자신의 능력이나 노력에 관계없이 어떤 사람은 귀족으로, 어떤 사람은 노예로 태어나서 그러한 차별적인 삶을 당연한 것으로 여기며 살았다. 인권과 평등이라는 개념이 제대로 성립되지 못했던 시대에 사회기득권층은 신분제로 인한 사회적 불평등에 대해 별다른 문제의식을 갖지 않았을 것이다. 오히려 그것은 한 개인에게 하나의 운명처럼 수용해야 하는 자연적 질서정도로 여겨졌을 것이다.

인간은 신체적 능력이나 지적 능력에서 차이를 지닌다. 이러한 능력의 차이는 부자와 가난한 자, 지배하는 자와 지배당하는 자라는 사회적 계급의 차이를 발생시킨다. 때문에 오늘날처럼 정치적 평등에 대한 개념이 제대로 확립되지 않은 시대에는 그런 차이에서 오는 불평등을 합리화하는 것은 별로 어렵지 않았을 것이다. 루소는 “모든 인간은 자유롭게 태어났지만 어디에서나 사슬에 묶여 살고 있다.”고 말했는데, 이는 관습과 사회적 편견에 묶여 사는 인간 현실을 단적으로 표현한 것이라고 볼 수 있다. 물론 이러한 루소의 예리한 지적은 당시의 사회적 상황에 비추어 볼 때 그 정도를 달리하겠지만, 오늘날에도 여전히 유의미한 것일 수 있다.

앞서 확인했듯이, 봉건사회와 근대사회를 나누는 가장 큰 변화는 신분에 기초한 사회개념에서 계약에 기초한 사회개념으로의 이동이며 그것은 불평등 사회에서 평등한 사회로의 이행을 의미한다. 시민들은 정치적 평등이라는 기본적 토대를 바탕으로 평등에 대한 논의의 지평을 확장해왔다. 그것은 종교, 성별, 인종, 재산, 학력, 지역, 사회적 지위, 장애 등과 같은 차이들에서 발생하는 사회적 차별의 정당성을 문제 삼는 방식으로 꾸준히 이루어졌다. 1948년 UN은 세계 인권선언을 통해 인간이 지닌 보편적 인권과 함께 차별에 대한 금지를 공적으로 선언했다.

제1조 모든 사람은 태어날 때부터 자유롭고, 존엄성과 권리에 있어서 평등하다. 사람은 이성과 양심을 부여받았으며 서로에게 형제의 정신으로 대하여야 한다.

제2조 모든 사람은 인종, 피부색, 성, 언어, 종교, 정치적 또는 그 밖의 견해, 민족적 또는 사회적 출신, 재산, 출생, 기타의 지위 등에 따른 어떠한 종류의 구별도 없이, 이 선언에 제시된 모든 권리와 자유를 누릴 자격이 있다. 나아가 개인이 속한 나라나 영역이 독립국이든 신탁통치지역이든, 비자치지역이든 또는 그 밖의 다른 주권상의 제한을 받고 있는 지역이든, 그 나라나 영역의 정치적, 사법적, 국제적 지위를 근거로 차별이 행하여져서는 아니된다.

세계인권선언이나 헌법에서 이런저런 차이들로 인한 사회적 불평등에 대한 금지를 규정하는 것은 매우 중요한 일이다. 그 이유는 그러한 공적인 규정이 없는 사회를 상상해 보면 명확해진다. 그러한 규정들은 넓게는 한 사회가 추구해야할 가치의 목록들을 정하는 이정표의 역할을 하며 좁게는 법과 사회제도를 마련해나가는 기초가 되기 때문이다. 그럼에도 불구하고 현실은 언제나 실천적 어려움을 동반한다. 앞서 우리가 정치적 평등의 목표와 그것의 성취를 구분하면서 후자의 문제가 결코 쉬운 일이 아님을 확인한 것처럼 사회적 평등의 실현 역시 여러 가지 어려움에 직면할 수 있다. 우리는 여기에서 사회적 평등의 문제를 다루기 위해 고용과 교육기회의 평등 그리고 소수집단 우대정책의 문제를 살펴볼 것이다.

고용기회의 평등

고용의 기회에 있어 평등은 특정한 일에 있어 동일한 직무능력을 가진 사람들 모두에 대한 평등을 의미한다. 모든 사람이 그가 지닌 능력과 관계없이 원하는 일을 할 수 있도록 기회를 주어야 한다는 의미가 아니다. 누군가 어려서부터 전투기 조종사가 되기를 원해왔다고 하더라도 신체검사 과정에서 폐쇄공포증이나 고소공포증과 같은 정신질환을 앓고 있다는 사실이 밝혀지면 조종사 선발시험에서 제외될 수 있다. 그럼에도 불구하고 그가 기회의 평등을 근거로 응시의 기회를 요구한다면 그는 고용기회의 평등이 지닌 의미를 제대로 이해하지 못한 것이라고 볼 수 있다. 누구도 그가 차별이나 배제의 대상이 되었다고 생각하지 않을 것이다. 대표적으로 성별, 지역, 출신학교 등과 같은 요소들이 고용기회의 평등을 훼손하는 형태로 사회적 불평등의 문제들을 양산할 수 있다.

예를 들어 당신이 취업을 하기위해 어떤 회사에 이력서를 제출해야 한다고 가정해보자. 거기에는 회사가 개인의 신상을 파악하기 위해 작성을 요구하는 여러 가지 항목들이 있을 수 있다. 그 항목들은 이름, 나이, 성별, 출신학교, 종교, 가족관계, 재산, 혼인유무, 군 복무사항 등 심지어는 아버지나 어머니의 학력이나 직업들이 될 수 있을 것이다. 당신은 그러한 항목들을 채우는 일이 꺼려질 수도 있다. 왜냐하면 누군가 당신의 사적인 내용을 알게 된다는 사실이 불쾌할 수 있기 때문이다. 그럼에도 불구하고 당신은 원하는 회사에 취업하기 위해 모든 항목들을 채워서 이력서를 제출할 수도 있다. 그러나 만약 입사담당자가 당신이 제출한 이력서의 항목들 가운데 직무능력과는 아무런 관계가 없는 항목들을 합격과 불합격의 기준으로 삼는다면 어떨까? 이를테면, 그는 당신이 기독교 신자나 불교신자가 아니라는 이유로 또는 미혼이 아니거나 자신과 출신지역이 다르다는 등의 이유로 당신이 아닌 다른 사람을 합격자로 결정할 수 있을 것이다. 또는 임신이나 출산으로 인한 업무 공백을 우려한 나머지 여성 채용을 기피할 수도 있다. 하지만 그는 대외적으로 직무능력에 대한 매우 공정한 평가와 심사를 거쳐 합격자를 선발했다고 발표할 수 있다.

물론 대부분의 민주국가는 취업 기회를 균등하게 보장하기 위해 사업주가 근로자를 모집 · 채용할 때에 합리적인 이유 없이 성별, 신앙, 연령, 신체조건, 사회적 신분, 출신지역, 출신학교, 혼인 · 임신 또는 병력(病歷) 등을 이유로 차별을 해서는 안 된다는 것을 법으로 규정하고 있다. 최근에 우리나라의 고용노동부는 근로자 모집 채용과정에서 불평등으로 이어질 수 있는 항목들을 삭제한 표준이력서를 개발하여 기업체들에게 사용하도록 권장하고 있다. 이것은 법적인 규정의 존재 유무와 관계없이 법 테두리 밖에서 일어날 수 있는 부당하고 비가시적인 차별을 미연에 방지하고 실질적인 사회적 평등을 실현하기 위한 노력이라고 볼 수 있을 것이다.

소수집단 우대정책

민주국가의 시민들이 동등한 고용의 기회를 가져야 한다는 주장의 근본적 토대는 정치적 평등이다. 때문에 국가의 기본법인 헌법은 행복을 추구하는 시민의 동등한 자격에 대한 규정에서 시작한다. 앞서 우리는 평등의 목표를 세우는 일과 그것을 성취하는 일을 구분했다. 아무리 국가에서 법적으로 평등을 규정한다고 해도 그것이 지닌 이상을 현실에서 실현하는 일은 쉽지 않다. 누구나 평등한 고용의 기회를 가져야 하는 것이 마땅하지만 실제로 사회는 그렇지 않은 경우가 더 많다. 소수집단 우대정책은 바로 이러한 사회적 사실에 대한 반성적 대응으로 나타난 또 다른 평등주의라고 할 수 있다. 만약 누군가 평등의 근본원리가 동등한 기회의 균등에 있다고 생각한다면 그는 소수집단 우대정책을 반평등주의적이라고 비판할 수도 있다. 왜냐하면 누가 어떤 일자리를 가져야 하는가를 결정하는데 있어 적용되어야할 유일한 기준은 그가 지닌 직무능력이외에 다른 것이 될 수 없다고 생각하기 때문이다.

그럼에도 불구하고 단순 기회의 평등이 산출하는 불평등의 시정내지는 조화로운 사회라는 근거에서 사회는 때때로 지원자의 성(여성), 인종, 지역(지방, 농어촌)과 같은 요소를 특별하게 고려하고 대우한다. 소수집단 우대정책을 지지하는 사람들은 한 사회에서 암묵적으로 승인되는 고정관념, 편견, 성차별주의나 인종차별주의 등에 주의를 기울인다. 대부분의 사회에서는 비슷한 직무능력을 가졌음에도 불구하고 여성 또는 장애인이라는 이유로 혹은 흑인이라는 이유로 그들을 좋은 직장이나 지위에서 배제시키는 경향을 보인다. 우리사회에서 '최초의 여성 OO' 라는 표현은 매우 익숙한 것이다. 여성에 대한 사회적 편견이나 차별이 '최초의 여성'과 같은 수식어의 사용과 아무런 관련이 없다고 볼 수는 없을 것이다. 정치와 입법, 사법, 행정의 영역에서 여성들의 진출이 양적으로 증가했음에도 불구하고 여전히 높은 지위나 관직은 주로 남성들에게 돌아가는 것이 사실이다.

예를 들어 당신이 대법관 후보자로 선출되었지만, 단지 여성이라는 이유로 최종선정에서 제외되었다고 하자. 아마도 당신은 사회가 내세우는 기회균등의 원리를 매우 공허한 것으로 여길 것이다. 만약 그와 같은 차별적 관행이 대법관 임명과정에서 오랫동안 암묵적으로 승인되어 왔으며 앞으로도 쉽게 깨질 것 같지 않다면 당신은 이러한 불평등을 바로잡기 위해 어떤 방법을 고려할 수 있을까? 아마도 소수집단 우대정책을 지지하는 사람들은 대법관의 자리 중 일부는 여성에게 돌아가야 한다는 여성할당제와 같은 법적 규정이 필요하다고 주장할 것이다. 왜냐하면 그들은 그러한 우대조치가 없이는 굳어진 사회적 관행이나 차별을 시정하기 어렵다고 보기 때문이다.

소수집단 우대정책을 지지하는 사람들은 오래전부터 성이나 인종차별주의로 인해 피해를 당해온 사람들이 정상적인 보상을 받을 자격이 있다고 주장한다. 또한 그들은 그러한 우대 조치가 사람들이 지닌 인종과 성에 대한 편견을 해체시키고 사회적 불균형을 바로잡아 미래의 평등사회 구현에 기여할 것이라고 생각한다. 그러나 소수집단 우대정책에 회의적인 사람들은 오히려 그러한 우대 조치가 특별한 대우나 고려 없이는 여성이나 흑인이 남성이나 백인들과 경쟁할 수 없다는 기존의 사회적 편견을 부추기는 결과만 가져올 수 있다고 지적한다. 또한 우대조치에 따라 무능력한 사람에게 특정지위나 일자리가 부여될 경우 오히려 기존의 불합리한 사회적 편견이나 관행에 대한 사람들의 믿음이 강화될 수 있다는 점을 지적한다. 왜냐하면 그가 주어진 직무를 제대로 수행하지 못할 경우 사람들은 자신이 가진 편견이나 고정관념을 인정하는데 주저하지 않을 것이기 때문이다. 때문에 소수집단 우대정책에서 수혜자가 갖춰야할 최소한의 자질이나 직무능력의 기준을 정하는 일은 중요한 문제가 될 수 있다. 물론 소수자 우대정책이 여러 가지 위험에 직면할 수 있다는 것을 부정할 수는 없다. 하지만 그것이 평등한 사회를 만들어 나가는데 적절한 수단으로 작용할 수 있다는 점 역시 부정하기는 어려워 보인다.

교육기회의 평등

아리스토텔레스는 "국가의 교육체제는 모든 사람에게 똑같아야 하며, 이러한 체제를 제공하는 것은 공공의 사안이어야 한다."고 주장한다. 이러한 주장은 교육체제가 개인의 재능이나 적성 등에 따라 달라질 수 있다는 것을 고려하고 있지 않지만 국가가 누구에게나 동등한 교육의 기회를 제공해야 한다는 중요한 의미를 담고 있다. 그렇다면 동등한 교육의 기회를 갖는 것이 왜 중요할까? 왜 교육의 기회를 제공하는 것이 공공의 사안이 되어야 할까? 프랑스 철학자 콩도르세(marquis de Condorcet,1743-1794)는 프랑스 혁명의회에 제출한〈공교육위원회에 보내는 보고서〉에서 사회가 그 구성원을 공공의 책임 하에 교육해야 하는 이유를 다음과 같이 3가지로 들고 있다.

① 모든 시민이 다른 사람에게 종속되지 않고 스스로 시민으로서의 권리와 의무를 수행하기 위해서는 최소한의 지식을 소유해야 하기 때문에 교육의 기회균등을

제도화해야 한다.

② 시민 개개인의 다양한 소질을 계발하여 공공의 복지에 최대로 기여할 수 있기 위해서는 모든 사람에게 교육이 요구된다.

③ 인류의 완성가능성은 교육에 달려 있다.

콩도르세가 제시한 이유 중에서 우리가 사회적 평등과 관련해 눈여겨 볼 필요가 있는 곳은 바로 '다른 사람에게 종속되지 않고 스스로 시민으로서의 권리와 의무를 수행하기 위해서' 라는 부분이라고 할 수 있다. 우리는 여기에서 '다른 사람에게 종속되지 않는 것'과 '시민으로서의 권리와 의무를 수행하는 것'이 어떻게 교육의 평등한 기회와 연결되는지 살펴볼 것이다. 앞서 확인했듯이 우리는 누구나 주권자로서 동등한 시민의 자격을 갖는다. 때문에 국가는 모든 시민에 대해 동등한 고려와 존중을 표시해야 한다. 만약 국가가 누군가에게는 자신의 소질을 계발하고 꿈을 이룰 수 있는 기회를 제공하면서도 다른 누군가에게는 그렇게 하지 않는다면 그것은 시민을 동등하게 고려하고 존중하는 것이 아닐 것이다. 그런 사회는 부모의 사회·경제적 지위가 자식에게 세습되었던 봉건사회와 별반 다르지 않은 것이다. 양반의 자식은 교육을 받아 관직에 진출할 수 있는 자격을 갖지만, 노비의 자식은 글을 배워서는 안 되었던 사회처럼 말이다.

따라서 민주주의 국가에서 교육의 기회를 평등하게 갖는다는 것은 자신의 정당한 노력을 통해 사회에 존재하는 모든 사회·경제적 지위에 접근할 수 있다는 것을 의미한다. 신분적 차별로 인해 지위의 세습이 이루어졌던 시대와 달리 가난한 집에서 태어난 아이도 평등한 교육의 기회와 자신의 노력을 통해 최고의 관직에 오를 수 있는 것이다. 즉 시민들 사이에 자유로운 '사회계층의 이동성'이 보장된다. 만약 한 사회가 교육의 기회를 아이들에게 평등하게 제공하지 않는다면, 교육은 교육을 받은 자와 받지 못한 자 사이의 사회적 위계를 형성하는데 봉사할 것이다. 또한 그렇게 형성된 위계는 우리를 '다른 사람에게 종속되지 않는 것'에서 결코 자유롭지 못하게 만들 것이다.

또한 누구나 평등한 교육의 기회를 갖는다는 것은 우리가 시민으로서의 권리와 의무를 수행할 수 있는 능력을 갖춘다는 측면에 있어서도 매우 중요한 의미를 갖는다. 교육기회의 평등을 이렇게 민주정치에 필요한 시민적 역량과 관련시키는 것은 실질적인 정치적 평등의 실현과도 깊은 관련을 맺는다. 그렇다면 모든 아이들에게 읽고 쓰고 이해하고 표현할 수 있는 능력을 가르치고 동등한 교육의 기회를 부여하는 일이 정치적 영역에서 갖는 중요한 의미는 무엇일까? 중요한 이유 중의 하나는 그들이 미래의 시민이 된다는 사실에 있다. 그들은 자라서 때때로 까다롭고 복잡한 정치적 이슈들을 함께 다루고 결정해 나가야 한다. 그런데 만약 국가가 정치적 평등을 강조하면서도 아이들에게 동등한 교육의 기회를 제공하지 않는다면 어떻게 될까? 아마도 그들은 어떤 공적인 사안들에 있어서는 이해나 표현의 정도가 달라질 것이다. 누군가는 복잡하고 까다로운 정치적 이슈들을 잘 다루게 되겠지만, 누군가는 전혀 그런 이슈들이 지닌 의미나 자신의 삶에 미치는 영향들을 이해하는데 어려움을 표시할 수 있다. 이렇게 공적인 사안에 대해 함께 토론하고 논의할 수 있는 시민적 역량의 차이나 결핍은 시민들 상호간의 의사소통을 방해할 수 있다. 물론 이러한 의사소통의 어려움이 '누구나 한 표'라는 민주주의의 형식적 규정을 훼손하는 것은 아니다.

그러나 한 사회의 구성원들이 정치적 의사결정에 필요한 역량을 일정 수준이상으로 갖는 사회가 그렇지 않은 사회보다 민주주의의 이상과 정치적 평등을 보다 잘 실현할 수 있는 여건을 지닌다고 할 수 있을 것이다. 왜냐하면 시민의 기본적 자질과 지식의 향상은 정치적 평등의 실현을 방해하는 소수 전문가나 특권층의 자의적 지배는 물론 대의민주주의가 갖는 간접성의 한계를 포착하고 비판할 수 있도록 돕기 때문이다. 즉 평등한 교육의 기회는 시민적 역량의 배양을 통해 우리가 정치공동체를 위한 보다 민주적이고 좋은 결정에 도달할 수 있도록 돕는다고 할 수 있다. 아리스토텔레스는 시민이라면 누구나 그 자신의 역할을 수행하기 위한 지식과 덕성의 함양이 필요하다고 생각했다. 우리는 왜 그가 교육이 공공의 사안이 되어야 한다고 말했는지 정치적 평등의 차원에서 미루어 짐작할 수 있을 것이다.

우리는 교육이 민주시민의 기본적 자질을 향상시킬 수 있다는 주장에는 대부분 공감할 것이다. 그러나 교육기회의 평등이 자유로운 '사회계층의 이동성'을 보장하는지에 대해서는 여전히 의문을 표시할 수 있다. 만약 그것이 실제로 단순히 취학의 평등을 의미할 뿐 그 이상에 대해서는 언급하는 바가 거의 없다면 우리는 그런 평등의 개념을 여전히 불만족스럽게 여길 것이다. 아무리 공교육을 통하여 아이들에게 동등한 교육의 기회가 제공된다 하더라도 그들이 사회의 특권적 지위로 나가는데 있어 부모의 사회 · 경제적 지위가 영향을 미친다면 이야기는 달라질 수 있다.

예를 들어 누군가는 어려운 집안형편으로 인해 다른 사람보다 일찍 학교를 그만둘 수 있다. 또는 자신이 원하는 상급학교 진학에 실패할 수 있다. 누군가는 부모의 경제력을 바탕으로 사교육을 통해 더 많은 교육을 받음으로써 사회의 특권적 지위로 나갈 수 있다. 물론 의무교육제도는 아이들을 학교에 좀 더 오래 머무를 수 있도록 함으로써 이런 종류의 불평등을 해소하고자 하는 평등주의적 대안이라고 볼 수 있을 것이다. 그럼에도 불구하고 부모의 경제력이 학생들의 학업성취도와 미래의 직업전망을 제한한다면 우리는 여전히 교육기회의 평등이 지닌 목표를 실현하기 위한 과제를 갖는다고 볼 수 있다. 게다가 이러한 불평등의 문제는 좋은 직장에 취업할 수 있는 자격을 획득할 수 있는 예비 후보자들을 미리 배제시킨다는 점에서도 문제가 될 수 있다. 이러한 불평등이 해결되지 않는다면 중·상류층 자녀들이 좋은 학교나 지위 또는 일자리를 놓고 벌이는 경쟁은 결코 공정한 것이라고 보기 어려울 것이다. 우리는 이제 특정한 지위와 일자리를 획득함에 있어 영향을 미치는 경제적 불평등을 어떻게 다뤄야 할 것인지에 대한 고민에 직면한 것처럼 보인다.

4 / 경제적 평등

우리는 지금까지 정치적 평등, 고용기회의 평등, 교육기회의 평등에 대한 논의를 통해 평등의 대상과 목표를 살펴봤다. 또한 상세히 다루지는 않았지만, 자본주의 체제에서 시민의 자격, 고용기회, 교육기회를 대상으로 한 평등의 실현이 공통적으로 경제적 불평등이라는 장애에 부딪힐 수 있다는 사실도 확인했다. 사람은 누구나 서로 다른 지적능력과 자연적 재능, 사회적 배경을 가지고 태어난다. 때문에 아무리 동등한 기회나 조건을 제공해도 경제적 불평등은 발생하기 마련이다.

자본주의 사회에서 경제적 불평등은 그것이 정치적 평등은 물론이고 사회적 평등의 경계까지 침범하기 시작하면서 매우 중요한 문제가 되기 시작했다. 일찍이 밀(John Stuart Mill, 1806-1873)은 노동자들이 법률에 의해 규정되는 평등한 권리를 가지고 있음에도 불구하고 출생이라는 사회적 우연성과 빈곤 때문에 자본가들에게 종속되는 사태를 악으로 규정했다. 밀은 실질적인 정치·사회적 평등의 실현을 위해서는 경제적 불평등의 문제를 다루는 일이 불가피하다는 것을 인식하고 있었던 것이다. 우리는 경제적 불평등의 문제를 서로 다르게 바라보는 현대 정치철학의 대표적인 두 관점을 살펴볼 것이다. 롤스의 민주주의적 평등과 그에 반대하는 노직의 자기소유권 논변이 바로 그것이다.

경제적 불평등을 시정하는 일은 자신의 재능과 노력 또는 물려받은 사회적 배경에 대해 개인이 주장하는 소유의 권리와 갈등을 피할 수 없다. 때문에 어떻게 개인의 권리와 자유에 대한 간섭을 정당화하면서 경제적 자원을 분배할 것인지가 경제적 평등을 둘러싼 정치철학의 핵심적 이슈라고 할 수 있다. 롤스(John Rawls, 1921-2002)는 개인의 권리와 함께 평등주의적 입장을 중요하게 고려하는 평등주의적 자유주의자다. 그는 소득과 부의 분배가 타고난 사회적 배경과 같은 행운에 의해 이루어져서는 안 된다고 생각한다. 적어도 그는 동일한 재능과 능력을 가진 사람이라면 부모의 사회경제적 지위와 관계없이 미래의 성공에 대한 동일한 전망을 가질 수 있어야 한다고 본다. 그러나 그는 이러한 사회적 배경의 영향을 제한하는 것이 우리에게 동일한 출발선을 제공할 수는 있지만, 근본적으로 자연적 재능이나 능력에 따른 경제적 불평등의 문제를 완전히 해결하지 못한다고 지적한다.

롤스가 볼 때 우리는 그 재능과 능력이 무엇이든지 간에 어느 누구도 다른 사람보다 부족한 재능을 갖게 되기를 바란 적이 없다는 사실에서 그것은 우연적이고 자의적인 속성을 갖는다. 이러한 자연적 재능이 정당한 분배적 정의의 기준이 된다면 그 또한 도덕적으로 볼 때 자의적인 것이다. 따라서 롤스에게 있어서 타고난 사회적 지위나 배경이 개인의 소득이나 부의 분배의 기준이 될 수 없는 것과 마찬가지로 타고난 재능이나 능력 역시 타당한 기준이 될 수 없는 것이다. 그렇다면 개개인이 가진 능력의 차이, 우리가 타고난 것이라고 생각하는 자연적 재능으로부터 오는 차이가 산출하는 불평등을 어떻게 교정할 것인가? 보통 사람들은 자신의 자연적 재능을 통해 성취하는 영광에 대해 자신의 권리를 주장한다. 때문에 사람들이 자신의 능력을 발휘하여 얻게 될 이익에 대한 관심을 잃지 않도록 하면서 자연적 재능으로 인해 발생하는 불평등을 개선해야 한다.

롤스는 사회적 배경이나 자연적 재능을 순전히 우연적인 것이라고 파악했을 때 우리가 합의할 수 있는 공정한 분배원리를 도출하기 위해 무지의 베일과 원초적 상황이라는 가상적인 이론적 장치를 도입한다. 롤스는 만약 우리가 사회적 위치나 재능, 능력 등에 대해서는 물론 서로에 대해서도 아는 바가 거의 없도록 만드는 무지의 베일을 쓴 후 원초적 상황에서 만나 한 사회의 공정한 분배원리를 정해야 한다면 어떤 분배원리에 합의할 것인지 생각해 보자고 제안한다. 그는 합리적 이성을 지닌 사람이라면 누구나 평등한 자유와 공정한 기회균등이 이루어지는 사회를 바랄 것이라고 말한다. 또한 그들은 합리적인 사람들이기 때문에 자신이 최악에 상황에 놓였을 때에도 자신이 불행해지지 않고 행복하게 살아갈 수 있는 원리를 채택할 것이라고 말한다. 롤스는 원초적 상황의 합의 당사자들이 채택할 것으로 기대되는 정의의 두 원칙을 다음과 같이 제시한다.

> 제1원칙: 각 개인은 다른 사람들과 유사한 자유와 양립할 수 있는 가장 광범위한 기본적 자유에 대해 동등한 권리를 가진다.
>
> 제2원칙: 사회적 · 경제적 불평등은 다음 두 가지 (a) 그것이 최소수혜자에게 최대이득이 되고, (b) 공정한 기회균등의 조건 아래 모든 사람들에게 개방된 직책과 직위가 결부되게끔 편성되어야 한다.

이러한 롤스의 입장은 시민들의 민주적 권리를 바탕으로 한 (b)공정한 기회균등의 원리와 (a)차등의 원리의 결합이라고 볼 수 있다. 평등한 자유와 공정한 기회균등이 적용되는 정치체제를 가정할 때, 사회적으로 유리한 입장에 있는 사람들이 자신의 이익을 추구하려는 행위가 정당화 될 수 있는 유일한 조건은 사회적으로 가장 불리한 입장에 있는 사람들의 처지를 개선하는 것이다. 롤스는 그러한 조건을 만족시키는 가운데 허용되는 사회경제적 불평등은 중간층에 위치한 사람들의 처지도 자연히 개선시키는 결과로 이어질 것이라고 생각한다. 롤스는 불평등을 해소하기 위한 제도적 방안으로 증여 및 상속세에 대한 누진세 부과와 다양한 종류의 교육 및 훈련 기회의 평등을 실현하기 위한 공공정책이 필요하다고 본다. 특히 그는 교육기회의 평등을 중요하게 고려한다. 롤스 역시 그것이 미래의 직업전망과 소득수준에 큰 영향을 미친다고 보는 것이다.

그러나 시장경제를 통한 개인의 자유로운 경쟁을 지지하는 입장에 서있는 노직은 (Robert Nozick, 1938-2002) 롤스가 주장하는 분배적 정의가 개인의 소유권을 침해한다고 비판한다. 그는 자유로운 사회에서 개인이 자신의 능력과 노력을 통해 얻은 이익과 보상을 강한 개인의 소유권리론과 연결시킨다. 이러한 입장에서 볼 때 사회경제적 불평등을 정치공동체가 분배적 정의를 통해 교정하려고 하는 행위는 개인의 삶에 대한 부당한 간섭이나 마찬가지다. 오히려 정의로운 분배란 각 개인들 간에 자유롭게 이루어지는 재화의 교환이며, 그러한 교환이 어떤 강제 없이 정의로운 상황에서 이루어지는 것이다.

노직에 따르면 자기 자신의 재능과 노동을 통해 정의롭게 획득된 것이라면 그것은 정당하게 자신의 소유가 되어야 한다는 점에서 모든 개인은 평등하다. 즉 노직은 사회적 배경과 자연적 재능을 자신의 소유로 보고 그에 따른 응분의 몫을 마땅히 개인이 가져야 한다고 주장하는 것이다. 이렇게 볼 때 아마도 사회적 배경 좋지 않고 자연적 재능이 부족한 사람은 노직이 제안하는 능력주의 사회보다 롤스가 제안하는 차등의 원칙 아래에서 살아가기를 바랄 것이다. 우리는 형식적 기회균등만을 제공하는 노직이 앞서 밀이 노동자와 자본가 사이에 존재하는 종속과 경제적 불평등의 문제를 해결할 수 있을 것이라고 기대하기는 어려울 것이다.

5 / 다원적 평등

그림 4-5 마이클 왈쩌

평등의 문제에 접근하는 다른 하나의 관점은 왈쩌(Michael Walzer, 1935-)의 '다원적 평등(complex equality)'개념이다. 다원적 평등은 다양한 사회적 재화가 각각의 영역에서 자율적이고 독립적인 원리에 따라 분배되어야 한다고 보는 평등의 개념이다. 여기에서 사회적 재화라고 하는 것은 사회적으로 가치를 지니는 재화로서 한 사회의 구성원들이 분배의 대상으로 삼는 재화를 말한다. 동시에 '사회적'이라는 수식어는 그러한 수식어가 붙는 대상이 사회적 전통과 맥락에 따라 분배된다는 것을 의미한다. 즉 다양한 사회적 재화에 대해 적용되는 각각의 고유한 분배원리는 사회적 전통과 맥락에 대한 해석과 이해를 통해 정당화된다.

앞서 확인했듯이, 롤스는 원초적 입장에 대한 사고실험을 통해 정의의 두 원칙을 도출하고 우리에게 공정하게 분배되어야 할 기본적 재화의 목록으로 권리, 자유, 기회, 소득, 재산을 제시한다. 하지만 왈쩌는 롤스가 제시한 기본적 재화가 모든 사회에서 공통의 목록이 될 수 없다고 본다. 게다가 그런 기본적 재화의 분배와 관련된 보편적 원칙은 너무나 추상적인 나머지 분배의 대상이 될 수 있는 다양한 사회적 재화의 분배에 대해서는 거의 말해주는 바가 없다고 지적한다. 그와 같은 단순한 평등개념은 각각의 다양한 사회적 영역에서 작동해야할 고유한 분배원리를 고려하지 않고 단지 경제적 부라는 지배적 재화의 분배에 대해서만 관심을 갖는다. 때문에 지배적 재화의 성취에서 실패하거나 뒤로 밀려난 사람들은 다른 사회적 영역에 속한 재화를 획득할 수 있는 능력까지 상실하게 되는 불평등 상태에 놓이게 된다.

따라서 왈쩌는 분배적 정의의 문제가 경제적 부 뿐만 아니라 안전, 복지, 공직, 지식, 교육, 의료, 노동, 여가, 권력, 명예 등 다양한 사회적 영역의 대상으로 확대되어야 하며, 그것들은 각각의 영역에서 사회적 의미를 통해 규정된 고유한 분배원리에 따라 다루어져야 한다고 생각한다. 그렇지 않으면 돈이라는 지배적인 사회적 재화가 다른 사회적 재화의 획득 여부를 결정하게 되고 결국 경제적 불평등이 다른 모든 불평등을 초래하는 결과를 가져오게 된다는 것이다.

다원적 평등이란 사람들이 갖고 있는 사회적 재화 중 어떤 것도 다른 사회적 재화를 지배할 수 없는 상태의 평등을 의미한다. 이렇게 어떤 재화도 지배적 가치를 갖지 않게 되면 비로소 다양한 사회적 재화들은 독립적으로 고유한 분배의 원리를 확보하게 된다. 동시에 지배적인 사회적 재화의 분배원칙이 다른 사회적 재화가 지닌 고유한 가치를 침범하거나 지배하는 사태를 막을 수 있게 된다. 즉 우리가 돈이라는 사회적 재화에 있어 불평등한 상태에 있다 하더라도 다른 사회적 재화를 그 재화에 적용되는 고유한 분배원리에 의해 더 많이 가질 수 있는 가능성을 확보하게 되는 것이다.

물론 사람들은 다양한 영역에서 서로의 불평등을 확인하게 될 것이다. 누군가는 어떤 사회적 재화를 다른 사람보다 많이 차지하지만 다른 사회적 재화에서는 그렇지 못할 수도 있다. 그러나 이런 상황은 경제적 부라는 지배적인 사회적 재화를 통해 모든 불평등과 종속을 감수해야 하는 상황보다는 전체적으로는 평등한 상황이 될 것이다. 예를 들어 누군가가 다른 사람보다 더 많은 경제적 부를 소유했다고 해서 그의 자녀를 좋은 대학에 진학시키거나 좋은 직업을 갖도록 만드는 일이 보다 수월하게 되는 일은 발생하지 않게 되는 것이다. 돈이라는 재화의 분배원리가 다른 사회적 재화의 분배원리를 지배하지 못하게 되는 것이다. 왈쩌는 이러한 평등을 '다원적 평등'이라고 규정한다.

왈쩌가 볼 때, 사회적 재화를 분배하는 문제는 적어도 그 문제를 둘러싸고 논쟁을 벌이는 사람들이 속한 공동체의 특수성을 고려하는 방식으로 다루어져야 한다. 그는 재화가 지닌 의미나 가치가 사회적 맥락 또는 공동체에 따라 달라질 수 있다는 것을 설명하기 위해 빵의 예를 든다. 우리는 보통 빵이라는 재화를 배고플 때 먹는 음식정도로 여긴다. 그 정도가 빵이 지닐 수 있는 가치의 전부라고 쉽게 규정할 수 있다. 하지만 왈쩌에 따르면 빵이라는 재화조차도 그것이 종교적 의미로 사용되면 그 가치를 달리하게 된다. 주일 미사시간에 카톨릭 신자들에게 주어지는 빵은 그들에게 단순히 생존을 위해 먹는 음식을 의미하지 않는다. 그 순간 그들에게 빵은 종교적으로 그리스도의 몸을 의미한다. 이러한 예는 우리로 하여금 어떤 재화가 본래부터 하나의 가치나 의미로 규정될 수 없다는 것을 보여준다. 또한 우리가 재화의 사회적 의미를 고려하지 않고 분배의 원리를 규정하는 일이 무의미하거나 정당하지 않을 수 있다는 것을 함축한다. 왈쩌의 다원적 평등개념은 롤스의 단순평등이 지닌 불합리함과 한계를 지적하는 중요한 비판으로서 고려될 수 있을 것이다.

3. 맺음말

우리는 불평등이 없는 세상에서 살기를 원한다. 그것은 남과 나의 차이란 아무것도 남겨 놓지 않는 무미건조한 세상이 아니다. 내가 나로서 추구할 수 있는 무엇인가를 상상하기 어려운 세상을 의미하지 않는다. 불평등이 없는 세상이란 단순하게도 누구나 동등한 시민으로서 삶에 대한 자존감을 잃지 않고 행복하게 살아갈 수 있는 세상일 것이다. 다른 사람보다 소득이나 재산이 적다는 이유 그 자체가 우리를 불만족스럽게 만드는 것은 아니다. 자세히 살펴보면 근본적인 우리의 불만은 경제적 불평등이 다른 사회적 영역들을 침범하는데서 오는 인간적 존재로서의 자존감의 상실에 향해 있다. 이렇게 볼 때 평등에 대한 우리의 문제의식은 차이에 대한 불만이 아니다. 오히려 그것은 한 인간으로서 내가 다른 사람과 살아간다는 것의 의미를 물음으로써 행복을 추구하는 동등한 존재에 대한 감정을 일깨우고자 하는 진정한 자기의식이다.

우리가 불평등을 말하면서 고민하는 평등이란 그러한 불평등으로부터 오는 자존감의 상실, 비가시적인 지배와 예속으로부터 겪는 부자유에 대한 인간적 고뇌를 당연한 것으로 여기고 싶지 않은 반성적 대응에서 출발한다. 지배적 가치를 남보다 더 많이 차지해야 하는 이유가 우리의 인간적 자존감을 지켜나가기 위한 것이라면 우리는 그와 같은 경쟁의 틀을 문제 삼아야 할지도 모른다. 도덕적 품성과 자존감을 갖춘 성숙한 시민들의 사회는 개인의 능력이나 재능, 노력 등의 차이로 인해 생겨나는 불평등을 기꺼이 인정할 수 있는 시민들로 채워질 것이다. 아마도 그들은 평등의 문제를 경제적 불평등을 해소하는 방식에서 찾기 보다는 경제적인 것이 인간적인 가치들을 지배하는 사회체제를 문제 삼는 방식에서 다루기 시작할 것이다. 이제 우리는 다양한 평등의 대상들을 어떻게 찾을 것인지 그리고 그런 대상들에 적용될 각각의 고유한 분배원리는 어떻게 정당화될 수 있을 것인지에 대한 질문들을 다루기 시작해야 할지도 모른다.

생.각.해.보.기

1. 투표권은 왜 돈으로 사서는 안 되는 것일까? 민주주의 국가에서 투표권은 어떤 의미를 갖는 지 생각해보자. 더불어 실질적인 정치적 평등을 실현하기 위해 시민들이 할 수 있는 일들에 대해서 생각해보자.
2. 교육기회의 평등이 민주주의 국가에서 중요한 이유는 무엇일까? 교육의 기회가 불평등하게 주어질 경우 일어날 수 있는 사회·경제적 불평등에 대해 생각해보자. 또한 실질적인 교육기회의 평등이 실현되도록 하기 위해 우리는 어떤 노력을 기울일 수 있을지에 대해 생각해보자.
3. 우리 사회에 존재하는 비가시적인 차별과 사회적 불평등은 어떤 것들이 있는지 생각해보자. 그러한 비가시적인 차별들이 발생하는 원인을 진단하고 나름의 처방을 제시해보자.
4. 경제적 불평등이 어떻게 정치적 평등, 사회적 평등, 법적 평등에 영향을 미칠 수 있는지 생각해보자. 또한 이와 관련하여 우리사회에서 발견할 수 있는 구체적 사례들을 함께 찾아보고 논의해보자.

읽.어.볼.만.한.책

- 로버트 달, 『정치적 평등에 관하여』, 김순영 역, 후마니타스, 2010
- 마이클 왈쩌, 『정의와 다원적 평등』, 정원섭 외 역, 철학과 현실사, 1998
- 이종은, 『평등, 자유, 권리』, 책세상, 2011
- 장동진, 『현대정치철학의 이해』, 동명사, 2001
- 프랭크 러벳, 『롤스의 정의론 입문』, 김요한 역, 서광사, 2013
- 존 크리스먼, 『사회정치철학』, 실천철학연구회 역, 한울아카데미, 2004
- 윌 킴리카, 『현대정치철학의 이해』, 장동진 역, 동명사, 2001

연.습.문.제

1. 정치적 평등의 개념을 설명하시오.
2. 고용기회의 평등개념을 설명하시오.
3. 소수집단 우대정책에 대한 지지논증의 근거를 설명하시오.
4. 롤스가 사회의 공정한 분배원리로서 제시한 정의의 두 원칙에 관해 설명하시오.
5. 노직의 자기소유권 이론에 관해 설명하시오.
6. 왈쩌의 다원적 평등개념에서 사회적 재화의 분배원리에 대해 설명하시오.

5장

서양편 함께 사는 세상

과학

남순예

학.습.목.표

1. 철학과 과학의 상호 연관성을 이해한다.
2. 현대의 대표적인 과학 이론을 이해한다.
3. 과학기술 문명의 긍정적인 면과 부정적인 면을 이해한다.

용.어.해.설

- **아인슈타인** Albert Einstein, 1879~1955

  독일태생의 미국 미론 물리학자. 1907년에서 1915년에 걸쳐 일반 상대성 원리를 완성시켰으며, 이 이론에서 중력장(重力場)에 있어서의 광선의 굴절이라는 하나의 논리적 결론을 이끌어 내었다. 그는 지상에서는 그러한 현상을 관측하기 어렵지만, 개기일식이 일어날 때 태양에 가까이 있는 항성의 위치 변동으로 실증될 것이라고 예언했다. 영국 왕립 천문학 협회는 이 예언을 검증하기 위해 에딩턴, 데이비슨, 크로메린과 같은 당대의 저명한 천문학자들을 브라질과 서아프리카의 작은 섬에 파견하여 1919년 5월 9일 개기 일식을 관측하도록 하였다. 그 결과 아인슈타인의 예언이 검증되었다.

- **엔트로피** entropy

  어떤 물리계 내에서 일하는 데 사용할 수 없는 에너지를 나타내는 하나의 척도. 일은 질서로부터 얻어지기 때문에 엔트로피의 양은 그 계의 무질서나 무작위의 정도를 나타내는 것이기도 하다. 엔트로피라는 개념은 1850년에 독일의 물리학자인 루돌프 클라우지우스에 의해서 처음 제안되었는데 때때로 열역학 제2법칙의 형태로 표현된다. 이 법칙에 따르면 고온과 저온의 기체가 저절로 혼합될 때나 기체가 진공내로 확산하여 갈 때 또는 연료가 연소할 때와 같은 비가역 과정에서는 엔트로피는 증가한다. 모든 자발적인 반응은 비가역적이다. 따라서 우주의 엔트로피는 증가하고 있다. 즉 역학적인 일로 변환할 수 있는 에너지가 점차 감소하고 있는데 이때문에 우주가 '쇠퇴하고 있다'라고 말하기도 한다.

- **엔트로피** entropy

어떤 물리계 내에서 일하는 데 사용할 수 없는 에너지를 나타내는 하나의 척도. 일은 질서로부터 얻어지기 때문에 엔트로피의 양은 그 계의 무질서나 무작위의 정도를 나타내는 것이기도 하다. 엔트로피라는 개념은 1850년에 독일의 물리학자인 루돌프 클라우지우스에 의해서 처음 제안되었는데 때때로 열역학 제2법칙의 형태로 표현된다. 이 법칙에 따르면 고온과 저온의 기체가 저절로 혼합될 때나 기체가 진공내로 확산하여 갈 때 또는 연료가 연소할 때와 같은 비가역 과정에서는 엔트로피는 증가한다. 모든 자발적인 반응은 비가역적이다. 따라서 우주의 엔트로피는 증가하고 있다. 즉 역학적인 일로 변환할 수 있는 에너지가 점차 감소하고 있는데 이때문에 우주가 '쇠퇴하고 있다'라고 말하기도 한다.

- **과학철학** 科學哲學

철학의 한 갈래로, 자연 과학의 성과를 분석하고 반성하여 과학적인 개념을 규정하고 과학의 전제를 세우며 방법을 탐구하는 분야이다. 과학 철학에서는 현대 문명의 과학화, 다시 말해서 기계화·획일화가 현저하므로 철학 문제도 기계적·집단적인 과학논리의 분석적 조작으로 해결하려는 입장이 나타난다. 그러므로 과학 철학은 개인의 사변적(思辨的) 방법에 의한 철학을 배척한다.

- **쿼크** quark

물질의 기본적인 구성입자로 추측되는 가설적 입자로 양성자와 중성자가 원자핵을 이루는 것과 같이 양성자와 중성자 그 자체도 쿼크로 이루어져 있다. 양성자와 중성자 외에 다른 중입자들도 쿼크로 설명한다. 현재 받아들여지는 이론에 의하면 쿼크는 질량을 가지고 있으며 각운동량의 양자역학적 기본단위의 1/2 스핀을 갖는다. 쿼크는 궁극적인 기본입자이며 내부 구조가 없는, 즉 더 작은 그 무엇으로 분리될 수 없는 입자이다. 쿼크는 결코 독립적으로 존재하지 않으며 항상 다른 쿼크들과 결합되어 나타난다.

• **과학기술 낙관론**

인류가 과학기술 발전에 의한 경제성장을 계속 추구해 나가야 한다고 보는 입장이다. 왜냐하면 과학기술의 발전, 즉 경제 성장이야말로 현재 자원부족이나 환경문제 등 인류가 직면한 문제점을 해결해 줄 수 있으리라고 믿기 때문이다. 성장 만능주의적인 생각은 인간의 합리적인 이성에 기초한 발전을 믿었던 베이컨과 콩도르세, 로크의 사상에서 유래한 것으로 이들은 과학기술의 발달이 현재의 환경 문제를 낳았다하더라도, 이는 과학기술의 발전으로 해결될 수 있다고 주장한다. 즉 환경문제 해결을 위해 오염 방지 기술을 발전시켜, 인간이 자연을 적절히 조절하는 것이 가능하다고 보는 입장이다.

• **생태중심주의**

환경 문제가 전적으로 과학기술의 발전에서 비롯되었다고 보는 입장이다. 이들은 과학기술의 발전 방향과 이용 방식만이 아니다, 과학기술 내용 그 자체까지도 환경 파괴적인 성격을 담고 있다고 주장한다. 이 시각에는 자연의 존재 의의가 결코 인간에 달려 있지 않고, 자연 스스로 존재 가능한 완전성을 갖는다고 전제한다. 또한 모든 환경 문제는 인간이 자연을 정복하고 착취해야 할 대상을 보고 무분별하게 개발을 해 왔기 때문이라고 보고, 자연과 인간이 적응과 조화를 이뤄야 한다는 입장이다.

• **하이젠베르크** Werner Heisenberg, 1901-1976

독일 물리학자. 아인슈타인의 상대성 이론과 함께 현대 물리학의 양대 산맥을 이루는 양자역학의 토대를 놓았다. '확실성의 학문'이었던 물리학을 '가장 불확실한 학문'으로 바꾸어 놓은 대가로 노벨 물리학상을 받았지만, 그의 이론은 당대의 사상적 조류와 궤를 같이한다는 점에서 역시 동시대적이다.

• **토마스 쿤** Thomas Kuhn, 1922-1996

미국의 과학사가. 자연과학자로서는 드물게 철학과 심리학, 언어학, 사회학, 등 폭넓은 지식을 바탕으로 과학사에서 독보적인 성과를 이룩했다. 특히 그의 패러다임 개념은 과학사 분야를 넘어 다른 학문에까지 영향을 주었다.

본.문.구.성

철학이 발생했던 기원전 6-7세기 경 철학과 과학은 분리되지 않은 학문이었다. 그리스인들에게 과학은 철학의 한 분야였다. 탈레스를 비롯한 당시의 철학자들은 동시에 과학자였다. 이들이 자연철학자나 자연과학자라고 불리는 이유는 그들에게 아직 인간본질에 대한 관심이나 인간 내면에 대한 깊은 성찰은 이루어지지 않고 있었기 때문이다. 이오니아를 비롯한 고대 그리스 식민지 지방에서 발생한 철학의 주요 관심사는 '세계가 무엇으로 구성되어 있는가?' 또 '세계는 어떻게 생성되고 변화하는가?'를 밝히는 일이었다. 이들은 변화무쌍한 자연 기저에 변하지 않는 어떤 근본적인 물질이 있다고 결론내렸다. 그리고 자연세계를 구성하는 근본물질(archē)이 무엇인가를 밝혀내는 것을 그들의 주된 탐구 목적으로 삼았다. 이들의 탐구 대상이 물질세계인 자연이었으므로 이들을 자연과학자라고 또한 이들의 탐구 방법이나 태도가 자연현상 배후에 있는 궁극적인 존재와 그 원리를 탐구하고자 했으므로 이들을 자연철학자라고도 부를 수 있는 것이다.

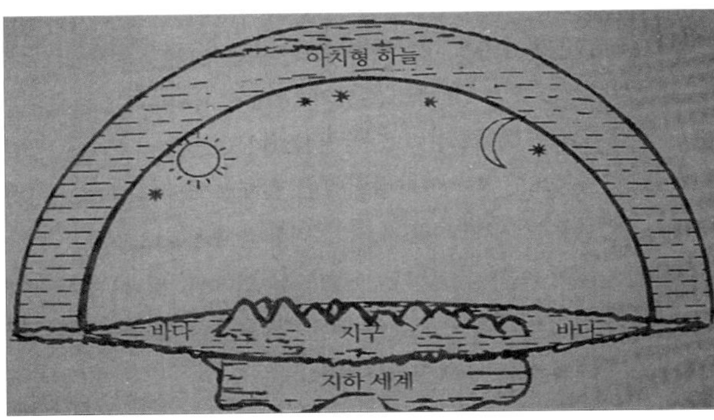

그림 5-1 고대 그리스의 우주관

최초의 전문 철학자였던 아리스토텔레스와 수학자 아르키메데스는 현대적 의미로 볼 때에도 과학과 철학을 겸비한 대표적인 사람들이다. 근대과학이 시작되기 이전까지만 해도 철학은 모든 존재를 총체적으로 탐구하는 보편학으로서의 성격을 띠었다. 아리스토텔레스로부터 시작된 철학과 개별과학의 분리는 근대에 와서 본격화되었다. 근대과학과 더불어 개별과학들이 철학으로부터 분리되어, 오늘날 우리에게 철학과 과학은 성격을 달리하는 전혀다른 별개의 학문으로 이해되고 있다. 그러나 과학과 철학 사이의 소통의 필요성은 여전히 현대의 교육받은 사람들에게도 상식이 되어있다. 사회가 발전하기 위해서는 새로운 철학 정신이 새로운 과학이나 새로운 기술보다 훨씬 중요하기 때문이다. 철학과 과학은 진리를 탐구한다는 점과 인간과 세계에 대한 올바른 이해를 목표로 한다는 점에서 공통적인 목표를 가지고 있다. 다만 진리를 탐구하는 방법과 인간과 세계를 보는 시각에 있어서 차이가 있을 뿐이다.

1. 과학과 철학

자연과학이란 '자연을 이루는 모든 것의 근본 이치를 과학적 방법으로 추구하며, 이를 통해서 다양한 자연현상에 대한 합리적 설명 및 예측을 가능케하는 학문'이다. 여기서 말하는 자연은 물질, 우주, 생명을 포괄하는 자연이다. 물질은 현상(phenomenon)과 실체(substance)로 나눌 수 있다. 자연과학은 모든 자연 현상은 물질의 작용으로 일어난다는 것을 전제로 한다. 그리고 우주는 물질이 있음으로해서 여러 가지 자연현상을 일으키는 환경으로 멀리 있는 천체 뿐만 아니라 우리가 살고 있는 지구를 포함한 모든 모든 공간을 가리킨다. 현대과학에서 물질과 따로 떨어져서 존재하는 우주란 있을 수 없다. 즉 이 둘은 불가분의 관계에 있다. 이 둘에 비하면 생명은 매우 독특한 현상이다. 그러나 생명체의 신지대사가 일반 물질현상과는 다르게 보일 수 있을지라도 근본적으로는 물질로 구성된다는 점에서 그것은 물질세계의 일부라고 할 수 있다. 그러므로 결국 자연과학은 물질세계를 다룬다고 할 수 있다.

물질세계는 범위가 매우 넓어서 자연과학은 그 대상에 따라 다시 여러 분야로 나뉜다. 크게 물리과학과 생명과학으로 나뉘는데, 물리과학은 다시 물리학, 화학, 천문학으로 나뉘고 생명과학은 생물학과 응용과학인 의학으로 나뉜다. 그리고 이러한 개별과학들 위에 종합과학으로서의 지구과학이 있다. 지구과학은 다시 지질학, 대기과학, 해양학 등으로 나뉜다. 이들 개별과학들은 대체로 특정 지식, 곧 과학적 사실을 추구한다. 그러나 물리학만은 보편 지식 체계, 곧 이론을 추구한다는 특징을 지닌다. 단편적인 특수 지식을 하나의 합리적 체계 속에서 이해하려는 시도는 보편 지식을 낳는다. 물리학은 이러한 이론 과학의 성격을 지녀서 다른 분야와 구별되는데 이 점이 철학과 물리학이 밀접한 연관성을 갖게 한다. 과학적 탐구의 과정에 포함된 요소인 관찰과정과 논증형식, 형이상학적 전제 등을 설명하고, 형식논리학과 실제로 통용되는 방법론과 형이상학 등의 관점에서 그 요소들의 타당성을 검토하는 철학의 한 분야인 과학철학이 있다. 대표적인 과학철학자 카르납(R. Carnap), 콰인(W. v. O. Quine), 미셸 푸코(Michel Foucault), 칼

포퍼(Karl Popper), 토마스 쿤(Thomas Kuhn), 파이어아벤트(Paul Feyerabend) 등은 모두 물리학에 정통한 철학자들이다.

모든 자연현상의 실체인 물질은 그것을 이루는 구성원소들이 있고 그들 사이의 상호작용으로 설명이 가능하다. 물질을 이루는 구성원 사이의 상호작용으로 인하여 모든 자연현상이 일어난다고 주장하는 입장을 물리주의(physicalism)라고 부른다. 고대 그리스의 데모크리토스(Democritos)는 물질을 이루는 궁극적인 구성원소을 '원자'(atom)라고 불렀다. 그러나 근대에 이르러 돌턴(Dalton)은 일정한 성분비로 화학반응이 일어난다는 사실로부터 이러한 원자론에 대해 이의를 제기한다. 그 후 볼츠만(L. Bollzmann)은 원자에 과학적 실재성을 보이려 하였고, 현대에는 현미경으로 원자와 전자까지도 관측할 수 있다. 심지어는 현대과학에서는 원자를 원자핵과 전자들로 쪼개고 원자핵은 다시 양성자, 중성자 등의 기본 입자들로 이루어졌다고 생각하며, 기본 입자들은 대칭성에 따라 분류한다. 대체로 전자와 중성미자를 지칭하는 렙톤(lepton)과 양성자나 중성자 등의 하드론(hadron)을 구성하는 쿼크(quark), 마지막으로 이러한 기본 입자들 사이의 상호작용을 전해주는 게이지 입자(gauge particle)로 나눈다. 즉 이러한 기본 입자는 물질의 궁극적 구성원과 그들 사이의 상호작용을 표현하며, 결국 이에 따라 모든 자연현상이 일어난다고 할 수 있다. 물리학에서 더 이상 원자는 물질을 구성하는 궁극적인 구성원소는 아니다. 그러나 데모크리토스가 '더이상 쪼갤 수 없는 가장 작은 알갱이'로서 정의했던 원자에 대한 정의는 여전히 유효하다.

이론과학의 관점에서 본다면 생명현상은 참으로 독특하고 복잡한 현상이다. 생명체는 독특한 짜임새로 짜여져 있을 뿐만 아니라 물질 대사라는 상호작용을 한다. 동물이든 식물이든 모든 살아있는 것들은 저마다 독특한 짜임새를 지니며, 외부로부터 에너지를 받아서 자신의 엔트로피(entropy)를 줄이고 정보를 늘리는 과정인 대사운동을 한다. 또한 모든 생명체는 번식을 후손을 생산함으로써 시간적 한계를 극복한다. 대부분의 경우 자신과 닮은 것을 만들어내는 유전현상을 보인다. 이러한 과정에서 생명체는 환경에 반응하며 생명의 지속적으로 살아남기 위해 자신을 변화시키고 또한 후손을 변이시킨다. 그리고 이는 생태계의 진화를 가져온다. 미생물에서 인간에 이르기까지 모든 생명체는 유전정보를 담고있는 DNA나 단백질을 구성하는 아미노산의 종류가 같다. 이로부터 변이와 자연선택이라는 진화과정을 통해 엄청난 생물 종의 다양성이 생겨난다.

볼츠만과 슈뢰딩거(E. Schrődinger)에 따르면 생명의 본질은 정보(imformation)이다.

도킨스(Richard Dawkins)도 그의 책 『이기적 유전자』(The Selfish Gene)에서 인간을 포함한 모든 생명체는 '유전자를 실어나르는 생존기계'라고 규정한 바 있다. 생명체는 유전정보를 실어나르는 역할 을 할 뿐 생명체의 진정한 주인은 유전자라는 것이다. 생태계는 많은 구성원으로 이루어진 복잡한 체계로 생명이라는 특성은 생명체를 구성하는 개개요소에 있는 것이 아니고 그들 사이의 특별한 짜임새에 있는 것이다. 실제로 생명체를 구성하는 요소와 무생물을 구성하는 요소 자체에는 근본적인 차이가 없으며 그 짜임새의 차이 때문에 생겨나는 발생(emergence)이라는 현상에 정보가 핵심적인 구실을 하게 된다. 결국 생명체도 보통 물질과 마찬가지로 물리법칙에 따르며, 다만 복잡성에서 달라지게 된다.

근대 이후로 철학은 과학에게 객관주의적 영역을 물려주고 대신 정신이라는 주관적 영역으로 물러나게 된다. 러나 여전히 철학사는 과학사와 나란히 달리고 있다. 이는 철학과 과학의 불가분의 상호 연관성 때문일 것이다. 과학과 철학의 차이점은 다음과 같다.

1) 철학은 전제가 없이 시작하고 과학은 전제(premise)나 가정(hypothesis)으로부터 시작한다. 예를 들어 수학이나 기하학은 공리(axiom)를 전제로 하고 모든 지식체계를 세워 나가며 과학 역시 이 세계가 합법칙적으로 존재한다는 것을 전제로 삼고 자연현상을 탐구하며 법칙을 세워 나간다. 수학이나 기하학은 공리의 정당성의 근거를 따지지 않는다. 마찬가지로 과학도 이 세계가 과연 합법칙적인 존재인가에 대해 의문을 던지지 않는다. 그러나 철학은 이와 다르다. 철학은 어떠한 전제나 가정도 허용하지 않는다. 과학에서 별다른 의문을 던지지 않는 전제나 가정 그 자체를 철학은 탐구 대상으로 삼는다. 물리학이 물체의 힘과 운동을 측정할 때 언제나 시간과 공간을 전제하지만 철학은 시간과 공간의 실재성 자체에 대해 의문을 제기한다. 과학은 실제로 있다는 것에 만족하지만 철학은 '있다는 것'(to be)과 '있음'(Being)의 의미에 대해 묻는다. 이처럼 철학에는 물음은 있어도 가정이나 전제는 있을 수 없다.

2) 철학은 존재와 세계를 전체적으로 탐구하고 과학은 자연 세계의 어떤 특수하고도 부분적인 대상을 탐구 한다. 세계의 어떤 부분을 선택하여 그것을 탐구하는 것은 개별과학이 할 일이다. 물체는 물리학이 천체는 천문학이, 생명체는 생물학이, 인체는 의학이 탐구한다. 철학은 존재 전체, 세계 전체에 관심을 가진다. 철학은 존재 전체의 의미는 무엇이고 역사 전체를 지배하는 법칙은 무엇이며 세계 전체에 내재하는 궁극적인

원리는 무엇인가를 탐구한다. 과학은 탐구 영역을 경험세계에 한정하지만 철학은 이를 확장하여 초경험적 세계까지를 탐구영역으로 삼는다. 과학은 인간 경험이 미치는 범위 안에서 현상적으로 나타난 대상만을 탐구하려고 하지만 철학은 인간 경험의 한계를 넘어서는 초월적인 문제에 까지 관심을 가진다. 우리의 경험이 미치는 가시적인 세계만이 아니라 그 배후에 있는 본질로서의 세계는 무엇이며 그러한 세계를 구성하는 궁극적이고도 근원적인 존재는 무엇인가를 밝히고자 하는 것이 철학이다.

3) 철학은 가치 지향적이고 과학은 가치 중립적이다. 과학은 사실을 있는 그대로 기술하고 존재하는 것을 존재하는 그대로 밝힐 뿐이다. 그러므로 과학은 가치를 내포하지 않으며 윤리적 판단도 하지 않는다. 그러나 철학은 존재를 탐구할 때 인간이 지향하는 가치와 관련된 사실에 대해서 뿐만 아니라 있어야 할 사실, 즉 당위의 문제까지도 탐구한다. 다른 동물들과는 달리 인간은 본성적으로 가치지향적인 존재이다. 인간은 자신의 생명을 보존하기 위해 육체적 욕구만을 충족시키는 데 그치지 않고 자신의 존재와 삶에 의미와 목적을 부여하고 그 속에서 보람과 가치를 추구하고자 한다. 그래서 인간은 선과 덕이 무엇인지를 알기 원하고 행복과 이상을 성취하기를 바란다. 철학은 이와 같이 인간 본성이 요구하는 가치 충족에 대해 답하려 한다는 점에서 과학과 다르다.

자연과학은 과학기술을 바탕으로 이른바 정보기술, 나노기술, 유전.나노.로봇기술 등의 첨단 기술들을 낳았다는 점에서 물질 문명과 상호 연관되어 있다. 신비로운 자연현상에 대한 탐구와 인간을 포함한 우주 전체에 대한 이해를 추구하는 자연과학은 이제 핵무기 제조를 비롯한 군수산업, 환경오염, 윤리의식의 붕괴와 같은 여러 가지 부정적인 측면도 야기한다. 그러므로 현대 사회에서 자연과학이 인간의 삶에 끼치는 실로 막대한 영향을 생각하면 현대인에게 과학의 이해는 필수적이라 하겠다. 여기서는 물리학과 생명공학, 과학혁명에 대해 고찰하고자 한다.

2. 현대 물리학

양자역학의 기초를 놓은 닐스 보어도 처음에는 원자가 행성계와 같은 모양을 하고 있다고 생각했지만 나중에는 그것이 옳지 않다고 수정한다. 사실 원자구조와 행성계는 전혀 비슷하지 않다. 행성계에서는 중력이 작용하지만 원자 내에서는 핵력과 전자기력이 작용한다. 같은 힘이라 하더라도 힘의 종류가 다르면 실제 모습도 크게 달라진다. 전자는 말끔한 선을 그리며 원자핵 주위를 돌지 않을뿐 아니라 행성처럼 궤도에 붙박혀 있지 않고 궤도와 궤도 사이를 왔다 갔다 한다. 하이젠베르크에 따르면, 전자가 지금 어느 곳에 있는지는 아무도 정확히 알 수 없다. 즉 전자의 실체를 확정하는 것은 원리적으로 불가능하다.

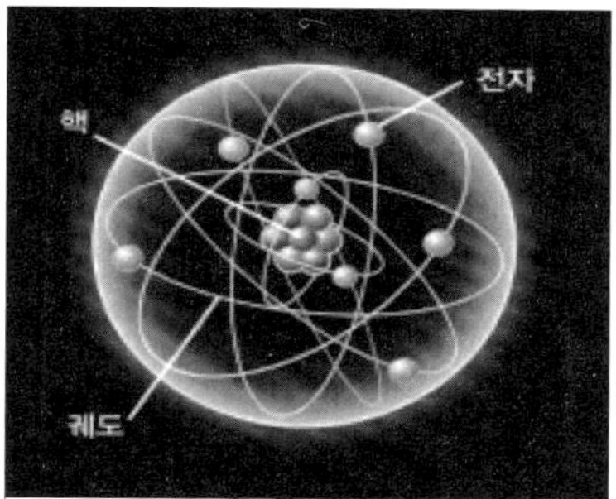

그림 5-2 소립자의 위치나 속도를 측정하려면 관측을 위해 광자를 소립자와 충돌시켜야하는데 이때 소립자는 양자도약을 한다. 즉 관측자가 보는 즉시 순간적인 워프(warp)를 하게 되는 것이다.

2500여 년 전에 피타고라스가 빛의 입자설을 주장한 이래 오랫동안 빛은 입자라고 여겨져 왔다. 17세기에 이르러서야 빛이 입자가 아니라 파동이라는 새로운 사실이 밝혀진다. 빛은 소리나 물결처럼 간섭과 회절현상을 일으킨다. 만일 입자라면 특정한 시간에 반드시 특정한 장소를 점해야 하므로 갑섭이나 회절현상 같은 것을 일으킬 수 없을 거이이다. 그러므로 빛은 파동이어야 한다. 이렇게 빛은 처음으로 파동이라는 사실이 밝혀졌지만 그래도 여전히 문제는 남는다. 만일 빛이 파동이라면 당연히 매질이 있어야 한다. 음파는 공기나 물처럼 매질을 타고 전파된다지만 매질이 없는 진공상태인 우주를 뚫고 햇빛과 별빛이 우리에게 전달되는 것은 설명할 수 없었다. 그래서 19세기의 과학자들은 빛의 매질로서 에테르라는 가상 물질을 고안하기에 이른다. 에테르는 가상으로 설정한 매질이기 때문에 실험으로 검증될 수 있는 물질이 아니다. 따라서 과학자들이 아무리 빛이 파동이라고 규정해도 빛의 정체는 여전히 수수께끼였다.

20세기 초 막스 플랑크는 빛은 파동이기도 하고 입자이기도 하다는 해결책을 내놓았다. 플랑크도 처음에는 빛을 파동이라고 여겼는데 직접 실험하는 과정에서 묘하게도 입자의 속성을 지니고 있음을 발견한 것이다. 물체를 가열할 때 나오는 빛의 파동을 분석하던 플랑크는 전혀 예상하지 못한 결과를 보게 된다. 파동이라면 물결이나 소리처럼 당연히 연속적으로 퍼져 나가야 하지만 빛은 연속적이 아니라 불연속적인 묶음 단위로 방출되었던 것이다. 그래서 플랑크는 빛을 광자, 방출되는 불연속적인 빛의 묶음을 양자(quantum)라고 명명했다. 결국 그가 내린 결론은, 광자와 같은 소립자들은 입자이면서도 파동처럼 행동한다는 것이었다. 이러한 결론은 과학은 분명하면서도 확실해야 한다고 확신했던 당시의 과학자들을 혼란에 빠트렸다.

그러나 플랑크도 빛이 왜 그런 묶음 단위로 방출되는지에 대해서는 이해하지 못했다. 이 문제를 해결한 사람은 보어이다. 보어는 원자에 에너지를 가하면 에너지를 받은 전자는 '들뜬 상태'가 되어 다른 궤도, 즉 원자핵에서 더 먼 궤도로 이행하며, 계속 에너지를 가하면 전자는 결국 원자의 바깥으로 튀어나갈 수밖에 없게 된다는 사실을 밝혀냈다. 그 결과가 바로 플랑크가 관찰한 빛의 묶음이다. 반대로 에너지를 잃으면 전자는 '바닥상태'가 되어 원자핵에 가까운 안쪽 궤도로 떨어져간다. 보어도 여기까지는 이해할 수 있다. 그런데 문제는 전자가 이동하는 방식이 상식을 초월한다는 사실이었다. 그가 관찰한 사실은 전자가 멋진 궤적을 그리며 궤도 사이를 이동한다면 좋겠는데, 그러지 않고 에너지를 받거나 잃은 전자는 원래 있던 궤도에서 갑자기 사라져버리는 것이었다. 그리고 동시에 다른 궤도에 불쑥 나타난다. 즉 전자가 궤도에서 궤도로 이행하는 것은 연속적이지 않은 것이다. 이 현상을 보어는 '양자 도약'이라 불렀다. 플랑크의 실험에서 빛이 묶음 단위로 방출된 이유는 바로 양자도약 때문이었던 것이다. 여기서 중요한 사실은 양자, 즉 광자나 전자는 모두 입자이면서 동시에 파동이라는 이중성을 지닌다는 점이다. 전자를 입자라고 생각하면 전자가 궤도에서 사라지는 동시에 다른 궤도에서 나타나는 현상을 설명할 길이 없다. 반면 전자를 파동이라 생각하면 전자가 일정한 양을 단위로 해서 불연속적으로 운동하는 현상을 설명할 수 없게 된다. 왜냐하면 파동은 연속적이어야 하기 때문이다. 따라서 양자도약이라는 현상은 전자의 이중성을 받아들여야만 설명할 수 있다.

플랑크와 보어는 공동으로 양자역학의 기본 틀을 구성하게 된다. 소립자의 세계에서 입자와 파동을 등치시킨 양자역학은 물질과 에너지를 등치시킨 상대성이론과 더불어 물리학에서 커다란 혁명을 낳았다. 아인슈타인의 경우에서처럼, 양자역학과 상대성이론은 마치 뉴턴역학과 상대성이론의 관계처럼 서로 화합할 수 없고 정면으로 대립되는 이론이다. 그러나 양자역학과 상대성이론은 각각 입자와 파동, 물질과 에너지를 등식화하고 있다는 점에서 발상 자체로 보면 서로 소통이 가능한 체계라 할 수도 있다.

사실 아무리 초고성능 현미경이 개발된다 해도 우리는 전자의 모습을 정확히 볼 수 없다. 불확정성의 원리에 따르면, 원자구조를 관찰하는 것은 애초부터 불가능한 일이므로 교과서에 실려있는 원자구조는 상상일 뿐이다. 전자를 볼 수 있을 만큼 해상도가 뛰어난 초고성능 현미경이 있어 그것으로 전자를 보려 해도 우리는 결코 전자를 볼 수 없을 것이다. 왜냐하면 물체를 관찰한다는 것은 곧 그 물체에서 나오는 빛을 관찰한다는 것인데, 전자는 스스로 빛을 발하지 않으므로 전자를 보려면 우리는 빛을 전자에 비추어야 한다. 그러나 사실 빛 자체가 전자다. 전자에 빛을 가한다는 것은 곧 에너지를 가한다는 것, 즉 전자에 광자라는 또 다른 전자를 부딪는다는 말이다. 아무리 소량의 빛이라 하더라도 조그만 전자로서는 감당하기 어려운 크기의 에너지일 것이다. 그렇게 된다면 광자가 전자에 도달하는 순간 광자의 에너지를 받은 전자는 양자도약을 일으켜 사라지고 말 것이다. 전자를 보려하는 순간 어디론가 사라져서 가버려 우리는 결코 그것을 볼 수 없게 된다.

하이젠베르크가 정식화한 불확실성의 원리는 소립자의 위치와 운동량을 동시에 확정할 수 없다는 것이다. 어떤 물체의 운동을 예측하려면 우리는 그 물체의 위치와 운동량을 정확히 알아야 한다. 즉 현재 그 물체의 위치와 운동방향을 알아야 한다는 말이다. 그러나 소립자의 경우에 그것의 현재 위치와 운동방향을 예측한다는 것이 불가능하다. 불확정성의 원리에 따르면, 위치와 운동량을 동시에 확정하려 애쓸수록 오히려 불확정도만 더욱더 커지게 된다. 위치를 확정하려 할수록 운동량은 더욱 불확실해지며, 운동량을 확정하려 할수록 더욱 큰 에너지를 가해야 하므로 전자의 운동량도 더욱 커지게 된다. 반대로 전자의 운동량을 정확하게 알고자 하면 할수록 더욱 작은 에너지를 가해야 하므로 전자의 위치는 더더욱 불확실해지게 된다. 전자가 나름대로 실체적인 형태를 가지고 있고 일정한 궤적을 지니는 운동을 한다 해도 우리는 전자의 정체를 결코 정확히 알아낼 수 없다. 우리는 단지 전자가 존재할 가능성있는 시간과 장소를 '확률'로써만 표시할 수 있을 뿐이다. 그러므로 현대과학에서 전자는 실체가 아닌 확률의 구름으로 표시된다. 구름의 농도가 진한 곳은 확률이 높다는 뜻이며, 농도가 엷은 곳은 확률이 적다는 뜻이다.

불확정성의 원리는 원래 소립자의 위치와 운동량에 관한 것이지만, 에너지와 시간의 관계에도 적용된다. 즉 아주 짧은 순간에 존재하는 소립자 세계의 에너지량에는 매우 큰 불확정성이 존재한다는 원리이다. 에너지가 곧 물질이라는 사실은 이미 아인슈타인이 밝힌 바 있다. 따라서 그 원리는 달리 말하면 아주 짧은 순간에 특정 장소에 존재하는 물질의 양을 우리는 결코 정확히 알 수 없다. 아주 짧은 순간에 엄청난 양의 소립자들이 생겨났다가 사라진다 해도 우리는 그 사실을 결코 알 수 없을 것이다. 아인슈타인은 보어와 하이젠베르크를 비롯해 당시 새로운 물리학인 양자역학을 주장하는 물리학자들에게 심한 불만을 느끼고 몇 차례나 공개적인 논쟁을 벌인 바 있다. "신은 주사위 놀이를 하지 않는다."는 말로 물리학적 결정론을 신봉하며 진리는 단순한 데 있다고 믿었던 아인슈타인은, 결국 죽을 때까지도 양자역학이나 불확정성의 원리를 인정하지 않았다.

불확정성의 원리가 갖는 철학적 의미는 인간이 자연을 인식하는 데 숙명적인 한계가 있음을 말해준다는 사실이다. 아인슈타인이 빛의 속도가 불변이라는 자연 법칙에 더이상 의문을 품지 않고 그대로 받아들였듯이, 불확정성의 원리 역시 하나의 자연 법칙으로 그대로 받아들일 수밖에 없다. 사실 불확정성의 원리에 따른다 해도 우리가 전자의 모습을 전혀 볼 수 없는 것은 아니다. 다만 전자는 우리가 그것을 조는 동시에 사라져 버리기 때문에 엄밀히 말하면 우리는 전자의 과거, 즉 흔적을 본다고 해야 맞다. 뉴턴 물리학에 따르면, 어떤 물체의 직전 상태는 그 물체의 직후 상태를 결정해야 한다. 이것이 인과율이다. 나뭇가지에 매달린 사과는 위치에너지를 가지고 있기 때문에 아래로 떨어져 뉴턴이 만유인력의 법칙을 발견하게 해 주었지만, 전자가 이 궤도에서 사라지고 다른 궤도에서 나타난다는 괴이한 현상을 말하는 양자도약 이론은 그런 인과율과는 무관해 보인다. 궤도에서 사라진 전자가 다른 궤도 어느 곳에서 나타날지는 전적으로 우연적이다. 직전의 상태가 직후의 상태를 전혀 결정하지 못하는 것이다. 전자가 도약하기 직전의 위치도 정확히 알 수 없는데 도약한 직후에 어디 있을지를 모르는 것은 어쩌면 당연한 일이다. 이렇게 우리가 불변의 원칙이자 확고한 상식으로 믿어왔던 동시성과 인과율은 양자역학에서 여지없이 깨어져 버린다.

3. 생명공학

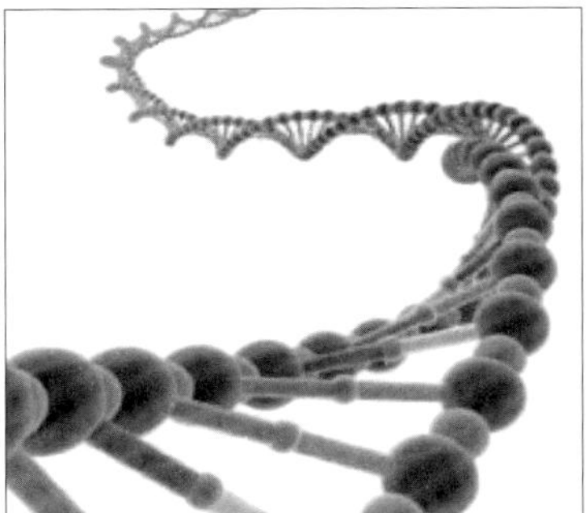

그림 5-3 인간 게놈의 구조

그리스 신화에 나오는 키메라, 켄타우로스, 잭과 콩나무에 나오는 거대 콩나무 등이 더이상 상상 속에서만 존재하는 생명체가 아닐 수도 있다. 유전자 재조합 기술이 실용화되고 있는 21세기 상황을 살펴볼 때, 이런 동물은 신화나 전설로만 끝나지 않을 것 같다. 생명공학이란 생명 현상이나 생물의 여러 가지 기능을 밝히고 그 성과를 의료나 환경보전 등 인류 복지에 응용하는 종합 과학으로, 의학뿐만 아니라 유전공학 미생물학 등 생명 현상을 과학적으로 다루는 모든 과학

영역을 포함한다. 생명공학이 오늘날 컴퓨터 공학을 비롯한 전자 공학과 더불어 최첨단 학문으로 발전하게 된 것은 생명의 본질이라고 여겨지는 유전자에 대한 획기적인 인식의 발전이 이루어졌기 때문이다. 생명공학은 생물 세포의 핵 속에 있는 유전자를 실험실에서 인공적으로 조작하여 우리가 의도하는 새로운 생명체를 창조하거나 우리에게 유용한 생물체로 개조하기도 한다. 그리고 생명 현상이 원리적으로 분자 구조의 차원에서 설명된다는 분자 생물학에 그 토대를 두고 있다.

생명공학이 대두하게 된 배경으로는 크게 인구 증가로 인한 식량 문제와 생태학적 위기를 들 수 있다. 인구 문제는 오늘날 인류가 안고있는 심각한 숙제이며, 산업화와 도시화의 문제로 연결된다. 그리고 이는 한정된 공간인 지구에서 인류가 살아남아야 하는 환경 위기와도 결부된다. 즉, 인구 증가는 환경 훼손과 식량 부족 문제를 야기시키며 인류의 생존을 위협하고 있다. 현재 전 지구 1/3이상의 사람들이 굶주림과 영양실조에 시달리고 있다. 전 세계를 충족시킬 수 있는 식량 자원이 존재함에도 불구하고, 식량의 편재가 아프리카를 비롯한 일부 나라에 기아를 발생시키고 있다. 이러한 상황에 대처하기 위해서는 경지의 보존과 확장, 생명공학을 이용한 종자의 개량, 영농방법의 개선 등으로 농업 생산력을 높이고 식량 낭비의 억제, 사료 작물 자급 등을 추진해야 한다. 이 중에서도 생명공학은 식량난 문제를 획기적으로 해결할 수 있다는 기대로 우리의 관심을 모으고 있다. 현재 전 세계는 인구 폭발로 인해 자연 생태계 변화라는 위협을 받고 있다. 오존층 파괴 현상이나 온실 효과에 의한 대기권 온도 상승, 산성비 등이 대표적인 예이다. 따라서 급변하는 지구 전체의 상황 속에서 인간은 자신의 생존과 번영을 위한 길을 찾아 나가지 않으면 안 될 운명에 직면하게 되었다. 이러한 현상들을 해결하기 위한 과정에서 생명 공학에 대한 관심이 높아지기 시작했다.

농업 분야에서 생명공학은 주로 생산성 증가를 목표로 하는 육종을 비롯하여, 여러 방향으로 진행되고 있다. 식물 육종 분야에서는 식물의 조직이나 열매와 같이 식용으로 사용하는 부분만 선택적으로 증가시키거나, 한 식물체에서 두 가지 이상의 열매를 수확할 수 있는 새로운 식물의 개발 등이 시도 되었다. 줄기에서는 토마토가 열리고 뿌리에서는 감자가 열리는 포마토, 오렌지와 탱자를 혼합한 오렌타지, 멜론과 호박을 접합시킨 멜론차 등이 이미 만들어져 보고되었으며, 지금도 많은 연구가 진행되고 있다. 또한 콩과 같이 단백질이 풍부한 식물 열매의 단백질 내 아미노산 조성을 변화시켜 영양이 더욱 풍부한 열매를 만들려는 연구도 진행 중이다.

또한 생명공학은 환경 문제의 해결에도 도움을 주고 있다. 유해한 오염 물질을 분해하는 미생물 연구가 이루어지고 있는데, 태안 기름유출 사고에 사용되었으면 좋았을 석유를 분해하는 박테리아의 개발은 그 한 예라 하겠다. 한편, 인류는 석유 위기를 맞이하여 대체 에너지 개발의 필요성을 절감하고 재생 자원을 활용하려는 노력을 기울이고 있다. 생명공학은 이러한 대체 에너지 개발에 있어서도 큰 역할을 담당할 수 있다. 생물 에너지의 생산이 바로 여기에 해당된다. 이미 브라질에서는 섬유소나 전분 자원을 이용하여 알코올과 같은 액체 연료를 생산, 이를 휘발유와 혼용하여 만든 가소홀이라는 생물 에너지를 실용화하고 있다.

오늘날 생명공학은 의료 문제를 비롯하여 심각한 인구 증가, 식량 고갈, 지구 사막화와 온난화 그리고 환경오염 등의 문제를 해결하기 위해 반드시 필요하다. 현재 생명공학은 유전자 재조합 기술, 세포 융합 기술, 단백질 공학을 통한 생물 육종 등으로 농림 축산 공업 환경 분야에 응용되고 있으며 앞으로 생체 모방 기술인 바이오센서, 인공 세포 등에도 응용할 수 있다. 이미 인슐린과 성장 호르몬 등의 의약품이 개발 이용되고 있고, 인간의 유전병 치료에 초점을 맞춘 인간 게놈 프로젝트가 이루어지고 있다. 여기서 살펴볼 것은 생명공학 기술 중 근육 강화, 기억 강화, 신장 강화, 성 감별 등 네 가지이다. 이 기술들은 질병을 치료하거나 유전적 이상을 예방하기 위한 것이었다. 그러나 과학자들의 의도와 다르게 부정적으로 사용되기도 한다.

1 / 근육강화

유전자 치료를 이용해서 근이영양증을 완화하고 노화에 따른 근육 손실을 복구한다면 이에 반대할 사람은 없을 것이다. 그러나 운동선수가 자신의 기록을 향상시키기 위해 유전학 기술을 이용한다면 문제는 달라진다. 손상된 근육을 회복시킬 뿐만 아니라 건강한 근육도 강화시킬 수 있는 기술은 현재 인체에 사용되는 것이 허용되지 않았지만 머지않아 운동선수들에게 사용될 수도 있다. 경기력 향상을 위해서 프로스포츠 선수들이 스테로이드제나 약물을 금하고 있지만 유전학적 강화 시술을 받는 것도 금해야 할 것인지에 대해서는 논란의 여지가 있다. 스포츠에서 약물을 금지하는 이유는 안전성과 공정성 때문이다. 스테로이드제는 해로운 부작용이 있고, 일부 선수들에게 심각한 건강상의 위험을 초래하면서 능력을 강화하는 일을 허용하는 것 자체가 공정성에 위배되기 때문에 금지된다. 그러나 근육 강화 유전자 치료가 안전한 것으로 판명되거나 오히려 운동에 의한 근력 강화보다 위험하지 않다는 사실이 판명된다면, 운동선수들의 유전학적 강화 기술의 사용을 막을 명분이 사라진다.

유전학적 성과를 활용하는데 치료와 강화를 구분하는 것은 그리 간단한 문제가 아니다. 운동선수가 파열된 근육을 치료할 목적으로 유전자 치료 방법을 이용할 수 있지만, 같은 기술을 경기력 향상을 목적으로 사용해서는 안된다는 근거를 찾기란 쉽지 않다. 물론 유전학적 강화 기술로 능력을 상시키는 행위는 그같은 치료를 받지 않은 다른 경쟁자들에게 불공정한 행위라는 이유를 들 수 있다. 그렇다면 원래부터 타고난 유전자가 다른 경쟁자들보다 월등히 탁월한 선수는 태어난 것 자체가 불공정한 것이라고 말하는 것과 마찬가지이다. 그러나 누군가 좋은 유전자를 가지고 태어났기 때문에 발생한 자연적 불평등을 이유로 스포츠 게임의 공정성을 문제삼는 사람은 없다. 공정성의 관점으로 본다면 유전적 차이가 자연적으로 생겼거나 강화 기술에 도움을 받았거나간에 그것을 도덕적으로 문제 삼을 수는 없다. 그러므로 스포츠에서 유전학 강화를 문제삼으려면 공정성이 아닌 다른 이유를 제시해야 할 것이다.

2 / 기억 강화

유전학 강화는 체력 뿐만 아니라 두뇌에도 가능하다. 과학자들이 기억관련 복제 유전자를 쥐의 배아에 넣어 실험했다. 이 실험에 참가한 쥐들은 학습속도와 기억하는 시간이 다른 쥐에 비해 월등히 향상되었고 이 능력은 자손에게 대물림 되었다. 물론 사람의 기억 작용 방식이 쥐를 통한 실험에서 보다 훨씬 복잡한 양상을 띠는 것은 사실이다. 최근 알츠하이머 환자의 기억력 향상을 위한 '인지력 강화제'가 개발되고 있다. 그러나 이 약은 환자에게 뿐만 아니라 자연적 노화를 겪고 있는 일반인들에게도 사용될 수 있다. 그러므로 이 약물의 용도는 치료와 강화의 경계를 무의미하게 만들 수도 있다.

'인지력 강화제'의 상용화 문제를 우려하는 사람들은 개인의 경제력 차이에서 오는 또다른 불평등 가능성을 지적한다. 돈이 없어서 이용할 스 없는 사람들은 자연적 노화를 감당해야 하고, 또 기억 강화가 후대로 유전된다니 과연 영화 〈가타카〉가 현실이 될 수도 있는 것이다. 그러므로 인지력 강화제의 상용화 이전에 우리가 해결해야 할 문제는, 강화 자체를 도덕적으로 문제삼는 이유가 무엇인가에 대해서 일 것이다. 근본적인 문제는 강화

기술에 접근하는 평등성의 문제가 아니라 과연 우리에게 강화 기술이 왜 필요한지에 대한 것이다.

3 / 신장 강화

1980년 이후 평균 키에 못미치는 아동들에게 성장 호르몬 사용이 허가되었다. 그런데 문제는 건강한 아이들도 이 호르몬제 치료를 받아서 평균 신장이 커게 되었고, 결과적으로 호르몬 치료를 받지 않은 아이들은 평균보다 작아지는 결과를 초래 했다. 미국식품의약국(FDA)의 규정상 허가하지 않은 목적에 약을 처방하는 것이 위법다 그러나 제약회사가 나서서 그것을 부축일 수는 없는 실정이다. 2010년 FDA는 남자아이 158센티미터 이하, 여자아이 147센티미터 이하일 경우에만 호르몬 처방을 할 수 있도록 허가했다. 그러나 이러한 사소한 용인이 강화의 윤리에 심각한 문제를 초래한다. 이 대상에서 제외되었지만 여전히 평균 키에 미치지 못하는 아이들은 호르몬 치료를 받고 싶을 것이다. 더 나아가 현재 키는 평균 키이지만 좀더 키워서 마이클 조던과 같은 농구선수가 되고 싶은 사람도 마찬가지로 이 치료를 받고 싶을 것이다. 이런 상황이 발생하면 이 기술이 있기 전보다 나아지는 사람은 별로 없게 될 것이다. 오히려 지나친 경쟁때문에 치료를 받아야 함에도 치료 혜택을 받지 못하는 사람이 발생할 수 있다.

4 / 성 감별

생명공학을 의료가 아닌 목적으로 사용하는 가장 흔한 예는 부모가 자녀의 성별을 선택하는 것이다. 양수천자술(양수검사)과 초음파를 사용하는 산전 검사가 태아의 성 감별 기술이다. 원래 양수천자술은 이분척추증이나 다운증후군과 같은 유전적 이상을 찾아내기 위한 것인데, 이것이 태아의 성을 알려주기 때문에 원치않는 성별의 태아를 낙태하는 데 이용된다. 여러 가지 이유가 있겠지만 불임부부의 체외수정(시험관 아기)시에도 수정란을 자궁에 착상시키기 전에 성별을 선택할 수 있다. 착상 전 유전진단(PGD)은 세포 배양접시에서 난자 몇개를 수정시키고 8세포기까지 3일정도 배양한 다음 초기 배아에서 성을 판정한다. 부모는 원하는 성별의 초기 배아를 자궁에 착상시킨 다음 나머지는 버린다.

생명공학은 의학, 특히 의약품 관련 분야에 폭넓게 응용되고 있다. 대장균에 의한 인슐린 대량 생산이 그 시작이다. 현재는 인슐린뿐만 아니라 바이러스 감염 치료제인 인터페론, 인체 성장 호르몬 등을 대량 생산할 수 있게 되었다. 또한, 유전자 분석법의 개발은 많은 유전병의 진단을 가능하게 하였고 유전자 치환 기술은 결핍된 유전자나 손상된 유전자를 건강한 유전자로 대체하여 영구적인 치료를 가능하게 하는 길을 열어 놓고 있다. 사람마다 가지고 있는 지문의 검색은 이미 법의학에 도입되어 범인 검거에 사용되고 있다. 이처럼 생명공학은 인간에게 직접적인 영향을 준다.

4. 과학혁명과 패러다임

그림 5-4 토마스 쿤(Thomas Samuel Kuhn), 1922~1996

문명의 발달 과정 전체를 볼 때 인간은 수백만 년의 선사시대 내내 큰 변화를 겪지 않다가 역사시대에 접어든 수천년 동안 비약적으로 발전했다. 유럽의 경우 인간의 지성과 과학의 측면에서 변동의 폭은 천 년 가까이 지속된 중세보다 르네상스 이후 불과 300년 동안 더 컸다. 토마스 쿤은 이러한 도약, 비약, 불연속, 단절이 특히 과학의 역사에서는 아주 일반적이고도 평범한 현상이라고 말한다. 쿤은 역사를 정상 과학의 시기와 과학혁명의 시기로 구분한다. 정상 과학의 시기는 하나의 패러다임 안에서 연구 작업이 이루어진다. 패러다임이란 이를테면 기본형이나 표준형을 의미하는데, 한 동사의 기본형에서 온갖 변형과 활용형이 파생되듯이 하나의 패러다임에서 여러 과학적 인식과 모델이 생겨난다. 과학적 인식뿐 아니라 과학 이론, 그리고 그 이론을 검증하는 실험 기술과 장비, 이론을 구성하는 논리, 나아가 과학자 집단이 공유하는 관념과 가치관, 관습까지도 모두 그 패러다임에서 벗어날 수 없다. 하나의 패러다임 아래서 과학자들의 연구 성과는 그 패러다임을 더욱 강화하고 확증하며 그 패러다임이 적용될 수 있는 범위와 정확성까지도 높이는 역할을 하지만, 그렇다고 해서 그 패러다임 자체를 넘어설 수는 없다. 뿐만 아니라 정상 과학 시기 동안에는 그 패러다임을 넘어선다는 생각조차 품지 못한다.

쿤은 패러다임을 문제풀이와 긴밀하게 연결된 것으로 보고 있다. "패러다임은 과학자 집단이 시급하다고 여기는 문제들을 푸는 데서 경쟁 상대들보다 훨씬 성공적일 때 패러다임이라는 지위를 얻는다." 그런데 문제를 풀기 위해서는 먼저 그 문제가 부여하는 규칙을 인정해야만 한다. 정상 상태에서도 이따금 당대의 패러다임에 대한 반발과 도전이 있기는 하지만 일반적으로 패러다임은 허약한 도전자쯤은 거뜬히 물리친다. 천동설을 예로 들어 보자. 그리스 시대에 형성된 프톨레마이오스의 천동설은 이미 그 시대에 아리스토텔레스의 도전을 받았지만, 이를 물리치고 이후 무려 1500년 동안이나 우주론으로 유지되었다. 천동설의 패러다임이 그만큼 힘이 가지고 있었기 때문이다. 프톨레마이오스는 지구를 우주의 중심으로 보고 태양과 달, 별 등이 모두 각기 다른 궤도를 가지고 지구를 돈다고 생각했다. 그의 천동설은 일식과 월식까지도 확하게 예측했으므로 약간의 의심이 들기는 했지만 쉽게 파기되지는 않았다. 그러나 한편으로 과학의 성과들이 패러다임을 강화해주기도 하지만, 다른 한편으로는 그 그늘 속에서 패러다임 자체를 의문시하는 사실들도 점점 누적되는 법이다. 이러한 의심과 회의가 누적되다 보면 어느 순간 인식의 대 전환이 일어나게 되는데 곧 과학혁명의 시기다.

과학혁명은 정상 과학의 성과들이 누적된다고 해서 자연스럽게 이루어지지 않는다. 만일 그렇다면 굳이 혁명이라는 말을 붙일 필요도 없을 것이다. 위의 예에서 말했듯이 지동설은 프톨레마이오스의 천동설을 토대로 한 것이 아니다. 뉴턴의 천문학도 원칙적으로는 천동설과 달랐다. 프톨레마이오스는 천체의 운동을 중심으로 천동설을 주장했지만 뉴턴은 운동이라는 현상에 주목하는 대신 운동의 원인을 문제삼았다. 나무에서 사과가 떨어지는 것을 보고 깨달음을 얻었다는 이야기에서처럼 그는 운동의 원인을 힘에서 찾았다. 행성계에서는 운동 현상보다 운동의 원인, 즉 힘이 중요하다고 보았다. 그 결과 뉴턴은 만유인력의 법칙을 발견한 것이다. 프톨레마이오스는 단순히 천체의 운동이라는 경험적인 사실을 받아들였지만 뉴턴은 문제 설정 자체를 바꾸었다. 이처럼 과학혁명이란 문제를 해결하는 방식이 아니라 문제를 출제하는 방식이 바뀌는 것을 가리킨다.

과학의 발전사에서 정상 과학의 시기에는 이론, 즉 패러다임이 경험보다 우위에 있다. 그러나 경험이 많아질수록, 즉 새로운 사실이 많이 발견될 수록 기존의 패러다임에는 균열이 생기기 시작한다. 이렇게 균열이 생기기 시작한 정상 과학은 그 균열이 누적되면 마침내 기존의 패러다임이 붕괴되고 새로운 패러다임으로 대치되는 것이다. 쿤은 산소의 발견을 예로 든다. 산소는 늘 우리 곁에 있지만 그것이 발견된 것은 18세기에 이르러서 이다. 산소가 발견되기 이전까지 과학자들은 물체가 가열되면 플로지스톤(phlogiston)이라는 성분의 열소가 방출된다고 믿었다. 사실 가상의 성분이었던 플로지스톤을 당시 패러다임에서는 실제로 존재하는 것으로 여겼다. 산소의 발견은 스웨덴의 약제사인 셀레가 처음으로 대기 중에서 산소를 분리해 내었고, 얼마 후 영국의 과학자 프리스틀리가 수은의 산화물을 가열할 때 방출되는 기체를 모았다. 두 사람 다 이 기체가 산소라는 사실은 까맣게 몰랐다. 그런데 곧이어 1775년 프랑스의 라부아지에가 프리스틀리의 성과를 토대로 연구한 글에 새로운 기체를 산소라고 주장하게 된다. 새로운 기체를 산소라고 규정함으로써 기존의 플로지스톤의 패러다임은 무너지고 새로운 패러다임이 시작된 것이다. 새로운 패러다임의 등장은 플로지스톤에 기초를 두고 있던 모든 화학체계의 폐기를 의미한다. 이처럼 과학혁명은 정상 과학에서 해명할 수 없는 현상이 일어나거나 새로운 것이 발견되었을 때 촉발되는데, 그 결과는 기존의 것을 새로운 체계 내로 수용하는 것이 아니라 전면적으로 부정하게 되는 것이다.

패러다임을 바꾸기 위해서도 많은 과학자들의 노력이 있어야 하지만 새로운 패러다임이 시작되면 과학자들은 참으로 할일이 많아진다. 패러다임은 저절로 바뀌는게 아니고 그것이 교체되기 위해서는 오랜기간 정상 과학의 성과가 누적되는 과정이 필요하기 때문이다. 그러나 단순히 정상과학의 시기가 오래 되었다고 해서 반드시 새로운 패러다임이 생겨나는 것은 아니니다. 새로운 패러다임이 출현하기 위해서는 여러 가지 조건들이 필요하다. 그 중에서도 가장 중요한 것은 어쩌면 천재적인 과학자일지도 모르겠다. 쿤이 1960년 『과학혁명의 구조』를 출간한 이래 패러다임의 개념은 전 세계적으로 큰 반향을 불러 일으킨다.

5. 과학 기술에 대한 우리의 입장

1 / 과학기술 낙관론에 대한 비판

1986년 4월 26일, 옛 소련의 우크라이나에서는 인류 역사상 잊지 못할 대참사가 발생했다. 바로 체르노빌 핵발전소 사고다. 4개의 원자로 중 제4호기 원자로 노심이 녹아내리면서 폭발했던 것이다. 체르노빌 핵발전소의 폭발력과 피해는 대단했다. 사고 직후 1990년까지 16만 5천명의 인구가 이주를 했고, 앞으로도 20만이 넘는 사람이 다른 곳으로 가야 한다. 1991년 2월 한 보고에 의하면, 체트노빌 핵 사고로 고통받는 사람이 400만 명이 넘고, 그 중에서 어린이는 80만 명이라고 한다. 또 그 범위도 막대하여 소련은 물론 한국과 일본 등의 아시아와 유럽, 미국 등에서도 방사능 낙진이 떨어져 문제가 되었다. 사고 이후 이 도시는 방사능에 뒤덮여 앞으로 2만 5천년동안 사람이 살 수 없는 '죽음의 도시'가 되었다. 현재 약 30만 톤의 콘크리트와 철근 등으로 봉쇄된 4호기에서는 지금도 방사능이 새어 나오고 있어 세계에서 가장 위험한 발전소로 남아 있다. 아직도 원자로 노심에는 핵연료가 남아 있어 제2의 폭발을 우려하고 있다.

체르노빌 사고는 인류 역사상 과학 기술 발전이 초래한 가장 처참한 참사 중의 하나였다. 보다 값싸고 안전한 전기를 위해 만들었던 발전소가 일순간의 사고로 엄청난 원자 폭탄으로 변했던 것이다. 체르노빌 핵발전소는 사고 전, 세계에서 가장 안전한 발전소 중의 하나라고 장담했었다. 이웃 일본에서도 2011년 3월 11일 후쿠시마 원전사고로 인한 방사능 누출때문에 우리나라도 긴장하고 있는 것을 생각하면, 세계에 있는 모든 핵발전소가 결코 안전하다고 할 수 없다.

대부분의 사람들은 과학기술의 미래에 대해서 상당히 낙관적이다. 이러한 입장을 과학기술 낙관론적 입장이라고 한다. 이들은 과거에도 과학기술이 비약적인 발전을 해 왔고, 앞으로도 그럴 것이라는 사실을 믿어 의심치 않는다. 또 과거에 과학기술의 발전이 인류 사회의 발전을 이끌어 왔듯이 미래에도 분명 그럴 것이라고 믿어 의심치 않는다. 인간의 생활은 편리하고 안락하게 향상될 것이고, 그것을 가능하게 만들 수 있는 동력은 과학 기술의 발전에서 나올 것이라고 기대한다. 물론 환경이나 인구 등의 여러 가지 사회 문제가 있다는 것을 인정하지만 그런 문제들, 특히 환경문제와 같은 것들은 앞으로 과학기술의 발전을 통해서 충분히 해소될 것이라고 믿는다.

그러나 과학기술의 발전을 바라 보는 시각에는 긍정적이고 낙관적인 관점만 있는 것이 아니다. 특히 현재에 커다란 문제가 되고 있는 환경 문제와 관련해서 과학기술의 발전에 대해 반성적 시각들이 점차 확산되고 있다. 생태중심적 입장이다. 지금까지의 기술중심, 인간중심의 과학관이 환경 문제를 야기한 주범이었다고 비판한다. 오직 인간 생활의 향상과 발전을 위해 자연을 개발하고 이용하는 인간 중심적 사고가 환경을 파괴하고 숲을 황폐화시키며 강과 호수를 오염시켰다는 것이다. 이들은 인간이 자연 생태계의 모든 생명체들과 동등한 존재일 뿐이라고 주장한다. 인간이 다른 생물보다 우월한 존재이며 이 때문에 다른 생물을 이용할 권리를 가졌다고 보는 것은 인간의 오만일 뿐이다. 생태중심주의를 주장하는 사람들은 인간의 가치관과 생활양식을 바꾸어야 한다고 주장한다. 인간은 과학기술 중심주의에서 초래된 물질 중심의 가치관을 버리고 무조건 많이 생산하고 많이 소비하는 생활양식은 폐기허야 한다는 것이다. 당장 자연 파괴를 중단하고 회복시키기 위해 노력해야한다고 주장한다. 한스 요나스(Hans Jonas)는 이 지구의 주인은 현재 살고있는 우리가 아니라 우리의 후손들이라고 말한다. 우리는 후손들에게 세들어 사는 세입자에 불과하다는 것이다. 그러므로 우리 모두에게는 이 지구를 원래 상태로 되돌려야 하는 의무가 있는 것이다. 생태중심적 입장은 지나친 과학기술 낙관론적 입장에 대한 좋은 대안 이 될 것이다.

2 / 과학의 가치중립성

현재 우리가 수많은 환경문제와 건강문제의 주범으로 알고 있는 플라스틱 셀룰로이드는 인쇄공 존 웨슬리 하이엇(John Wesley Hyatt 1837-1920)에 의해 발명되었다. 플라스틱은 점점 비싸지는 상아를 대체할 물질을 찾기 위해 열었던 공모전에서 처음 등장한다. 이 물질 덕분에 서민들도 값싼 머리빗을 쓸 수 있게 되었고, 귀족 스포츠였던 당구도 즐길 수 있게 되었다. 소비의 민주화가 이루어진 것이다. 플라스틱은 대중민주주의 확산의 촉매가 되었다. 또한 값은 천연물질들을 대체함으로써 멸종 위기에 몰린 생태계를 보호할 수도 있었다. 대중 스비라는 점에서 민주주의 발전에 기여한 것은 플라스틱뿐만이 아니다. 중세의 연금술사들로 부터 비롯된 여러 가지 금속의 물리 화학적 성질과 무기산의 제조법, 그리고 이를 통한 금과 은의 분석과 정제 등은 근대 화학을 태동하게 했다. 이후 보일(Robert Boyle, 1627-1691)과 라부아지에(Antoine Laurent Lavoisier, 1743-1794)의 원소 개념이 확립되면서 근대 화학이 정립되었고 이후 화학은 눈부시게 성장했다. 질량보존의 법칙을 정립한 근대화학의 아버지 라부아지에는 처음으로 화학에 정량적인 방법을 도입하였고 비체계적인 화학물질에 이름을 붙이는 명명체계를 마련했다.

라부아지에의 제자 뒤퐁이 세운 뒤퐁사는 1.2차 세계대전에 무기를 공급했다. 대영전쟁과 남북전쟁으로 거대해진 뒤퐁사는 1912년 뒤퐁과 허큘리스, 아틀라스로 삼분되었고, 이때 분할된 뒤퐁사가 제1차 세계 대전때 연합국이 사용한 탄약의 40 퍼센트를 공급한다. 뒤이은 2차 세계대전에서는 원자폭탄을, 그리고 전쟁이 끝난 후에는 수소폭탄을 제조했다. 과학에서 가장 핵심적인 이슈 가운데 하나는 가치 중립성의 문제로, 이 문제가 본격적으로 대두된 것은 바로 이 원자폭탄의 제조 때문이었다. 일본

히로시마에 떨어졌던 원자폭탄의 가공할 살상력은 과학이 가치중립적이어야 한다고 생각했던 과학자들을 혼란스럽게 했다. 과학의 가치중립성이란 객관적인 사실만을 연구 대상으로 삼고 그 가치에 대해 주관적으로 생각하는 것을 배제해야 한다는 것이다. 막스 베버(Maximilian Cart Emil Weber, 1864-1920)는 주관적이고 개인적인 가치관이나 세계관이 사회과학의 영역에 개입하는 것에 대해 비판했다. 그는 "과학은 참.거짓을 다루는 인식론적 판단일 뿐 도덕적 판단의 지배를 받아서는 안 된다."고 주장했다. 가치중립성은 과학에 있어서 중요한 덕목 중 하나임에 분명하다. 과학이 독립적으로 자신의 영역을 구축하고 확장할 수 있었던 바탕에는 분명 가치중립성이라는 사고가 있었다.

그러나 과학이 모든 것을 해결해 줄 것이라는 낙관론이나 완전한 가치중립성이 보장되어야 한다는 주장은 둘다 위험하다. 과학자도 인간인 이상 당면한 문제를 해결하려 할 때 개인적.사회적 선입견과 편견에 치우친 사고 방식을 적용할 수 있다. 또한 우리가 사는 이 세계를 이해하는 방식은 이런 것들로부터 강한 영향을 받는다. 개별과학자들이 논리로봇처럼 완전히 이상적이고 객관적인 '과학적 방법론'을 구사할 수 있다는 고정관념은 어찌보면 자기만족적인 미신에 지나지 않는다. 어디에도 치우치지 않는 완전한 중립이 바람직한 것이기는 하지만 우리는 그것에 도달할 수 없다. 그러므로 과학도 과학자도 선호가 없는 완전한 중립성을 지켜야 한다고 강요하기 보다는 자료를 공정하게 다루고 결과를 투명하게 공개하는 등 주관적 편파성을 배제하도록 노력해야 한다고 수정하는 것이 더 현실적으로 가능한 대안이 될 것이다.

과학과 철학은 학문의 성격과 방법론상에 있어서 차이가 있기는 하지만 상호 보완적이어야 한다. 철학은 과학으로부터 풍부한 정보를 제공받고 과학적 성과를 통하여 현실에 대한 폭넓은 이해와 지식내용을 얻게된다. 또한 과학은 철학을 허구적인 독단으로부터 벗어날 수 있게 해준다. 객관적인 과학적 지식이 철학을 맹목적인 주관주의나 편협한 독선에 빠지지 않도록 해 주며, 이에 대해 철학은 과학을 반성하고 비판하며 과학이 도달해야할 목적과 방향을 제시해 주어야 한다. 철학은 과학적 지식을 비판적으로 검토함으로써 과학의 기초개념과 방법론을 명확히 하고 과학이 전제하고 있는 가정의 근거를 밝혀주며 나아가 과학의 나아갈 방향을 분명히 해 주어야 한다. 그러므로 철학과 과학은 세계에 대한 올바른 이해라는 공통된 목표에 도달하기 위해

서로의 학문적인 결함을 보완함으로써 함께 성장해 나가야 할 것이다.

생.각.해.보.기

1. 아인슈타인의 상대성이론은 이전의 고정되고 절대적이며 보편적인 진리가 있을 것으로 믿던 뉴턴식의 사고를 뒤집는 것이었다. '상대성 이론'이 인간의 사고에 미친 영향을 구체적 근거를 제시하여 그 의의와 한계를 생각해 보자.
2. 생명 공학의 효용에 대한 기대가 큰 만큼 생명 공학이 안고 있는 문제점도 안고있다. 생명을 다룬다는 측면에서 일어날 수 있는 법률적, 종교적, 사회 윤리적 문제들이 심각하게 대두되고 있다. 침팬지에게 인간의 정자를 인공수정 시켜 '원숭이 인간'을 만들려는 실험이나 복제 인간을 만들려는 연구나 인간의 유전자를 다른 동물에게 주입시키거나 복제 인간을 만들어 내는 것은 위험한 행위이며, 경제 성장이나 과학적 연구라는 이유만으로 합리화될 수 없는 문제이다. 실험 대상이 인간일 경우 생명의 존엄성과 자연 질서 유지, 사회 윤리적 가치 기준에 심각한 영향을 미칠 수 있기 때문이다. 생명공학의 긍정적인 면과 부정적인 면에 대해 토론해보고 생명공학의 위험성을 고찰해 보자.
3. 생명을 인간의 기술로 다룰 수 있게 되었다고 하여 사적인 이익을 위해 활용한다면, 장래에 어떤 사태가 발생할지 아무도 예측할 수 없다. 생명공학의 발전이 인간의 존엄성을 해치지 않고 인간의 행복에 기여하기 위해 생각해야 할 과제들에 대해 생각해 보자.
4. 과학기술 낙관적론 입장에서 본다면 기술의 발전과 경제성장은 무한히 가능하며 그 열쇠는 과학의 발전이다. 과학기술이 지금보다 발달하면 미래사회에서는 식량문제의 해결과 질병퇴치, 환경문제가 잘 해결될 것으로 기대한다. 그러나 과학기술의 발달이 산업사회의 문제점들을 근본적으로 해결해 줄 수 없다고 본다. 그렇다고 인간이 문명을 포기하고 원시시대로 돌아갈 수는 없다. 인간의 행복과 풍요로운 삶을 영위할 수 있도록 과학기술 낙관론적 입장에 대한 대안을 토론해 보자.
5. 생명공학의 발달로 인류의 식량문제는 완전히 해결될 것으로 보였다. 그러나 유전자

조작 식품의 안전성에 대해서는 아직 명확한 결론이 나오지 않은 상태이다. 환경단체 등은 안전하다고 확인되지 않은 이상 유전자 조작 식품을 시중에 유통.판매를 금지시켜야 한다고 주장한다. 우리는 유전자 조작 식품의 안전성에 대해 토론해 보고 대안을 모색해 보자.

6. 근육 강화, 기억 강화, 신장 강화 등의 기술이 완벽해져서 누구나 안전하게 이용할 수 있다고 가정하자. 이 기술들이 가져오게될 긍정적 요과와 부정적 효과에 대해 토론해 보자.

읽.어.볼.만.한.책

- 데이비드 J. 그리피스, 『양자역학』, 권영준 옮김, 청범출판사, 2006
- 제프리 배네트, 『상대성이론이란 무엇인가?』, 이유정 역, 처음북스, 2014
- R. 카르납, 『과학철학입문』, 윤용택 옮김, 서광사, 2006
- A. N. 화이트헤드, 『과학과 근대세계』, 오영환 역, 서광사, 2007
- 리처드 도킨스, 『이기적 유전자』, 홍영남.이상임 역, 을유문화사, 2010
- 찰스 다윈, 『종의 기원』, 송철용 옮김, 동서문화사, 2009
- 정재승, 『과학콘서트』, 동아시아, 2001
- C. G. 헴펠, 『자연과학철학』, 곽강제 옮김, 서광사, 2010
- 토마스 쿤, 『과학혁명의 구조』, 김명자 옮김, 까치, 2007
- 제임스 글릭, 『카오스』, 박배식 옮김, 누림, 2006

연.습.문.제

1. 과학과 철학의 차이점을 서술하시오.
2. 과학기술 낙관론적 관점의 문제점에 대해 쓰시오.
3. 생명공학 발전의 긍정적인 면과 부정적인 면을 기술하시오.

6장

서양편 함께 사는 세상

법과 정의

조흥만

학.습.목.표

1. '안티고네의 문제'를 심도 있게 고찰한다.
2. 법률실증주의와 자연법론의 법철학적 의미와 한계를 파악한다.
3. 『변론』과 『크리톤』에 나타난 소크라테스의 법사상을 규명한다.

용.어.해.설

- **'안티고네의 문제'**

'안티고네의 문제'는 개인의 양심과 국가의 준엄한 법의 대립을 일컫는 오랜 표현이다. 법철학적 원리 차원에서는 신의 법으로서의 보편적인 자연법과 인간의 법으로서의 실정법 사이의 갈등을 말하는데, 소포클레스의 『안티고네』에서는 '불복종보다 더 큰 악은 없다'는 언명을 고수하는 크레온과 이를 악법으로 규정하고 이에 저항하고 불복종할 권리를 대변하는 안티고네 간의 극한 반목으로 구체화되어 나타난다. 크레온에게 시민의 최고 덕목은 국익에 복무하는 것인 반면에, 안티고네에게 이런 크레온의 명령은 신들의 부동의 불문율보다 결코 강할 수 없고 그것을 능가할 수도 없다.

- **법률실증주의** Legal Positivism

법률실증주의는 실정법(lex)을 연구대상으로 삼는 이론분과로서 단지 법 현실의 규범력만을 인정할 뿐 그에 대한 비판과 평가라는 가치적 고려는 철저하게 배제한다. 아울러서 법을 주권자의 명령으로 규정하고 그 실정성과 실증성만을 강조함으로써 '악법도 법'이라는 법언을 정당화하는 법사상으로 널리 알려져 있다.

법률실증주의 논쟁은 반인륜적 범죄를 저지른 5·18 사건 당사자에 대한 검찰의 불기소처분 이유로 제시된 다수의 법률실증주의자들의 논변과 그것에 대한 법철학자들 간의 엇갈린 평가에서 잘 드러난다. 예컨대, 검찰의 5·18 불기소 처분의 근거는 "정치적 변혁이 성공하여 새 질서가 실효적으로 되면 새 질서가 법률 질서로 되며, 이는 근본 규범이 변동으로 새로운 정부가 법 정립의 권위로 인정되는 데 따른 것으로, 만약 정치적 변혁이 실패하여 새 질서가 실효적이 되지 못한 때에는 헌법 정립이 되지 못하고 일련의 행위는 범법 행위를 구성한다"(한스 켈젠)는 법론에 입각해 있다. 이에 대해 한 법철학자는 "검찰의 결정이 법철학적으로 볼 때 성공한 쿠데타의 법리에 의거한 '성공적이지 못한 결정'으로 보지 않을 수 없다"(심헌섭)고 결론적인 평가를 내린 바 있다.

- **자연법론** Natural Law Theory

자연법론은 도덕적으로 구속력을 가진 법(ius)을 탐구대상으로 삼는 이론분과로서 정법의 기초나 정법의 요건에 대해 연구하는 법철학적 입장이다. 오늘날에는 자연법 대신에 '비실증주의적 법개념'이라는 표현이 일반적이다. 자연법론의 역사적 기원에 관해 스토아학파는, 자연법이 우주의 근본 이법(Logos)이고 인간에게 있어서 그것은 규범적 의미의 이성(logos)이라고 말한다. 바로 이 논점에서 이성의 법을 따른다는 것은 곧 자연법을 따른다는 것을 뜻한다. 또한 참된 법(vera lex)은 올바른 이성(recta ratio)이고, 자연에 부합하는 것이며, 만민에게 확산되는 것이고, 늘 변함없고 영구히 지속되는 것이다. 그러므로 자연법이 모든 법과 질서의 존재 근거이기 때문에 실정법의 토대는 영원하고 신성한 자연법인 것이다. 그러나 신이 부여한 이성에 의한 새로운 세계의 법질서가 어떠해야 하는가에 대한 해석권이 어떤 계급에게 놓여 있느냐는 문제가 대두되면서 구체적인 내용이 결여되어 있다는 자연법의 역사적 약점이 노출되게 된다. 자연법론으로의 회귀로 인해 발생할 이러한 문제점을 우리는 인간의 취약성, 근사적 평등, 제한된 이타성, 제한된 자원, 제한된 이해 및 의지력 등에서 예상할 수 있다.

- **국가보안법**

국가보안법은 해방 이후 남북 분단으로 인한 상호 무력 대치라는 엄중한 상황에서 1948년 12월 1일에 제정된 법이다. 이 법은 국가의 안전을 위태롭게 하는 반국가활동을 규제함으로써 국가의 안전과 국민의 생존 및 자유를 확보함을 목적으로

하고 있다. 국가보안법은 1980년 신군부에 의해서도 1980년 12월 31일에 개정 입법되어 오늘에 이르고 있다.

본.문.구.성

1. 법은 곧 정의인가

구약성서의 오경(五經) 중 하나인『창세기』1-11장에는 세계 창조와 그에 따른 원시 역사가 기록되어 있다. 이 중에서도 특히 그리스도교적 '원죄'이야기는 법과 정의와 관련된 법철학적 입문 이야기로서 그 고갱이를 짚어보는 것은 의미 있는 준비 과정이 될 것이다. 하나님은 자신의 형상을 따라 창조한 인간에게 에덴동산을 맡겼고, 무엇보다도 이 동산 중앙에는 생명나무 및 선악을 알게 하는 나무가 자라고 있었다. 그분은 사람에게 다음과 같이 명하셨다: "동산에 있는 모든 나무의 열매는, 네가 먹고 싶은 대로 먹어라. 그러나 선과 악을 알게 하는 나무의 열매만은 먹어서는 안 된다. 그것을 먹는 날에는, 너는 반드시 죽을 것이다."(2:16-17) 그런데 모든 들짐승 가운데 가장 간교했던 뱀이 "너희는 절대로 죽지 않는다. 하나님은 너희가 그 나무 열매를 먹으면, 너희의 눈이 밝아지고, 하나님처럼 되어서, 선과 악을 알게 된다는 것을 아시고, 그렇게 말씀하신 것이다."라며 여자를 유혹하기에 이른다. 결국 먹지 말라는 신의 명령을 저버리고 그 열매를 먹은 이브와 아담은 최초의 범죄자로 전락하여 하나님에 의해 에덴동산에서 내쫓기고 만다.

낙원 추방의 원인이 된 선악과 이야기의 본질적인 의미는 실은 "왜 선과 악을 아는 것이 '원죄'가 되는가?"라는 중대한 물음에 담겨 있다. 인간으로서 올바른 삶을 살기 위한 모든 도덕적 결정이란 것이 하나같이 깊은 사유를 요청하는 대단히 골치 아픈 문제라는 사실을 염두에 둘 때, 도덕적 선과 악을 알게 해 주는 열매인 선악과야말로 헷갈리고 불명료한 세상살이를 좀 더 명석하고 판명하게 살아가기 위해 절대적으로 필요해 보이기 때문이다. 그러나 최초의 인간에게 내린 하나님의 준엄한 명령을 반복적으로 곱씹어보면, 그분이 제정한 최초의 법의 취지는 선을 권장하고 악을 징벌하겠다는 것이 아님을 깨닫게 된다. 되레 그분의 의도는 인간의 선악 구분 자체를 금지하려는 것이었다. 이 때문에 그분은 사람이 자신처럼 선악 판단을 하게 되자 그들에게 출산과 노동이라는 징벌적 심판을 선언했던 것이다(3:16-19).

그렇다면 하나님이 바라던 사람의 모습은 어떤 것이었을까? 앞서 살펴본 바와 같이, 이상적인 인간은 선악과를 먹어 하나님처럼 된 인간이 아니었다. 그렇다고 선악과를 먹지 않아 짐승처럼 사는 인간은 더더욱 아니다. 그분은 독립적인 선악판단을 하는 대신 맹목적으로 신의 명령에 순종하는 가장 이상적인 제3의 에덴동산 인간형을 염두에 두고 있던 것 같다. 이렇게 보면, 인간의 원죄는 하나님처럼 스스로 선악판단을 하게 됐다는 데서 기인하는 것이다. 그렇다면 인간의 독립적인 선악판단 행위에 대해 그리스도교만이 금지하고 심판하는 것일까? 우리는 국가 안에서의 인간의 선악판단을 정의(正義)라고 부르고, 이 정의를 법(法)이라고 일컫는다. 그리고 국가는 이 법을 하나님 같은 절대 권력으로 수호하면서 개인이 국가와 동등한 자격으로 법적 정의에 대해 가치판단하지 말 것을 엄정하게 요구하고 있다. 나아가 개인이 사적 정의, 즉 사적 선악판단을 감행할 경우, 최초의 인간이 에덴동산에서 추방당했듯이 단언컨대 국가는 그를 감옥으로 추방한다.

그렇지만 최초의 인간 아담과 이브의 법철학적 후예인 우리는 국가의 법이 정의인지에 대해 물을 수밖에 없다. 왜냐하면 우리에게는 끊임없이 변화하는 법적 정의가 있을 뿐이지 영원불변하는 법적 정의는 없기 때문이다. 신의 법인 자연법과 인간의 법인 실정법에 관해 근본적인 논의가 전개되고 법과 정의가 첨예하게 대립하는 '문제적인' 작품인 소포클레스의 『안티고네』를 천착하는 것은 법과 정의 문제의 역사적 연원을 파악하는 데에 큰 도움이 될 것이다. 먼저 개인의 양심과 국가의 준엄한 법의 대립을 나타내는'안티고네의 문제'가 구체적으로 무엇인지를 그 대략적인 줄거리를 따라가며 고찰해보자.

2. '안티고네의 문제'

1 / 『안티고네』의 줄거리

그리스 비극작품 중 소포클레스의 『안티고네』는 폴뤼네이케스의 매장이라는 단일 사건과 그것의 정당화 논쟁을 중심으로 전개되는데, '안티고네의 문제'를 파악하는데 있어서 이 작품의 줄거리를 훑어보는 것은 유의미한 일이다. 본격적인 내용 파악에 앞서 안티고네의 등장 이전까지 이야기를 들여다보면, 테바이의 왕이었던 오이디푸스가 왕위를 버리고 장님의 몸으로 유랑의 길로 나서자 그의 두 아들 폴뤼네이케스와 에테오클레스 사이에 권력다툼이 벌어진다. 다행히 둘은 테바이를 교대로 다스리기로 합의했지만, 결국 에테오클레스가 약속을 깨고 폴뤼네이케스를 쫓아내기에 이른다. 이에 폴뤼네이케스는 아르고스로 망명하고 아르고스 왕의 사위가 되어 왕위를 되찾고자 아르고스 군대를 이끌고 자신의 조국 테바이를 침공하지만 끝내 패배하고 만다.

이튿날 두 형제는 최후 승자가 테바이의 왕이 되기로 합의한 후 일대일 결투를 벌였으나 불행하게도 각각 상대방의 손에 죽고 만다. 골육상잔의 전쟁 끝에 에테오클레스와 폴뤼네이케스가 죽자, 뜻밖의 행운으로 에테오클레스의 왕위를 이어받은 크레온은 조국을 지킨 조카 에테오클레스를 위해서는 명예로운 장례식을 치러서 보답하지만, 조국을 배반한 폴뤼네이케스에게는 시신의 매장과 장례를 금지하는 명령을 하달한다. 크레온은 폴뤼네이케스의 시신이 굶주린 새들과 개들의 먹이가 되도록 들판에 그대로 방치해두도록 하명했고, 이를 거역하여 시체를 훔치거나 매장하는 자에게는 사형에 처하겠다는 포고령도 발표한다(204-206행).

권력을 가진 자에게는 무조건 복종해야 한다고 역설하는 자신과 자매지간인 이스메네의 복종 충고를 뒤로 한 채, 안티고네는 오빠 폴뤼네이케스의 시신을 제대로 매장하려고 시도한다. 첫 번째 매장 때에 다른 누구의 도움도 없이 그녀 혼자서 감시의 눈길을 피해 오빠의 시신을 흙더미로 덮어 놓는다. 시신 매장 시도를 왕에게 보고한 파수병들은 매장을 감행한 자의 자취나 도구를 사용한 정황이 전혀 없었다고 전한다. 시신은 다시 들판에 버려졌고, 이에 안티고네는 항아리에 흙을 가득 담아 시체에 세 번 뿌리는 것으로 약식 장례식을 치른다. 하지만 끝내 파수병들에게 매장 행위가 발각되었고 안티고네는 명령을 어긴 죄인으로 크레온 왕 앞에 불려간다. 그렇지만 국가의 안녕과 번영이 개인의 이익과 권리에 우선하고 조국을 배반한 자를 용서해서는 안 된다는 크레온의 주장에 맞서 안티고네는 다음과 같이 강력하게 반박한다.

그 포고를 나에게 알려 주신 이는 제우스가 아니었으며,
하계(下界)의 신들과 함께 사시는 정의의 여신께서도

사람들 사이에 그런 법을 세우시지는 않았기 때문이지요.
나는 또 그대의 명령이, 신들의 확고부동한 불문율(不文律)들을
죽게 마련인 한낱 인간이 무시할 수 있을 만큼,
강력하다고는 생각지 않았어요.
왜냐하면 그 불문율들은 어제 오늘에 생긴 것이 아니라
영원히 살아 있고, 어디서 왔는지 아무도 모르기 때문이지요.(450-457행) (필자 강조)

안티고네는 크레온의 명령이 제우스와 하계의 신들에게 존재하는 '정의'에 따른 것이 아니라고 명시한다. 동시에 그녀는 오래전부터 불문율로 내려온 신들의 법, 즉 죽은 자들을 매장하도록 하는 신들의 법을 위반할 수 없다고 강변한다. 크레온과 달리, 안티고네에게 오빠인 폴뤼네이케스의 매장은 신들이 명한 경건한 행위인 것이다. 크레온은 어린 조카 안티고네의 방자한 태도를 통치권자인 자신의 권위에 대한 심각한 모독으로 받아들여서 그녀와 그녀의 동생 이스메네의 죽음을 선언하기에 이른다. 그러는 사이에 약혼녀 안티고네의 비극적 운명을 접한 크레온의 아들 하이몬이 등장하고, 오만한 왕 크레온은 불복종이 최고악이라고 분명하게 천명한다.

누군가가 월권하여 법을 짓밟고
자신의 통치자들에게 명령하려 든다면,
나로서는 결코 그를 칭찬할 수 없다.
누구든지 도시를 세운 자에게는 큰일이든 작은 일이든,
옳은 일이든 옳지 않은 일이든 마땅히 복종해야 한다.
그런 사람이야말로, 내 장담하지만,
제대로 통치하고 제대로 통치 받으려 할 것이며,
창(槍)의 폭풍 속에 서 있어도 물러서지 않고
믿음직한 용감한 전우로서 꿋꿋이 옆에 서 있을 것이다.
불복종(不服從)보다 더 큰 악은 없다.
그것은 도시를 파괴하고 집들을 쑥대밭으로 만든다.
그것은 또 동맹군의 전열을 무너뜨려
도망치게 한다. 그러나 번영을 누리는

대부분의 사람들에게 복종이 안전을 보장해 준다.(662-676행) (필자 강조)

그럼에도 크레온과 독대한 하이몬은 다른 사람도 쓸 만한 생각을 할 수 있으니 혼자만 옳다는 생각은 품지 말아 달라며 그에게 열린 마음을 가질 것을 종용한다. 나아가 그는 크레온에게 한 사람에게 속하는 국가는 국가가 아니라면서 국가는 시민의 것이라고 항변하지만, 크레온은 단호하게 국가는 '그 통치자의 것'이라고 반박하며 자신이 곧 국가라고 주장하는 '비극적 과실'(hamartia)를 저지르고 만다(738-739행). 급기야 크레온은 자신의 아들 하이몬의 간절한 애원에도 불구하고 안티고네를 산 채로 매장하라는 불경스러운 극형을 명령한다.

극형 선고를 받고 안티고네가 죽음의 형장으로 끌려 나가자마자 눈먼 예언자 테이레시아스가 등장하여 기도도 희생재물도 거부하는 신들의 노여움과 그것이 드러내는 불길한 징조를 크레온에게 들려주면서 폴뤼네이케스의 매장 금지와 안티고네를 산 채로 매장하라는 명령의 불경함을 강하게 지적한다. 테이레시아스의 경고를 마지못해 받아들인 크레온은 안티고네를 살리고 폴뤼네이케스의 시신을 매장토록 하는 조치를 취하려는 순간에 석굴에 갇혀 있던 안티고네는 악법에 저항하며 목매어 자살하고 만다. 애인의 죽음에 분노한 하이몬은 슬픔을 이기지 못하여 아버지 크레온을 석굴에서 칼로 찌르려다 실패하고 안티고네의 시체를 포옹한 채 칼르 자살한다. 아들의 죽음이라는 비보를 전해들은 하이몬의 어머니 에우뤼디케 또한 칼로 자살하고 만다. 순식간에 아들과 아내의 죽음을 목도한 크레온이 그들의 갑작스런 죽음 앞에 자신의 죽음을 희구하고 비극적 파멸 앞에 절망으로 몸부림치며 안티고네의 이야기는 끝이 난다.

2 / 신의 법과 인간의 법

앞서 진술한 바와 같이, 크레온의 실정법적 명령에 정면으로 맞서는 안티고네의 불복종의 토대는 '신의 법'이다. 안티고네는 국가에 대한 충성보다 혈연에 대한 충성이 우선한다고 규정하고, 그녀의 법은 그들 민족의 풍습인 '죽은 자에 대한 장례'를 '신의 법'으로 규정하면서 인간이 이를 거역할 수 없다고 말한다. 신법(神法)은 '신'이라는 개념에서도 잘 드러나듯이, 완전무결하고 영원히 타당한 불변의 법으로서 자연법(自然法)과 동의어로 사용되고 있다. 이와 달리 크레온은 누구도 자신의 국가보다 더 소중한 자를 가져서는 안 되며, 이는 국가의 안전을 보장하기 위해 필요한 절대적인 강령이라고 주장한다(182-188행). 여기서 크레온의 명령, 즉 왕명은 '인간의 법'으로서 실정법(實定法)을 말한다. 실정법은 인간의 공동생활에 있어서 질서를 유지하기 위한 필요불가결한 규범이다. 그러나 실정법은 제한적이고 불완전한 법으로서 특정 시대나 특정 사회나 장소에서나 효력을 가질 뿐, 어떤 시대나 사회 모두에 보편적으로 타당한 것은 아니다.

그래서 실정법은 정치적인 산물로서 악법이 될 가능성이 농후하다. 이 작품에서 크레온이 안티고네로 하여금 그녀의 오빠에 대한 장례식을 금지하고 테바이의 모든 시민에게 같은 포고령을 내린 것도 따지고 보면 정치적인 의도에서 비롯된 강제 행위임을 알 수 있다. 크레온은 선왕 오이디푸스의 정당한 왕위 계승자인 두 아들 폴뤼네이케스와 에테오클레스 간의 필살의 쟁투에서 이들 모두가 죽자 어부지리로 왕위에 오르게 됐다. 정상적인 법통에 따라 왕위에 오른 것이 아니라는 열등감으로 인해 그의 시신 매장 금지 포고령에는 반역자 폴뤼네이케스에 대한 복수뿐만 아니라 테바이 시민들에게 자신의 권위를 가시적으로 드러내고자 하는 정치적인 포석도 깔려 있었다고 보는 것이 타당하기 때문이다.

이처럼 크레온의 법은 불온한 정치적 의도에서 포고된 것이 분명할 뿐만 아니라 당시 그리스의 장례규범이 죽은 자를 무덤에 매장하는 것이었고 그것이 신의 율법(제우스의 법)이라고 믿어졌다는 점에서 크레온의 법은 악법임에 틀림없다. 여기서 그치지 않고 그는 안티고네를 산 채로 매장하려 하는 불경스러운 명령까지 하달한다. 크레온의 준엄한 명령과 안티고네가 경외하는 신의 법이 격돌하는 이 작품은 왕의 명령도 신의 율법을 거슬러서는 안 되며, 신의 율법에 불복하는 국법은 곧 악법이고, 그 악법에 용기 있게 저항하는 것이 악법을 폐지하거나 순화시킬 수 있는 시민의 권리라고 역설하고 있는 것이다. 뿐만 아니라 신의 율법을 거역한 자는 필연적으로 신의 재앙이 내려져 비극을 맞이한다고 경고하고 있기도 하다.

'안티고네의 문제'는 자연법과 실정법 간의 대립의 문제이고, 따라서 이것은 법철학의 견지에서 자연법론(또는 비실증주의)과 법률실증주의(또는 실정법주의)의 관계 설정에 대한 문제이기도 하다. 법을 신이 내린 자연의 질서로 보는 눈, 즉 자연법론과 법을 인간이 만든 인간의 질서로 보는 눈, 즉 법률실증주의를 구별하는 전통적인 기준은 부정의한 법의 법적 지위 문제였다. 골자만 추려서 말하자면, 어떤 한 견해가 '부정의한 법은 법이 아니다'라는 부정설에 입각해 있다면 자연법론이 될 것이고, 긍정설의 편에 선다면 법률실증주의로 불리게 될 것이다.

전통적인 자연법론자에게 부정의한 법은 법이 아니라 폭력이고 법의 부패이며 법의 왜곡이다. 이 법사상에 입각할 때, 법률실증주의는 법과 정의를 분리하고 악과 법의 공존 근거를 제공하는 법 이론인 것이다. 우리는 이제 플라톤의 『변론』과 『크리톤』에서 법과 정의에 대한 소크라테스의 이념과 사상을 고찰함으로써 '악법도 법'이라는 법률실증주의의 법언을 소크라테스의 법사상에 귀속시키고 있는 한국 사회에 만연된 몰상식의 속살을 들여다 볼 것이다.

3. 『변론』과 『크리톤』에서 법과 정의

『변론』은 아테네 법정에서 소크라테스가 행한 '법정변론'이고, 『크리톤』은 소크라테스가 탈옥의 정당성에 대해 정의의 원리와 의인화된 아테네의 법률(이하 '의인화된 법률') 논의를 통해 크리톤을 설득하는 대화편이다. 먼저 『변론』을 논의 전개의 출발점으로 삼아 소크라테스의 법사상을 천착해보자.

1 / 『변론』에서 소크라테스의 법사상

사과나 변명이 아니라 법정 변론이 전개되는 『변론』에서 소크라테스는 자신을 향한 대중의 증오가 어디에서 유래됐는지, 자신이 어떻게 해서 "현자"(sophos anēr, 18b6)라고 불리게 되었는지 그리고 자신을 둘러싼 비방들이 어떻게 생겨나게 되었는지에 대해 적극적으로 해명에 나서고 있다(20c5-7). 그는 자신이 현자라는 명성을 얻게 된 원인으로 '인간적인 지혜'(anthrōpinē sophia)를 언급함과 동시에 이러한 자신의 지혜에 대한 증인으로 델포이의 신탁을 내세운다. 그의 신탁 이야기는 실은 자신의 불경죄 혐의를 간접적으로 반박할 뿐만 아니라 지혜의 원천이 신이라는 그리스의 전통적인 믿음까지 승인하는 이중 효과를 발휘하고 있다.

'소크라테스보다 더 현명한 자가 없다.'는 신탁을 전해들은 소크라테스의 반응과 그 신탁에 대한 그의 숙고 과정 및 이를 직접 검증하는 일련의 행보는 사실상 신탁의 정확한 의미를 파악하고자 하는 그의 경건에서 비롯된 것이었다. 델피 신탁의 의미를 추적하던 소크라테스는 자신의 무지에 대해 깨닫게 되고 자기 자신과 남들을 캐물어 들어가면서 사는 삶을 자신에게 맡겨진 신에 대한 봉사로 확신하기에 이른다. 바로 이 지점에서 소크라테스의 신적 소명이 아테네 현실 정치와 갈등 관계에 놓이게 된다는 것을 알 수 있다. 이것은 그가 자신의 기소자들 중 하나인 멜레토스와 나눈 대화에서 '철학포기 조건부 석방'이라는 반사실적 진술에 잘 나타나 있다.

> "'소크라테스여, 이제 우리가 아니토스의 말대로 따르지 않고 그대를 무죄 방면하오. 그렇지만 이는 이런 조건으로, 즉 더 이상 이 탐구에 종사하지도 않으며, 지혜를 사랑하지(철학하지) 않는다는 조건으로 하는 것이오. 허나, 만약에 그대가 여전히 이를 행하다가 붙잡히게 된다면, 그대는 죽게 될 것이오'라고 제가 말씀드린 대로, 정녕 이런 조건들로 저를 방면하려 하신다면, 저는 여러분께 말할 것입니다. 아테네인 여러분! 저는 여러분을 반기며 사랑합니다. 그러나 **저는 여러분보다는 오히려 신께 복종할 것입니다.** 그리고 제가 살아있는 동안에 그리고 할 수 있는 동안까지는, 지혜를 사랑하는 것도, 여러분께 충고를 하는 것도, 그리고 언제나 여러분 가운데 누구든 만나게 되는 사람한테 이 점을 지적하는 것도 그만두지 않을 것입니다. 늘 해 오던 투로 말입니다. '보십시오! 그대는 가장 위대하고 지혜와 힘으로 가장 이름난 나라인 아테네의 시민이면서, 그대에게 재물은 최대한으로 많아지도록 마음 쓰면서, 또한 명성과 명예에 대해서도 그러면서, 슬기와 진리에 대해서는 그리고 자신의 혼이 최대한 훌륭해지도록 하는 데 대해서는 마음을 쓰지도 않고 생각도 하지 않는 것을 부끄러워하지 않습니까?'"(29b9-e3) (필자 강조)

소크라테스는 철학포기조건부 석방을 단호하게 거절하면서 신의 명령이 국가의 명령보다 우선한다고 강변한다. 왜냐하면 혼이 최선의 상태가 되도록 질문하고(eromai), 캐묻고(exetazō), 심문하는(elenchō) 사적으로 바쁜 삶을 통해 신에 대한 봉사를 실천하는 그에게 죽음은 고려의 대상이 아니었기 때문이다(30b8-11).

소크라테스가 아테네의 현실 정치에 불참했다고 해서 그가 정치 자체를 경멸했다거나 법에 대한 불복종을 일삼았던 인물이었다는 것은 결코 사실이 아니다. 이를 증명하는 그의 첫 번째 정치적 경험은 민주 체제 하에서의 사건으로 소크라테스가 500인 위원회의 위원직을 맡았던 때의 일이다. 해전(海戰)에서 생존자들을 건져 올리지 못한 10명의 장군들에 대해 단체로 재판할 것을 결의했을 때, 소크라테스만이 법과 올바른 것의 편이 되어 법에 어긋난 이런 불법 행위에 반대하며 개별 재판을 주장했다는 것이다. 또한 그는 과두 정체 하에서 30인 참주들이 자신과 다른 네 사람을 출두케 하여 살라미스 사람 레온을 사형시키기 위해 연행해 오라고 명령했을 때, 불의나 불경건을 저지르지 않기 위해 헤어져서 혼자만 집으로 갔다고 진술하고 있다. 죽음의 위협을 무릅쓰고 그는 부당한 과두정의 명령에 불복했던 것이다.

철학포기 조건부 석방, 장군들에 대한 개별 재판 옹호 그리고 살라미스의 레온 연행 거부뿐만 아니라 그의 세 차례에 걸친 참전 경험을 통하, 우리는 소크라테스가 올바른 법을 수호함과 동시에 부당한 명령에 불복했다는 것을 알게 된다. 이러한 그의 태도는 법보다 정의가 우선해야 한다는 자연법론의 주장과 정확하게 일치한다. 자연법을 실정법보다 상위법으로 간주하고 있는 자연법론은 개별 국가의 실정법과 자연법의 명령이 첨예하게 대립할 경우에 후자의 우위를 옹호하기 때문이다.

2 /『크리톤』에서 시민불복종

이른 새벽녘에 면회를 온 소크라테스의 죽마고우이자 철학에 문외한인 크리톤은 다수의 권위에 호소하여 그에게 탈옥을 독려한다. 크리톤은 친구들보다 돈을 더 귀히 여긴 나머지 소크라테스를 구하지 못했다는 '부끄러운 평판'에 대한 우려를 토로하고 있는데, 사실상 그가 드는 탈옥 이유는 고대 그리스 사회에 만연되어 있던 전통적 정의관과 밀접한 관련이 있다. '친구를 이롭게 하고 적을 해롭게 하는 것이 정의'라는 그리스 사회에 팽배했던 전통적 정의관에 따르면, '친구보다 돈을 중요하게 여긴다.'는 대중의 평판은 부끄러운 것이고 어떤 측면에서 전통적 정의관을 유린하는 행위이기 때문이다.

소크라테스는 다수의 평판 때문에 감행하는 탈옥 행위와 관련하여 대단히 부정적인 입장을 감추지 않고 있다. 그럼에도 탈옥을 관철시키려는 투지와 열의에 사로잡혀 있던 크리톤은, 대중의 평판에 비할 때 친구들의 피해(44e1-45a3)나 재산 손실(45a6-b6), 망명지 알선(45b6-c5)은 큰 문제가 아니라면서 소크라테스에 대한 설득 작업을 쉽게 포기하지 않는다. 오히려 그에 따르면, 소크라테스가 탈옥을 거부하는 행위는 스스로를 구하지 않는 것인데(45c7), 이것은 '적들을 이롭게 하는 것'이나 다를 바가 없고, 아들들(45c7-d7)과 친구들(45d7-46a3)을 고려하지 않는 행위와도 별반 차이가 없다는 것이다. 그러나 소크라테스는 바로 이 대목에서 대중적 정의관에 의존하고 있는 크리톤의 탈옥 권유 논변의 정당성을 공동으로 검토하자고 제안한다.

“검토되지 않은 삶은 살 가치가 없는 삶”(『변론』 38a5-6)이라고 선언했던 소크라테스는 탈옥 행위가 과연 따를 만한 정의로운 행위인지를 검증하는 작업이 최우선이라고 밝히고 있다. 그럼 소크라테스의 크리톤 설득 논변을 따라가 보자.

> “우리는 어떤 경우에도 자발적으로 정의롭지 못한 짓을 해서는 안 된다고 주장하는가, 아니면 어떤 경우에는 정의롭지 못한 짓을 하되 어떤 경우에는 해선 안 된다고 주장하는가? 우리가 앞에서 여러 차례 합의했듯이, 정의롭지 못한 짓을 하는 것은 결코 좋은 것도 아름다운 것도 못되는가? (중략) 정의롭지 못한 짓을 하는 것은 그 짓을 하는 사람에게 모든 경우에 나쁘고 부끄러운 것인가?” (49a3-b8)

우리는 여기서 ‘타자에게 의도적으로 불의를 행하는 것은 참된 도덕적 선이 아니다.’라는 소크라테스의 도덕적 직관과 마주하게 된다. 이를 통해 그는 ‘어떤 경우라도 불의한 짓을 해서는 안 된다.’(oudamōs adikein)는 ‘위해금지원칙’을 천명하는 것이다. 그러면서 그는 불의한 행위 그 자체가 좋지도 훌륭하지도 않을 뿐만 아니라 불의한 행위를 저지르는 자에게도 전적으로 나쁘고 수치스러운 것이라는 보충논의까지 덧붙이고 있다. 이 ‘위해금지원칙’이라는 정의의 원리를 우리는 이미 『변론』 25d4-e6에서 소크라테스적 도덕 혁명의 원형적 형태로 접한 바 있다.

정의의 원리를 논한 뒤 또 다른 법철학적 논의 차원에서 ‘왜 우리가 법에 복종해야 하는가?’에 대한 대답을 탐구하는 『크리톤』의 후반부는, 무조건적이고 절대적인 준법이라는 권위적인 정당화에 바쳐져 있는 것이 아니라 도대체 어떤 상황에서 법에 불복하는 행위가 도덕적으로 정당화되는가에 대한 정치 철학적 논의가 담겨져 있다. 특히 우리는 합의 사항이 올바른 것일 경우 이행해야 하는가 아니면 기만해야 하는가에 대한 ‘의인화된 아테네의 법률과의 가상 대화’에 주목할 필요가 있다. 이 대목에서부터 우리는 소크라테스가 나라 또는 시민 공동체 및 법률과 그 안에서 살고 있는 시민 간의 관계를 일종의 합의나 계약 관계로 보고서 의인화된 시민 공동체 및 법률과 나누는 ‘철학적 수사술’을 듣게 된다.

이 가상 대화는 나라와 나라의 법률이 일단 결정하고 지시하는 바를 과연 그대로 따라야만 하는지를 중심으로 펼쳐진다. 왜냐하면 ‘의인화된 아테네의 법률’은 한 국가의 법이 아무리 불의하다고 하더라도 그 국가에서 태어나고 자라고 교육받은 것은 적어도 그 국가의 법률에 복종하겠다고 동의하고 약속을 했다는 증거이기 때문에 법을 어기면서 탈옥할 수는 없다고 말하기 때문이다. 만일 법률이 불의하다면, 조국에 대해 취할 수 있는 방법은 설득이나 이행 중 하나로서 양자택일이다. 조국이 명하는 바는 무엇이나 이행하거나 아니면 올바른 것이 그 본성에 있어서 어떤 것인지를 나라에 납득시켜야만 한다는 것이다. 소크라테스의 경우에는 조국을 설득하는 길은 그가 재판을 받기 이전에 이미 성취했어야만 하는 일이었다. 도덕적으로 아테네가 건전해지도록 동분서주했던 그의 피나는 노력도 넓은 의미에서 그런 노력의 일환으로 볼 수 있을 것이고, 결과적으로 조국에 대한 설득 작업에 그가 성공하지 못했다는 것을 부인하기는 어려울 것 같다.

이제 남은 것은 조국이 명하는 것들을 이행하거나 국외 추방을 자청하는 일이다. 우선 아테네인들 가운데 누구든 원하는 사람에게는 성인이 되어 나라에서 행해지는 일들과 법률을 지켜 본 다음에 그의 마음에 들지 않을 경우에는, 자신의 것들을 갖고서 어디든 자기가 원하는 곳으로 떠나는 것을 허용한다는 것을 공표하고 있다는 점이 언급되고 있다. 국외 추방과 관련하여 『변론』37c-e에서 말해진 그의 진술과 비교해보면, 목숨에 대한 애착이 강한 것으로 비춰질 것이라는 우려가 첫 번째로 논의되고 있다. 아울러서 그는 신의 명령에 복종하여 아테네에서와 마찬가지로 타국에서도 철학을 계속하게 될 것인데, 그러면 아테네에서처럼 이를 견디지 못한 타국 사람들이 자신을 추방하게 되어 결국 나라들을 떠돌게 되는 인생을 살 것이라고 우려도 표명하고 있다. 물론 그는 국외 추방되어 침묵하고 사는 것에 대해서는 신의 명령에 불복하는 것이기에 받아들일 수 없다고 분명하게 밝힌다.

그렇다면 그의 유일한 선택지는 법률을 그대로 이행하는 것이다. 계약론적 맥락에서 법에 대한 복종 여부는 무죄인 소크라테스에게 사형을 언도한 국법이 비록 악법이라고 해도 합의나 계약인 한 준수해야 한다는 것으로 이해할 때, 문제의 심각성이 여실히 드러난다. 만일 법의 권위가 단지 강제성에서만 유래한다면, 『크리톤』의 정의의 원리와 계약이나 합의로서의 법 이해 간의 통합적 이해는 양립 불가능한 극한 대립으로 치닫게 될 것이기 때문이다. 이 뿐만이 아니라 『크리톤』의 후반부 논의와 『변론』의 소크라테스의 단언 간의 모순이 단지 외견상의 문제가 아니라 실질적인 것이라고 볼 때, 소크라테스 법철학의 일관성 문제가 부상하게 된다. 왜냐하면 『크리톤』의 소크라테스가 '악법도 법'이라고 선언한 것으로 해석할 경우, 『변론』의 소크라테스 법사상과 상치되기 때문이다. 『변론』에서 자연법론을 옹호한 소크라테스가 『크리톤』에서는 법률실증주의자로 변신한다는 것은 납득하기 어렵기 때문이다.

또 다른 논의 선상에서 살펴보면, 실정법보다 자연법의 우위를 역설하는 『변론』의 불복종 행위와 악법인 실정법도 계약인 한 지켜야 한다는 계약론적 원리에 입각한 『크리톤』의 복종 행위는 정말로 화해가 불가능한 것일까? 우리는 왜 소크라테스가 '불의를 행하는 것'에 전적으로 반대하는 '위해금지원칙'에 의해 '불의를 겪고'있는지에 대한 물음에 대답함으로써 이 문제를 해결할 수 있다. 소크라테스의 경우 탈옥을 거부하고 독배를 마시고 죽음을 청한 행위는 비폭력적이며 자발적이고 복종이라는 점에서 '소극적 복종'이기 때문이다. 이처럼 『크리톤』의 소크라테스를 계약론의 입장에서 해석하는 가능성을 따로 분리해서 고려한다고 해도, 소극적 복종인 이상 하나의 저항 행위로 볼 수 있다. 소크라테스의 행위는 관점을 달리해서 보면 타락한 아테네의 집권자들과 그 배심원들에 대한 저항의 몸짓으로 이해할 수 있다. 그는 준법의식이 투철하여 탈옥을 거부한 것이 아니라 아테네의 법이 잘못되었고 법정이 타락했다는 것을 고발하려고 독배를 마신 것이다. 덕과 행복에 관심이 있는 행위자가 덕을 실현하는데 필요한 여건을 법이 제공하지 않을 뿐만 아니라 그런 법의 타락과 실패에 대해 관련 당사자에게 납득시킬만한 어떤 방도가 마련되어 있지도 않다면, 이런 법에 대한 불복종 행위는 정당한 것으로 평가된다.

4. 우리 안의 파시즘

한국 사회에서 절도나 살인은 명백한 범죄 행위로 처벌의 대상이다. 그런데 아버지가 절도 또는 살인을 저질렀을 때 자식은 아버지를 고발해야 할까 아니면 숨겨주어야 할까? 고발을 선택하면 사회적 공공질서를 유지하는 데 도움이 되겠지만 부모에게 불효했다는 도덕적 비난을 면하기는 어려울 것이다. 그렇다고 숨겨준다면 효도했다는 칭찬은 들을 수 있겠지만 법적 질서를 수호하는 데는 문제가 된다. 『논어』에서 섭공은 양을 훔친 아버지를 고발한 아들을 정직(直)하다고 하고, 공자는 그 아버지를 아들이 숨겨주는 것이 정직이라고 말한다. 다른 한편으로 『에우티프론』에서 에우티프론은 살인을 저지른 아버지를 고발하는데, 이에 대해 소크라테스는 살인을 했지만 그 당사자가 아버지이기 때문에 고발하는 것이 과연 경건한 것이냐는 의문을 제기한다. 오늘날 한국을 비롯한 여러 나라들은 아버지의 범죄에 대한 자식의 은닉 행위를 처벌하지 않는다. 나아가 가족

내지 친족이 범죄를 저질렀을 때도 이를 숨겨주는 행위에 대해서 처벌하지 않는다(형법 第151條[犯人隱匿과 親族間의 特例 ② 친족 또는 동거의 가족이 本人을 爲하여 前項의 罪를 犯한 때에는 處罰하지 아니한다《개정 2005.3.31》). 이런 점에서 가족이 국가의 근본이라는 입장에서라면, 공자의 언명과 소크라테스의 반론은 현재 한국 사회에서도 유효하다고 할 수 있다.

그러나 국가가 가족의 근본이라고 생각한다면, 공자의 진술이나 소크라테스의 의심은 타당성을 잃게 된다. 왜냐하면 국가보안법에서는 그러한 은닉 행위가 처벌 대상이기 때문이다. 형법에서는 처벌하지 않지만 국가보안법에서는 그 형을 감경한다고 할지라도 처벌하는데, 물론 처벌이 면제된다면 형법과 다르지 않다. 국가보안법 第10條(不告知)에 따르면, 부모의 범죄 사실을 알고도 자식이 고발하지 않는다면 그 형을 감경하여 처벌받거나 면제될 수 있다. 앞서 말했던 바와 같이, 이 조항은 일반범죄가 아닌 국가안보에 위협을 가하는 사건에만 적용된다면 형법과 배치되지 않는다. 그러나 아버지의 범죄를 자식이 숨겨주었을 때 그 범죄가 형법과 국가보안법 모두의 적용대상일 경우 그 자식을 처벌해야 하는가 처벌하지 말아야 하는가라는 문제가 남는다. 만약 그 자식의 범죄 은닉 행위를 국가보안법으로 적용하였을 때 그리고 면제사유가 되지 않았을 경우, 감경한다고 할지라도 처벌이 불가피하지만, 형법에서는 처벌하지 않는다. 요컨대, 국가와 가족 중 어느 쪽을 다른 쪽의 근본으로 보느냐에 따라 이 같은 행위에 대한 평가가 달라지는 것이다. 이와 같이 가족 윤리에 근거한 형법과 국가중심의 법인 국가보안법은 상치되기 때문에 처벌의 일관성이 떨어질 가능성을 갖고 있다고 할 수 있다.

법 개념에는 악법이 포함되어 있지 않다. 왜냐하면 법의 원천은 정의이고, 악법은 정의가 부재하는 법이기 때문이다. 자연법에의 추구는 인간의 정의 추구의 모습이며, 이것은 법의 목적이 무엇인지를 말해 준다. 또한 자연법은 실정법의 결함을 충족시키고 실정법이 나아갈 방향을 제시하고 안내하는 최고의 스승이라 할 수 있다. 그러므로 소크라테스와 '악법도 법'이라는 법언 간의 연결 고리는 날조된 허구이며, 오히려 그 오랜 법언의 바탕에 똬리를 틀고 있던 것은 정치적인 불순한 의도였을 뿐이다. 국민의 인권을 침해하고 준법정신을 무리하게 강조하는 데 악용됐던 대표적인 사례가 '소크라테스의 독배'이기 때문이다. 소크라테스는 『변론』과 『크리톤』 어디에서도 '악법도 법'이라고 말한 적이 없다. 그를 '악법의 수호자'나 '독재정권의 철학적 하수인'으로 둔갑시켜 그의 철학적 권위를 실추시켰던 한국 사회의 법철학적 몰염치와 몰상식에 맞서 소크라테스의 명예회복을 위한 철학적 저항이 면면히 지속되고 있는 이유가 바로 거기에 있다.

생.각.해.보.기

1. 법이념에는 정의와 법적 안정성이라는 이율배반적 가치충돌의 딜레마가 엄존한다. 아무리 부당한 권위일지라도 법이 합법적인 한 무조건 복종해야 하는지 아니면 법령과 사리를 따져서 합리적이지 못한 부당한 명령에는 절대로 따르지 않아야 하는지에 대해 깊이 생각해보자. 또한 유신헌법과 초헌법적 긴급조치에 대한 헌법재판소의 위헌·무효 판결과 유신 정권 시절 긴급조치를 적용한 수사·재판은 그 자체로는 불법행위가 아니어서 손해배상 대상으로 삼을 수 없다는 대법원 판결을 비교하여 논의해보자.
2. 아버지가 범죄를 저질렀을 때 자식이 범인인 아버지를 은닉하는 사건이 발생했고 그 범죄가 형법과 국가보안법 모두의 적용대상이 되는 사건이라면, 그 자식을 처벌해야 하는가 아니면 처벌하지 말아야 하는가에 대해 생각해보자.
3. 「국가보안법폐지법률안 등에 대한 한국형사법학회 의견서」(2004. 10. 30)에 따르면, 국가안보의 임무는 형법에 맡기고 정권안보와 인권침해의 도구로 악용되어온 국가보안법은 폐지되어야 한다고 권고하고 있다. 1948년 12월 1일 제정된 국가보안법(국보법, 보안법)이 분단악법인지 아니면 국가안전의 마지막 보루인지에 대해 생각해보자.

읽.어.볼.만.한.책

- 김욱, 『법을 보는 법 - 법치주의의 겉과 속』, 서울: 개마고원. 2009
- 권창은 · 강정인, 『소크라테스는 악법도 법이라고 말하지 않았다』, 서울: 고려대학교출판부, 2005
- 소포클레스, 『소포클레스 비극』, 천병희 옮김, 서울: 단국대학교출판부. 2005
- 임철규, 『그리스 비극 - 인간과 역사에 바치는 애도의 노래』, 서울: 한길사, 2007
- 플라톤, 『플라톤의 네 대화 편 - 에우티프론, 소크라테스의 변론, 크리톤, 파이돈』, 박종현 역주, 파주: 서광사. 2003

연.습.문.제

1.『창세기』의 선악과 이야기에 나타난 '가장 이상적인 제3의 에덴동산 인간형'을 기술하시오.

2.『안티고네』에서 '안티고네의 문제'를 밝히고, 크레온의 법이 악법인 이유를 말하시오.

3.『변론』과『크리톤』에서 '소크라테스는 악법도 법이라고 말하지 않았다'는 언명의 근거를 모두 찾아 제시하시오.

4.『크리톤』에서 크리톤의 정의관과 소크라테스의 정의관을 비교하여 설명하시오.

5. 한국 사회에서 형법과 국가보안법이 모두 적용된 사건을 찾아 말하시오.

동.양.편

동양인의 삶과 지혜

1 군자와 소인

2 무위와 소요

3 연기와 무아

4 예술과 인생

1장

동양편 동양인의 삶과 지혜

군자와 소인

진성수

학.습.목.표

1. 동양철학에서 군자와 소인 개념이 출현한 역사적 배경을 이해한다.
2. 유가철학을 대표하는 공자의 삶을 통해 군자와 소인개념을 이해한다.
3. 현대사회에서 군자와 소인은 어떠한 인간상을 의미하는지 생각해 본다.

용.어.해.설

- **유학 儒學**

유학이란, 공자(孔子)와 그 제자들의 학설이 담긴 경전(經典)과 이에 근거한 후대 학자들의 학문체계를 말한다. 일반적으로 공자의 주장에 따르는 후학들의 이론체계를 의미하며, 유교(儒敎) · 유도(儒道) · 유술(儒術) 등과 같은 용어로 사용된다. 역사적으로는 춘추전국시대의 공 · 맹(孔孟)유학으로부터 송 · 명시대의 성리학과 양명학, 청대 고증학까지 모두 유학의 발전과정으로 볼 수 있다. 한국에서는 유학을 공부하는 사람들을 전통적으로 유림(儒林)이라고 했다. 도가 · 법가 · 묵가 · 명가 · 병가 · 음양가 등의 학파와 구분할 때는 유가(儒家)라고 말한다. 학문체계를 가리킬 때에는 유학, 핵심이론을 지칭하거나 기독교 · 불교 등과 같은 종교적인 분류를 할 때에는 유교, 학파적인 구분을 할 때에는 유가라는 개념을 사용한다. 유교문화는 고대중국의 하 · 은 · 주(夏殷周) 삼대문화를 기반으로 형성되었다. 삼대문화 이전에는 요(堯)임금을 대표로하는 당(唐)왕조와 순(舜)임금을 대표로하는 우(虞)왕조가 존재했었다는 사실이 『서경(書經)』에 기록되어 있다. 중국 고대 왕조의 제왕이었던 요와 순은 공자와 맹자에 의해 이상적인 도덕정치를 실현한 성인(聖人)으로 추앙받았다. 이후 요순시대는 안정과 평화를 상징하는 태평성대를 뜻하는 개념으로 사용되고 있다.

- **공자 孔子**

공자는 기원전 551년 노나라 추읍(지금의 산동성 곡부현)에서 태어났다. 『사기(史記)』에 따르면, 태어날 당시 머리 정수리 부분이 움푹 파여 언덕모양으로 생겼다 하여 이름을 구(丘: 언덕)로 지었다고 전한다. 3살 때 부친 공흘(孔紇)을 여의고 홀어머니 안징재(安徵在) 슬하에서 자랐지만 15-6세에 어머니마저 돌아가시게 되어 외가에서 성장한 것으로 알려져 있다. 공자의 스승이 누구인지는 정확히 알 수 없으며, 다만 일찍이 어려서부터 제사놀이를 즐겨했고 어려운 가정환경에서도 학문에 열중하여 다재다능했다고 전해진다. 공자는 자신이 살았던 춘추말기의 혼란한 상황을 근본적으로 해결하기 위해서는 인간에 대한 '사랑'에 해당하는 인(仁)이 필요함을 주장했다. 이를 바탕으로 사회규범인 예(禮)를 확립하여 사회와 국가질서를 바로잡아야 한다고 생각했다. 공자는 특히, 위정자에게 덕치(德治)를 강조했으며, 백성들로부터 신뢰를 얻어야 진정한 지도자가 될 수 있다고 말했다. 이처럼 직위/관직[名]에 맞는 의무/책임[分]을 다해야 사회와 안정과 화합, 국가의 장기적 발전이 보장된다고 주장하는 것이 바로 공자의 '정명(正名: 이름을 바르게 함)'사상이다.

- **동이 東夷**

중국 동북 지방에 분포한 민족을 한족(漢族)의 입장에서 부르던 명칭이다. '이(夷)'라는 개념은 산둥반도 부근에 분포한 민족을 가리키는데, 한족과 접촉하기 시작한 은(殷)나라 때부터 역사에 등장한다. 그 후 중국인들에게 여러 종족 개념과 방위개념이 발달함에 따라 서융(西戎), 남만(南蠻), 북적(北狄) 등의 명칭이 나타났다. 이렇게 볼 때, '동이'는 특정한 민족 개념이 아니라 방위개념이 첨가된 한족에 대한 상대적 개념으로서 동방의 이민족을 포괄하는 명칭임을 알 수 있다. 고대 시기 동이족에는 예(濊) · 맥(貊) · 한(韓) 계통의 우리 민족과 읍루 · 왜족이 포함되었다. 『후한서(後漢書)』 · 「동이전(東夷傳)」에는 "동방을 '이(夷)'라 한다. '이(夷)'는 뿌리이다. 말하기를, 어질고 살리기를 좋아한다고들 한다. 모든 것은 땅에 뿌리박고 있으므로 천성이 유순하고 도로써 다스리기 쉬워서 군자가 죽지 않는 나라가 있게 된 것이다."라고 하여 '이(夷)'의 문화적 특성을 언급하고 있다. 이 밖에도

『논어(論語)』·『예기(禮記)』·『산해경(山海經)』 등에서 동이에 대한 언급이 있으며, 『사기(史記)』·『전한서(前漢書)』·『후한서(後漢書)』·『삼국지(三國志)』·『송서(宋書)』·『남제서(南齊書)』·『위서(魏書)』 등의 역사서에서는 역사적 사실과 시대 변화에 따라 동이에 대해 기술하고 있다. 연구에 따르면, 진(秦)나라의 통일 이전에는 황하, 회하 유역을 중심으로 한 중국 동북부와 기타 지역에 거주하는 북방 몽골리안계 종족을 동이라고 지칭했다. 그러나 진나라 통일 이후에는 산둥반도의 일부가 중국 역사에 흡수됨에 따라 발해만을 끼고 만주와 한반도에 분포한 한 예맥 등을 동이로 지칭하게 되었다. 이러한 변화는 동이족의 범위가 상당히 동쪽으로 축소 이동하게 되는 주된 원인이 되었다.

본.문.구.성

1. 현대사회와 유교

유교는 현대인들이 일상생활에서 쉽게 접할 수 없는 분야이다. 박물관 진열대나 설 명절 텔레비전 프로그램에서 가끔 유건(儒巾)과 도포(道袍)를 걸친 할아버지나 유림(儒林)들을 보는 것이 고작이다. 물론 중·고등학교 역사 교과서 한 귀퉁이에도 있다. 그러나 현대인들에게 국악이나 판소리보다 랩과 힙합이 더 친숙한 것처럼 유학과 유교문화는 우리들의 오래 전 기억 속에서만 존재하는 듯 느껴지는 것이 사실이다. 그러나 잘 생각해 보면 꼭 유학과 유교문화는 그리 멀리 있는 것만은 아니다. 왜냐하면, 돌·결혼·회갑·상례·제사 등과 같이 우리가 일생동안 경험하는 다양한 통과의례가 유교적 관습이나 문화에 토대를 두고 있기 때문이다.

윤리·도덕 교과서에 나오는 '부모와 자식 사이에는 사랑이 있어야 하며, 임금과 신하 사이에는 의로움이 있어야 하며…'라는 삼강오륜(三綱五倫)도 유교적 덕목이다. 또한 인류역사상 가장 과학적인 문자로 평가받는 한글 역시 조선시대 유학자들에 의해 성리학적 세계관에 근거하여 창제된 것이다. 그리고 우리들의 지갑을 열면 바로 퇴계·율곡 등 유학자들의 얼굴을 쉽게 볼 수도 있다. 서점에 가면, 『논어』와 『맹자』 등 유교경전은 베스트셀러는 아니더라도 꾸준히 팔리는 책으로 분류되어 있다.

최근 인문학 열풍에 힘입어 학계의 일각에서는 서구학문의 수입상에서 벗어나 한국 고유문화와 유학사상에서부터 새로운 체계를 모색하는 작업이 진행 중이다. 그 결과 『유교사회학』·『유교민주주주의』·『유학심리학』 등의 유교 관련 저서가 발간되고 있으며, 유학사상과 타학문과의 만남도 여러 형태로 시도되고 있다.

2. 유교의 태동과 군자

군자(君子)는 유교(儒敎)에서 제시하는 이상적인 인격의 상징이다. 유교는 고대 중국의 하(夏)·은(殷)·주(周) 삼대(三代)에 걸쳐 형성된 사상이자 문화체계를 말한다. 공자가 집대성한 유교는 일반적으로 인(仁)을 최고 이념으로 삼는 일종의 윤리학이며, 덕치(德治)를 강조하는 정치학이자 주례(周禮)를 중시하는 일종의 고대종교사상이다.

유교경전 중 역대 성왕(聖王)의 행적을 기록한 『서경』을 보면, 하·은·주 이전 시기에 당(唐) 왕조를 창업했던 요(堯)임금과 우(虞) 왕조를 창업했던 순(舜)임금이 등장한다. 이들은 백성을 자식과 같이 사랑하고 아끼며 이상적인 도덕정치를 실현한 인물로 그려지고 있다. 요임금과 순임금은 춘추전국시대를 거치면서 공자와 맹자에 의해 고대 성왕으로 추앙받게 된다. 이로부터 요순시대는 태평성대를 의미하는 말로 사용되었다. 요·순은 성인(聖人)과 군자의 이상적 모델이 된 것이다

요임금과 순임금은 부자(父子) 관계가 아니다. 요임금은 자신의 재위 기간에 당시 학식과 덕망이 있다고 알려져 있던 순을 발탁한다. 요임금은 순에게 통치경험을 쌓게 한 후, 왕위 계승자로 지명하여 대를 잇게 했다. 이러한 형식을 선양(禪讓)이라고 한다. 공자는 이 선양제도를 왕위계승의 이상적인 형태라고 생각했다. 이처럼 혈연이 아닌 능력과 도덕을 기준으로 국가의 최고 권력을 이양하는 것은 유교의 정치적 이상이었다. 이러한 유교의 정치적 이상이 실현되기 위해서는 반드시 군자와 성인이 필요했다.

3. 요·순 임금의 선양

『사기』·「오제본기」에 따르면, 순(舜)의 아버지 고수(瞽叟: 눈 먼 장님)는 매우 어리석은 사람이었다. 순의 생모가 죽자 고수는 계모를 얻어 아들 상(象)을 낳았다. 계모는 매우 악한 여자였다. 동생 상은 욕심이 많고 오만하기 짝이 없었다. 그런데도 고수는 상을 총애하고 오히려 순을 죽이려고 했다. 이러한 상황에서도 순은 부모에게

극진히 효도하고 동생을 사랑했다. 이 때문에 사람들은 순을 훌륭한 덕(德)을 가진 사람이라고 칭송했다.

순이 역산(歷山)에서 농사를 지을 때 일이다. 역산 주민들은 순의 진실한 모습을 보고 감화되어 모든 사람들이 욕심을 부리지 않고 밭고랑을 서로에게 양보했다. 밭고랑을 양보한다는 것은 농사를 지으면서 만약 토지분쟁이 생기게 되면, 다른 사람이 더 많은 땅을 가질 수 있도록 서로 배려하는 것을 의미한다. 순이 뇌택(雷澤)에서 물고기를 잡을 때에도 뇌택 사람들은 순의 덕에 감화되어 서로에게 좋은 자리를 양보했다. 황하 근처에서 질그릇을 만들 때에는 그곳에서 생산한 그릇들은 조금도 흠이 없었다. 이처럼 순의 영향력은 자연스러우면서도 매우 컸다. 그래서 순이 머무는 어떤 곳이라도 1년이 지나면 작은 마을이 되고, 2년이 지나면 큰 마을이 만들어 지며, 3년이 되면 큰 도읍이 형성되었다.

많은 사람들에게 존경을 받았던 순이었지만 아버지와 계모, 동생은 순을 해치려고 온갖 방법을 사용했다. 순은 아버지와 계모 등을 피해 생활하면서도 자식의 도리를 잃지 않으려고 노력했다. 이러한 사실을 알게 된 요임금은 두 딸 아황(娥皇)과 여영(女英)을 순에게 시집보내 순의 사람됨을 가까이에서 지켜보았다. 요임금은 순에게 식량 창고를 지어주고 많은 소와 양도 하사했다. 이것을 본 계모와 동생은 욕심과 질투심에 사로잡혀 아버지 고수와 함께 순을 죽이려고 결심했다.

어느 날, 고수는 순에게 식량 창고 지붕을 고치라고 말했다. 순이 사다리를 타고 지붕으로 올라가자 고수는 사다리를 치우고 창고에 불을 질렀다. 불이 난 것을 본 순은 사다리를 찾았으나 보이지 않았다. 이 때 순은 햇빛을 가리는 데 쓰는 삿갓 두 개를 이용해 양 손에 삿갓 하나씩을 들고 새가 날개를 편 것처럼 지붕에서 뛰어내려 안전하게 내려왔다. 그러자 이번에는 순에게 우물을 파게 했다. 순이 우물 안으로 들어가자 그들은 돌과 흙으로 우물을 메워버렸다. 그러나 순은 우물 밑으로 내려가자 옆으로 굴을 팠다. 굴을 통해 우물에서 빠져나온 순은 집으로 돌아왔다. 이 때 동생 상이 자신의 물건을 가지려고 했던 모습을 본 순은 상을 용서했다. 또한 순은 이런 일이 겪으면서도 여전히 부모에게 효도하고 동생과도 사이좋게 지냈다. 이로 인해 고수와 계모, 상은 더 이상 순을 해칠 생각을 하지 못했다.

훗날 요임금은 순이 실제로 덕이 있는 사람임을 인정하고 그에게 왕위를 넘겨주었다. 이것을 선양이라고 한다. 임금이 된 순은 백성들과 함께 부지런히 일하고 검소하게 생활해서 오래도록 칭송을 받았다. 수십 년 뒤 요임금이 세상을 떠나자, 순은 왕위를 요임금의 아들인 단주(丹朱)에게 넘겨주려고 했다. 그러나 신하들은 단주가 왕위를 계승하는 것을 극구 반대했다. 요임금의 뜻을 따른 것이었다. 결국 순은 요임금을 이어 왕위에 올랐다. 이후 순임금도 세상을 떠나기 전에 요임금을 본받아 자신의 아들이 아닌 우(禹)에게 왕위를 선양했다.

4. 유교의 집대성자, 공자

요 · 순에서 시작한 유교문화는 하왕조의 우(禹)임금과 은왕조의 탕(湯)임금을 거쳐 기원전 1122년경에 주(周)나라 무왕(武王)에 의해 통일되었다. 주나라는 본래 문왕(文王)이라는 어진 제후가 통치하던 작은 국가였다. 당시 은나라의 마지막 천자(天子)는 주(紂)였다. 폭군이었던 주(紂)는 백성들을 도탄에 빠뜨렸다. 당시 백성들은 고통스러운 나날을 보낼 수밖에 없었다. 『상서(尙書)』·「탕서(湯誓)」에는 "이 태양은 언제쯤 없어질까? 내가 태양과 함께 없어지려고 한다(曰時日曷喪, 予及汝皆亡)라는 당시 백성들의 노랫말이 기록되어 있다. 이 때 백성들의 압도적인 지지를 받았던 사람은 문왕이었다. 그러나 문왕은 제후가 천자를 공격하는 것은 도리에 맞지 않다고 생각했다. 이 때문에 결국 문왕의 아들 무왕에 이르러서야 폭군이었던 주(紂)왕을 제거하고 천하를 통일하게 되었다.

무왕의 아우였던 주공(周公)은 학문이 깊고 심성이 어질며 정치적인 식견이 뛰어난 인물이었다. 주공은 요 · 순 · 우 · 탕 · 문 · 무로 이어지는 유교문화를 새로운 형태로 체계화하여 유교문화의 기틀을 세운 인물이다. 훗날 주공의 업적은 공자에게 계승되었다. 『논어』에 보면, 공자는 평생 주공을 사모한 나머지 '꿈속에서라도 주공을 만나고 싶다(子曰 甚矣吾衰也, 久矣, 吾不復夢見周公)'라고 고백하고 있다.

공자(孔子: BC.551-479)는 중국 춘추 말기 노나라 창평향(지금의 산동성 곡부)에서 60세 후반의 아버지 숙량흘(叔梁紇)과 16세의 어머니 안징재(顔徵在) 사이에서 태어났다. 이름은 구(丘), 자는 중니(仲尼)이다. 성씨 뒤에 자(子)를 붙여 공자라고 한 것은 '공씨 선생'이란 높임말이다. 어린 나이에 부모를 여의고 고아가 된 공자는 남달리 영특하여 자수성가한 후 정치가로 성공한다. 그러나 부패한 정치세력에 의해 공자는 결국 쫓겨난다. 그 뒤 공자는 자신의 이상이었던 도덕정치 실현을 위해 노력한다. 그러나 13년간 온갖 고생을 다하며 천하를 떠돌며 유세(遊說)한 공자의 노력도 역시 결국 실패하고 만다. 말년에 고국으로 돌아온 공자는 교육자로서 73세의 인생을 마감한다.

공자는 50대 중반 현재의 법무부 장관겸 총리직에 해당하는 대사구(大司寇) 벼슬에 오른다. 이 때 공자는 "임금은 임금답고, 신하는 신하다우며, 부모는 부모답고, 자식은 자식다워야 한다(君君臣臣父父子子)"는 정명(正名) 사상을 주장한다. 또한 인(仁)과 예(禮)에 기초한 덕치(德治)를 주장한다. 덕치란 인(仁)의 정신을 예(禮)의 방법으로 실현하여 개인으로부터 사회·국가 확산시켜 나가는 것을 말한다. 공자는 "정치란 바르게 하는 것이다(政者, 正也)"라고 말하고, "군자의 덕은 바람이요, 소인의 덕은 풀이다. 바람이 불면 풀은 반드시 눕게 된다(君子之德風, 小人之德草, 草上之風, 必偃)"라고 말하면서 무엇보다 지도자의 솔선수범을 강조한다.

춘추시대 위정자들은 공자의 정치사상을 원칙적으로는 공감했다. 그러나 현실적으로 실현하기에는 무리가 있다고 생각했다. 따라서 공자는 정치적 이상을 실현하지 못한 채, 교육자로서의 사명을 감당하며 후대에 희망을 걸게 된다. 공자는 제자들에게 6가지 과목인 육예[六藝: 예(禮)-예절/법률, 악(樂)-음악/시, 사(射)-활쏘기, 어(御)-말타기, 서(書)-쓰기/작문, 수(數)-셈하기/과학]를 가르친다. 또한 문학·덕행·언어·정사(政事) 등을 강조한다. 이것을 공문사과(孔門四科)라고 한다. 공자는 제자들에게 "배우고 생각하지 않으면 얻음이 없고, 생각만 하고 배우지 않으면 위태롭다(學而不思則罔, 思而不學則殆)"라고 말한다. 이것은 배움과 사색의 중요성을 강조하는 말이다. 즉 배움과 사색 어느 것 하나에 치우치지 않고, 균형과 중용을 지켜야 한다는 것이다. 또한 공자는 '신분과 나이에 상관없이 누구나 제자로 받아들인다(有教無類)'는 평등주의 교육관을 주장했다. 이것은 공자를 동양 최고의 스승인 만세사표(萬世師表)로 평가하는 중요한 계기가 되었다.

공자는 제자들이 지켜보는 가운데 73세의 나이로 세상을 떠났다. 공자가 세상을 떠난 후 제자들은 그가 남긴 어록을 모아 스승의 언행록인 『논어』를 편찬했다. 공자가 말년에 남긴 "나는 15세에 학문에 뜻을 두었고, 30세에 자립했으며, 40세에 미혹되지 않았으며, 50세에 하늘의 뜻을 알았고, 60세에 다른 사람들의 말에 거슬림이 없었고, 70세에 마음이 하고 싶은 것을 해도 도리에 어긋나지 않았다(子曰 吾十有五而志于學, 三十而立, 四十而不惑, 五十而知天命, 六十而耳順, 七十而從心所欲不踰矩)"라는 말은 공자의 인생과 학문을 요약한 말로 널리 알려져 있다. 특히 70세를 표현하는 종심(從心)은 도덕적으로 절대 자유의 경지에 이른 인격을 상징하는 말로 사용되기도 한다.

공자가 집대성한 유학은 고대 성왕들의 업적을 기록한 문헌에 기초하여 만들어졌다. 공자는 『논어』에서 고대 성왕들을 '독실하게 믿고 배우기를 좋아한다(篤信好學)'고 말하고 있다. 또한 "나는 내가 터득한 성왕의 학술사상을 진술하여 후세에 전수하지만 내 자신이 새로운 것을 지어내지는 않았으며, 옛날의 학술 사상을 믿고 좋아한다(子曰 述而不作, 信而好古)"라고 말한다. 이밖에도 『중용(中庸)』에서는 "공자께서는 요임금과 순임금을 으뜸으로 삼아 계승하고, 문왕과 무왕을 본받아서 밝혔다(仲尼, 祖述堯舜, 憲章文武)"라고 말한다. 이것을 통해 공자의 유교사상이 요·순임금과 문·무왕의 덕치와 민본사상에 뿌리를 두고 있음을 알 수 있다

청나라 제4대 황제인 강희제(康熙帝)가 직접 쓴 만세사표(萬世師表)라는 글씨다.
'오랜 세월 동안 학식과 인격의 모범이 되는 최고의 스승'이란 뜻이 담겨있는 이 현판은 공자의 위패를 모신 문묘(文廟)의 대성전(大成殿)에 걸려있다.

5. 공자와 그의 제자들

『사기』·「공자세가」에 다음과 같이 기록되어 있다. 공자의 이름은 구(丘)이고, 자(字)는 중니(仲尼)이다. 그 선조는 송(宋)나라 사람이다. 아버지는 숙량흘이고, 어머니는 안씨이다. 노(魯)나라 양공 22년 11월에 노나라 창평향 추읍에서 태어났다. 어릴 적 놀 때에 항상 제기(祭器)를 펼쳐놓고 예(禮)를 갖추는 놀이를 했다. 청년시기에는 창고의 물건을 관리하는 위리(委吏)가 되었는데, 항상 계산이 분명했다. 후에 가축을 기르는 사직리(司職吏)가 되었는데, 기르는 가축이 윤택하게 살찌고 잘 번식했다.

주(周)나라에 가서 노자(老子)에게 예(禮)를 묻고, 돌아온 후로부터는 제자가 점차 많아졌다. 소공(昭公) 25년, 공자의 나이 35세 때에 소공이 제(齊)나라로 달아나고 노나라가 혼란해졌다. 공자는 제나라로 망명하여 고소자(高昭子)의 가신(家臣)이 되어 고소자의 힘을 빌어 제나라 경공(景公)을 만났다. 이대 경공은 공자의 말을 듣고 매우 기뻐하며 공자에게 니계(尼谿)의 땅을 주고 등용하려 했다. 그러나 안영(晏嬰) 등 여러 신하들이 반대하자 결국 경공도 등용을 포기하고 말았다. 그리하여 공자는 마침내

제나라를 떠나 다시 노나라로 돌아왔다.

정공(定公) 원년(元年), 공자의 나이 43세 때 노나라의 상황은 권세가인 계씨(季氏) 집안의 세력이 강하여 왕위를 넘보는 상태였다. 더욱이 계씨의 신하인 양호(陽虎)가 계씨 집안의 질서가 어지러워진 틈을 타 제멋대로 독단하는 상황이었다. 따라서 공자는 벼슬하지 않고 물러나 있으면서 시(詩)・서(書)・예(禮)・악(樂)을 정리했다. 이때부터 제자가 더욱 많아졌다.

정공 9년, 공자의 나이 51세 때 계씨의 또 다른 가신인 공산불요(公山弗擾)가 비(費) 땅을 근거지로 삼아 계씨를 배반하고 반란을 일으켰다. 당시 공산불요는 공자를 불렀는데, 공자가 이에 응하려 하자 제자인 자로(子路) 등의 반대로 마침내 가지 않았다. 정공이 공자를 중도(中都) 고을의 책임자로 삼은 지 1년 만에 온 고을이 모두 공자를 본받아 교화되었다. 드디어 공자를 사공(司空)과 대사구로 삼았다.

정공 10년에 정공을 도와서 제후를 협곡(峽谷)에서 만났다. 이 자리에서 공자는 제나라 사람들이 이전에 노나라를 침입하여 빼앗아 갔던 땅을 되돌려 달라고 요청하여 외교상의 큰 공로를 세웠다. 정공 12년에 공자는 중유(仲由)를 계씨 집안의 총재로 삼아 삼도(三都)를 허물고 그 갑옷과 무기를 거두게 하였다. 그러나 맹씨(孟氏)가 성(成)땅의 성벽을 헐려고 하지 않았다. 군사로 에워쌓았지만 결국 이기지 못했다. 정공 14년, 공자의 나이 56세 때 총리직을 겸하고 있었다. 이때 나라의 정치를 어지럽히던 대부 소정묘(少正卯)를 처단하고, 나라 정치를 담당한 지 3개월 만에 노나라가 크게 안정되었다. 그러자 노나라의 변화를 경계하던 제나라에서 공자를 제거할 계책을 꾸몄다. 제나라에서는 음악과 춤에 능한 미녀 80명과 좋은 말 120필을 정공과 계환자에게 보냈다. 정공과 계환자는 이것을 받고 즐거워하여 정사를 돌보지 않았다. 또한 교제(郊祭)를 지낸 후 당시 예에 맞추어 제사 음식을 대부들에게 나눠 보내지 않는 등 법도에 어긋난 행동을 했다. 공자는 이것을 말리다가 결국 벼슬자리에서 물러나 노나라를 떠나게 되었다.

위(衛)나라로 간 공자는 자로의 처형인 안탁추(顔濁鄒)의 집에 머물렀다. 진(陳)나라로 갈 때에 광(匡)땅을 지나게 되었다. 이 때 광땅 사람들이 공자를 양호(陽虎)로 착각하고 잡으려고 포위했으나 변복을 하고 위기를 벗어났다. 그 후 공자는 다시 위나라로 돌아와 거백옥(蘧伯玉)의 집에 머물면서 위나라 영공의 왕비인 남자(南子)를 만났다. 그 후 공자는 다시 송(宋)나라로 갔다. 송나라에서는 사마(司馬)벼슬로 있는 환퇴(桓魋)가 공자 일행을 죽이려고 했다. 이 때문에 다시 송나라를 떠나 진(陳)나라로 가서 사성정자(司城貞子)의 집에 머물렀다. 그 후 3년 뒤에 위(衛)나라로 돌아왔지만, 영공(靈公)은 공자를 등용하지 않았다. 진(陳)나라 조씨(趙氏)의 가신(家臣) 필힐(佛肸)이 중모(中牟) 땅을 근거로 반란을 일으킨 후 공자를 불렀다. 공자가 가려고 하자 이번에도 자로를 비롯한 여러 제자들의 반대로 가지 않았다.

그 후 공자는 서쪽으로 조간자(趙簡子)를 만나려고 길을 떠났으나 황하까지 갔다가 포기하고 돌아와 거백옥의 집에 머물렀다. 이때 위나라 영공이 군대의 진법(陣法)에 대해 공자에게 물었다. 공자는 대답하지 않고 곧바로 위나라를 떠나 진나라로 갔다. 노나라 정치의 실권자였던 계환자가 죽을 때에 그의 아들 계강자(季康子)에게 공자를 반드시 불러와야 한다고 유언했다. 계강자의 신하가 저지하자, 공자를 부르지 못하고 공자 제자인 염구(冉求)를 대신 불렀다. 그 후 공자는 채(蔡)나라 섭(葉)땅으로 갔다. 초(楚)나라 소왕(昭王)이 서사(書社) 땅을 공자에게 봉(封)하려고 했다. 그러나 영윤자서(令尹子西)가 반대하여 결국 공자를 봉하지 못했다. 이후 공자가 위(衛)나라로 돌아오니 그때에 영공은 이미 세상을 떠난 후였다. 위나라 임금 첩(輒)이 공자를 등용하여 정치를 맡기고자 했다. 이때 염구(冉求)가 계씨의 장수가 되어 제나라와 싸워 공을 세웠다. 이에 계강자가 공자를 초청하여 노(魯)나라로 돌아왔다. 이때가 애공(哀公) 11년, 공자의 나이는 68세였다. 그러나 노나라에서는 끝내 공자를 등용하지 않았다. 공자 역시 벼슬을 얻으려고 생각하지 않았다. 그 대신 『서전(書傳)』·『예기(禮記)』·『시(詩)』·『악(樂)』을 재정리 하였으며, 『역(易)』의 단사(彖辭)와 계사(繫辭)·상사(象辭)·설괘(說卦)·문언(文言) 등을 편찬했다. 당시 공자의 제자 숫자가 무려 3,000여 명에 이르렀으며, 육예(六藝)에 통달한 제자만 72명이었다.

애공 14년에 노나라에서 서쪽으로 사냥하다가 기린을 잡았다. 이때 공자는 『춘추』를 편찬하고 있었다. 다음해에 자로가 위나라에서 죽고, 애공 16년 4월에 공자가 생을 마감하는데, 공자 나이 73세였다. 공자의 시신은 노나라 성(城)의 북쪽에 사수(泗水)가에 장사 지냈다. 공자의 모든 제자들은 심상(心喪) 3년을 하고 떠났으나, 자공(子貢)은 무덤가에 여막을 짓고 3년을 더 지냈다. 공자는 아들 리(鯉)를 낳았는데, 자(字)는 백어(白魚)였다. 그러나 백어는 공자보다 먼저 죽었다. 백어는 아들 급(伋)을 낳았는데, 자(字)는 자사(子思)였다. 이후에 자사는 공자의 학문을 계승하여 『중용(中庸)』을 지었다. 자사의 문인에게 배운 사람이 바로 맹자(孟子)이다.

6. 군자의 나라, 동이(東夷)

공자는 인간에 대한 사랑을 뜻하는 인(仁)을 가장 중요한 덕목으로 생각했다. 『논어』에 보면, 제자 안연(顔淵)이 공자에게 인(仁)에 대해 질문하는 대목이 나온다. 공자는 "자기의 욕심을 이기고 예를 실천하는 것이 바로 인이다(克己復禮 爲仁)"라고 말한다. 안연이 좀 더 자세한 설명을 요구하자 공자는 "예(禮)가 아니면 보지 말고, 예가 아니면 듣지 말며, 예가 아니면 말하지 말고, 예가 아니면 행하지 말라(非禮勿視, 非禮勿聽, 非禮勿言, 非禮勿動)"고 말한다. 이것은 하루하루 생활하면서 작은 일부터 '자기의 사욕에서 벗어나 공공의 이익을 도모'하라는 말로 이해할 수 있다. 공자는 그 기준을 예라고 말한다.

공자는 사회규범이자 사회질서를 의미하는 예(禮)를 확립하면, 혼란한 사회와 국가를 안정시킬 수 있다고 생각했다. 특히 공자는 배움을 통해 수기(修己: 자기 수양)에만 머물지 말고 치인(治人=安人: 타인 완성)에 적극적으로 노력할 때 진정한 유자(儒者)가 될 수 있다고 말한다. 자신을 도덕적으로 완성해 가면서 타인을 가르쳐 바른 길로 이끌어 사회와 국가를 안정의 길로 인도하는 이상적 인간상을 공자는 '군자유(君子儒)'라고 말한다. 공자는 제자인 자하(子夏)에게 "너는 군자유가 되어야지, 소인유가 되어서는 안 된다(女爲君子儒, 無爲小人儒)"라고 말한다. 이것은 선비라 하더라도 군자다운 진정한 선비와 이름뿐인 소인같은 선비가 있다는 말로 해석된다. 결국 공자는 군자를 바람직한 인격의 표상으로 보고 있는 것이다.

중국 유학이 한국으로 전해진 시기는 언제인지, 그리고 어떠한 과정으로 발전되었는지에 대해서는 명확히 알 수 없다. 대략 4가지 설이 있다. 첫째, 한대(漢代)의 오경(五經) 사상을 수용하여 국가의 통치이념으로 활용된 삼국시기다. 둘째, 고려 말엽에서 조선 초기로 이어지는 성리학의 도입시기이다. 셋째, 조선중기의 퇴계와 율곡을 중심으로 하는 성리학 융성기이다. 넷째, 조선후기 실학이 중심이 되었던 시기이다. 어쨌든 중국의 유학사상이 한반도에 전해진 뒤 큰 마찰과 충돌 없이 수용되었던 것만큼은 엄연한 사실이다. 그 이유에 대해 한민족의 민족성 및 민족 고유의 사상과 깊은 연관이 있다는 주장이 있다. 물론 전적으로 믿을 수는 없지만 그렇다고 완전히 배제할 수만은 없다. 왜냐하면, 중국인들은 오랜 역사를 통해 한반도에 거주하는 우리 민족을 동쪽에 사는 오랑캐라고 폄하하여 동이족(東夷族)이라고 불렀다. 그러나 그들 스스로가 '동이의 나라는 군자의 나라이며, 어진 사람들이 모인 곳이다'라고 말하기 때문이다.

동이족에 대한 중국인들의 평가는 여러 문헌에서 찾아볼 수 있다. 『산해경』에서는 동이를 '군자의 나라'로 지칭하고, 『후한서』에서는 '성품이 어질고 유순하며 도(道)를 아는 훌륭한 민족'으로 평가하고 있다. 『논어』에 보면, 공자는 도가 행해지지 않는 세태를 한탄하며 '구이(九夷)에서 살고 싶다(子欲居九夷)'는 말을 했다. 누군가가 '문명이 없는 누추한 곳인데 왜 그곳으로 가고자 하는지 묻자, 공자는 군자가 사는 곳인데 어찌 누추하겠는가(或曰 陋如之何. 子曰 君子居之, 何陋之有)'다고 반문하고 있다. 또한 공자가 '뗏목을 타고 바다를 건너고 싶다(道不行, 乘桴浮于海)'라고 말한 것을 보면 '동이'를 '군자의 나라'로 생각했던 것은 분명하다. 이러한 사실로 비추어 볼 때, 유학이 한반도에 들어와 우리 민족의 고유사상과 비교적 쉽게 혼합될 수 있었던 이유는 우리 민족성과 어느 정도 연관성이 있는 것이 아닌가 하는 추측도 충분히 가능하다.

7. 동 · 서양 역사에서 본 군자

동양 고대사회에서 필요한 인재상은 일종의 귀족전사였다. 서양 중세시대 기사계급이었던 일종의 귀족전사로 생각하면 이해하기 쉽다. 중세 연구결과에 따르면, 작은 영주급에 해당하는 상급기사들이 일반 기사들을 지휘했다. 당시 정식기사들은 실제로 영국과 프랑스 등 군사력이 강한 나라에서는 수천 명 정도였다고 한다. 서양의 중세와 동양의 고대를 그대로 비교할 수는 없지만, 참고해 볼만하다.

인간이 최초로 사회와 국가조직을 만들고, 외부의 적대세력으로부터 방어하기 위해서는 최소한의 무력이 필요했다. 이에 인류 초기의 인재상은 무력과 계급적 지위를 동시에 가질 수밖에 없었다. 그러나 사회나 국가조직이 안정적인 상태를 갖춘 후에는 그것을 관리할 수 있는 역량있는 인재가 필요했다. 이러한 새로운 인재는 물리적인 힘 외에 천신(天神)에 대한 제사나 국가적 의례(儀禮)를 집행할 수 있는 지식을 갖춘 사람이었다. 즉 종교적 권위를 갖춘 제사장이나 상징적인 부호나 문자를 해독할 수 있는 일종의 지식인들이었다. 이러한 고대 지식인들은 문자와 부호가 하늘과 통하는 신성한 것임을 강조하며, 일반 백성들을 가르칠 수 있는 권위를 갖게 되었다. 이처럼 귀족전사에서 고대 지식인계급으로 인재상이 변화됨으로써 등장한 사람들이 바로 문사(文士) 혹은 군자였다.

군자는 동양에서 이상적인 인간상을 대표하는 개념이다. 군자라는 명칭은 『논어』뿐만 아니라 여러 유교경전에서 보인다. 따라서 군자라는 개념을 공자가 창조한 것이 아님을 알 수 있다. 지금까지의 연구에 따르면, 군자는 크게 3가지 의미로 구분되어 사용된다.

첫째, 신분적 개념이다. 이때의 군자란 세습적인 귀족 혹은 귀족의 자제로서 주로 남자를 가리킨다. 따라서 신분적 개념의 군자는 위정자(爲政者)의 위치에 있는 사람을 가리키는 말로서 정치적 지도자의 뜻으로 사용된다.

둘째, 인격적 개념이다. 이때의 군자란 도덕적 존재로서 인간의 존엄성과 도덕적 가치를 실현하기 위해 노력하는 사람을 가리킨다. 따라서 인격적 개념의 군자는 도덕의 실천자를 가리키는 말로서 성숙한 인격의 상징적 존재를 의미한다.

셋째, 수양적 개념이다. 이때의 군자란 진리를 탐구하고 인생의 궁극적인 지혜를 찾기 위해 노력하는 사람을 가리킨다. 따라서 수양적 개념의 군자는 우주의 진리를 얻기 위해 끊임없이 배우고, 자기를 성찰하며 수양하는 구도자(求道者)적 삶을 사는 존재로 사용된다.

8. 군자와 소인

유학은 수기치인(修己治人)·수기안인(修己安人)을 학문의 최종 목표로 삼는다. '자기를 완성하고 남을 다스리는' 사명을 가진 군자는 1차적으로 자신을 수양·완성하고, 2차적으로는 타인을 교육·지도해야 할 의무가 있다. 자기를 완성한 군자는 과연 어떠한 모습일까? 『논어』에 있는 군자와 소인의 특징을 요약하면 다음과 같다.

군자	소인
1. 매사에 공평함	1. 매사에 치우침
2. 이치를 추구함	2. 욕심을 추구함
3. 의리에 민감함	3. 이익에 민감함
4. 마음이 안정됨	4. 마음이 불안함
5. 덕과 법을 중시함	5. 돈과 혜택을 중시함
6. 남의 장점을 부각시킴	6. 남의 단점을 부각시킴
7. 문제가 생기면 자신의 탓으로 돌림	7. 문제가 생기면 남의 탓으로 돌림
8. 편안한 마음을 유지하면서도 겸손함	8. 거만하면서 마음은 항상 편치 못함
9. 주관이 뚜렷하지만 남들과 조화를 이룸	9. 주관이 없이 남들 따라가기에 급급함

1.周而不比 2.上達 3.喩於義 4. 坦蕩蕩 5. 懷德 懷刑 6. 成人之美 7.求諸己 8.泰而不驕 9.和而不同	1. 比而不周 2.下達 3. 喩於利 4. 長戚戚 5. 懷土 懷惠 6. 成人之惡 7. 求諸人 8. 驕而不泰 9. 同而不和

공자는 도덕적 · 인격적 완성체로서 군자를 설명하면서 소인과의 비교를 통해 그 차이점을 부각시키고 있다. 매사에 공평하고 의리와 도덕을 중시하면서 타인에게 관용을 베풀고 주위 사람들과 조화를 이루는 사람이 군자라면, 매사에 공평하지 못하고 자신의 이익과 욕심을 위해 타인을 헐뜯고 사람들의 분열을 조장하며 분란을 일으키는 사람이 소인이다.

그러나 군자와 소인을 도덕적인 의미로만 한정지을 수는 없다. 왜냐하면, 군자란 본래 중국 고대에 정치를 담당하는 사대부(士大夫)를 가리키는 개념으로서 계급이 없는 일반 백성을 의미하는 소인과는 신분적으로 구별되어 사용했기 때문이다. 이처럼 계급적 호칭으로 사용되던 군자라는 개념은 시대의 변천에 따라 그 의미가 점차 확대되어 결국 정치 지도자 혹은 위정자의 자격요건인 '도덕적 완성' 혹은 '완전한 인격'이라는 의미를 갖게 되었다. 여기에는 공자의 기여가 크다. 왜냐하면, 공자는 '군자라 하더라도 인(仁)을 버린다면 어찌 군자라고 할 수 있겠는가?(君子去仁, 惡乎成名)'라고 말하면서 진정한 의미의 군자란 그 이름에 걸맞은 도덕적 수준을 갖추어야 한다고 주장했기 때문이다.

공자는 군자의 3가지 조건을 지 · 인 · 용(知仁勇)으로 요약한다. 지혜로운 사람은 거짓에 속아 미혹에 빠지지 않는 분별력이 있는 사람이다. 어진 사람은 자신의 의로움과 선행을 남들이 인정해 주지 않아도 근심하지 않는 사람이다. 용기 있는 사람은 어떠한 상황에서도 두려워하지 않는 담대함을 가진 사람이다.(子曰 君子道者三, 我無能焉, 仁者不憂, 知者不惑, 勇者不懼) 이처럼 공자가 말한 군자는 전인적(全人的)인 존재이다. 공자의 표현대로라면, '멀리서 바라보면 위엄이 있고, 가까이 있으면 온화하며, 말을 들어보면 명확한 사람'으로서 결코 어느 한 가지에 국한된 융통성 없는 사람이 아니다. 이런 무궁무진한 능력에 대해 공자는 "군자는 그릇과 같이 한계가 분명한 존재가 아니다(君子不器)"라고 정의한다.

공자는 군자의 인격에 대해 높이 평가하고 있지만, 사실상 유학에서 말하는 이상적인 인격체는 성인(聖人)이다. 그러나 성인이라고 한다면, 그 자체로서 0.1%의 잘못도

용납하지 않는 완전한 존재이기 때문에 이미 보통 사람들처럼 일상생활에서의 수양이 요구되지는 않는다. 따라서 공자 자신도 제자들 앞에서 감히 성인임을 자처하지 않았다. 다만 당시 제자들에 의해 공자가 성인으로 받아들여지기는 했으나, 『논어』 어디를 보아도 공자가 그러한 제자들의 말을 그대로 인정한 적은 없다. 공자는 다만 제자들에게 "나는 나면서부터 아는 사람이 아니라, 옛 것을 좋아하여 부지런히 찾아 배운 사람이다(我非生而知之者, 好古敏以求之者也)"라고 말할 뿐이다. 결국 공자는 평범한 인간이 성인이 되기 위해서는 자신과 같이 군자의 길을 걸어야한다고 말한다. 그러나 군자의 길은 매우 험난한 길이었다.

공자가 도덕정치를 주장하며 천하를 주유(周遊)했을 때, 당시 사람들은 '상가집 개' 혹은 '떠돌이 개'로 비유하며 공자를 조롱했다. 『사기』·「공자세가(孔子世家)」에 보면, 공자 스스로 "나는 외뿔소도 아니고 범도 아닌데 저 광야에 홀로 떠돌아 다닌다"라며 자신의 신세를 한탄한 장면이 나온다. 공자가 중국 전역을 돌아다니며 유세했던 시기는 그가 '천명을 깨달은(知天命)'은 50세 중반 이후였다. 춘추시대와 같은 혼란기에 여러 나라를 떠돌아다닌다는 것은 말처럼 쉬운 일이 아니었다. 14년이란 긴 여행 중에 공자와 제자들은 죽을 고비를 수없이 넘기며 온갖 고난을 겪었다. 광(匡) 땅을 지날 때 오해를 받아 죽을 뻔 했다가 간신히 위기를 모면한 일, 송(宋)나라에서 폭력단에게 포위되었던 일 등이다.

특히 진(陳)나라 옆을 지날 때에는 많은 제자들과 동행하던 중 식량이 떨어지고 말았다. 당시 상황을 『논어』에서는 '제자들이 병들어 일어날 수조차 없었다'라고 말한다. 단순히 끼니를 거른 정도가 아니라 병이 날 정도였으니, 당시 상황을 어느 정도 짐작할 수 있다. 이 때 성격이 급하고 다혈질이었던 자로가 공자에게 불평하듯 말했다. "선생님 같은 군자도 이렇게 곤궁합니까?(君子亦有窮乎)" 이 말은 스승에 대한 원망과 강한 불신으로 인해 마음속에서 자연스럽게 터져 나온 것이었다. 이 때 공자는 "군자이기 때문에 곤궁한 것이다. 소인은 곤궁할 때에 도리에 어긋난 행동을 한다(君子固窮, 小人窮斯濫矣)"라고 말한다. 이 말은 평소에는 군자와 소인을 쉽게 구분할 수 없지만, 어려운 상황이나 절체절명의 위기에 처했을 때 비로소 군자와 소인의 차이를 명확히 알 수 있다는 것이다. 공자가 "세월이 추워진 뒤에야 소나무와 잣나무가 늦게 시듦을 알 수 있다(歲寒然後, 知松栢之後彫也)"라고 말한 것과 서로 상응하는 말이다.

위에서 살펴본 공자와 자로의 대화는 사실 좀 더 깊은 사연이 있었다. 공자 일행이 진나라로 길을 떠나기 바로 전에 위(衛)나라 영공(靈公)이 공자에게 전쟁의 진법(陳法)을 물었다. 그 때 공자는 '예(禮)에 관해서는 알지만 군대에 관해서는 아는 바가 없다'고 대답한 후 그 이튿날 서둘러 위나라를 떠났다. 바로 이 점이 자로가 스승을 불평했던 한 가지 이유였다. 자로는 위령공의 질문에 적당히 대답해 주고 신임을 얻어 좋은 직책을 받아 정착했더라면 지금의 고난을 피할 수도 있지 않았느냐는 원망이 있었던 것이다. 그러나 공자의 생각은 달랐다. 공자는 위령공이 욕심이 많은 임금이며 모든 관심사가 전쟁에만 집중된 사람이기 때문에 더 이상 함께 말할 가치도 못 느꼈다. 이 때문에 가능한 빨리 위나라를 떠나려고 했던 것이다. 그러나 이것이 화근이 되었다. 공자가 위령공을 피해 진나라로 향할 때, 진(陳)나라와 채(蔡)나라의 대부가 초(楚)나라로 가는 공자 일행을 막기 위해 군사를 보내 포위했다. 그 결과 양식이 끊어진 지 7일이 되어 공자 일행은 병들어 죽게 될 상황에 놓이게 된 것이었다.

이 때 자로가 그동안 쌓아 두었던 불만과 원망이 섞인 말로 물었다. "덕을 갖춘 군자라면 하늘이 지켜주고 사람들이 도와주니까 곤란을 겪지 말아야 하는데, 왜 이렇게 어려운 상황에 처하게 된 것입니까?" 공자는 평소에 "사람의 삶과 죽음은 천명에 달려 있고, 부귀영화는 하늘에 달려있다(死生有命, 富貴在天)"라고 생각한 사람이다. 그러므로 곤경에 처해서도 하늘을 원망하거나 후회하지 않는 군자의 의연한 자세를 보일 수 있었다. 공자는 '어려움을 당하더라도 견뎌내는 사람이 군자라면, 눈앞의 고통을 참지 못하고 이를 모면하기 위해 무슨 짓이든 하는 사람을 소인'으로 보았다. 공자는 이것을 '소인은 곤궁하면 넘친다'라고 표현했던 것이다.

이처럼 군자의 길은 때로는 고난의 길이 될 수 있다. 그러나 군자는 학문의 목표이자 그 자체가 성인이 되기 위한 수양의 중요한 방법이기도 했다. 그러므로 군자의 도리, 즉 참인간의 도리인 진리를 얻는 것은 인생의 궁극적 의미를 깨닫는 것과 같은 무게로 이해될 수 있다. 이렇게 볼 때, 공자의 '아침에 도를 들으면 저녁에 죽어도 좋다(朝聞道, 夕死可矣)'라는 고백은 당연한 귀결이라고 말할 수 있다.

소인론(小人論)

허균(許筠: 1569-1618)

"요즈음 나라에는 소인이 없다. 또한 군자도 없다. 소인이 없다면 나라에는 다행이지만, 만약 군자가 없다면 어떻게 나라를 다스릴 수 있겠는가? 아니다. 그렇지는 않다. 군자가 없기 때문에 소인도 없는 것이다. 만약 나라에 군자가 있다면, 소인들이 그들의 행적을 감히 숨기지 못한다. 군자와 소인은 음(陰)과 양(陽), 낮과 밤 같아서 음이 있으면 반드시 양이 있고 낮이 있으면 반드시 밤이 있으니, 군자가 있다면 반드시 소인도 있다. 옛날에 요(堯) · 순(舜) 때에도 그랬으니 하물며 후세에 그렇지 않겠는가? 대개 군자라면 바르고 소인이라면 간사하며, 군자라면 옳고 소인이라면 그르며, 군자라면 공적으로 일을 처리하고 소인이라면 사심으로 일을 처리한다. 윗자리에 있는 사람이 간사함과 정당함, 옳음과 그름, 공적인 것과 사적인 것을 분별하여 살핀다면, 저들 소인들이 어떻게 감히 그들의 속마음을 숨길 수 있겠는가?

지금의 소위 군자와 소인이란 서로 간에 큰 차이가 없다. 왜냐하면, 자기들과 뜻을 같이하면 모두 군자로 여기고, 뜻을 달리하면 모두 소인으로 생각하기 때문이다. 저편이 이쪽 편과 다르다면 배척하여 간사하다 하고, 이쪽 편과 뜻을 같이하는 사람이라면 치켜세워 정당하다고 여긴다. 옳음[是]이란 그들이 옳다고 여기는 것이 옳음이고, 그름[非]이란 그들이 그르다고 여기는 것이 그름이니, 이것은 모두 공(公)이 사(私)를 이길 수 없기 때문이다. … (중간 생략) … 나라에서 소인들을 미워하는 것은 그들이 나라를 병들게 하고 백성들을 해롭게 하기 때문이다."

9. 군자가 경계해야 할 3가지

2011년 KBS-TV스페셜 '행복해 지는 법'이란 프로그램이 방영되었다. 방송 중에 한국 사람들이 생각하는 행복의 조건을 통계로 정리한 내용을 보면, 행복의 조건 1위는 돈(40.6%), 2위는 건강(28.44%), 3위는 화목한 가족(20.3) 순이었다. 수치만 보면,

한국인들은 우선 돈만 있으면 어느 정도 행복해 질 것이라고 믿는 것처럼 보인다. 그러나 흥미있는 사실은 소득과 행복지수와의 관계가 정비례하지 않는다는 점이다. 즉 월 소득 400만원까지는 행복지수가 꾸준히 상승하다가 400만원이 넘으면 행복지수가 상승하지 않거나 오히려 이전보다 떨어지는 경우가 많다는 것이다. 결국 돈이 인간의 행복을 결정짓는 유일한 요소는 아니라는 것이 입증된 셈이다. 그렇다면, 우리에게 진정한 행복을 가져다주는 제1의 조건은 무엇인가?

2010년, 한국에서 번역 출판되어 주목을 받았던 『행복의 조건』이란 책이 있다. 하버드대 의과대학 조지 베일런트 교수(George E. Vaillant)가 지은 이 책의 원제목은 〈Aging Well〉이다. 직역하면, "잘 늙음" 혹은 "제대로 나이 듦" 정도로 이해할 수 있다. 1930년대부터 72년간 '성인의 평생발달에 관한 최장기 종단연구 보고서'라는 점에서 이 책은 세계적으로 큰 화제가 되었다. 연구주제 역시 '행복하고 건강한 삶의 동력은 무엇일까? 과연 행복하고 건강한 삶에도 법칙이 있을까?'라는 점에서 많은 주목을 끌었다. 연구대상은 1930년대 말 하버드대학에 입학한 2학년생 268명, 불우한 환경에서도 자수성가한 남성 456명, 여성천재 90명 등 총 814명의 인생이었다. 연구결과 행복의 조건 제1위는 사람들이 흔히 생각하는 '돈, 명예, 학벌'이 아니라, '고난에 대처하는 자세-성숙한 방어기제'였다. 결국 '고난과 고통이 많고 적은가 보다는 그것을 어떻게 대처하느냐'가 인생의 행복을 결정짓는다는 것이다. 다시 말하면, 행복은 내가 문제 상황을 어떻게 바라보고 어떻게 해결하느냐에 달려있다는 말이다.

공자는 문제를 바라보는 시각에 대해 '군자'와 '소인' 두 가지 유형을 제시하고 있다. 군자와 소인은 문제 상황을 바라보는 시각 자체가 본질적으로 다르다. 군자는 자기의 내면을 충실히 채우는 데 열중한다. 이 때문에 좀처럼 남을 의식하는 법이 없다. 또한 자기의 잘못이나 실패에 대해서도 스스로를 꾸짖고 먼저 자신에게서 문제의 원인을 찾으려고 노력한다. 그러므로 다른 사람을 원망하거나 탓하는 데에 시간을 허비하지 않는다. 반면 소인은 자신의 계획이 성취되지 못했을 경우 타인을 탓하거나 경우에 따라서는 부모나 가족, 하늘을 원망하기도 한다. 이런 소인은 자신의 문제점을 살피는 데에 소홀하기 십상이다. 그러나 사실 문제는 대체로 나로부터 시작되고, 적어도 직접적인 원인은 아니라 할지라도 상당한 책임이 나에게 있는 경우가 많다. 따라서 문제의 원인을 밖에서만 찾고 자신의 단점을 제대로 파악하지 못한 소인은 근본적인 해결방법을 모른 채 또다시 비슷한 상황에 직면하게 될 가능성이 많다. 그 결과는 어떨

것인가에 대해서는 충분히 짐작할 수 있다.

우리는 지금 나의 문제 상황을 어떻게 바라보고 있는가? 혹시 남을 탓하느라 시간을 허비하고 있지는 않는가? 공자는 문제의 원인을 자신에게서 찾는 사람을 '군자'라고 말한다. 남을 평가하는 날카로운 시선으로 자신을 반성하는 사람이 바로 군자이다. 이런 군자만이 내 속에 감추어져 있는 문제의 근본 원인을 찾을 수 있고, 결국 그 상황을 능동적으로 바꿀 수 있다는 것이다.

공자는 군자가 평생 3가지 일을 경계할 것이 있다고 말한다. 그것은 정욕, 승부욕, 소유욕이다. 인생에서 청소년기는 가장 혈기가 왕성한 때이다. 그러나 자신의 혈기와 패기만 믿고 제멋대로 행동하다 보면 예상치 못한 실수를 할 경우가 많다. 특히, 의욕이 앞서고 호기심이 많은 청소년기에는 순간적인 감정과 성적 호기심에 의해 충동적으로 행동하기 쉽다. 이러한 청소년기의 성적(性的)인 문제를 공자는 여색(女色)이란 단어로 축약하고 있다. 여색이란, 글자 그대로 '여인들이 얼굴'이란 뜻으로서 흔히 여성을 가리킬 때 사용하는 말이다. 공자는 혈기가 안정되지 않은 청소년기에는 특히 이성에 대한 정욕의 절제를 강조한다.

장년기 때는 대체로 청소년기보다 혈기가 안정되고, 사회적으로 다양한 분야에서 일을 하게 된다. 그 결과 자신이 하는 일에 따라 어느 정도 물질적인 여유가 생기고, 그에 따른 사회적인 지위와 명성도 얻게 된다. 그러나 사회생활을 하다보면 나와 같은 뜻을 가지고 있는 사람만 만나는 것은 아니다. 간혹 나의 생각에 반대하거나 나와 경쟁관계에 있는 사람을 만나게 된다. 이 때 청소년기였다면 단순한 감정싸움에서 그칠 수 있는 일이 장년기 때에는 싸움이 조금 다른 양상으로 발전하기도 한다. 청소년기에는 감정문제로 시작된 다툼이 심해지면 욕설이나 몸싸움 정도가 보통이다. 그러나 장년기는 자신이 가지고 있는 물리력과 사회적인 힘을 총동원하여 상대를 굴복시키거나 심한 경우에는 상대를 사회적으로 매장시키는 경우도 적지 않다. 따라서 인생에서 경제적으로나 사회적으로 가장 큰 힘을 가지고 있는 장년기에는 무엇보다 분쟁과 다툼, 그리고 과도한 경쟁과 승부욕을 경계해야 한다고 말하고 있는 것이다.

노년기 때는 대체로 혈기가 쇠하여 청소년들처럼 감정문제로 쉽게 흥분하거나 장년기처럼 타인과의 다툼과 경쟁에 적극적이지 않게 된다. 단지 내 건강, 혹은 내 집과 가정에 대한 생각이 중심이 될 경우가 많다. 따라서 노년에 점차 소극적인 자세를 갖게 되면, 그 나마 자신이 가지고 있는 것을 지키기 위해 더욱 골몰하게 된다. 예컨대 자신이 가지고 있는 재산이나, 사회적인 지위 등에 집착하는 경우이다. 그런데 경우에 따라서는 이러한 욕심이 과도한 물질욕이나 권력욕으로 변질되어 주변사람들의 눈살을 찌푸리게 만들 때도 종종 있다. 공자는 이러한 노년의 실수가 근본적으로는 소유욕에서 시작된다고 보았다.

군자와 소인의 공통점은 '몸과 마음을 가진 존재'라고 것이다. 그러나 차이점은 '굳은 의지'를 가지고 있느냐 없느냐에 따라 군자와 소인이 구분된다. 군자의 '굳은 의지'는 삶 속에서 여러 가지 유혹과 도전에 부딪치게 된다. 청소년기에는 정욕으로 나타나기도 하고, 장년기에는 승부욕으로 변질되었다가 노년기에는 다시 소유욕으로 탈바꿈하여 사람을 현혹한다. 이러한 유혹에서 완전히 벗어난 사람을 공자는 군자 혹은 성인(聖人)·대인(大人)이라고 말한다. 맹자는 대체(大體)를 따르는 사람이 대인이고, 소체(小體)를 따르는 사람이 소인이라고 말한다. 대체란 인간의 양심과 선한 본성을 가리킨다. 반면 소체란 물질적인 이익이나 개인적인 욕심을 가리킨다. 이처럼 공자와 맹자가 말하는 군자란 개념은 개인의 감정을 잘 다스릴 뿐만 아니라 인간의 선한 본성을 실천하는 사람이라고 말할 수 있다.

애련설(愛蓮說)

주돈이(周敦頤: 1017-1073)

水陸草木之花에 可愛者 甚蕃이어늘 晉陶淵明은 獨愛菊하고 自李唐來로 世人은 甚愛牡丹하고 予 獨愛蓮之出於淤泥而不染하고 濯淸漣而不夭하며 中通外直하고 不蔓不枝하며 香遠益淸하고 亭亭淨植하며 可遠觀而不可褻翫焉이라 予謂菊 花之隱逸者也요 牡丹 花之富貴者也요 蓮 花之君子者也라 噫라 菊之愛는 陶後鮮有聞하고 蓮之愛를 同予者 何人고 牡丹之愛는 宜乎衆矣로다

물과 육지의 풀과 나무의 꽃 중에서 사랑할 만한 것이 매우 많은데, 진나라의 도연명은 오직 국화를 사랑하였고, 이세민(李世民)이 세운 당나라 이래로 세상

사람들은 목단을 매우 사랑하였다. 나는 홀로 '연꽃이 진흙에서 나왔으면서도 물들지 않고, 맑은 물결에 씻기면서도 요염하지 않으며, 속이 비어있으면서 겉이 곧으며, 넝쿨지지 않고 가지 치지 않으며, 향기가 멀수록 더욱 맑고, 우뚝하며 깨끗하게 서 있어서 멀리서는 바라볼 수 있지만 함부로 가지고 놀 수 없음'을 사랑한다. 국화는 꽃 중에 은둔한 자이고 목단은 꽃 중에 부귀한 자이며, 연꽃은 꽃 중의 군자라고 나는 생각한다. 아! 국화를 사랑하는 이는 도연명 이후에 들은 적이 드물며, 연꽃을 사랑함을 나와 함께 하는 이가 과연 몇이나 될까? 목단을 사랑함이 많은 것은 당연한 일이다.

◆주돈이는 중국 북송 성리학의 시초인 주렴계 선생을 가리킨다. 주돈이는 말년에 염계서당을 짓고 제자를 가르치며 여생을 보냈다. 이 때문에 후대에 염계(濂溪)선생으로 불리게 되었다. 또한 『태극도설(太極圖說)』을 저술하여 천리(天理)의 근원을 밝혔으며, 그밖에 『통서(通書)』(40편)을 지어 태극의 심오한 이치를 밝혔다. 주돈이가 남안(南安)에서 벼슬을 할 때, 군사통판(軍事通判) 정향(程珦)이란 사람이 그 기상과 용모가 뛰어남을 보고 자신의 두 아들인 정호(程顥: 1032-1085)와 정이(程頤: 1033-1107)의 스승으로 삼아 배우게 했다. 이 두 형제를 합쳐서 이정(二程)이라고 부른다. 이정은 주희(朱熹: 1130-1200)가 성리학을 집대성하는 데에 직접적인 영향을 준 인물들이다.

생.각.해.보.기

1. 2014년도에 많은 화제를 불러일으켰던 KBS 대하드라마 〈정도전〉의 마지막 장면은 아직도 많은 사람들의 기억 속에 짙은 여운으로 남아있다. 드라마의 인기 비결은 권력에 눈먼 잔인한 승부사인 정안군 이방원과 삼봉 정도전의 갈등을

극대화시켰다는 점 외에도 현재 한국사회에 진정으로 필요한 지도자상에 대해 다시 한 번 생각해 볼 수 있는 계기가 되었기 때문이었다. 특히 마지막 장면에서 정안군이 삼봉을 죽이기 전에 나눈 이야기는 아직도 기억이 선명하다. 정안군은 온갖 방법으로 재상(宰相)제도를 주장하는 삼봉을 회유한다. 그러나 죽음을 각오한 삼봉은 이렇게 대답한다. "이 나라의 성씨를 모두 합쳐 뭐라 하는지 아느냐? 백성이다! 왕은 하늘이 내리지만 재상은 백성이 내린다. 해서, 재상이 다스리는 나라는 왕이 다스리는 나라보다 백성에게 더 가깝고 더 이롭고 더 안전한 것이다. 이 나라의 주인은 백성이다." 정안군이 '조선의 군왕은 무엇이냐?'라는 질문에 대해서도 삼봉은 "군왕은 백성을 위한 도구니라."라고 분명히 말한다. 힘과 권력을 탐하는 '소인'과 정의를 위해 기꺼이 목숨을 내놓은 의로운 '군자'가 극명하게 갈리는 장면이다. 현대사회에서 진정한 군자란 어떠한 인격과 덕목을 갖춘 사람인지 생각해 보자.

2. 『명심보감(明心寶鑑)』·「교우(交友)」편에 "길이 멀면 말의 힘을 알 수 있고, 날이 오래되면 사람의 마음을 알 수 있다(路遙知馬力, 日久見人心)"라는 말이 있다. 이 구절은 '사람의 마음을 알기가 어렵다'라는 뜻으로 풀이되곤 한다. 그러나 다른 각도에서 보면, 인간이 마주하게 되는 수많은 선택상황에서 하나의 올바른 도리를 일관되게 실천하는 것이 얼마나 어려운가를 표현하는 말로 이해할 수 있다. 공자는 『논어』에서 군자가 갖추어야 할 마음자세를 구사(九思)라고 했다. 구사의 내용은 '매사에 분명하게 보고 들으며, 표정과 용모는 온화하고 공손하며, 언행은 진실하고 신중하며, 궁금한 것은 반드시 묻고, 분노를 잘 다스리며, 이익을 보면 의로움을 생각한다'이다. 이 중 아홉 번째가 견득사의(見得思義)이다. 자본주의 시대를 살고 있는 현대인에게 '견득사의'는 어떻게 이해될 수 있을까? 의로움을 추구하면서도 자본주의 경제체제에서 개인이 정당한 이익을 취할 수 있는 방법에 대해 사례를 들며 이야기 해 보자.

3. 다산 정약용의 글 중에 군자와 소인에 대해 논한 대목이 나온다. 내용은 다음과 같다. "대체로 헐뜯는 말을 꾸미는 사람은 반드시 남의 언어와 문자에서 앞뒤를 마음대로 잘라내어 그 문맥을 바꾸곤 한다. 이것은 본래 그들의 수법이기 때문에 특별히 이상하게 여길 것도 없다. 선비가 벗과의 사이에서 혹시라도 과실이 있게 되면, 그 내용을 분명하게 설명하고 드러내놓고 말함으로써 서로 바로잡아주고

경계하는 것이 군자의 일이다. 만약 몰래 헐뜯고 교묘하게 일러바치며 기회를 틈타 인간관계를 망치게 하는 것은 소인의 일이다. 옳고 그름, 흑과 백이 이처럼 분명하게 구분되어 있으니, 그대는 무엇을 택해야 하는지 알 수 있을 것이다."(『여유당전서(與猶堂全書)』·「답김승지(答金承旨)」 중에서) 다산의 글을 읽고 대인관계에서 어떻게 하는 것이 군자다운 바람직한 태도인지에 대해 생각해 보자.

4. 평상시에는 전혀 그런 행동을 하지 않던 사람인데도 어떤 어려움에 처해서는 사람으로서 차마 하지 못할 일을 서슴지 않고 하는 사람들을 가끔 보게 된다. 때로는 극단적인 행동으로 인해 뜻하지 않게 많은 사람들이 희생하는 경우도 종종 있다. 동·서양을 통틀어 어려운 상황과 위기를 잘 극복하여 많은 사람들로부터 칭송을 받는 사람은 누구이며, 반대로 이러한 위기를 제대로 넘어서지 못하고 잘못된 선택으로 인해 사람들로부터 오래도록 비난을 받는 인물은 누구인지 생각해 보자. 또한 그들이 갈등 상황에서 선택의 기준으로 생각했던 것은 무엇인지 서로의 생각을 이야기해 보자.

읽.어.볼.만.한.책

- 김영무, 『21세기 군자 만나기』, 지성의샘, 2008
- 윤재근, 『논어』, 나들목, 2013
- 이기동, 『논어강설』, 성균관대학교출판부, 2013
- 이준희, 『공자의 논어 군자학』, 어문학사, 2014
- 최영갑, 『군자가 살아야 나라가 산다』, 한서, 2014
- 신동준, 『공자의 군자학』, 학오재, 2015

연.습.문.제

1. 만세사표(萬世師表)에 대해 설명하시오.
2. 공자의 정명(正名) 사상에 대해 설명하시오.
3. 군자란 개념을 3가지 의미로 구분하여 설명하시오.

4. 유교의 이상적인 왕위 계승 형태인 선양(禪讓)에 대해 설명하시오.

5. 공자가 말한 "군자이기 때문에 곤궁하다(君子固窮)"라는 구절의 의미를 설명하시오.

동양편 동양인의 삶과 지혜

2장

무위(無爲)와 소요(逍遙)의 철학

– 노자와 장자를 중심으로 –

황갑연

학.습.목.표

1. 무위와 소요를 통해 노자와 장자철학의 면모를 살핀다.
2. 춘추전국이라는 극심한 정치적 혼란기에서 도가철학자들의 시대에 대한 진단과 처방법을 살핀다.
3. 부정의 방법론을 통하여 갈등과 대립을 초월하고, 세계와 인생을 하나의 통합체로서 관조하려는 노자와 장자의 지혜를 살핀다.

용.어.해.설

- **도 道**

동양철학을 접하면서 가장 추상적인 개념 하나를 지적하라고 하면 대부분 '도'를 들 것이다. 중국철학발전사에서 추상적이면서도 포괄적인 철학 개념은 춘추말기에 이르러 비로소 출현하는데, 대표적인 것이 공자의 인(仁)과 노자의 도(道)이다. 공자의 '인'을 일반적으로 '어질다'로 번역하지만, 공자철학에서 '인'은 '어질다'를 포함한 일종의 도덕(선)의지로서 모든 당위의 덕목을 포괄한 개념이다. '인'에 대한 설명은 비교적 쉽다. 그러나 도가철학에서 도는 일반적인 질서 의미인 도리와 규범뿐만 아니라 우주 전체와 각각의 개체 · 본체와 현상 · 실재와 쓰임 · 생성과 소멸 · 있음(有)과 없음(無) · 영원과 변화 · 무위와 인위 · 차별과 무차별 등 모든 개념을 그 곳에 포함하고 있다. 따라서 도에 대한 해설이 결코 쉽지 않다. 도가철학에서 도의 의미가 얼마나 광범위하게 쓰이는지 노자의 『도덕경』을 보면 어렵지 않게 알 수 있다. 따라서 도를 언어로써 개념화하여 정의하기보다는 『도덕경』에서 '도' 자의 다양한 쓰임을 종합하여 마음으로 이해하려는 지혜가 필요하다.

- **무위 無爲**

도가 추상적인 개념이라면 좀 더 구체적으로 도의 내용과 작용을 설명한 것이 바로 무위이다. 무위는 결코 '아무 것도 하지 않는다'는 의미가 아니다. '인위적인 집착(無執)을 하지 않는다'와 연결시켜 이해하면 비교적 쉽게 그 의미를 파악할 수 있다. 노자에 의하면, 우주만물과 만사는 모두 자연스럽게 변화하는 것이고, 그 자체적으로 어떤 고정된 모습으로 존재하지도 않는다. 노자는 "되돌아가는 것은 도의 움직임이다"(返者道之動)라고 말하였다. 모든 것은 변화하는 것이기 때문에 어떤 것에도 미련을 두고서 그것에 집착할 필요가 없다. 인위적인 집착 없이 무위의 태도로써 세상을 관조하고 처세하였을 때 비로소 도의 운행과 함께 할 수 있고, 이루지 못하는 것이 없게 된다.

- **자연 自然**

도가철학에서 도와 무위 및 자연의 관계는 추상에서 구체로의 설명이라고 할 수 있다. 도의 내용이 무위라면 무위의 실질적인 방식은 자연스러움이다. 자연을 그대로 번역하면 '스스로 그렇다'고 할 수 있다. '스스로 그렇다'는 것은 인간의 인위적인 작용이 가미되지 않은 본래의 모습을 설명한 것이다. 물은 아래로 흐르지만, 무엇에 막히면 차기를 기다렸다가 다시 흐른다. 봄이 지나면 여름이 오고, 여름이 가면 가을, 그리고 겨울이 온다. 이러한 사시의 흐름을 인간의 행위방식에 적용한 것이 바로 무위와 자연이다. 무위와 자연은 어떠한 인위도 배제된 도의 본래 작용이며, 도의 성격 혹은 도의 활동 방식이다.

- **덕 德**

『사기』에는 노자가 "상하 두 편을 책으로 저술하고 5,000여 글자를 말하고 떠났다"고 기록되어 있다. 일반적으로 『도덕경』 1장에서 37장까지를 도경(道經)으로, 38장에서 81장까지를 덕경(德經)으로 나눈다. 도덕경은 '도'와 '덕'을 주제로 한 경전이다. 따라서 노자철학에서 덕은 도와 더불어 중요한 내용을 형성하고 있다. 혹자는 덕을 도의 하위 개념으로 이해하기도 하지만, 『도덕경』 전체의 내용을 보면 도와 덕을 상하 관계로 보아서는 안 될 것 같다. 도와 덕은 하늘(天)과 땅(地) 『음(陰)과 양(陽)』 건(乾)과 곤(坤)처럼 먼저 하늘 · 양 · 건이 나오고, 이것과 대를 이루어 땅 · 음 · 곤이 나온 것과 같다. 즉 음과 양 그리고 하늘과 땅이 서로 분리될 수 없는 것처럼 도와 덕 역시 상하가 아닌 수평적 관계로 설정해야 한다.

- **약팽소선 若烹小鮮**

노자는 "큰 나라를 다스릴 때는 마치 작은 생선을 조리하듯이 하라"(治大國, 若烹小鮮)고 하였다. 작은 생선을 조리할 때 너무 잘게 칼집을 내거나 휘젓게 되면 생선은 흩어져 버린다. 이는 법령과 제도 그리고 도덕적 규범을 너무 번잡하게 하지 말라는 것이다. 법령과 제도가 단순하면 인간들의 마음도 단순하게 전개되지만 복잡하면 복잡할수록 인간들의 마음도 자신들의 이해관계에 따라 복잡하게 전개된다는 것이다. 다시 말하면 도적을 막기 위하여 방범시스템을 견고하게 하면 할수록 도적은 그것을 뚫기 위하여 더욱 간교한 지혜를 짜낸다. 마찬가지로 큰 나라를 통치할 때는 작은 생선을 조리하는 것처럼 법령을 지나치게 세분화하지 않고 일반적인 상식에 의지하여 다스린다면 사람들 역시 간교한 지혜를 줄이고 자연스러운 성정에 따라 삶을 살아간다.

- **우언 寓言 과 중언 重言 및 치언 巵言**

장자는 언어가 갖고 있는 한계를 초월하고자 비유 혹은 은유의 방법을 자주 사용한다. 이러한 표현 방법을 우언과 중언 및 치언으로 나누어 설명할 수 있다. 첫째, 우언에서 '우'는 무엇에 '맡긴다', 즉 '의탁한다'는 의미이다. 전달하고자 하는 뜻을 직접 표현하지 않고 여러 가지 비유나 상징 혹은 암시 등의 간접적인 방법을 사용하여 은근하게 상대방에게 의도를 전달하는 것이다. 둘째 중언은 자기가 주장하고 싶은 말을 이 세상 모든 사람이 알 고 있는 것처럼 꾸며서 상대방에게 전달하는 것이다. 예를 들어 기독교인에게 성경의 말씀이라든가, 예수의 말이라고 하면 그것의 권위는 대단할 것이고, 유학자들에게 그 말이 공자의 말이라고 하면, 그 효과 역시 마찬가지일 것이다. 이를 오늘날의 관점에서 보면 권위에 의한 논증 같지만 그것은 사실이 아니라 장자가 꾸며낸 허구에 불과하다. 셋째, 치언인데, 치는 '술그릇'이다. '치'라는 술그릇은 꽉 차면 기울고 텅 비면 오히려 바로 선다. 치언의 경지는 상당히 복잡하다. 사람과 사물 그리고 때와 장소에 따라서 자기주장을 펼지는 것이어서 치언을 사용하려면 먼저 장자와 같은 득도(得道)의 경지에 이르러야 한다. 즉 상대적인 어떤 것에도 집착하지 않는 그야말로 대자유의 경지에서 나온 자유인의 소리이다.

- **소요유**

『소요유』는 『장자』 제 1편이다. 이 『소요유』 편을 열자마자 우리는 엄청난 장자의 허풍을 만나게 된다. 곤(鯤)이라는 물고기 · 붕(鵬)이라는 어마어마하게 큰 새 · 쓰르라미(蜩)·비둘기(學鳩)·조균(朝菌)·명령(冥靈)·대춘(大椿) 등의 동식물이 출현한다. 쓰르라미와 비둘기는 실제로 존재하는 동물이지만, 곤과 붕 그리고 명령과 대춘은 가공의 존재이다. 장자는 이러한 상징을 소재로 하고, 과장법의 방법을 통하여 인간의 이성적 사유가 만드는 절대성이나 전체성을 파괴하고 이성의 제한적 사고방식의 울타리를 벗어나려는 사유를 전개하고 있다. 과장법은 분명 하나의 허구이다. 그러나 그 허구는 사실의 세계, 경험적 인식의 세계 안을 박차고 싶을 때 쓰는 언어의 유희이다. 말하자면 과장법은 모든 객관적 규정과 결정 가능성의 세계를 초탈하고 싶은 초현실적인 요구를 담고 있다. 『소요유』 편에서 장자의 허풍은 바로 이성의 제한을 해체시키려는 반이성의 세계를 열기 위함이다.

- **성심 成心**

장자는 대부분 사람들이 자신들의 주장을 옳다고 주장하면서 하나의 근거를 내세우는데, 그 근거는 단지 자신에게만 유효하게 적용되는 주관적인 선입견과 편견일 뿐이라고 한다. 장자는 그것을 성심(成心)이라고 하였다. 그러나 이러한 성심은 나만이 갖고 있는 것이 아니라 모든 사람들 역시 자기만의 성심을 갖고 있다. 따라서 성심은 판단의 절대적 근거가 아니라 오히려 분열과 대립을 조장하는 주관적인 집착일 뿐이다. 만일 자기의 성심을 근거로 시비와 선악을 판단하려고 하면 상대방 역시 자기의 성심을 근거로 내세울 것이기 때문에 시비는 종결되지 않는다. 또한 시비는 또 다른 시비를 재생산하여 그치지 않게 된다. 제 삼자가 나온다고 할지라도 시비는 종식되지 않는다. 왜냐하면 양쪽의 이해를 완전하게 만족시키는 방책은 없기 때문이다. 따라서 분쟁과 다툼을 종식시키려면 먼저 자신의 선입견과 편견, 즉 성심을 버려야 한다.

- **도추 道樞 와 양행 兩行**

장자는 인간사의 모든 시비는 성심으로부터 비롯되었다고 생각한다. 그렇다면 시비는 어떻게 종식시키는가? 장자는 도추와 양행의 원리를 내세운다. 도는 전체를 비유하고 추는 그 중심을 가리킨다. 말하자면 중심의 추가 자신을 회전시키면 하나의 원을 형성한다. 장자는 이 방법을 사용하여 부분을 전체 속에 회통시킨다. 즉 전체의 입장에서 보면 이 세상의 모든 견해는 전체의 일부분에 불과하다. 그렇다면 어느 것도 부분적인 옳음이 되게 되므로 세상에 완전하게 그른 것은 하나도 없게 된다. 이것이 바로 양행이다. 양행은 양시론(兩是論)과 유사하다. 장자는 모든 것이 그르다는 양비론(兩非論)을 취하지 않고 모든 것이 옳다는 입장을 취하여 대립을 종식시키려고 한다.

본.문.구.성

1. 서론

도가사상은 중국 춘추전국시대에 출현하였다. 주지하고 있는 바와 같이 춘추전국은 중국 역사상 혼란이 극심한 시대로 평가받고 있다. 춘추전국의 대표적 사상가인 공자와 묵자 그리고 노자는 모두 당시의 시대를 혼란기, 즉 무도(無道)의 시기로 평가하고 있다. 그러나 그 원인과 처방에 대해서는 다른 견해를 제시하였다. 공자는 사회의 문제를 외적으로는 주나라 왕실 중심 체제인 봉건제도(封建制度)의 붕괴와 종법제도(宗法制度) 그리고 명분의 남용 등 정치사회의 혼란에서 찾고, 내적으로는 인성의 타락 그리고 이것에서 비롯된 효제충신과 같은 도덕규범의 부재에서 그 원인을 찾았다. 노자의 생각은 유가와 정 반대이다. 노자는 인간사회의 모든 문제는 인간 자신이 소박한 마음과 삶을 상실한 데에서 기인하였다고 생각하였다. 그리고 인간 사회는 발달하여 문화라는 것이 생기고, 이 문화에 허위라는 것이 가미되어 거짓과 욕망이 통용되도록 하였기 때문이라고 한다. 따라서 노자는 정치적인 불간섭, 사회 조직의 해체, 문화 창조 및 문화생활의 거부를 주장하였다. 이것들은 모두 원시적이고 소박한 자연적 농경 생활로 다시 돌아가자는 것이다. 묵자의 노선은 처음에는 공자와 비슷하였다. 그러나 예의 지나침으로 말미암아 허례허식이 유행하자 낭비가 심하게 되었다. 또 실용주의 노선을 전개하여 막대한 자본이 소실되는 전쟁에 반대하였다. 또 인의와 신의 등의 도덕규범으로서는 혼란을 극복할 수 없다고 생각하여 초월적인 종교적 신의 존재와 가치를 긍정하였으며, 이를 통하여 종교적인 윤리관을 제시하였다.

이처럼 서로 다른 진단과 처방법은 세계와 인생을 조망하는 사상가들의 주관적인 사유의식의 차이에서 비롯되었다. 사상가들의 주관적인 사유의식은 사물을 바라보는 렌즈와 유사하다. 만일 자신이 선택한 렌즈를 통하여 드러난 세계가 자기뿐만 아니라 집단 구성원들이 지향하는 이상세계와 일치한다는 확신을 갖게 된다면 그 렌즈는 세계를 바라보는 유일무이(唯一無二)한 통로로 자리 잡게 된다. 중국 춘추전국시대에 등장한 제자백가 처사들은 당시의 통치자와 민중들에게 다양한 렌즈를 제공하였다. 인의(仁義-예의)와 무위(無爲) 그리고 겸애(兼愛)는 유가와 도가 그리고 묵가가 제시한 렌즈였다. 공자를 비롯한 춘추전국시대의 처사들은 모두 당시의 세계를 무도(無道)로 규정하였다. 그러나 공자와 맹자는 인의라는 렌즈를 통하여 세계를 보자, 그것은 상하존비(上下尊卑)의 질서가 의무를 내용으로 하는 예의(조화의 원칙)에 의하여 질서정연하게 배열된 합리적 세계로 나타났다. 노자와 장자 역시 당시의 세계에 대한 평가는 공자 · 맹자와 일치하였다. 단지 평가의 기준이 다를 뿐이었다. 그들은 당시의 세계를 예의와 상대성의 개념, 즉 온갖 문식(文飾)으로 꾸며진 인위(人爲)로 규정하였다. 그렇지만 무위자연(無爲自然)이라는 렌즈로 이 세계를 조망해보니 그것은 인위가 아니라 도에 의하여 상호의존의 관계로 배열된 하나의 통일체였다. 반면 묵자는 당시의 세계를 별애(別愛)에 의하여 지배되고 있는 차등의 세계로 규정하였다. 그러나 겸애(兼愛)라는 렌즈로 세계를 바라보니 그것은 서로 이익을 교류하면서 쟁탈이 사라진 이상국이었다. 이처럼 그들은 자기만의 렌즈에 보인 세계를 실현 가능한 이상세계로 규정하였고, 동시에 그것의 실현을 위하여 쉼 없는 일생을 살았다.

2. 본론

1 / 노자철학의 핵심 - 도와 무위 및 자연

도가철학에는 다양한 개념과 용어들이 출현하지만 그것들은 무위라는 하나의 개념으로 관통할 수 있다. 혹자는 노자철학은 도에서 시작하여 도로 끝난다고 하지만, 도의 실제 내용은 무위이고, 자연은 도의 유행, 즉 무위에 대한 형용이다. 만일 도와 자연을 무위와 독립시켜 이해하면 도와 자연 두 개념에 대한 설명방식이 너무나 추상적이어서 마치 미로를 헤매는 것 같은 느낌이 들 것이다. 『도덕경』「1장」에서 “道可道, 非常道”라는 말이 나온다. 일반적으로 “말로 표현할 수 있는 도는 영원히 변치 않는 도가 아니다”라고 번역한다. 말로 표현할 수 없다는 것은 언어로써 정의할 수 없다는 것인데, 그렇다면 언어로써 도를 규정할 수 없다면 무엇으로써 도를 해설할 수 있는가? 어차피 언어 외에는 다른 방법이 없다. 노자의 『도덕경』 역시 문자로 기록되어 있다. 노자는 단지 도를 전적으로 언어에 의존한다면 언어가 갖고 있는 상대성에 제약을 받기 때문에 언어에 담겨있는 의미를 초월해야 함을 강조하고 있는 것일 뿐이다.

도는 언어로써 표현할 수밖에 없는데, 그렇다면 언어 자체의 한계를 최대한 피할 수 있는 가장 좋은 개념은 무엇인가? 노자는 '무'(無)를 선택하였다. '무'에는 다양한 의미가 내재되어 있다. 첫 번째가 어떤 고정적인 형상이 없다는 무형(無形)이고, 그 다음이 개념화 될 수 없다는 무명(無名)이다. 형상이 있다면 그것은 감각기관에 의하여 인식될 수 존재이기 때문에 도의 초월성을 드러낼 수 없다. 또한 이름이 있다면 그것 또한 이미 지각되었음을 의미하기 때문에 역시 도의 초월성을 드러낼 수 없다. 때문에 노자는 '유형'(有形)과 '유명'(有名) 대신에 무형과 무명으로써 도를 형용하려고 한다. 그러나 무형과 무명 역시 '아무 것도 없는 것', 즉 공무(空無)라는 오해를 불러일으킬 수 있기 때문에 노자는 '황홀'(恍惚)이라는 말로써 도가 아무 것도 없는 '공무'가 아님을 해설한다.

노자철학에서 '유'와 '무' 모두 본래의 한계가 있지만, 유보다는 '무'를 선택한 이유는 '무' 자에 포함되어 있는 작용의 의미 때문이다. '유'에 무엇을 한다는 '위'(爲) 자를 첨가하면 '유위'(有爲)가 되고, '무' 자에 '위'(爲) 자를 첨가하면 '무위'(無爲)가 된다. 유위는 인위(人爲)와 연결되어 '억지로 한다'는 집착의 의미를 수반한다. 반면 무위는 무작위와 연결되어 '억지로 꾸미지 않고 자연스러움에 맡겨둔다'는 의미가 된다. 그러나 '무' 자가 아무 것도 없다는 '공무'의 의미로 오해될 수 있는 가능성이 있는 것처럼 무위 역시 '아무 것도 하지 않는다'(不爲)로 오해될 수 있는 여지가 있다. 때문에 노자는 무위에서 쉽게 연상될 수 있는 '불위'(不爲)의 의미를 해소하려고 "억지로 하지 않지만 이루지 못함이 없다"(無爲而無不爲)고 한 것이다. 그렇다면 어떻게 억지로 하지 않음에도 불구하고 이루지 못함이 없을 수 있는가? 여기에서 노자는 사람과 땅 그리고 하늘 및 도를 상하관계로 정립하고서 그곳에 자연이라는 하나의 원리와 방식을 제공한다. 즉 사람은 쉽게 억지로 꾸미고 포장하면서 자기의 본모습을 숨기려고 한다. 반면 땅은 어떤 억지스러움도 없이 텅 비면 무엇을 채우고, 채우면 그것이 넘쳐흐른다. 땅에서 온갖 만물이 생장과 소멸을 반복하지만, 땅은 어떤 것에도 집착하지 않는다. 때문에 사람은 땅의 도리를 본받아야 한다. 하늘 역시 마찬가지이다. 봄과 여름 그리고 가을과 겨울이라는 순환을 계속하지만, 그 어떤 계절에도 미련을 두지 않고 순환을 계속할 뿐이다. 때문에 사람은 하늘의 도리를 본받아야 한다. 노자는 땅과 하늘이 어디에도 집착하지 않고 유행하는 것을 도라고 표현하였고, 그것의 실질적인 모습을 자연으로써 형용한 것이다.

혹자는 『도덕경』「25장」의 "사람은 땅의 원리를 본받고, 땅은 하늘의 도리를 본받으며, 하늘은 도를 본받고, 도는 자연스러움이다"라는 구절을 해석하면서 사람으로부터 자연까지를 상 · 하위 개념으로 이해하지만, 그렇게 해석하면 어딘지 문자의 표현에 구속받는 답답한 풀이 같다. 인간을 제외한 땅과 하늘 그리고 도에는 어떠한 억지도 없다. 즉 어떤 인위도 없는 자연스러움이다. 단지 무위가 도의 실질 내용이고, 자연이 무위의 원리이고 방식임을 강조하기 위하여 이러한 표현 방식을 선택하였을 뿐이다.

2 / 도는 어떻게 알 수 있는가?

노자는 도를 유형과 유명 그리고 유와 유위로 해석하지 않았다. 즉 도는 어떤 특별한 형체도 없기 때문에 이름을 붙일 수도 없다. 무엇을 하려고 해도 어떤 특별한 형상에 의지할 수도 없기 때문에 집착할 대상도 없다. 그렇다면 이러한 도를 어떻게 인식할 수 있는가? 노자는 다음과 같이 말하였다.

> 대문 밖으로 나가지 않아도 천하를 알 수 있고, 창틈으로 엿보지 않아도 천도를 볼 수 있다. 나갈수록 더욱 멀어지고 알수록 더욱 작다.

일반적으로 천하를 알려면 대문 밖으로 나가서 천하의 사물들을 관찰해야 하고, 창틈으로 고개를 내밀고 무엇인가를 보아야 한다. 그런데 노자는 정반대로 해설한다. 노자는 도를 인식할 수 있는 어떤 하나의 고정적인 방식을 제시하지 않는다. 단지 일반적인 경험의 방식으로는 인식 불가하다는 점만을 강조할 뿐이다. 이것이 바로 노자가 애용하는 부정의 방식이다. 즉 '도를 어떻게 체득할 수 있는가'의 방식을 밝히지 않고 '이렇게 하면 도를 체득할 수 없다'는 것만을 제시한다. 그렇기 때문에 밖으로 나가면 나갈수록 도에 대한 인식은 더욱 멀어지는 것처럼 일반적인 방식을 사용하여 지식을 축적하면 도에 대한 인식은 더욱 작아지는 것이다. 다시 말하면 경험적인 방법인 주객 대립의 사고방식으로서는 도를 체득할 수 없고, 그러한 방법을 사용하면 할수록 도에 대한 인식은 더욱 불가능하다는 것이다.

그렇다면 도는 알 수 없는가? 결코 그렇지 않다. 일반적으로 사물을 인식하는 방법과 전혀 다른 방식을 사용해야 한다. 어떤 외적인 사물에도 마음을 빼앗기지 않고, 어떤 선입견에도 의지하지 않는 무심(無心)의 상태에서 자기 성찰과 반성을 통해야만 도를 체득할 수 있다. 밖의 것은 눈 · 코 · 입 등의 감각기관을 의지할 수밖에 없다. 자기의 눈이 무엇에 유혹되면 아름답다고 한다. 입과 코가 어떤 향과 미각에 도취되면 맛있는 음식이라고 한다. 그러나 그것은 일시적이고 유한적인 판단일 뿐이다. 도의 입장에서 보면 본래 아름다운 것도 없고, 맛있는 것도 없다. 예를 들어 배고플 때 먹는 자장면은 맛있지만, 포만 상태에서 먹는 자장면은 그렇지 않다. 그렇다면 '자장면=맛있는 음식'이라는 등식이 성립하는가? 때문에 마음을 비우고서 만물을 관조해야 한다.

노자는 배움에 대해서도 일반적인 사고와 전혀 다른 입장을 취한다.

> 배우면 나날이 늘어난다. 도를 행하면 나날이 줄어든다. 계속 줄어들면서 무위에 이른다. 무위하지만 이루어지지 않는 것이 없다.

이곳에서 배움을 유가에서 강조하는 학문과 예의로 해석하기도 하고, 일반적인 학문의 총칭으로 해석하기도 한다. 그러나 필자는 노자가 객관적인 경험과학지식을 부정할 이유는 없다고 생각한다. 아마 당위의 가치와 연관된 지식, 즉 유가철학에서 강조하는 학문, 그리고 그것과 관련된 예의일 것이다. 공자를 비롯하여 맹자와 순자 모두 배움을 강조한다. 맹자가 계발의 방식을 중시한다면 순자는 학습을 중시한다. 그러나 노자가 보기에 유가에서는 배움의 긍정적인 측면만을 강조할 뿐 그것이 수반하는 역작용에 대해서는 간과하고 있다고 생각한다. 즉 유가의 학문은 나라를 다스리고 가정을 번영되게 하는 것만을 말할 뿐 나라를 어지럽히고 망하게 하는 것은 말하지 않는다. 그러므로 좋은 측면만을 보기 때문에 배우면 배울수록 늘어나다. 노자의 도는 거꾸로 국가를 어지럽히고 가정을 망하게 하는 것을 말한다. 나쁜 것을 밝히기 때문에 줄어든다고 할 수 있다. 인간들은 나쁜 측면을 싫어하기 때문에 누구든지 충분히 주의하지 않고 연구하지도 않는다. 그래서 재앙을 입는다. 대부분의 사람들이 무엇을 하면서 나타나는 효과만을 먼저 고려하지 그로 말미암아 수반되는 부작용은 고려하지 않는다. 이제까지의 국가 개발이 그래왔다. 많은 간척 사업도 그에 따른 수익만을 고려했지 환경 문제 같은 것은 고려하지 않은 것이 사실이다. 이것이 인간들의 한계이다. 즉 어느 일면 만에 집착하여 일을 추진하기 때문에 재앙이 따른 것이다. 유가에서 말하는 예의는 300가지이고, 그에 따른 세목은 3,000가지라고 한다. 따라서 예의는 배우면 배울수록 번잡해진다. 예라는 형식에 집착하면 할수록 진실함이 없어지고 형식만이 남게 된다. 노자는 반대로 형식을 걷어내고 순수한 진실만을 부각시킨다. 그것이 바로 간소함과 소박함이다. 그래서 노자는 '무지'를 여러 곳에서 강조한다.

> 성스러움을 끊고 지혜를 버리면 백성의 이익이 백 배 된다.
>
> 지혜라는 것이 출현하자 큰 거짓이 생겼다.
>
> 백성을 다스리기 어려운 것은 그 지혜가 많기 때문이다.

이상의 표현만을 보면 노자는 '앎'(知)을 부정하고 어리석음을 찬양하는 것처럼 보인다. 그렇다면 노자는 '지'(知) 자체를 부정하였는가? 아니면 자신이 긍정하고 있는 어떤 '知'와 상반된 지식을 부정하고 있는가? 부정한 '知'가 있다면 그것은 어떤 성격의 '知'일까? 분명한 것은 도와 배치된 '知'임은 틀림없는 사실이다. 노자는 다른 곳에서 '知'의 기능을 긍정하고 있다. 즉 도에 대한 '知'가 바로 그것이다.

그렇다면 노자가 긍정하는 '知'는 무엇인가? 노자는 "타인을 아는 사람은 지혜롭고, 자기 자신을 아는 사람은 밝다"고 하였다. 만일 타인만을 안다면 이것 역시 일부분의 지식에 불과하다. 그러나 노자는 타인뿐만 아니라 자기 자신에 관해서도 알아야 함을 주장한다. 이는 자타를 통괄한 지식을 강조한 것이다. 타인을 아는 것도 일종의 지식이고, 자신을 아는 것도 지식이다. 그러나 이는 자타가 구별된 지식이기 때문에 도에 합일된 지식이라고 할 수 없다. 따라서 이 단계에 머무르지 말고 한 단계 초월하여 절대지에 진입해야 함을 강조한 것이다. 노자는 학문을 부정하지 않았다. 단지 주관적이고 상대적인 가치만을 추구하는 학문을 반대하였을 뿐이다.

3 / 무위의 덕(上德)과 유위의 덕(下德)

노자철학에서 도와 덕의 관계는 "도는 만물을 성하고, 덕은 만물을 기른다"(道生之, 德畜之)는 말에 잘 나타나 있다. 이 구절에 대하여 왕필은 "도는 만물이 유래하는 것이고,

덕은 만물이 얻는 것이다"라고 해석하였다. 즉 도는 만물의 생성과 관련된 것이고, 덕은 도의 원리에 따라서 만물을 얻는 것과 관련된 것이다. 만물을 얻는 주체는 누구인가? 바로 인간이다. 따라서 덕은 인간의 행위와 관련된 것이다. 그렇다면 덕은 무엇 때문에 만물을 얻을 수 있는가? 그것은 다름 아닌 무위의 작용 때문이다. 어떻게 해야만 무위의 작용인가? 노자는 이렇게 말한다.

> 덕은 만물을 생성하였다고 해서 자기 소유로 하지 않고, 자기가 한 일이라고 해서 뽐내지 않으며, 만물의 수장이라고 해서 그것들을 주재하려고 하지 않는다. 이것을 일러 현덕(玄德)이라고 한다.

이 말을 보면 덕의 내용은 자기가 이루었음에도 불구하고 그것을 소유하려고 하지 않고, 자기의 능력을 뽐내지도 않으며, 자기가 이루었다고 해서 그것을 부리려고도 하지 않는 무위임을 알 수 있다. 노자에 의하면 이러한 무위를 내용으로 한 덕이 가장 좋은 덕(玄德-上德)이다.

> 가장 좋은 덕(上德)은 스스로 덕이 있다고 자처하지 않기 때문에 그 덕을 오랫동안 보존하고, 가장 아래의 덕(下德)은 스스로 덕이 있다고 자처하기 때문에 덕의 본래성을 상실한다. 가장 좋은 덕은 억지로 하지 않아도 이루어지지 않음이 없고, 가장 아래의 덕은 억지로 하려고 하지만 이루어지지 않음이 있다. 가장 좋은 인(上仁)은 인위적으로 하지만 무엇을 하려는 목적의식이 없고, 가장 좋은 의(上義)는 인위적으로 하면서 항상 어떤 기준이나 목적의식을 갖는다. 가장 좋은 예(上禮)는 인위적으로 하여도 모든 것이 뜻대로 호응해주지 않은 것이 많다. 그러면 호응해주지 않은 것을 강제로 끌어당겨 따르도록 한다. 그렇기 때문에 가장 좋은 덕이 상실되었을 때 그 다음의 덕이 나오고, 그 덕의 작용이 상실되었을 때 그 다음으로 '인'이 나오고, '인'의 작용이 먹혀 들어가지 않을 때 '의'가 나오며, '의'마저도 통하지 않으면 '예'가 나오는 것이다. 무릇 '예'라는 것은 진실함과 믿음의 끝에서 나온 것이고, 세상을 혼란스럽게 하는 우두머리이다.…성인은 가식적인 것을 버리고 실질적인 것을 취한다.『도덕경』

이곳에서 노자는 가장 좋은 행위를 무위의 덕으로 규정하고, 그 다음으로 '인'과 '의'

그리고 마지막으로 '예'를 제시한다. 일반적으로 노자는 유가철학에서 긍정하는 인의의 가치를 부정하였다고 하는데, 이 문장을 보면 노자가 인과 의에 대하여 전면적으로 부정적인 태도를 취하고 있지 않음을 알 수 있다. 노자에 의하면, 인은 심성의 자연스러움이고, 의는 인의 자연스러운 유출을 유도하기 위하여 객관적인 조건과 규제를 하는 것이다. 그러나 도 혹은 덕의 무위와 비교해 볼 때 인위가 있음을 부정할 수 없다. 인의로써도 안 되면 객관적인 형식인 예가 도입될 수밖에 없다. 이는 더 큰 인위이다. 이를 보면 노자가 전면적으로 부정적인 태도를 취하고 있는 대상은 유가의 인의가 아니라 바로 유가의 예임을 알 수 있다. 노자는 유가철학에서 강조하고 있는 예를 인위의 꾸밈, 즉 가식으로 평가한 것이다.

또 노자는 "잔꾀로서 나라를 다스리는 것은 나라를 망치는 것이고, 잔꾀로서 나라를 다스리지 않는 것은 나라의 행복이다. 그 두 가지를 아는 것이 또한 본받을 틀이니. 본받을 틀을 알 수 있는 것을 현덕(玄德)이라고 한다"고 하였는데, 이곳에서 말한 잔꾀(智)는 유가에서 말한 정치의 학술과 예의를 지칭한다.

노자는 『도덕경』에서 덕을 다양한 표현으로 해설하는데, 그 내용은 다음과 같다. 첫째, 상덕(常德)이다. 이는 상대적 가치를 초월한 무대립의 하나의 세계를 의미한다. 둘째, 상덕(上德)이다. 이는 덕의 높고 지고지선함을 형용한 것이다. 셋째, 광덕(光德)이다. 이는 덕의 찬란함과 무한성을 형용한 것이다. 넷째, 건덕(建德)이다. 이는 덕의 굳건함과 불변성을 의미한다. 다섯째, 질덕(質德)이다. 이는 인위가 가해지지 않은 도의 소박성과 자연스러움을 형용한 것이다.

4 / 무위의 정치론

노자의 정치론은 『도덕경』「3장」에 잘 나타나 있다. 주요 내용은 무위와 무욕의 정치관이다.

> 능력이 있다고 칭송받는 사람을 우대하지 말라. 그래야만 남보다 잘나 보이기 위해 다툼을 벌이지 않는다. 얻기 어려운 보물을 귀하게 취급하지 말라. 그래야만 백성들이 그것을 가지려고 도둑질을 하지 않는다. 사람들이 욕심을 낼만한 것을 보여주지 말라. 그래야만 백성의 마음이 혼란스럽지 않게 된다.…또한 항상 백성들을 무지무욕하게 하여

위정자들의 계략이 먹혀들어가지 않게 한다. 이처럼 인위적인 것을 없애야만 다스려지지 않은 것이 없다.

노자는 사회가 혼란스러운 것은 사회 자체가 본래 그런 것이 아니라, 혼란스럽게 될 수밖에 없는 원인이 있다고 진단하였다. 그것은 바로 인위적인 것에 대한 인간의 욕망 때문이다. 그러나 노자는 민중들이 그렇게 된 근본적인 원인을 민중에서 찾지 않고 위정자들의 계략에서 찾았다. 때문에 노자는 "백성들의 논밭은 황폐하고, 창고는 텅 비어있는데, 위정자들은 아름다운 장식의 옷을 입고 날카로운 칼을 차며, 배가 불러 좋은 음식만 가려 먹고, 재화가 남아돈다. 이것을 일러 도적이라고 한다"고 하였다.

노자에 의하면, 도는 만물의 근원이다. 도의 작용으로 말미암아 만물은 생겨나고 육성되지만 도는 그 작용을 자기의 것으로 삼지 않으며, 자기의 공적으로 치부하지도 않는다. 즉 도는 항상 무욕하며 무위한다. 때문에 "인위적으로 하는 자는 그것을 무너뜨리고 집착하는 자는 그것을 잃어버린다. 그러나 성인은 무위하기 때문에 무너뜨리지 않고, 무엇에도 집착하지 않기 때문에 그 공적을 상실하지 않는다"고 하였다. 무욕과 무위는 도의 작용이다. 훌륭한 정치인은 도의 원리에 따라서 스스로 무위하고 무욕하면서 백성들에게 본보기를 보일 뿐이다. 때문에 "내가 무위하자 백성이 스스로 교화되었고, 내가 고요함을 좋아하자 백성들이 스스로 올바르게 되었고, 내가 사사로운 일을 하지 않자 백성들이 스스로 부유해졌으며, 내가 무욕하자 백성들이 스스로 소박해졌다"고 한 것이다.

그러나 무욕과 무위가 최상의 정치이지만 법령의 필요성은 결코 부정할 수 없다. 노자는 법령의 조목은 최소화해야 하고, 간소화할 것을 강조한다. 이것이 바로 "큰 나라를 다스릴 때는 마치 작은 생선을 조리하듯이 하라"(治大國, 若烹小鮮)는 말의 의미이다. 작은 생선을 조리할 때 너무 휘젓거나 너무 잘게 썰으면 생선은 흩어져 버린다. 이는 법령과 제도를 너무 번잡하게 하지 말라는 것이다. 법령과 제도가 단순하면 인간들의 성정도 단순하게 전개되지만 복잡하면 복잡할수록 인간들의 성정도 자신들의 이해관계에 따라 복잡하게 전개된다는 것이다. 이는 노자의 무통(無統)의 통(統) 즉 무위의 정치관을 설명한 것이다.

5 / 대립과 통일의 윤리관

세상의 모든 것은 서로 적대적 관계로 대립하고 있는 것 같지만 실제로는 서로 의지하는 관계로 존재하고 있다는 주장은 노자 윤리관의 대표적인 관점이다. 유(有)와 무(無)는 서로 상대적인 것이기 때문에 무가 있어야 유가 있고, 유가 있기 때문에 무가 있다. 다시 말하면 유는 무를 예상하고, 무는 유를 예상한다. 유 없는 무는 존재할 수 없다. 마찬가지로 무 없는 유도 있을 수 없다. 긴 것(長)과 짧은 것(短) · 높음(高)과 낮음(下) · 운율(音)과 소리(聲) · 어려움(難)과 쉬움(易) · 앞(前)과 뒤(後)도 마찬가지이다. 빈부의 차가 발생하기 때문에 도적이 발생한다. 도적의 발생은 바로 부유한 사람이 스스로 양성한 것이다. 부자가 가난한 사람을 배려하지 않고 깔보고 무시하고 때문에 가난한 사람 역시 부자를 미워하면서 부자가 되려는 욕망을 갖는다. 노자는 "귀함은 천함으로 근본을 삼고, 높음은 낮음으로 터를 삼는다"고 하였다. 귀함은 천함과 연관되어 있기 때문에 귀함이 된다. 따라서 그 천한 것을 귀하게 여겨야 한다. 높음은 낮음이 있기 때문에 높다. 따라서 그 낮음을 높게 생각해야 한다. 그 같은 이치를 이해하였다면 귀한 자는 항상 천한 자를 먼저 배려해야 하고, 높은 자리에 있는 사람은 낮은 사람에게 감사의 마음을 가져야 한다. 이러한 겸손이 바로 도의 작용을 근거로 한 진정한 겸양이다. 이에 대한 이해가 전제되지 않는 것이라면 이는 단지 허식에 불과한 위장이다.

노자는 "외물은 줄어들면서 늘어나고, 늘어나면서 줄어든다"고 하였다. 노자는 서로 대립하고 있는 것은 서로 타자를 포함하고 있다고 생각한다. 자신의 줄어듦은 바로 상대방의 늘어남을 가정한 것이고, 자신의 늘어남은 상대방의 줄어듦을 가정한 것이다. 또한 이렇게도 해석할 수 있다. 가진 자는 재산이 많을수록 그것을 보존해야 한다는 걱정이 많아진다. 재산이 없는 자는 없을수록 걱정 또한 줄어든다. 즉 대립하고 있는 양자는 상호간에 대립자를 이미 포함하고 있는 것이다. 때문에 노자는 "재앙은 행복이 의지하는 것이고, 행복은 재앙이 잠복하는 곳이다. 누가 그 극한을 알겠는가"라고 한다. 재앙에는 이미 행복이 기대어 있고, 행복에는 재앙이 잠복되어 있다. 재앙 다음에는 행복이 있을 수밖에 없고, 행복 다음에는 재앙이 있을 수밖에 없다. 노자는 이러한 대립을 초월하여 도의 세계에서 모든 것을 관조할 것을 주장한다. 현상계의 모든 것은 상대적인 대립관계에 있기 때문에 현상의 것을 근거로 현상의 전체를 살필 수는 없다. 반드시 고차원적인 도의 세계에서 차별의 대립을 관조하고, 통일의 세계로 진입해야 한다. 통일의 세계 진입의 근거가 바로 도이다. 따라서 대립의 통일을 이루기 위해서는 반드시 먼저 도를 파악해야 한다.

6 / 우화의 매력

『장자』라는 책에는 우화를 이용한 간접화법이 많이 등장한다. 대표적인 예화를 소개하면 다음과 같다.

첫째, 호접몽(胡蝶蒙)이다. 장자는 꿈이 많은 사람이었다고 한다. 하루는 장자가 창가의 책상에 앉자 잠이 들었는데 꿈을 꾸었다. 꿈속에서 장자는 나비가 되었고, 어느새 그 나비가 또 장자가 되어 장자가 나비가 되었는지 나비가 장자가 되었는지 알 수 없었다고 한다. 이것은 두 가지 의미를 나타낸다. 하나는 꿈은 하나의 깨달음이다. 즉 꿈속에서 무엇인가에 집착하는 모습을 보이다가 꿈이 깨면 이것이 꿈이었다는 것을 깨닫는다. 이 깨달음도 허상의 세계에 대한 일종의 자각이다. 현실도 얼마든지 꿈과 같이 하나의 허상일 수 있다. 다음은 현실이 하나의 꿈과 같은 것이라는 점을 깨달으면 인생의 즐거움과 괴로움도 부질없는 것임을 깨닫게 된다는 것이다.

둘째, 종묘에 제사용으로 쓰이는 소에 관한 우화이다. 초나라 위왕이 장자를 초빙하여 재상으로 모시려고 하자, 장자가 그 사자에게 다음과 같이 말하였다. '그대는 종묘의 희생으로 쓰이는 소를 보았는가? 비단으로 옷을 입히고, 좋은 음식을 많이 먹이며, 마침내 끌려가 대묘의 제사용으로 쓰인다. 비록 좋게 보일지 몰라도 그 일이 할 만한 것입니까?' 아무리 예쁜 꽃이라도 10일을 견디지 못한다. 또 정치권력이라는 것도 10년을 유지하기 어렵다. 권좌에 있을 때도 불안하고, 권좌에서 물러난 후에는 더욱 허무할 것이다. 장자는 종묘 제사에 희생물로 쓰이는 소를 소재로 삼아 정치에 출사하라는 요청을 간접적으로 사양하였다.

셋째, 썩은 쥐를 얻은 솔개의 비유. 혜시가 양(위)나라의 재상으로 있을 때 장자가 친구인 혜시를 보러 갔다. 혜시의 참모가 혜시에게 '장자가 위나라로 오게 되면 장자의 재능이 당신보다 뛰어나니 당신을 대신하여 재상이 될지 모릅니다.' 이 말을 듣고서 혜시가 불안하여 장자의 거동을 살피기 위하여 나라 안에 자신의 심복을 파견하여 3박3일 동안 장자를 찾아다녔다. 장자는 이러한 혜시를 행동을 보고서 매우 서운하고

화도 났지만, 참고서 혜시를 만나자 다음과 같은 이야기를 해주었다. '남방에 원추라는 새가 있는데, 그대는 그 새를 아는가? 이 새는 남해에서 출발하여 북해로 날아가는데, 오동나무가 아니면 쉬지 않고, 대나무의 열매가 아니면 먹지 않으며, 달콤하고 청량한 물이 아니면 마시지 않는다. 이때 한 마리의 솔개가 이미 죽은 쥐를 얻고서 날아가는데, 원추가 그 때 마침 그 솔개 위를 날아갔다. 솔개는 커다란 원추가 위에서 날고 있는 모습을 보고서 원추가 썩은 생쥐를 빼앗아 갈까봐 소리를 지르면서 소란을 피웠네.' 이는 장자가 혜시의 인생 태도를 힐난한 것이다. 장자가 친구인 혜시를 찾자 당시에 위(魏)나라의 관리였던 혜시가 혹시 자신의 위치가 흔들릴까 사람을 파견하여 장자를 감시하였다. 이에 대하여 장자는 원추라는 새와 솔개를 예로 들어 혜시를 비웃는다. 장자에 의하면 원추는 아침에 남해에서 출발하여 저녁에 북해로 돌아간다. 날아가는 중간에 오동나무와 대나무가 없으면 쉬지도 먹지도 않는다. 그런데 원추가 날아가다가 아래를 보니 솔개가 썩은 쥐를 물고 날아가면서 혹시 원추에 의해서 먹이를 빼앗길까봐 온갖 소리를 내면서 금이야 옥이야 감추면서 두려워하는 것이었다. 이곳에서 원추는 장자 자신이고, 혜시는 솔개이며, 썩은 생쥐는 관직이고, 솔개의 소리는 심복을 파견하여 장자를 감시하는 행위이다. 장자는 결코 혜시를 직접 비난하지 않았지만, 혜시가 받은 심리적인 모욕은 그보다 심할 것이다.

넷째, 조릉(彫陵)의 고사. 『장자』에 다음과 같은 고사가 있다. "장자가 조릉의 밤나무 골에서 산책을 하고 있을 때 한 마리 이상한 까치가 남쪽에서 날아왔다. 날개는 7척이나 되었고, 눈은 1촌정도 길었는데, 바로 눈앞에 있는 장자도 보지 못하고서 날개로 장자 이마를 스치면서 밤나무 숲속으로 날아갔다. 장자는 이상한 새를 보고서 '무슨 새인가? 날개는 이처럼 크고서도 멀리 날지 못하고, 눈은 이처럼 크고서도 앞에 물건도 제대로 보지 못하는구나'하고 중얼거리면서 옷을 여미고서 빠른 걸음으로 그 새를 쫓아가 탄궁을 잡고서 까치의 움직임을 살폈다. 이때 한 마리의 매미가 시원한 곳에 몸을 숨기고서 자신의 존재마저 잊고 있었다. 이때 또 한 마리의 사마귀가 자신을 숨기고서 매미를 잡으려고 하였다. 사마귀도 매미처럼 자신의 형체를 잊고 있는 것 같았다. 이때 밤나무 숲으로 날아갔던 까치가 이 기회를 틈타 사마귀를 잡으려고 하였다. 매미는 사마귀가 자신을 노리고 있는데도 그것을 모르고, 사마귀는 까치가 자신을 노리고 있는데도 불구하고 매미만을 노리고 있으며, 까치는 장자가 탄궁으로 쏘려고 하는데도 그것을 모르고 사마귀만을 잡아먹으려고 한다. 왜 그런가? 이는 오로지 이익만을 탐하고서 자신의 본래 모습을 잊은 것이다. 이때 장자도 깜짝 놀라면서 깨달았다. '아이고. 모든 것은 서로 이처럼 위험에 물려있는 것인데, 이는 서로 자신의 욕심만을 생각하기 때문이다. 그리고서 탄궁을 버리고 바로 도망갔다. 이때 관리인이 밤을 훔치는 도둑인줄 알고 쫓아오면서 장자를 잡으려고 하였다."

장자는 어느 날 큰 저택 부근에서 탄궁을 메고서 사냥을 즐기고 있었다. 그러나 그 저택은 무단출입이 금지된 곳이었다. 장자는 그곳에서 담장 안에 있는 까치를 보고서 까치를 쏘려고 하였다. 그런데 그 까치는 장자에 대해서는 아랑곳하지 않고 무엇인지를 뚫어지게 노려보고 있었다. 장자가 이상하게 생각하고 그것을 보자 다름 아닌 사마귀였다. 또 그 사마귀도 무엇인지를 노려보고 있었다. 그것은 다름 아닌 매미였다. 장자는 이 장면을 보고서 자신의 인생에 대해여 크게 탄식하였다고 한다. 즉 자신의 위험도 모르면서 어느 한 면에 집착하여 희열과 희망에 쌓여있는 자신의 모습이 마치 까치와 사마귀 그리고 매미에 비유되었던 것이었다.

7 / 장자의 자유 인생 - 소요유

소요는 산책에 비유할 수 있다. 아무런 목적도 없고, 특별한 기준도 없이 인생을 마치 산책처럼 음미하면서 살아가는 것이다. 장자는 소요를 해설하면서 많은 동식물을 소재로 이용한다. 그러나 장자가 제시한 소재는 허구일 뿐 실제 사물이 아니다. 따라서 소재에 집착할 필요가 없다.

> 북해에 물고기가 있는데, 그 이름이 곤이다. 이 곤의 크기는 몇 천리나 되는지 알 수 없다. 이 고기가 변하여 새가 되는데 이 새의 이름이 붕이다. 이 붕의 등은 몇 천리가 되는지 알 수 없다. 그놈이 기운을 떨쳐 날면 그 날개는 마치 하늘에 드리운 구름과 같다. 이 새는 바다 기운이 한번 크게 움직일 때에 따라서 남해로 옮겨가니, 남해는 곧 천지다. 제해라는 것은 기이한 일을 기재한 책인데, 이 제해란 책에 '붕조가 남해로 옮기려 할 때는 삼천리나 되는 물결을 치면서 회오리바람을 일으켜 타고 구만리를 날아올라 가서 여섯 달 만에 쉰다'고 하였다.…물이 얕으면 큰 배를 띠울 수 없다. 한 잔의 물을 마루의 푹 패인 곳에 붓고서 그곳에 아주 작은 풀잎을 놓으면 하나의 작은 배가 될 수 있다. 그러나 그곳에 하나의 잔을 놓으면 곧 가라앉게 된다. 이는 물은 얕고 배는 크기 때문이다. 풍력이 강하지

않으면 날개가 힘을 쓰지 못한다. 그렇기 때문에 대붕이 구만리 창천을 날 수 있는 것은 아래에 거대한 바람이 있기 때문이다. 그런 후에 그 바람을 타고서 푸른 하늘을 날면 어느 것도 그것을 막지 못한다. 그런 후에 남해로 날아갈 수 있는 것이다. 쓰르라미와 비둘기가 대붕을 비웃으면서 말하였다. 우리는 힘을 써 날아가 유스나무 위에 멈추기도 하고, 어떤 때는 그곳에 이르지 못하고 땅에 떨어지기도 한다. 그런데 뭘 그리 힘들게 구만리를 날아 남해로 날아가는가? 근교로 나가는 사람은 세끼의 식사를 준비하여 그날 돌아오더라도 배가 부르다. 백리의 길을 떠나는 사람은 하루 저녁 전에 식량을 준비한다. 천리를 떠나는 사람은 3개월의 식량을 준비한다. 그런데 쓰르라미와 비둘기가 어떻게 그러한 이치를 알겠는가? 소지는 대지에 미치지 못하고, 소년은 대년에 미치지 못한다. 왜 그런지 아는가? 예를 들어 조균은 햇빛을 보면 곧 죽어버리기 때문에 하루라는 시간을 알지 못한다. 봄에 태어나서 여름에 죽거나 여름에 태어나서 가을에 죽는 벌레는 일 년이라는 시간을 알지 못한다. 이것이 바로 소년이다. 초나라에 명령이라는 나무가 있는데, 오백년을 봄으로 삼고, 오백년을 가을로 삼는다. 또 옛날에 대춘이라는 나무가 있는데, 팔백년을 봄으로 삼고, 팔백년을 가을로 삼는다. 이것이 대년이다. 팽조가 칠백년을 살자 그 명성이 지금도 전해져 모든 사람이 그를 흠모하는데, 이 어찌 큰 슬픔이 아니라고 할 수 있겠는가?

이곳에서 장자는 비유법과 과장법을 사용하고 있다. 원래 과장법은 인간의 이성적 사유가 만드는 절대성이나 전체성을 파괴하고 이성의 제한적 사고방식의 울타리를 벗어나려는 사유를 표현하려는 의도에서 생긴다. 과장법이 하나의 허구인 것은 사실이다. 그러나 그 허구는 사실의 세계, 경험적 인식의 세계 안을 박차고 싶을 때 쓰이는 언어의 유희이다. 말하자면 과장법은 모든 객관적 규정과 결정 가능성의 세계를 초탈하고 싶은 초현실적인 요구를 담고 있다. 『소요유』 편에서 장자의 허풍은 바로 이성의 제한을 해체시키려는 반이성의 세계를 열기 위함이다.

소요는 사유의 초현실성을 상징하고 있다. 그리고 이 초현실성의 목적은 진정한 인간 행복이다. 일반적으로 행복은 제한된 현실의 영역에서 실용주의적 사고를 잘 다듬는 데에서 생겨난다. 그러나 장자는 제한된 실용주의적 세계에서는 인간의 진정한 행복을 찾을 수 없다고 생각하였다. 장자가 말하는 초현실의 세계는 바로 상대적 가치가 지배하는 정치 · 경제 · 도덕적 세계로부터 초탈을 의미한다. 즉 이러한 상대성의 감시로부터 벗어나 인간의 완전한 자유를 구가하려는 유희성을 소요유가 겨냥하고 있는 것이다.

이러한 초현실성의 사유를 장자는 엄청난 크기의 물고기와 새로써 기호화한 것이다. 때문에 『소요유』 편에 등장하는 신비적인 생물은 사실의 과장이 아니라 일종의 초현실성의 기호인 것이다. 또 장자는 초나라 남쪽에 산다는 명령이라는 나무(이 나무는 500년을 봄으로 삼고 500년을 가을로 삼는다)와 대춘이라는 나무(이 나무는 800년을 봄으로 삼고 800년을 가을로 삼는다)를 비유로 삼아 초현실성의 사유를 전개한다. 이 모두 이성이나 경험의 한계(속박)를 벗어나 자유로운 세계로 진입하고자하는 장자의 의식을 묘사한 것이다. 이에 반해서 제한된 공간과 시간 안에서 생을 누리는 매미와 비둘기 또 조균(朝菌-한 나절 사는 곰팡이나 벌레)을 비유로 삼아 경험과 이성의 사유로서는 이러한 자유세계를 추구할 수 없음을 나타내고 있다. 그러나 대붕이 회오리바람이 있어야만 하늘을 날 수 있는 것처럼 모든 현상의 것들은 절대적으로 독립적인 것이 아니라 상호 의존적인 존재이다. 또 명령과 대춘이 장수하였다고 영원이라는 시간에서 보면 하나의 작은 점에 불과한 유한적 존재이다.

8 / 장자는 인간을 어떻게 보는가?

『장자』에는 다양한 인물이 등장한다. 크게 두 종류의 인물로 나눌 수 있다. 하나는 일반적 인간인데, 장자는 이를 중인(衆人) · 서인(庶人)으로 표현한다. 다른 하나는 이상적인 인물로, 장자는 성인(聖人) · 지인(至人) · 진인(眞人) · 신인(神人)으로 표현한다. 장자는 먼저 인간을 주어진 존재로 파악한다. 때문에 인간은 쉽게 자기가 속한 시간과 공간에 사로잡혀 다른 세계를 보지 못하고, 그 세계만을 진정한 세계 혹은 세계의 전부로 착각한다. 장자가 말한 우물 안 개구리가 대표적인 예화이다. 장자에게 있어서 인간은 마치 천지 사이에 있는 작은 돌멩이와 같고, 큰 산에 있는 잡목과도 같은 것이다. 중국이라는 커다란 영토도 우주라는 거대한 공간에서 보면 큰 창고 안에 싸라기와 다를 바 없다.

우물 안에 사는 개구리가 동해의 자라에게 자기가 사는 공간을 자랑하자 자라는 개구리에게 다음과 같이 자기가 살고 있는 바다의 세계를 말한다. '무릇 천리의 먼 거리도 바다의 크기를 형용하기에는 충분하지 못하고, 천 길의 높이도 바다의 깊이를 나타내기에는 부족하다. 우임금이 아직 요임금 밑에서 홍하의 치수를 맡고 있을 때에 십 년 동안에 아홉 번이나 홍수가 났지만, 바닷물은 조금도 불어나지 않았다. 탕 임금 때에는 팔 년 동안에 일곱 번이나 가뭄이 들었지만, 바닷가의 물은 조금도 줄어들지 않았다. 무릇 시간이 짧고 긴 데 따라 변화하는 일도 없고, 비가 많고 적음에 따라 불어나거나 줄어들거나 하는 일도 없었다는 것, 이것이 동해의 커다란 즐거움이다'라고 말하였다. 우물 안에 살고 있는 개구리는 이 말을 듣고 깜짝 놀라서 그만 얼이 빠져 버리고 말았다.

또한 장자는 인간을 의존적 존재로 파악한다. 인간은 깨어 있을 때나 잠들어 있을 때나 모두 외물에 의지하여 살아간다. 외물에 의지하지 않고서는 한 순간도 삶을 유지할 수 없다. 그런데 '나'라는 것이 있을 수 있겠는가? 뿐만 아니라 인간은 욕망을 추구하는 존재이다. "소인들은 생명을 바쳐 이익을 추구하였고, 지식인들은 생명을 바쳐 명예 추구하였다. 정치인은 생명을 바쳐 땅을 봉지를 추구하고, 성인들은 몸을 바쳐 나라를 다스렸다." 호랑이는 죽어서 가죽을 남기고, 사람은 이름을 남긴다고 하지만, 호랑이는 가죽 때문에 죽고, 사람은 명예 때문에 죽는다는 사실을 알아야 한다. 이러한 일들은 서로 다르고 추구하는 것 역시 다르지만 자신의 본성을 해치면서 삶에 아무런 이익도 없는 것을 추구한다는 점은 모두 동일하다. 때문에 장자는 조그마한 공간과 짧은 시간으로부터 헤쳐 나와 큰 세계를 관망할 것을 강조하였고, 의존적 존재의 한계를 벗어나지 못하기 때문에 '나'라는 소아(小我)에 대한 집착을 버릴 것을 주장하였으며, 물욕으로부터 자신의 생명을 해방시켜 세속의 조그마한 행복에 자신의 생명을 매몰시키지 말 것을 주장하였다. 장자가 긍정하는 성인(聖人) · 지인(至人) · 진인(眞人) · 신인(神人)이 바로 이러한 인간이다.

9 / 본성대로 사는 삶 - 행복

장자는 행복관을 제시하기 전에 먼저 만물의 본성을 제시한다. 이 본성은 유가철학에서 말한 도덕본성이 아니라 만물이 자연스럽게 생겨난 그 자체를 말한다. 즉 물고기가 물에서 살고, 맹수는 육식을 하며, 사람에게는 여러 천차만별의 특수성을 갖추고 태어난 것과 같은 것이다. 모든 만물이 그 본성대로 살 때 비로소 자신에 맞는 생활을 할 수 있기 때문에 행복을 얻을 수 있다. 인간도 자신의 본성에 따라 살면 적어도 운명에 대한 괴로움은 없을 것이다.

> 긴 것은 남는 것이 아니고, 짧은 것도 부족한 것이 아니다. 때문에 들오리의 다리가 비록 짧다고 할지라도 한 단을 길게 해주면 오히려 오리에게 고통이 될 뿐이다. 학의 다리가 비록 길다고 할지라도 그것을 짧게 해주면 학에게는 슬픈 일이 될 뿐이다.

본래 오리의 다리는 짧은 것이기 때문에 길게 늘여 줄 수 없고, 학의 다리는 본래 길어서 짧게 해줄 수 없다. 인간의 본성에는 본래 인의라는 것이 없는데, 왜 억지로 인의라는 덕목을 제시하여 그것을 실천하지 못할까 걱정을 하는가?

이 뿐만이 아니다. 인간의 본성에는 여러 가지가 있다. 그중 대표적인 것은 삶과 죽음이다. 삶이 있기 때문에 죽음이 있는 것이다. 그러므로 생에 집착을 할 필요가 없다. 또 만남이 있으면 헤어짐이 있다. 어느 한 면에 집착한다는 것은 바로 본성을 파악하지 못한 것이다. 대부분 인간의 감정은 상대적인 어느 일면에 집착하여 생에는 기쁨을 죽음에는 슬픔을 표한다. 또 만남에는 기쁨을 이별에는 슬픔을 표한다. 그러므로 절대적 행복을 얻기 위해서는 이러한 상대성을 초월한 인간만사의 본성을 파악해야 한다. 절대적 행복을 얻은 경지가 바로 신인 · 지인 · 진인 · 성인이다. 이것은 바로 천인합일의 경지이다. 이와 같은 경지는 바로 생사와 고락을 초월한 경지 일뿐만 아니라 나라는 존재에도 집착하지 않고 자연 속의 나를 즐기는 자유자적의 경지이다. 일단 나라는 존재를 긍정하면 이는 나라는 존재에 대하여 집착하는 것이다. 즉 나는 타의 상대성 개념이기 때문에 나를 긍정하면 반드시 타를 부정하게 된다. 그러나 나는 타가 있기 때문에 존재하는 것이다. 즉 타가 없으면 나라는 존재 개념은 근본적으로 존재하지 않는다. 즉 상대적인 것이다. 이러한 상대성을 초월하는 것이 바로 도의 세계이다. 도의 경지에서 세상사를 보면 주관적인 대소(大小) · 장단(長短) · 미추(美醜) · 고락(苦樂)의 분별은 무의미하다. 고차적인 지혜라는 것은 바로 자연 속에서 천하 사물의 이치를 관조하는 것이다. 이렇게 될 때 비로소 상대적인 것이 부림을 당하지 않고 절대적인 자유의 경지, 즉 절대적인 행복으로 귀속될 수 있다.

10 / 왜 원숭이는 조삼모사(朝三暮四)에 화를 내는가?

『제물(齊物)』은 『장자』 제 2편이다. 제물은 크게 두 가지로 나누어 해설한다. 하나는 제물(齊物)이고, 다른 하나는 제론(齊論)이다. 장자에 의하면 어떤 모양과 형상 그리고 소리 및 색깔을 지닌 것은 모두 '물'(物)이다. 이러한 것들은 모두 언어로써 표현할 수 있고, 지각할 수 있는 것이다. 따라서 '물'은 우리의 의식과 사실상 독립적일 수 없다. 그런데 우리의 의식은 이러한 '물'에 대하여 좋음과 나쁨 · 이것과 저것 · 크고 작음 등으로 분별한다. 그러나 이러한 분별은 오로지 인간의 작은 지혜에서 나온 소지(小知)일 뿐이다. 마치 태양과 같은 관점에서 보면, 쌍방을 모두 고르게 비추어 어느 하나에도 기울지 않는다. 장자는 이러한 제물을 조삼모사로써 설명한다.

> 사람들은 정신을 허비하면서 헤매는데, 이는 만물은 본래 서로 동일하여 다름이 없다는 원리를 모르기 때문이다. 이것을 일러 조삼이라고 한다. 조삼이 무슨 의미인가? 원숭이를 기르는 사람이 아침에 세 개 주고 저녁에 네 개를 주겠다고 하니 원숭이들이 화를 냈다. 그렇다면 아침에 네 개를 주고, 저녁에 세 개를 주겠다고 하니 원숭이들이 기뻐하였다. 명과 실은 변화가 없는데, 기뻐하고 화냄으로 반응하였다. 이것 역시 원숭이들의 심리상태이다. 그렇기 때문에 성인은 시비를 비평하지 않고 조화의 원리로써 (피차의 구별이 없는) 본연의 상태로써 시비를 종식시키려고 한다. 그것이 바로 양행(兩行)이다.

양행은 양시론(兩是論)과 같다. 조삼모사와 조사모삼은 동일하다. 조삼모사와 조사모삼은 모두 7이다. 그런데 왜 조삼모사에는 화를 내고, 조사모삼에는 기쁨을 표현하는가? 본래 인간관계는 자타로 이루어졌는데, 타를 보지 못하고, 오로지 자기만을 보기 때문이다. 마찬가지로 자타라는 인간관계가 본래 고습이라면 타를 긍정해야만 내가 긍정될 수 있다. 즉 너의 견해도 너의 입장에서 보면 옳고, 나의 견해도 나의 입장에서 보면 옳은 것이다. 모두 부분적으로 옳다. 이것이 바로 양행이다. 만일 자기의 주장만을 옳다고 하고, 상대방의 주장은 모두 그르다고 한다면 이는 소지에 불과한 것이고, 전체의 입장에서 보면 양면의 일면적 지혜와 판단에 불과한 것이다. 따라서 장자는 태양이 만물을 골고루 보조(普照)하듯이 밝은 지혜로써 쌍방의 모두 비추어야 한다고 주장한다.

11 / 포정(庖丁)이 소를 잡다(解牛) - 허심(虛心)의 양생술(養生術)

『장자』에 다음과 같은 이야기가 있다.

포정이라는 훌륭한 요리사가 문혜군을 위하여 소를 잡았다. 손을 갖다 대고, 어깨를 기울이고, 발을 디디고, 무릎을 굽히고, 그 소리는 설컹설컹, 칼 쓰는 대로 설뚝설뚝, 완벽한 음률. 뽕나무 숲에 맞추어 춤추는 것 같고 악장에 맞춰 율동하는 것 같았다. 문혜군이 말했다. '참 훌륭하도다. 기술이 어찌 이런 경지에 이를 수 있을까?' 포정이 칼을 내려놓고 대답했다. '제가 귀히 여기는 것은 도입니다. 이는 기술을 넘어선 것입니다. 제가 처음 소를 잡을 때는 눈에 보이는 것이 온통 소뿐이었습니다. 삼년이 지나자 통째인 소가 보이지 않게 되었습니다. 지금은 神이 원하는 대로 움직이고 눈으로는 보지 않습니다. 눈의 작용이 멎으니 정신의 자연스런 작용만 남습니다. 천리(자연스런 본래의 줄기)를 따라 소가죽과 고기, 살과 뼈 사이의 커다란 틈새와 빈곳에 칼을 놀리고 움직여 소 몸이 생긴 그대로를 따라 갑니다. 그 기술의 미묘함은 아직 한 번도 살이나 뼈를 다친 일이 없습니다. 하물며 큰 뼈야 더 말할 나위 있겠습니까? 일반적으로 좋은 요리사라고 하는 사람은 해마다 칼을 바꿉니다. 살을 자르기 때문입니다. 보통의 요리사는 달마다 칼을 바꿉니다. 무리하게 뼈를 자르기 때문입니다. 저는 지금까지 19년 동안 이 칼로 소를 수천마리나 잡았습니다. 그러나 이 칼날은 이제 막 숫돌에 갈려 나온 것 같습니다. 뼈마디에는 틈새가 있고 칼날에는 두께가 없습니다. 두께 없는 칼을 틈새가 있는 고기에 넣으니, 널찍하여 칼날을 움직이는 데 여유가 있습니다. 그러니까 19년이 되었어도 칼날이 방금 숫돌에 간 것 같습니다.'

포정이라는 사람이 19년 동안 소를 잡으면서 한 번도 칼을 바꾸지 않았고, 또 칼은 방금 숫돌에서 갈아낸 것처럼 예리하였다. 왜 그런가? 포정은 마음을 갈고닦아 마음에서 어떤 선입견과 편견 그리고 작은 지혜 등을 모두 버렸다. 즉 마음을 비운 것이다. 마음을 비우니 마음에서 두께가 없어진 것이다. 그러나 어떤 사물에도 미세하지만 결이 있다. 소고기 역시 결이 있다. 결이 있다는 것은 두께가 있다는 것이다. 두께가 없는 마음으로써 두께가 있는 소고기의 결을 예리한 칼로 파고 들어가니 칼날이 상하지 않고서 소를 분해할 수 있는 것이다. 이는 마음을 비우고서 자연의 이치에 따라서 행동하면 사물이나 타인들로부터 마음의 상처를 입지 않고 자기의 인생을 온전하게 보전할 수 있다는 것을 말한 것이다.

3. 결론

현재 세계문명을 주도하고 있는 핵심이념은 과학이다. 과학문명 흐름의 양상을 한 마디로 규정하면 '빠름'이다. 걷는 보다는 뛰는 것이 빠르고, 뛰는 것보다는 말을 타는 것이 훨씬 빠르다. 그러나 산업혁명 이후 과학문명은 급속도로 발전하여 증기기관차와 자동차가 발명되었고, 뒤이어 비행기가 출현하였고, 이제는 로켓으로 발진하여 우주비행도 가능하게 되었다. 편리함이라는 측면에서만 보면 그것의 효과는 필설로 형용하기 부족할 정도이다. 그러나 그것의 부작용 역시 문명의 속도와 정비례한다. 걷다가 넘어지면 다리가 삐끗할 뿐이지만, 뛰다가 넘어지면 상처가 날 수 있다. 낙마를 하면 팔다리가 부러지고, 자동차 사고는 죽음을 수반하기도 하고, 비행기 사고는 살아남는 것 자체가 기적이다.

요즘의 통신 기술을 보자. 과거에는 전화 한 대만을 보유하고 있어도 자랑거리였고, 마을에 공동으로 사용하는 전화가 설치되어도 그 마을의 경사였다. 그러나 이제는 초등학생도 스마트 폰을 들고 다닌다. 넘쳐나는 정보를 쉽게 접할 수 있다는 편리함이 있지만, 개인의 사생활을 보장할 수 없고, 사실이 확인되지 않은 루머가 인터넷에 일단 출현하기만 하면 당사자는 물론이고 그 가족까지도 온전한 삶을 살 수 없을 정도로 심한 신상 털기를 한다.

도가철학자들은 빠름보다는 느림을 주제로 삼는다. 때문에 노자의 『도덕경』과 장자의 『남화진경』에는 '무엇을 한다'는 유위(有爲)보다는 '무엇을 하지 않는다'는 무위(無爲)라는 표현이 자주 등장한다. 사실 도가철학에서 무위는 인위와 조작 그리고 집착을 하지 않는다는 의미일 뿐 판단중지 혹은 '아무 것도 하지 않음'(不爲)을 의미하지 않는다. 필자는 도가철학의 핵심인 무위의 의미를 다음과 같은 방식을 빌려 해설하고자 한다.

하나의 원이 세계와 인생의 흐름이라면, 두 가지 흐름의 방식이 있다. 오른쪽으로 돌아가는 방식과 왼쪽으로 돌아가는 방식이 그것이다. 오른쪽은 빠름의 방식이고, 왼쪽은 느림의 방식이다. 이제까지 인류문명은 오른쪽으로 진행되었고, 인류에게 많은 편리와 이익을 제공하였다. 그러나 과학문명의 빠름은 그것과 비례하여 대규모 인명살상과 환경파괴 등의 역작용도 함께 수반하였다. 반면 왼쪽으로 진행되는 방식은 비록 느리지만 그것과 비례하여 역작용이 적다.

빠름이라는 문명에서 필연적으로 요구되는 것이 분석이다. 물론 모든 과학문명은 종합에 의하여 출현되지만 기본적으로 분석이 전제되어 있다. 반면 느림의 문명에서는 분석을 배척하지는 않지만, 종합이라는 기본적인 틀에서의 분석이다. 따라서 대립이 확장되지 않고 오히려 대립을 원융적 사고로 통일하여 하나의 유기적 세계관을 추구한다. 또한 빠름의 방식에서는 개인의 차이성을 존중하기보다는 전체의 힘과 이익을 더욱 중시한다. 때문에 국가의 영토를 확장하고 전 세계를 하나의 규범과 이데올로기로 규약하려고 한다. 반면 느림의 방식에서는 전체성보다는 개인의 차이성을 존중한다. 때문에 하나의 획일적인 이데올로기와 규범의 가치를 그리 중시하지 않는다. 중국철학발전사에서 보면 도가철학은 느림의 형태에 속한 이념이다. 따라서 도가의 무위는 '하지 않음'이 아니라 억지와 조작으로써 빠름을 조장하지 않으면서 비록 느리지만 역작용을 최소화하는 또 하나의 '하는' 방식이다.

필자는 빠름의 방식에 대하여 오로지 부정적 태도만을 취하지 않고, 느림의 방식에 대해서도 긍정적 태도만을 취하지 않는다. 왜냐하면 두 가지 서로 다른 방식은 세계와 인생을 바라보는 차별적인 시각에서 비롯되었고, 모두 합리성을 갖춘 하나의 이상향을 지향하기 때문이다. 즉 차별적인 시각은 일정부분 주관적이라는 비판이 수반될 수밖에 없고, 이상향을 지향한다는 점에 대해서는 긍정적 태도를 취할 수 있기 때문이다.

생.각.해.보.기

1. 현대는 무한경쟁의 사회이다. 오로지 1등만을 추구하고, 일류대학 진학이 고등학생들의 인생 최대 목적이다. 무엇을 위해서인가? 이구동성으로 행복이라고 한다. 그렇다면 과연 1등은 행복한 삶을 사는가? 1등이 행복하다고 하지만, 1등은 추락할 가능성밖에 없다. 따라서 1등을 유지하기 위하여 모든 밤낮을 쉬지 않고 모든 정력을 다 쏟아야 한다. 일단 추락하면 불안의 심리가 필연적으로 수반되고, 바로 1등을 회복하면 다행이지만, 그 끝은 보이지 않는다. 때문에 1등은 고독한 존재일 뿐 행복한 사람이 결코 아니다. 반면 최하위 꼴등을 보자. 꼴등은 순위가 올라갈 가능성밖에 없다. 그래서 꼴등이 행복한 것이다. 성적을 비관하여 자살한 사람은 성적이 상위 층에 속한 학생이지 하위 층에 속한 학생이 아니다. 그래도 1등을

행복하다고 할 수 있겠는가?

2. 돌잔치를 예를 들어보자. 1년 동안 건강하게 자란 아이를 위하여 성대하게 잔치를 벌여 축하해준다. 그러나 그 아이의 생을 거꾸로 보자. 사실 아이는 1년을 이미 산 것이기 때문에 죽음이 시간이 1년 앞당겨진 것이다. 그런데도 돌잔치를 벌여 축하를 해야 하는가? 도가의 입장에서 보면 오히려 슬퍼해야 한다.

3. 지금은 60세 환갑잔치를 벌이는 경우가 적지만, 과거에는 흔한 일이었다. 전설속의 인물인 팽조가 700년을 살았다고 해서 다들 그를 부러워한다. 그러나 초나라에 있는 대춘이라는 나무는 800년을 봄으로 삼고, 800년을 가을로 삼는데, 몇 천 년을 살았는지 모른다. 대춘의 1년은 우리의 3,200년이다. 그런데 대춘은 한 번도 자신이 장수했다고 자랑하지 않는다. 왜냐하면 영원이라는 시간에서 보면 대춘의 인생도 하나의 점에 불과하기 때문이다. 20년을 살다가 죽으면 요절하였다고 애통해한다. 하루살이라는 벌레가 이 광경을 보면 어떻게 생각할까? 그의 입장에서 보면 20년이 요절일까? 장수일까?

4. 좋은 약은 입에 쓰고, 좋은 말은 귀에 거슬린다 무엇이 좋고 무엇이 나쁨인가? 좋고 나쁨을 구별할 수 있는 절대적 구별이 있는가? '쓰다'와 '거슬린다'는 것은 분명 나쁨이다. 그런데 건강에는 좋고, 인생에 교훈이 된다. 과연 그것이 나쁜 것인가? 반면 나쁜 약은 입에 달고, 나쁜 말은 귀를 즐겁게 한다. 입을 달게 하고 귀를 즐겁게 하는데, 과연 그것이 절대적으로 나쁜 것인가? 좋고 나쁨의 진정한 차이는 어디에 있는가?

5. 황산벌이라는 영화를 보면 계백장군과 계백의 아내간의 재미있는 대화가 나온다. 계백이 신라와의 결전을 앞두고 처자식을 죽이려고 한다. 계백은 호랑이는 죽어서 가죽을 남기고 사람은 죽어서 이름을 남긴다는 점을 강조하면서 명예롭게 죽을 것을 강요하자 계백의 아내는 호랑이는 가죽 때문에 죽고 사람은 이름 때문에 죽는 것이라고 대답하면서 계백을 힐난한다. 계백의 입장은 유가에 해당하고, 계백아내의 입장은 도가에 해당한다. 호랑이의 가죽이 아름답지 않다면 사람들에게 죽임을 당할 이유가 없다. 사람이 명예에 집착하지 않으면 명예를 지키고자 죽을 이유가 없다. 가죽과 생명 그리고 명예와 생명 중에서 무엇이 귀중한가?

읽.어.볼.만.한.책

- 노자, 『노자 도덕경과 왕필의 주』, 홍익, 2012
- 이강수, 『노자와 장자』, (무위와 소요의 철학) 길, 2000
- 김형효, 『노장사상의 해체적 독법』 청계, 1999
- 한국도가철학회, 『도가철학과 서양철학』, 1999
- 김경수, 『서양철학-도가에게 길을 묻다』, 문사철, 2011

연.습.문.제

1. 노자와 장자는 왜 무 혹은 무위 등의 부정의 방식을 통하여 자신의 사유체계를 건립하였는가?
2. 노자의 '無爲而無不爲'의 의미는 무엇인가?
3. 장자는 왜 과장법과 우화를 이용하여 자신의 사상을 전개하는가?
4. 장자의 우물 안 개구리와 플라톤이 말한 동굴의 비유를 비교하여 해설하시오.

연기(緣起)와 무아(無我)

정대환

학.습.목.표

1. 석가에서 출발한 불교의 기본 내용을 이해한다.
2. 불교에는 철학적인 내용과 종교적인 내용이 혼재한다. 과연 불교는 철학인가? 또는 종교적 수행일 뿐인가? 를 생각해본다.
3. 불교의 내용 중 21세기 글로벌 자본주의의 폐해를 줄일 수 있는 방안이 있는 가를 생각해본다.

용.어.해.설

- **범아일여 梵我一如**

고대 인도인의 정통사상을 브라만이즘이라고 하며, 이에 대한 다양한 설명을 제시하는 철학서가 「우파니샤드」다. 우파니샤드에서는 우주의 창조자이자 우주를 배후에서 지탱해주는 절대적 존재를 브라만(범, 梵)이라 하고, 그 브라만이 개체에 내재화되면서 형성된 자아를 아트만(아, 我)이라 한다. 따라서 아트만은 우주의 창조자인 브라만이 자신이 창조한 각각의 개체 안에 다시 내재화되어 개개의 주체가 된 개별적인 자아를 가리킨다.

그런데 개체인 인간이 전체인 우주와 합일하기 위해서는 자기의 본질인 아트만은 동시에 우주 그 자체의 본질이지 않으면 안 된다. 따라서 아트만은 만물에 내재하면서 우주의 모든 존재를 지탱하는 것이 된다. 그렇다면 그것은 최고원리인 브라만과 다른 것이 아니다. 즉 아트만과 브라만은 하나이지 않으면 안 된다는 것, 이것이 범아일여의 의미이다.

아트만은 사물을 인식하는 주체이지만 그 자체는 인식의 대상이 아니기 때문에 어떠한 언어적 표현으로도 그것을 기술할 수 없다. 따라서 우리는 아트만에 대해서 표현할 때는 '이것도 아니다! 이것도 아니다!'(neti! neti!) 라고 할 수밖에 없다. 그것은 아트만이 우리 인식의 범위를 넘어서기 때문이다. 인간의 인식은 개별적인 대상에 국한되는 것인데, 브라만이나 아트만은 개별적인 것이 아니라 하나로서의 전체(The Own)를 가리키기 때문에 어떤 언어적 진술로서도 그것에 대한 표현은 불가능하다. 따라서 우리가 아트만에 대해 어떠한 모습으로 정의할 때 그것은 어디까지나 언어로 파악하는 것에 지나지 않으며 그 본질은 드러나지 않는다. 결국 '브라만이 곧 아트만'[梵我一如]임을 아는 것은 종교적인 체험이나 신비적인 직관과 같은 통찰을 통해서만 가능하다. 따라서 이것은 단순한 형이상학적인 문제가 아니라 그 근저에 신비주의적인 종교체험이 깔려있다.

- **윤회 輪廻 와 업 業**

인도인의 정통 관념 가운데 중요한 것이 윤회와 업이다. 인도인들은 인간의 본질은 아트만으로서 그것은 영원불변한 실체라고 생각했다. 그런데 이 아트만은 개체가 지은 업에 따라서 우리가 옷을 바꾸어 입듯이 몸을 바꾸어 가면서 윤회를 계속한다. 그런 윤회의 과정에서 이 아트만은 윤회의 주체로서 작용한다. 따라서 육체가 소멸한다 해도 이 아트만은 소멸되는 일이 없이 여러 세계를 살아간다. 이런 과정을 통해서 아트만은 천계와 지옥에 태어나기도 하며 동물 또는 인간으로서 삶을 계속한다.

특히 인도인은 이 세상을 번뇌와 괴로움으로 가득 찬 고통스러운 세계라는 의미에서 고해(苦海)라고 불렀으며, 이런 고해에서 탈출하는 것을 삶의 목표로 삼았다. 따라서 인도인이 궁극적으로 지향하는 것은 아트만이 더 이상 업에 따라 윤회하지 않고 개인의 신체적 한계에서 벗어나 다시 브라만과 합일하게 되는 것이다.

또 인도인들은 인간의 행위는 일회적으로 드러나고 사라져버리는 것이 아니라 반드시 다음 생애에 어떠한 영향을 주는 일종의 여력을 남긴다고 생각했다. 이와 같이 어떤 행위에 의해 예외 없이 형성되는 잠재적인 힘을 업이라 하는데, 이런 업이 남기는 선악의 성질에 따라서 사람들은 다음 생애에 즐거움 또는 괴로움의 세계에 다시 태어나는 것이다.

그런데 이런 윤회와 업의 관념에는 교묘한 이중 장치가 마련되어 있다. 먼저 이것은 우리에게 숙명론적인 사고에 빠지게 만든다. 즉 나에게 주어진 현재의 고달픈 삶은 모두가 다 전생에 내가 쌓은 악한 업의 결과이기에, 이것은 어쩔 수 없는 것이어서 내가 수용할 수밖에 없다. 그러나 나의 현재의 행위는 미래의 원인이 되기 때문에 나에게는 희망이 있다. 즉 현재의 삶이 괴롭고 그리고 이것이 과거 행위의 결과라고 할지라도 다음 삶의 상황은 현재의 내 행위에 의하 결정된다. 그렇다면 나는 내 자신의 의지에 따라 선업을 쌓음으로서 다음 생애에는 좋은 환경에 태어날 수 있으며, 반면 악행을 일삼는다면 다음 생애에도 여전히 고달픈 삶을 살거나 동물로 태어나게 될 것이다. 이처럼 윤회와 업의 관념은 당시에 괴로운 상황에 처한 하층민들의 불만을 교묘하게 합리화함으로서 사회적 불안요소인 불평등을 정당화하고 동시에 그들에게 내세의 희망을 제시함으로서 현세의 운명을 감수하게 하는 데 성공했다.

- **열반 涅槃**

열반이란 니르바나(nirvana)란 말을 음역한 것으로 불꽃이 꺼진 상태를 가리킨다. 이 용어는 바라문계의 교설이나 자이나교 등 당시에 유행했던 종교계 일반에서 불과 같이 타오르는 번뇌가 소멸된 상태를 가리키는 말로 널리 사용되었다. 불교에서도 이 용어를 가지고 번뇌나 망상, 집착이나 괴로움, 불안이나 욕망 등의 감정이 없는 상태를 표현한다. 우리가 집작을 억제하면 이를 바탕으로 일어나는 괴로움도 발생하지 않으므로, 깨달음은 결국 괴로움의 소멸이 된다. 그러나 불교에서 괴로움의 소멸은 육체적인 괴로움의 소멸이 아니라, 사고(四苦)나 팔고(八苦)로 대변되는 인간의 근원적인 고뇌의 극복을 말한다. 특히 늙음이나 죽음은 인간이라면 피할 수 없는 것이기에 결국 이에 대처하는 우리의 마음 상태가 중요하다. 불교에서는 인간의 실상을 있는 그대로 보고, 연기와 무상의 법칙을 철저하게 이해하면, 늙음이나 죽음을 필연적인 것으로 납득하고 자연스러운 것으로 수용할 수 있다고 주장한다. 따라서 우리가 늙음이나 죽음에 대해서 두려움을 느끼는 것은 필연적인 것을 필연적인 것으로 수용하지 못하는 망집(잘못된 집착)의 작용이라고 불교는 주장한다. 따라서 망집을 억제하는 것은 자기를 제어하는 것이며, 만약에 이것이 가능하다면 우리가 괴로움에 직면하면서도 괴로움이 없는 삶을 살아간다는 안락의 경지가 전개된다.

흔히 불교에서는 깨달음을 늙음이나 죽음을 초월한 불사(不死)로 표현한다. 이는 윤회의 탈각을 의미하는데, 우리가 괴로움으로 가득 찬 삶을 반복하는 것이 윤회이므로 결국 우리가 괴로움을 극복하고 불사를 획득하면 우리의 윤회는 멈추게 된다. 따라서 깨달음에 의한 윤회로부터의 해방은 본질적으로 현세에서 그리고 종교적 차원에서 괴로움의 극복을 말하는 것이다.

- **고행 苦行과 요가**

고대 인도인은 절대적인 깨달음과 같은 신비적인 경지에 도달하기 위해서 다양한 수행법을 추구하였다. 그 중 가장 유력했고 널리 성행했던 것의 하나가 고행이다. 고행이란 우리의 신체에 극심한 고통을 가하거나 단식을 하는 것으로, 이는 고대부터 현대까지 꾸준하게 인도인들이 채택했던 대표적인 수행법이다. 이런 고행을 타파스(tapas)라고 한다. 타파스는 원래 열이나 불을 의미하는 말이다. 아마도 고대 인도인들이 알이 열을 받아 부화되어 새로운 생명이 탄생하는 것을 보고서 열을 만물 창조의 원동력으로 간주했을 것이라고 학자들은 주장한다. 사실 우리가 어떠한 방법으로든 신체를 극한에 이르기까지 학대하여 육체를 강하게 긴장시킬 때, 일종의 열감각이 생긴다는 사실과 여기에 수반되어 우리에게 특이한 정신상태가 나타나며 신비한 능력이 생긴다는 사실을 고대 인도인들은 체험을 통하여 알고 있었다는 것이다.

또 하나 인도인이 궁극의 경지에 도달하는 수행법으로 채용한 것이 요가이다. 깨달음이란 결국 우주의 본질과 자기의 본질이 동일함을 종교적 명상이나 신비적 체험을 통하여 체득하는 것이다. 따라서 여기서는 우주의 본질과 동일시되는 자기의 본질을 먼저 탐구하지 않을 수 없다. 이렇게 해서 자기의 본질을 자기의 내면에서 발견하는 것, 즉 내관(內觀)이라는 요가의 수행법이 출현했다. 이렇게 볼 때 요가는 우주와 나를 결합시키는 수행법이며, 또 마음을 대상 전체와 결합시키는 것으로 의식의 집중을 의미한다. 나아가 요가의 이상은 우주와 나 자신과의 합일에서 그치는 것이 아니라, 우리의 지각을 포함한 일체의 물질적인 정신적인 현상에서 해방되는 것이라고 한다. 이처럼 요가 수행에 의해 도달하는 경지는 일체의 사려분별을 초월한 곳에서 우주적 실재와 합일하고, 그 망아의 황홀함 가운데 불사를 획득하고, 영원으로 펼쳐지는 자신을 발견하는 것이다. 이는 전형적인 명상에 의한 신비체험이다. 학자들은 타파스(고행)를 아리야계 문화에서 발생한 수행법으로 보고, 요가는 비아리야계 문화에서 파생된 수행법이 아닌가 하고 생각한다.

- **법 法**, Dharma

불교 용어 중에서 가장 일반적이고 추상적인 개념이 법(法, 達磨, 다르마)이다.

불교에서 법은 다양한 의미와 맥락으로 쓰이기 때문에 정확한 해석을 하기가 상당히 어려운 개념이다. 본래 다르마란 말은 '지탱하다'·'유지하다'라는 의미의 어원에서 파생된 것으로 일반적으로는 질서·법칙·규범 등을 나타내며, 나아가 도덕·정의, 습관·습성·성질, 진실·최고의 실재 등을 가리킨다. 불교에서는 석가가 깨닫고 가르친 진리를 지칭하는 것이 가장 일반적인데 이와 달리 불교에서 쓰이는 독자적인 중요한 사례도 있다. 그것은 법이 일반적인 사물이나 존재를 의미하는 경우이다. 그런데 소승불교에서는 다르마를 단순히 어떤 사물이나 존재 자체가 아니라, 그것들이 집적[모여 쌓임]되어 존재를 구성하는 것으로, 즉 존재의 구성요소를 의미하는 존재론적 맥락으로 자주 사용한다. 일반적으로 불법(佛法)은 불교의 진리를 가리키며, 교법(敎法)은 불교에서 가르치는 진리의 내용을 의미하고, 일체법(一切法)이라 할 때는 모든 존재를 지칭하는 것으로 사용된다. 즉 법(다르마)은 존재의 실상을 의미하면서 동시에 존재의 실상에 대한 진리를 의미한다. 따라서 법이란 존재 일반을 가리키고, 있을 수 있는 모든 것을 지칭한다. 그런데 인도인은 존재(法)를 크게 두 개의 범주로 나눈다. 하나는 인간이 인위적(작위적)으로 만든 유위적 존재인데 이를 유위법(有爲法)이라 한다. 또 하나는 인간이 조작한 것이 아닌 본래부터 저절로 그러한 존재인데 이를 무위법(無爲法)이라 한다. 불교에서 제법무아(諸法無我)라고 할 때의 제법(諸法)의 법은 무위법과 유위법을 다 포함하고, 제행무상(諸行無常)이라고 할 때의 제행(諸行)의 행(行)은 유위법만을 가리킨다.

- **중도 中道**

불교에서 중도의 입장은 다양한 측면에 적용된다. 사상적(이론)인 측면과 실천적(수행)인 측면과 종교 생활의 측면 등 여러 맥락에서 중도의 입장을 확인할 수 있다. 먼저 사상적인 면을 보자. 고대 인도 사상계는 일상적 경험을 초월하는 초경험적 실재의 존재 유무에 대한 물음(존재론의 영역)에 대해 영속론(永續論=상주론, 常住論)과 허무론(虛無論=단멸론, 斷滅論)으로 양분되어 각자의 입장을 주장하고 있었다. 그러나 이것은 인도뿐 아니라 인류가 철학적 사고를 시작한 이후 끊임없이 제기되었던 원초적인 철학적 물음이기도 하다.

하나는 바라문의 사상이다. 생성소멸하는 이 세계는 자아(아트만)라고 하는 불변의 실체에 근거한 것이며, 따라서 세계 자체는 궁극적으로 불변의 실재라는 영속론(永續論=관념론)의 주장이다. 또 하나는 사문의 사상이다. 이 세계의 생성과 소멸은 우연적인 것일 뿐 어떠한 인과관계도 갖지 않는다는 허무론(虛無論=유물론)의 주장이다.

그러나 석가는 영속론도 아니고 단멸론도 아닌 중도의 입장이 바로 자신의 주장이라고 하는데, 그것이 바로 연기설이다. 즉 석가는 양자 모두를 지양하는 중도를 설한다고 하는데, 여기서의 중도란 양극단의 파기를 말한다. 석가가 보기에 영속론은 우리 경험의 범위를 초월한다는 점에서 독단이며, 허무론은 우리가 일상에서 경험하는 세계의 연속성을 부정한다는 점에서 역시 독단이다. 따라서 모든 존재는 연기의 법칙에 따라 찰나적으로 매 순간 순간 생성과 소멸을 반복하는 일련의 흐름이다. 따라서 불변의 실재도 아니지만(非有), 그렇다고 단멸의 허무도 아니다(非無)는 것이다. 이렇게 석가는 당시 사상계의 두 흐름을 양극단으로 간주하면서 자신의 입장은 이런 극단을 지양하는 중도의 가르침이라고 한다. 즉 비유(非有)와 비무(非無)의 중도를 말한다. 이것을 불교에서는 사상적 중도라고 한다.

다음으로 실천적인 면을 보자. 석가는 수행의 과정에서 고행을 포기한 다음에 채택한 새로운 수행법에 대해 유물론자들처럼 쾌락의 방법도 아니고, 자이나교도와 같은 고행주의자들이 행한 고행의 방법도 아닌 중도의 방법이라고 제자들에게 설명했다. 즉 불고불락(不苦不樂)의 중도행(中道行)이라는 것이다. 이것을 불교에서는 실천적 중도라고 한다.

또 하나 중도와 관련해서 주목할 것은 석가가 정사(精舍)를 허용한 것이다. 사실 고대 인도의 사상적 전통에서 수행자들은 일정한 거처가 없이 방랑하면서 수행하는 것이 일반적이었다. 정통 종교가인 바라문들은 네 시기의 인생역정을 거친다. 즉 학습기·가주기·임서기·유행기가 그것이다. 또 석가 당시의 신흥사상가인 사문들도 대부분이 일정한 거처가 없이 떠돌아 다녔다. 그런데 석가는 이에 대해 반기를 들었다. 특히 우기에는 안거를 해야 한다고 결정하고 정사에다 거처를 지정하였다. 그런데 이들 정사나 승원이 세워진 장소는 도시에서 너무 멀지도 않고 가깝지도 않은 곳이었다. 즉 너무 시끄러워서 수행에 지장을 주지 않아야하고, 또 너무 멀어서 탁발하는 데에 불편함이 있어서도 안 되기 때문에, 도시에서 멀지도 가깝지도 않은 장소가 선택된 것이다. 이 점은 불교가 그 이후에 인도 사회에서 지속적으로 발전하는 데 크게 기여하였다는 평가를 받는다. 즉 정사라는 확실한 근거지를 거점삼아 그들은 적극적인 포교활동을 벌이고, 교단의 단합을 유지하면서 불교를 널리 전파했던 것이다. 학자들은 유행의 생활에서 승원의 거주생활로 생활 형태가 바뀐 사실이 불교 교단을 후세에까지 존속시킬 수 있었던 최대의 요인이었다고 지적한다.

또 이런 제도는 개인주의(출가주의)와 공동체주의(재가신자와 연결)의 절묘한 결합이라고 한다. 따라서 석가는 불교가 종교로서 오랜 기간 동안 존속할 수 있는 정신적인 기반뿐만 아니라, 물질적인 터전까지 마련해준 인물이다. 이렇게 볼 때 당시의 바라문이나 사문들이 수행자의 생활에서 극단적인 방식을 주장한 것이라면, 석가는 그에 대하여 중도의 방법을 채택한 것이라고 하겠다. 이렇게 석가는 항상 균형을 잃지 않는 태도를 취하고 있으며, 석가의 중도라는 입장이 철학적 이론이나 실천적 수행뿐 만 아니라 그의 삶의 모든 영역을 관통하고 있음을 알 수 있다.

본.문.구.성

1. 서론 : 석사사상 발생기의 상황과 출현

불교사상이나 불교철학은 그 내용이 상당히 복잡하고 다양하다. 인도에서 성립해서 전개된 것만 해도 원시 불교·소승 불교·대승 불교·밀교(密敎)로 대별되며, 거기에다 중국 불교·한국 불교·일본 불교가 제각기 다른 지역적 특색을 지니고 있다. 스리랑카·타이·베트남 등등 동남아 제국의 불교 역시 또 다른 특징을 지니고 있다. 그러나 불교의 내용이 아무리 복잡하고 다양하더라도 그것들은 모두가 석가(佛陀, Buddha, Sakyamuni, Gautama Siddhartha)의 이론(근본 불교)을 근간으로 한 원시불교에서 비롯된 것임은 분명하다. 그래서 불교의 근본적인 문제의식과 그 성격을 이해하기 위해서는 무엇보다도 원시 불교의 내용을 살펴보아야 한다.

먼저 원시 불교가 어떤 시대적 상황에서 성립되었는가를 보자. 석가에 의하여 불교가 처음 발흥한 시기는 인도철학사에서 이른바 '제교파 분립시대(대략 BC 600-300)'라 부르는 시대에 해당한다. 이 무렵은 고대 인도 사회가 정치·경제·사회·사상 등 각 영역에 걸쳐 격심한 변화를 보이던 전환기였다. 먼저 문화의 중심 무대가 과거의 인더스 강 상류 지역에서 갠지스 강 중류 지역으로 옮겨 온 때였다. 정치적으로는 아직 하나의 통일 국가를 이룩하지 못하고, 군소 국가들이 출현하여 서로 세력을 다투는 상황이었다.

한편 갠지스 강 중류 지역은 기온이 농업에 적합하였고 토질 또한 비옥하여 농업이 크게 발달하였고 수확도 풍족하였다. 또 농업의 발달은 결과적으로 중소 도시에서 상공업이 발달하는 요인이 되었다. 이와 같은 정치·경제적인 변화에 따라 정치적인 통치권은 왕족이 행사하게 되고, 경제적 실권은 부상(富商)들이 행사하게 되었다. 따라서 과거 제정일치의 풍토에서 모든 권력을 독점했던 바라문 승려들은 두 가지 실권을 잃고 무력해질 수밖에 없었다. 특히 카스트 제도의 붕괴는 두드러진 사회적 현상이었다.

카스트제도의 붕괴는 기존의 정통 종교인 바라문교의 영향력을 더욱 약화시켰다. 더우기 이 시기에는 원주민들과 아리안족 사이에서 출현한 혼혈이 증가했는데, 그들은 기존의 바라문 종교에 입각한 전통문화를 받아들이려 하지 않았다. 거기에다 산업의 발달로 인해 경제적으로 부유한 생활 여건이 조성되자 당시 일반인들은 물질적인 향락과 퇴폐적인 생활에 탐닉하였고, 또 전쟁으로 인한 정치적 혼란은 사상과 언론의 자유를 보장해주었다. 이런 여건에서 수많은 신흥 사상가들이 출현하여 자기 나름의 사상을 제시하였다. 심지어 노예 계층에서도 사상가가 나와 새로운 사상을 주장·역설하였다. 새로운 사상이란 쾌락주의·고행주의·운명론·유물론·도덕부정론 등이다. 공통적으로 그들이 바라문교를 불신 또는 배척하였음은 물론이다. 이리하여 기성 바라문교는 그 시대를 이끌어갈 사상적 기능을 거의 상실하게 되었다.

당시의 바라문교는 지나치게 형식적인 제사 만능주의의 타성에 빠져있었고, 그런 점에서 미신적인 요소가 너무 많았다. 석가가 일찍이 신앙을 빙자하여 살아가는 바라문 승려들을 가리켜, '성스러운 말을 팔아 무위도식하는 사기꾼이요, 돈을 벌기 위해 일부러 굶주리고 있는 점장이들'이라고 비난한 것을 보아도 그 점을 짐작할 수 있다. 뿐만 아니라 바라문교의 철학인 우파니샤드(Upanishads)의 철학도, 그 아트만(Atman)과 브라만의 전변설(轉變說 : 우주에 존재하는 모든 것은 일원(一元)의 실재인 브라만이 스스로 전개변화하여 생성(生成)되었다는 형이상학적 주장)을 중심으로 한 내용은 격동적이고 격변하는 사회의 당시 민중(서민)의 관심을 끌기에는 너무도 고답적인 형이상학에 지나지 않았던 것이다.

그렇다고 신흥 사상가 중에서 바라문교에 대신할 만한 사상이 있었는가 하면 그렇지도 않았다. 당시 신흥 사상가 중에 고행을 한 사상가가 있었지만, 차르바카(Carvaka)파로 불리는 일련의 유물론자들은 도덕 자체를 부정하고 감각적인 쾌락만을 최고의 가치라고 주장하였다. 따라서 정신적인 타락과 향락적인 퇴폐풍조에 부채질만 하고 있는 상황이었다. 그들은 무책임한 주장과 행동만을 일삼았을 뿐이지, 당시 인도인들의 마음에 건전한 이념이나 사상을 심어 주려는 노력은 하지 않았다. 심지어 살아있는 생명을 죽이고, 남이 주지 않는 것을 훔치고, 강도짓을 하고, 간통하고, 거짓말하는 등의 나쁜 짓을 해도 그것은 악을 지은 것이 아니라고 주장하였다. 따라서 당시 사상계의 상황은 한 마디로 정신적 혼돈의 상태라고 할 수 있었다.

이러한 종교적·사상적 상황에서 석가가 출현한다. 먼저 석가는 기존의 사상과 신흥 사상을 종합·지양하는 철학을 구축한다. 그리고 그것을 바탕으로 당시 인도인들에게 새로운 삶의 길을 제시하였다. 즉 우파니샤드의 전변설과 차르바카파의 유물론적 요소설을 종합·지양하는 철학[緣起說]을 바탕으로, 당시 인도인들에게 우리의 노력으로 고통과 고뇌를 극복할 수 있으며, 그것을 극복한 뒤에 찾아오는 안락과 평온에 대한 희망을 전파하였다. 따라서 석가는 사상적인 전환기에 그 시대가 요구하는 시대정신을 명확하게 파악하고, 시대의 요구에 대한 하나의 건전한 해답을 제시한 사상가였다.

2. 본론 : 석사사상의 전개와 내용

1 / 석가의 출가와 수행 : 괴로움의 자각

아함경을 보면 석가는 다음과 같이 자신의 출가에 대한 술회를 한다. "어느 날 나는 농부가 밭을 갈다가 쉬는 것을 보고 나무 밑에 앉아서 이렇게 생각했다. 어리석은 사람은 아직 건강하다고 언제까지 건강할 것으로 생각한다. 아직 젊다고 언제까지 젊을 것으로 생각한다. 아직 살아있다고 언제까지 살 것으로 생각한다. 그러나 사람은 누구나 병들고 고통을 받는다. 지금 나의 건강도 영원한 것이 아니다. 또 누구나 늙고 쇠약해져서 고통을 받는다. 지금 나의 젊음도 영원한 것이 아니다. 또 누구나 늙고 병들어 죽는다. 지금 나의 삶도 영원한 것이 아니다. 이 얼마나 두려운 일인가. 그럼에도 사람들은 어리석어서 늙고 병들어 죽는다는 사실을 알면서도 범행을 닦지 않는다. 젊고 건강하다고 거들먹거리며 방일하고 욕심을 버리지 않는다. 이렇게 깨달은 나는 늙고 병들어 죽는 고통을 극복하기 위해 출가를 결심하게 되었다."

즉 자신은 젊고 건강하고 활기찬 인생의 봄날에 갑자기 삶이란 고통과 괴로움의 연속이라는 사실에 충격을 받고 주위의 만류를 뿌리치고 머리카락과 수염을 깎고 가사(승려의 옷 위에 왼쪽 어깨에서 오른쪽 겨드랑이 밑으로 걸쳐 입는 법의)를 입고 집을 나와 출가 수행자가 되었다는 것이다. 즉 석가가 출가한 이유는 생노병사로 통칭되는 삶의 고통을 해결하기 위한 것이었다. 이를 위해 석가는 처음에 당시의 유명한 신흥 종교가인 알라라 칼라마와 웃다카 라마푸타의 제자가 되어 선정(禪定)을 닦았다. 석가는 그들의 지도에 따라 수행을 시작하였고 얼마의 시간이 흐르자 자기의 스승과 동일한 선정의 경지에 도달하였다. 그러나 선정에서 깨어나면 이전의 일상적인 상태로 돌아오곤 하였다. 이에 석가는 그들의 가르침에서는 자신이 추구했던 해답을 얻을 수 없다고 판단하고 이들의 곁을 떠난다. 석가는 그 후 6년 동안 고행을 하였다. 여러 가지 고행을 시도하였지만, 주로 엄격한 단식을 하였다. 고행은 인도에서 베다시대 이래 오랫동안 행해졌던 수행법으로 이를 잘 실천한다면 신통력을 얻을 수 있다는 생각이 널리 퍼져있었다. 석가 역시 남다른 열정을 가지고 고행을 수행하였다. 그의 고행은 아주 극심한 것이어서, 어느 때는 거의 목숨이 끊어질 지경에 이를 정도로 고행에 몰두했다. 그러나 이런 고행을 여러 해 거듭했지만 그의 마음속에 자리 잡은 의혹은 조금도 제거되지 않았고, 그가 해결하고자 했던 문제도 풀리지 않았다. 그래서 석가는 다시 자기의 수행방법에 대해 회의를 품게 되고 결국에는 이를 포기하였다.

석가는 고행을 포기한 다음, 강가에 내려와서 땀과 때에 쩌들은 몸을 씻고 난 다음에 수자타라는 동네 처녀로부터 우유 공양을 받아먹고 나서 기력을 회복하게 된다. 그런 다음에 다시 나이란쟈나 강가의 우르벨라 숲속(고행림, 苦行林)에 있는 피팔라 나무(나중에 보리수라 불림)아래에 자리를 잡고 앉아서 선정에 잠긴다. 석가는 '내가 정각을 성취하기 전에는 죽어도 이 자리를 떠나지 않으리라'고 스스로 다짐하면서 용맹정진에 몰두하였다. 그렇게 칠 주야가 지난 어느 날 새벽 동쪽 하늘에 떠오르는 샛별을 보면서 문득 깨달음을 얻었다. 그가 깨달은 내용은 흔히 연기설로 알려져 있다.

2 / 연기설(緣起說) : 깨달음의 내용

석가는 보리수 아래에서 명상을 하며, 태어나서 변해가는 모든 존재의 실상을 관찰한다. 그 결과 존재하는 모든 것은 그럴만한 조건이 있어서 생겨난 것이며, 따라서 그것들은 또한 그럴만한 조건이 없어지면 그 존재도 없어지고 만다는 결론을 내리게 되었다. 아함경을 보면 석가는 먼저 초저녁에 '이것이 있음으로 말미암아 저것이 있고, 이것이 생김으로 말미암아 저것이 생긴다.'(此有故彼有, 此生故彼生.)라고 연기의 법을 관찰하고, 다시 밤중에는 같은 연기의 법을 '이것이 없음으로 말미암아 저것이 없고, 이것이 멸함으로 말미암아 저것이 멸한다.'(此無故彼無, 此滅故彼滅.)라고 관찰했다고 한다.

여기서 보면, 앞의 두 구는 연기에 따라 나오는 것(생성, 生成)을, 뒤의 두 구는 연기에 따라 사라지는 것(소멸, 消滅)을 말하고 있다. 이런 연기의 법칙에 따르면, 이 세계는 고정된 실체에 근거해서 존재하는 것도 아니고 그렇다고 전혀 존재하지 않는 것도 아니다. 오로지 인연과 조건이 화합한 결과로써 존재하게 된 것이다. 이것을 불교에서는 인연화합물이라 한다. 즉 어떤 것도 그 자체로 존재하는 것이 아니라, 일체의 것이 모두 자기 자신이 아닌 다른 것을 인연(조건)으로 하여 생겨난 것이고, 또 그 인연(조건)이 다하면 소멸하게 된다는 것이다. 따라서 석가는 존재의 유무(有無, 있음과 없음)가 아니라 존재의 생멸(生滅, 생성과 소멸)을 존재의 근원적 원리로 간주하여 그러한 생성과 소멸의 원리를 연기로서 규정한 것이다. 이것이 바로 석가가 오랫동안 수행한 결과 보리수 밑에서 깨우친 진리(정각, 正覺)의 내용이다. 이것을 학자들은 '연기의 공식' 또는 '연기의 법칙'이라 한다. 연기란 '연하여 발생하는 것'이란 의미다. 이 말의 의미는 '조건에 의한 발생', 즉 의존적인 일어남이며, 한문 번역은 '말미암아 일어난다'는 뜻이다. 따라서 연기란 결국 인간을 포함한 만물이 '여러 가지 다른 것들과의 관계에 의하여 발생하고 존재하게 된다는 사실'을 말하는 것이다.

이런 연기설을 학자들은 세 측면으로 파악한다. 첫째는 관계성(關係性)이다. 즉 연기설이 모든 사물들 사이의 관계를 나타내는 법칙이라는 것이다. 이런 관계성에는 모든 것들이 서로 연결되어 있다는 연속성과 연계성이라는 개념이 자리 잡고 있다. 즉 모든 것들은 관계의 그물망으로서 존재하는 것이며, 특히 인간의 경우는 더욱 그러하다는 것이다. 둘째는 상의성(相依性)이다. 즉 모든 사물은 서로 관계를 맺으면서 존재하게 되는데, 그 관계는 서로 간에 의지하고 의존하는 관계라는 것이다. 아함경에는 연기의 원리를 다음과 같이 설명한다. "(비유하면), 세 갈대가 빈 광에 서려고 할 때에는 서로 서로 의지하여야 서게 되는 것과 같나니, 만일 그 하나를 버려도 둘은 서지 못하고 만일 둘을 버려도 하나 또한 서지 못하여, 서로서로 의지하여 서게 되는 것이다. 비구들이여, 연기법이란 무엇인가? … 그것은 상의성이다." 즉 모든 것은 서로 의지하는 관계로서 존재한다는 것이다. 셋째는 인과성(因果性)이다. 이런 연기의 관점을 어떤 개체에 적용해 보면, 그 사물이 존재하게 되는 것은 모두가 여러 가지의 원인(인, 因) 혹은 조건(연, 緣)이 있기 때문에 그것이 존재하는 것임을 알 수 있다는 것이다. 따라서 일체의 존재는 어느 것이나 그럴 만한 조건이 있어서 생긴 것, 즉 '말미암아 생긴 것'이 된다. 그렇다면 일체의 존재는 또한 원인과 결과의 관계로 생각할 수도 있다는 것이다. 즉 사물의 존재 양상을 원인과 결과의 관계로 파악할 수 있다는 것이다. 이렇게 해서 연기의 문제는 결국 인과의 문제로서 논해지게 되었다. 이것은 모든 것의 발생을 원인과 조건에 의존하는 결과의 관계로 파악하는 것이다.

학자들은 연기를 인과로 해석할 때는 이를 분석하여 두 측면에서 해석한다. 하나는 시간적인 선후관계를 의미하고, 또 하나는 공간적인 의존관계를 의미한다. 따라서 연기라는 상호인과성 또는 상호의존성은 두 종류로 구분할 수 있다. 하나는 서로 기대어 서 있는 세 갈대의 관계처럼, 서로가 상대를 서 있게 해주는 원인이 되고, 또 상대에 의해서 있게 되는 결과가 된다는 의미의 상호인과성이다. 이것은 연기의 법칙에서 '이것이 있음으로 말미암아 저것이 있게 된다'(此有故彼有)와 '이것이 없음으로 말미암아 저것이 없게 된다'(此無故彼無)의 경우에 해당한다. 다른 하나는 닭과 알의 관계처럼, 닭이 알을 낳는다는 의미에서 알의 원인도 되고 또 닭이 알로부터 자랐다는 의미에서의 알의 결과도 된다는 의미의 상호인과성이다. 이것은 연기의 법칙에서 '이것이 생김으로 말미암아 저것이 생긴다'(此生故彼生)와 '이것이 멸함으로 말미암아 저것이 멸한다'(此滅故彼滅)의 경우에 해당한다.

이처럼 연기설은 둘 다 상호인과성 또는 상호의존성을 말하고 있지만, 엄밀히 보면 이 두 가지는 그런 인과관계 또는 의존관계가 동시적(同時的)으로 발생하는가, 아니면 시간의 흐름에서 이시적(異時的)으로 또는 계속적으로 발생하는가에 따라 구분할 수 있다. 먼저 세 갈대의 경우처럼 그 인과가 동시적으로 발생하는 것은 '동시적 상호의존성', 즉 공간적인 의존관계를 의미하는 것으로 개념화할 수 있다. 반면에 알과 닭의 관계처럼 그 인과가 다른 시간의 계기(繼起)로서 성립하는 것은 '이시적 상호의존성', 즉 시간적인 선후관계를 의미하는 것으로 개념화할 수 있다.

이처럼 연기란 모든 존재가 원인이나 조건에 의해서 발생한다는 것이고, 그것은 결국 조건이나 요소들의 결합에 의해서 모든 존재가 성립한다는 말이다. 이렇게 존재를 요소나 조건들의 결합이나 집합으로 보는 것이 석가의 기본입장이다. 이것을 달리 표현하면 존재란 조건이나 요소들의 공간적인 배열과 시간적인 배열이라고 할 수 있다. 그리고 나중에 불교학자들은 시간적인 배열(이시적 상호의존성)을 가지고 윤회의 상속(相續)을 해명하려하고, 공간적인 배열(동시적 상호의존성)을 가지고 법계, 즉 존재의 세계 전체를 해명하려한다. 그리고 이런 두 측면에서의 사상적인 전개가 불교 철학의 내용을 이룬다. 이처럼 연기설은 불교의 사상적 핵심이자 철학적 본질이다. 즉 연기설을 배제하고서는 불교에 대한 어떠한 철학적·사상적 논의도 불가능하다.

3 / 사성제설(四聖諦說) : 최초의 가르침

흔히 석가의 근본 사상을 '사법인설'(四法印說)과 '사성제설'로 요약한다. 이 두 학설은 비슷한 내용으로 석가의 근본 사상을 대표하면서도 상호 보충하는 관계에 있다. 따라서 이 두 내용을 엄밀히 살펴보면 서로 같은 점뿐 아니라 다른 점도 없지 않다. 그 이유는 전자가 석가의 사상을 후학들이 정리한 것인 데 비하여, 후자는 석가가 해탈한 다음에 그 자신이 처음으로 설법한 이른바 '초전법륜(初轉法輪)'의 내용이기 때문이다. 먼저 사성제설부터 살펴본다.

석가가 깨달은 내용은 연기설인데, 그것이 석가의 입을 통해 밖으로 표현된 것은 사성제(四聖諦)라는 네 개의 명제이다. 이는 연기설이라는 다소 추상적인 개념을 직접 말하는 것보다는 대중들이 이해하기 쉽도록 연기설을 구체적으로 인간의 현실적 고통의 문제에 적용해서 단계적으로 설명하기 위함인 것 같으며, 여기서 우리는 석가가 뛰어난 사상가일 뿐 아니라 훌륭한 교사였음을 알 수 있다.

성제란 곧 '성스러운 진리'(noble truth)를 의미하는데, 이는 석가가 발견한 진리의 내용이다. 그것은 고성제(苦聖諦)·집성제(集聖諦)·멸성제(滅聖諦)·도성제(道聖諦)를 말하는데, 이들은 연기설을 바탕으로 주장된 것이다.

먼저 고성제는 인생이 고(苦)로 가득 차 있다는 것이다. 불교에서는 이를 구체적으로 사고(四苦) 혹은 팔고(八苦)로 표현한다. 경전에서는 근본적인 고로서 생(生)·노(老)·병(病)·사(死)의 사고를 들지만, 그 외에도 싫은 사람과 함께 지내야 되는 것(원증회, 怨憎會), 좋아하는 사람과 헤어져야 하는 것(애별리, 愛別離), 구하는 것을 다 얻을 수 없는 것(소구불득, 所求不得)도 인생의 고이며, 인간 자체가 고임(오온, 五蘊·오성음, 五盛陰)도 고의 원천으로 간주하여 이를 합해서 팔고라 한다. 여기서 오온성고(五蘊盛苦)를 잠깐 설명하면, 오온이란 색(色, 물질적 요소)·수(受, 감각·느낌)·상(想, 표·지각)·행(行, 의지·행위)·식(識, 인식·의식)을 가리키며, 인간은 이런 오온이라는 다섯 가지 인연(조건·요소)들이 화합하여 이루어진 임시적인 존재(因緣化合物인 假合의 존재)라는 것이다. 그런데 이 오온 역시 영원한 것이 아닌 순간적인 것이기 때문에 인간의 존재도 순간적인 것이라는 사실에서 나타나는 고통을 말한다. 이것은 불교 특유의 존재론으로 요소설 또는 적취설로 불리는데, 불교에서는 이것을 관념론도 유물론도 아닌 중도설이라고 주장하면서 사상적 중도의 입장을 표명한다.

따라서 고성제는 인간이 살아가는 과정 전체가 고통의 연속일 뿐 아니라, 인간이란 존재 그 자체가 고통이라는 주장이다. 말하자면 인간이란 존재가 너무나 나약하고 여러 측면에서 지극히 제한되어 있다는 생물학적 한계에서 비롯된 불안감의 표현이다. 그 중에서 가장 큰 것은 늙어가는 것과 미지에 닥쳐 올 예측할 수 없는 불행한 사태나 죽음에 대한 공포다. 이런 고통은 인간이라면 누구나 느끼고 당하는 실상이며, 이것은 사법인(四法印) 중의 '일체개고설(一切皆苦說)'과 일치한다. 석가가 속세의 삶에 회의를 품고 출가한 동기도 이런 고통을 발견하고 그것을 극복할 수 있는 방법을 찾으려는 데 있었다. 따라서 이런 고의 문제는 바로 불교 사상의 이해를 위한 출발점이 된다.

다음으로 집성제의 내용은 고의 원인에 대한 것이다. 연기설의 시각에서 보면 모든 것은 원인과 조건에 의해서 발생하기 때문에 우리가 고통을 느끼는 데도 원인이 있어야한다. 석가가 파악한 고의 원인은 '갈애(渴愛=愛欲)'와 '무명(無明=無知)'이다. 즉 감성(感性)의 측면에서는 갈애가 가장 근원적인 고의 원인이고, 이성(理性)의 측면에서는 무명이 가장 근원적인 고의 원인이다. 갈애란 우리가 목이 마를 때 간절하게 물을 찾는 것처럼 어떤 대상을 갈구하는 것을 말한다. 즉 인간의 원초적인 삶에 대한 욕망이나 맹목적인 삶의 의지를 말한다. 무명이란 우리가 연기설의 진리를 깨치지 못한 무지의 상태를 가리킨다. 즉 인간의 근원적인 무지를 말한다. 여기서 확인되는 석가의 입장은 인간이 경험하는 고통의 원인을 두 측면에서 파악하고 있다는 점이다. 즉 고통의 원인이나 조건을 이성과 감성 중 어느 한 쪽에 치우치지 않고 양 측면을 똑같이 고려하여 고통의 실상을 파악하려는 균형 잡힌 중도의 입장을 보여준다.

멸성제는 고는 없앨(멸, 滅) 수 있다는 것이다. 연기설에 의하면 고는 일정한 조건이나 원인에 의해서 발생한 결과이기 때문에 그런 조건이나 원인을 제거한다면 고 역시 제거할 수 있다는 주장이다. 결국 고의 소멸은 구체적으로는 갈애와 무명을 극복한 경지가 아닐 수 없다. 따라서 욕망의 격정이 고통의 원인이라면, 우리는 꾸준한 수행을 통해 그런 욕망의 격정을 제거해야 할 것이다. 또한 진리에 대한 무지가 고통의 이유라면 우리는 참된 진리를 깨우침으로서 그런 상태로부터 벗어나야 할 것이다. 석가는 깨달음을 얻은 직후에 '나는 일체를 이긴 자이며, 일체를 아는 자다.'라고 말한 적이 있다. 학자들은 이 말이 해탈(moksa)의 두 측면을 보여준다고 한다. 먼저 '나는 일체를 이긴 자다.'의 경우를 심해탈(心解脫)이라 하는데, 이는 정서(감성)적인 측면에서 완전히 자유롭게 되었음을 의미한다. 즉 고의 원인을 자신의 노력을 통해 단절함으로서 마음의 평안을 얻은 상태라는 것이다. 또 '나는 일체를 아는 자다.'의 경우를 혜해탈(慧解脫)이라 하는데, 이는 이지(이성)적인 측면에서 완전히 자유롭게 되었음을 의미한다. 즉 고의 원인이나 조건에 대해 근원부터 파악해서 깨달음으로서 최상의 지혜를 얻은 상태라는 것이다. 석가의 출가와 수행의 목적이 바로 이 경지의 도달에 있었음은 물론이다. 따라서 고의 소멸은 불교의 종착점이라고 할 수 있다.

마지막으로 도성제란 고의 소멸(滅)에 이르는 방법이 있다는 것이다. 즉 고의 원인을 제거하고 극복하는 일이 아무렇게나 되는 것이 아니고, 일정한 방법에 의하여만 가능함을 주장하는 것이다. 이것은 고통을 없앨 수 있는 구체적인 방법이다. 또 이것은 석가 자신이 오랜 수행생활의 경험을 통해서 직접 확인한 내용이다. 이것을 불고(不苦)·불락(不樂)의 중도행이라 한다. 여기서도 석가는 감각적 욕망을 추구하는 쾌락주의와 절대적인 자기부정의 고행주의라는 양 극단을 벗어난 중도를 표방하며, 불교에서는 이를 실천적 중도라고 한다. 그리고 이런 수행을 통해서 해탈(解脫) 또는 열반(涅槃)의 경지에 도달할 수 있다는 것이다. 그 구체적인 방법을 팔정도(八正道)라 하는데 다음과 같다. 정견(正見, 올바르게 사물을 파악함)·정사(正思, 올바르게 생각함)·정어(正語, 올바른 말을 함)·정업(正業, 올바르게 행동함)·정명(正命, 올바르게 생활함)·정정진(正精進, 올바르게 노력함)·정념(正念, 올바르게 마음에 새겨 놓음)·정정(正定, 올바르게 명상=禪定, 정신집중)

4 / 사법인설(四法印說) : 불교의 기본내용

사법인설은 후인들이 불교 사상의 핵심을 정리한 내용인데, 여기서 말하는 '법(法)'은 'Dharma'의 의역으로 진리를 의미한다. 그리고 '인(印)'이란 보증할 수 있을 만큼 틀림없이 확실함을 나타내기 위해 사용된 표현이다. 따라서 사법인설은 사법(四法)의 내용이 확실하고 타당함을 강조하는 용어이다. 사법인설은 제행무상(諸行無常)·제법무아(諸法無我)·일체개고(一切皆苦)·열반적정(涅槃寂靜)으로 이루어지는데, 이것 역시 연기설에서 연역되어 나온 내용이다.

먼저 제행무상에서 제행이란 우리가 감각할 수 있는 '모든 현상'을 의미하고, 무상이란 '영원불변하는 것이 없음'을 뜻한다. 이 무상(無常, anicca)이라는 말은 영원한 것을 의미하는 상(常, nicca)이라는 말 앞에 부정의 접두사 a가 붙어서 이루어졌다. 따라서 이 말은 영구적인 것이나 불변적인 것의 존재를 부정하는 말이다. 사실 석가의 주장처럼 모든 것이 연기에 의한 생성이고, 거기에는 항상 새로운 원인과 조건이 부가되면서 존재하는 것이라면, 이것은 결국 '모든 존재가 항상 변하고 있음'을 말하는 것이다. 즉 존재하는 모든 것은 무상이기 때문에 사람 역시 언젠가는 죽는다. 그러나 동시에 무상이기 때문에 사람은 태어나고 성장할 수 있다. 인생사(人生事)건 자연사(自然事)건 모두가 다 무상한 것이기 때문에 이를 '제행무상'이라 한다. 따라서 이 무상은 연기라는 개념을 달리 표현한 것이다.

학자들은 무상의 의미를 둘로 구분하기도 한다. 하나는 일정 기간 동안에 자기동일성을 유지하는 개체의 경우에서 그 존재가 영원히 지속되지 않고(불멸, 不滅) 언젠가는 끝이 난다는 의미의 무상이다. 흔히 우리가 '인생무상'이라고 말할 때가 이 경우다. 즉 사물이나 세상의 변화와 종말에 대한 허무감을 말한다. 이는 '무상'이란 말이 정서적 맥락으로 사용된 것이며, 가장 일상적인 용법이기도 하다. 다른 하나는 모든 존재는 매순간 순간을 일정불변하게 머무름이 없이 계속적으로 변화하고 바뀌어 가므로 한 순간의 자기동일성조차도 성립하지 않는다는 의미의 무상이다.

즉 연기에 의한 찰나생(刹那生) 찰나멸(刹那滅)에서 오는 무상함을 말한다. 이것은 불교에서 주장하는 독특한 철학적인 내용이다. 불교의 존재론은 이 세계의 모든 존재가 찰나적으로 생성과 소멸을 반복하면서 지속되는 하나의 흐름으로 파악하는 것이 기본적 입장이다. 물론 이런 주장이 타당한가 하는 의문을 제기할 수는 있다. 그러나 그 내용의 타당성 여부를 따지는 것은 의미가 없는 일이다. 그것은 존재 일반에 대한 형이상학적 신념으로서 우리가 일상적으로 옳고 그름을 판별하는 인식론의 맥락에서 벗어나 있기 때문이다. 다만 우리가 그것을 수용하느냐 거부하느냐의 선택만 있을 뿐이다. 물론 이런 불교의 찰나생멸론에 대해 인도의 정통 힌두철학자들은 엄청난 공격을 가해왔다. 하지만 불교에서는 이 주장을 끝까지 포기하지 않고 유지하고 있다. 불교에서 말하는 무상은 바로 이런 의미의 무상이다. 즉 우리에게 주어진 시간의 한계에 절망한다는 의미의 허무감뿐만이 아니라, 존재하는 모든 것들은 언제나 매 순간 순간 생멸을 반복하면서 변화하는 과정에 있다는 의미의 무상이다. 다시말해 어떤 것이든 어떤 일정한 상태가 그대로 영원히 지속되지 못한다는, 즉 항상성(恒常性)이 없다는 의미의 무상이다. 학자들은 이런 순간적인 생성과 소멸을 반복하면서 지속하는 변화의 흐름을 의미하는 무상에 대해 언급할 때는 이와 유사한 고대 그리스 철학자 헤라클레토스의 '만물은 유전한다.'는 명제를 자주 인용한다.

다음으로 제법무아에 대해 알아보자. 무아(anatman)라는 말은 본래 자기의 본질이나 실체를 뜻하는 자아(atman)라는 말에 부정의 접두사 a가 붙어서 이루어진 것이다. 자아(atman)는 인도인들이 생각했던 나의 내면에 존재하면서 윤회의 주체가 되는 고정불변의 실체였다. 그러나 석가는 이런 실체를 부정한다. 따라서 현상의 모든 존재는 고정된 실체를 갖지 않는다는 것이 제법무아의 내용이다. 이것은 앞 이론의 필연적 귀결이라 할 수 있다. 즉 모든 것이 끊임없이 변화하고 있으므로, 고정불변하는 그 무엇(自我, 아트만)은 있을 수 없으며, 따라서 일상적인 자아라는 존재 역시 참된 실체로 존재하는 것이 아니다.

학자들은 무아설의 의미를 두 측면에서 찾는다. 하나는 윤회의 주체를 거부하는 측면이고 또 하나는 고의 문제를 해결하는 측면이다. 즉 집착이나 번뇌의 근원적인 대상을 제거함으로서 고를 없애기 위해 무아를 주장했다는 것이다. 먼저 윤회의 주체를 거부한 측면부터 살펴보자. 고대 인도인들은 이 세상을 고해라 여겼고 또 윤회를 통해 이런 고해에서 계속적으로 고통스러운 삶을 반복해야 한다는 사실에 몸서리쳤다. 이를 위해 그들은 우주의 본질과 나의 본질이 같다는 통찰을 통해서 내가 곧 우주라는 사실(범아일여, 梵我一如)을 깨닫게 될 때 윤회에서 벗어나 영원한 복락을 누린다고 생각했다. 이것이 해탈에 대한 인도인들의 기본관념이다. 그러나 석가의 의도는 이와 다르다. 석가는 우리가 윤회로부터 탈피하기 위해서는 먼저 윤회의 주체를 파악하고 그것을 부정함으로서 윤회에서 벗어날 수 있다는, 즉 해탈할 수 있다는 생각을 한 것이다. 그래서 윤회의 주체로 간주되는 자아(아트만)를 부정하는 무아를 주장한다. 이렇게 윤회의 주체를 부정하면 윤회 자체가 성립할 수 없다는 것이 석가의 생각이었다.

그러나 이런 입장은 불교에서 윤회와 업의 관념을 수용하면서부터 해결하기 곤란한 문제를 발생시킨다. 그것은 윤회의 주체가 없는 상황에서 어떻게 윤회와 업의 상속을 설명할 수 있을까 하는 문제, 즉 무아윤회가 과연 가능할 수 있을까의 문제였다. 이에 대해 인도의 정통 힌두철학자들은 지속적으로 의문을 제기하였다. 즉 고정불변의 '자아'가 없다면 누가 윤회하고 누가 과보를 받으며 누가 열반을 이루는가 하는 것이다. 불교 내에서도 무아설은 윤회의 문제와 관련하여 초기 불교 당시부터 많은 논란이 있었으며, 소승불교 시대에 불교계가 여러 부파로 분열된 이유도 여기에 있었다. 그럼에도 이러한 상황은 지금도 크게 다르지 않다. 무아론과 윤회설은 양립할 수 없다고 단언하는 입장이 있는가 하면 양자가 모순 없이 양립할 수 있다는 주장도 있으며, 아직까지 모두가 동의할 수 있는 명확한 해결을 제시하지 못하고 논쟁만 계속하고 있는 상황이다.

다음에는 석가가 고의 문제를 어떻게 해결했는가를 살펴보자. 사실 석가의 가르침은 처음부터 끝까지 고의 실체를 파악하고 이를 어떻게 제거할 것인가에 집중되어 있다. 그러면 고의 문제와 무아론 사이에는 무슨 관계가 있는가. 그것은 바로 '자아가 존재한다는 생각'이 욕망의 원인이고, 이 욕망은 고의 원인이며, 따라서 '자아가 존재한다는 생각'은 고의 근본원인이 된다는 것이다. 즉 '자아'가 존재하면 그런 '자아'는 많은 것을 욕망하면서 고통이 시작되는데, 우리는 그런 '자아'에 집착하게 되고 그런 '자아'에 대한 집착으로부터 우리의 모든 번뇌가 발생한다는 것이다. 따라서 해결방법은 집착의 근원인 '자아'의 존재를 부정하는 것이며, 그래서 무아론은 이 고의 제일 원인인 '자아가 존재한다는 생각'을 우리 내부에서부터 깨뜨릴 수 있는 수단이 된다.

이와 관련해서 석가는 불교의 독특한 존재론을 제시하는데, 그것이 바로 앞서 언급한 오온설이다. 오온이란 '자아'를 구성하는 색(色, 물질적 요소)·수(受, 감각·느낌)·상(想, 표상·지각)·행(行, 의지·행위)·식(識, 인식·의식)의 다섯 가지 요소를 말하는데, 이에 의하면 우리가 '나의 존재'(자아)라고 부르는 것은 이 다섯 가지 요소들이 임시적으로 모인 집합체에 불과하다는 것이다. 따라서 오온설에 의하면 나라는 존재는 여러 요소들로 이루어진 하나의 집합체 이외의 다른 것이 아니다. 그리고 이들 각 요소들 역시 혼자서는 존재할 수 없을 뿐 아니라 이들의 배후에도 실체와 같은 불변적인 '자아'는 없다. 이처럼 '자아가 존재한다는 생각'은, 무상하고 끊임없이 변하는 오온으로 이루어진 우리의 존재 속에 아트만과 같은 영원불변하는 '어떤 것'이 존재한다고 믿는 데서 형성된 것이므로, 이런 믿음은 이들 오온 속에서나 또는 다른 곳에서 아트만과 같은 어떠한 실체도 없다는 것을 이해할 때 사라진다. 이렇게 이해한다면 우리가 집착하고 욕망하는 대상 자체가 사라지는 것이다. 따라서 무아설은 '자아'라는 존재는 다섯 가지 요소가 한시적으로 구성되어 있는 가설적(假設的) 존재이며 또 그런 존재는 끊임없이 변하는 존재이기 때문에 그 안에서는 어떠한 실체도 발견할 수 없다는 주장이다. 이처럼 무아설은 불교를 대표하는 주장으로 인도의 다른 철학과 불교를 변별시켜주는 가장 핵심적인 사상이다.

다음으로 일체개고에 대해 알아보자. 일체개고의 일체란 우리가 경험하는 모든 것을 가리킨다. 따라서 우리가 살아가며 경험하는 모든 것, 즉 우리가 세상을 살아가면서 겪게 되는 모든 것이 고통스러운 번뇌를 일으킨다는 주장이 일체개고다. 이는 사성제의 고성제와 그 내용이 일치한다. 사람들은 대부분 제행무상이나 제법무아가 분명한 진리임을 알지 못하는 무명(無明·無知)의 상태에 있다. 또 이러한 사실이 현상의 실상임을 어느 정도 아는 사람들도, 대부분의 경우에는 그것을 외면하려 한다. 그리하여 자아가 마치 영원 불변의 존재인 줄 착각하거나 그러한 존재이기를 바란다. 이러한 착각과 망상으로부터 아집이 나타나게 되고, 아집으로부터 사람들은 갈애를 비롯한 온갖 욕구를 불러일으킨다. 그러나 욕구의 일부를 충족시키는 경우는 있을지 몰라도, 끝내 만족시킬 수는 없다. 욕구는 파도와 같아서 계속 더 큰 욕구가 밀려올 뿐 아니라, 영속(永續)을 바라는 인간 자신 역시 영속하지 못하기 때문이다. 근본적으로 인간이라면 누구나 생노병사의 과정에서 벗어날 수 없다. 이렇게 무한한 욕구를 충족하지 못하는 데서 인간은 갈등과 번민을 일으키게 되고, 따라서 우리가 현실적으로 겪는 경험 일체를 고통으로 느끼게 된다는 것이다.

마지막으로 열반적정에 대해 알아보자. 열반적정의 열반은 니르바나(nirvana)의 음역으로 '불꽃이 꺼진 상태' 또는 '연소의 소멸'을 가리키는 말이다. 그런데 이런 열반의 개념은 불교에서만 사용되었던 것은 아니며, 바라문교나 자이나교 등 당시 인도의 사상계에서 '불과 같이 타오르는 번뇌와 욕망이 소멸된 상태' 를 가리키는 말로 널리 사용되었다 한다. 물론 불교학자 중에는 이 열반이란 개념은 인도사상 가운데 오직 불교에만 있는 것이라고 주장하는 사람도 있다. 따라서 타오르는 불꽃과 같은 욕망이 제거된 상태가 열반이라면, 그것은 결국 이런 욕망의 불꽃이 꺼진 다음에 거기에서 실현되는 청량하고 안온한 마음의 상태를 표현하기 위해 성립된 개념이라고 할 수 있다. 다시 말해서 쾌락이나 명예나 재물과 같은 인간적인 욕망에 대한 격정을 완전히 제거함으로써, 더 이상 마음을 구속하고 이성을 방해하는 것이 없는 완전히 자유롭고 평온한 심경을 표현하는 것이다. 이런 경지를 열반이라고 한 이유는 거기서는 이제 더 이상 태워야 할 아무런 집착과 번뇌가 남아있지 않기 때문에, 이제는 그것들을 태울 어떤 불꽃도 남아 있지 않다는 것을 표현하고자 한 것이다.

또 열반 뒤에는 적정(寂靜)이라는 말이 붙어서 같이 사용되는데, 이것은 바로 이런 경지를 고요하고 안온한 상태로서 서술하는 것이다. 그래서 법구경에서는 "(생사의)여정을 모두 마친 자, 모든 것으로부터 완전히 자유로우며, 모든 속박을 끊어버렸으니, 그에게 더 이상 괴로움은 존재하지 않는다. 항시 깨어 있는 자, 그들은 거처에 탐하지 않으니, 백조가 연못을 떠나듯이 어리석음의 그곳을 떠난다. 모든 번뇌가 끊어지고, 먹을 것에 대해 무관심하며, 어떠한 것에도 속박되지 않은 자, 허공을 나는 새가 흔적을 남기지 않듯이 그들의 길에도 자취가 없다. 대지와 같이 너그럽고 문지방처럼 확고한 그는 성내지 않는다. 흙탕물이 없는 호수처럼 그렇게 평온한 자, 그에게 생사의 윤회는 더 이상 일어나지 않는다."라고 말한다.

그러나 기억할 것은 열반에서 말하는 괴로움의 소멸이란 육체적인 괴로움의 소멸이 아니라는 점이다. 예를 들어 우리가 열반의 경지에 도달했다고 해서 육체의 병이 없어진다거나 무병장수 한다거나 하는 일이 일어나는 것은 아니라는 것이다. 이 점은 무엇보다도 석가가 말년에 그 자신이 병이 들기도 했고, 또 치료를 받으면서 혹심한 육체적 고통에 시달리기도 했다는 기록을 통해서 알 수 있다. 따라서 열반은 육체적인 측면에서의 고통의 소멸을 말하는 것이 아니라, 정신적인 측면에서의 번뇌와 괴로움의 소멸을 의미한다. 즉 앞에서 언급한 사고(四苦)나 팔고(八苦)로 통칭되는 근본적이고 원초적인 인간의 실존적 고뇌가 완전히 극복되었음을 보여주는 개념인 것이다.

이것은 달리 말하면 인간의 실상을 있는 그대로 보고, 연기나 무상의 법칙을 철저하게 이해함으로써, 장차 자기에게 닥쳐올 늙음이나 죽음을 필연적이고 자연스러운 것으로 인정하고 담담하게 수용하는 것이다. 또한 필연적인 것을 필연적인 것으로 수용하지 못하는 것이 망집(妄執, 잘못된 집착)의 작용이라는 것을 이해한다면, 결국 이런 망집의 억제는 바로 자신을 제어하는 일이 된다. 그리고 이것이 가능하게 된다면 우리가 겪는 괴로움은 더 이상 괴로움으로서 존속할 수가 없다는 사실을 깨닫게 된다. 말하자면 인간이 자신의 괴로움에서 도피하는 것이 아니라, 그 괴로움에 맞서서 괴로움의 실체를 확인하고 그것을 극복함으로써 더 이상 괴로움이 없는 삶을 살아간다는 안락의 경지를 주장하는 것이다. 그래서 흔히 깨달음의 경지인 열반을 늙음과 죽음을 초월하는 것, 즉 불사(不死)로 표현하기도 한다. 이것은 아마 죽음에 대한 공포와 두려움에서 벗어났다는 의미일 것이다.

3. 결론 : 석가사상의 현대적 의미

1 / 휴머니즘

석가가 깨우친 연기설은 오늘날 우리의 학문적 수준에서 보면, 그렇게 대단한 철학적인 내용이라고 할 수는 없을 것이다. 그러나 우리는 이런 생각이 지금부터 약 2,500년 전에 나타났다는 점을 염두에 두어야 한다. 당시의 지적인 풍토나 수준에서, 이런 정도의 생각을 했다는 것은 정말로 획기적인 일이 아닐 수 없었을 것이다. 즉 '신이 지배하던 시기'(정확히 말하면 신의 이름을 빌려서 인간이 인간을 지배하던 시기에)에 연기의 법칙에 의해서 인간들로 하여금 신의 존재를 거부하게 하고, 신의 사슬에서 벗어나 자유롭게 살 수 있고 자유롭게 생각할 수 있게 해주었다는 것은 바로 인간 해방이라고 할 수 있다. 특히 이 세계를 신의 눈을 통해서가 아니라 인간 자신의 눈으로 바라볼 수 있게 했다는 점에서 석가의 연기설은 휴머니즘의 정신을 잘 보여주고 있다.

2 / 개인주의

석가가 제자들을 교육할 때의 기본 입장은 어디까지나 수행을 해나가는데 있어서 자기 의존적인 면의 강조일 것이다. 즉 남에 의존하지 말고 신에 의존하거나 매달리지 말고, 오직 자기 스스로의 힘과 노력에 의해 현실의 모든 고통문제를 해결해야 한다는 주장은 바로 진정한 개인주의의 입장을 보여준다. 또 모든 것을 자기 책임 아래 행하고 자기의 발로 서서 걷는, 다시 말해서 자기가 자기 인생의 주인이 되어 살아가야 한다는 개인주의의 입장을 여기서 발견한다. 이렇게 자신의 힘에 의해서 자기 인생을 살아간다는 것은 바로 자신을 존중한다는 것이고, 또 이렇게 자신을 존중할 수 있는 자는 남도 존중할 줄 알게 되고, 나아가서 모든 인간까지도 존중할 수 있다는 불교의 인류애(인본주의)가 바로 여기에서 확인된다.

3 / 자립신앙

석가가 열반에 도달하기 위해 제시했던 수행 방법의 특징은 어떤 주술적인 기도나 주문, 신비적인 체험에 의존하지 않는다는 점이다. 오직 인간 스스로의 적극적인 노력에 의한 계속적인 자기 계발을 통해서 심신의 자유로운 상태인 해탈의 경지에 도달할 수 있다는 것이다. 사실 우리가 알고 있듯이 대부분의 종교란 그 목적을 구원에 두고 있다. 즉 절대자의 품에 자기의 모든 것을 내맡김으로써, 그로부터 어떤 영원한 안식이나 마음의 평온을 얻을 수 있다는 신념이다. 이런 신앙을 가리켜 의타신앙이라 한다. 사실 대부분의 종교가 보여주는 신앙형태가 이런 경우다. 그러나 석가의 불교는 이 점을 철저하게 거부한다. 즉 오직 자기의 노력에 의해서만 해탈을 얻을 수 있고, 또 자기 노력의 결과에 따라 구원도 받게 된다는 것이다. 불교가 다른 종교들과 공유하지 않는 현저한 특징이 여기서 드러난다. 또 석가의 불교를 우리가 선뜻 종교라고 인정하는데 망설여지는 이유도 여기에 있다.

그리고 이렇게 자기의 노력에 의해서 해탈을 얻겠다는 주장은 바로 모든 일을 자기의 책임 아래 해나가겠다는 말이다. 또 모든 것을 자기에게 의존하다는 것은 바로 자기 자신을 존중하다는 말이다. 비록 여러 면에서 제약을 받고 있는 유한한 존재로서의 인간이지만, 자기의 유한성을 인정하면서 그 위에 자신의 존재를 긍정하려는 태도를 가리킨다. 이런 신앙의 형태를 가리켜 자립신앙이라 한다. 우리에게 바람직한 신앙이란 바로 이런 자립신앙일 것이다. 그리고 오늘의 종교적 풍토에서 석가의 가르침이 의의가 있다면 바로 이런 점일 것이다.

4 / 합리주의

석가가 고, 즉 괴로움이나 번뇌의 문제를 해결하기 위해 기존의 종교인들처럼 인간의 실존적 불안(고의 문제)을 단순히 감정의 문제로 처리하지 않고 이성의 힘을 통해서 해결하려 했다. 즉 고통과 불안의 문제를 인간의 정서에 호소함으로써 그것을 체념하게 한다거나, 혹은 내세의 안락을 내세워서 그것을 회피하게 하지 않고, 직접 거기에 맞부딪쳐 인간 이성의 사고 능력으로 그것을 해결하려 했다는 점이다. 그는 현실의 고통이 생겨난 원인이 무엇이며, 그것은 어떻게 하면 없어질 수 있는가 하는 문제들을 처음부터 끝까지 철저하게 논리적으로 분석해서 거기에 대한 해답을 얻었던 것이다.

석가는 다른 종교인들처럼 신을 내세우지도, 사후에 천국이나 극락도 약속하지도, 자기에게만 의지하면 어떤 죄라도 소멸한다는 계약을 남발하지도, 영생을 제공함으로써 인간의 본능적 욕구를 만족시켜 주려고도 하지 않았다. 오히려 석가는 그런 환상과 오류와 비합리적인 것들을 일체 부정하였다. 그런 다음 비정하리만큼 냉철한 눈을 가지고 존재와 인간의 실상[모든 것은 변해간다는]을 관찰하고 투시하였다. 석가는 구원의 길을 신에게도 의탁하지 않았고 기적에도 맡기지 않았다. 오직 인간 이성의 힘에 의해서 구원의 길을 발견하고 확립한 것이다. 여기서 우리는 석가의 합리적인 태도를 확인할 수 있고, 불교사상의 특징인 주지주의(主知主義)의 면모를 확인하게 된다.

대부분의 종교는 인간의 감성이나 정서에 바탕을 두는 주정주의(主情主義)의 입장이다. 그러나 석가는 지적(知的)인 이해를 통해서 마음의 고통이나 불안까지 해결할 수 있다는 이성주의의 전형을 보여준다. 이런 합리주의 정신은 일정부분 그 후계자들에 의해서 계승되었다. 그러면서도 석가 자신이 인간의 고통과 그 극복에 대한 지적인 이해의 수준에서만 머물지 않고 사랑과 연민의 감정에서 그것들을 모든 사람에게 평생을 통해서 적극적으로 가르쳐 주었다는 그의 삶의 여정은 바로 성인(聖人)의 모습일 것이다. 여기서 석가의 살아있는 모든 것들에 대한 애정의 눈길을 다시금 확인하게 된다. 그리고 무엇보다도 이런 자기노력에 의한 자기완성의 길을 그가 몸소 보여주고 확인시켜 주었다는 사실에서, 석가가 지닌 인류의 영원한 스승으로서의 모습을 발견하게 된다. 따라서 석가 사상의 뿌리와 그 의의는 합리주의(이성주의)와 휴머니즘(인본주의)에 있다고 하겠다.

생.각.해.보.기

1. 욕망은 우리에게 주어진 삶의 조건이다. 따라서 욕망 자체에는 옳고 그름이 없다. 결국 욕망은 잘 조절하여 활용하면 삶의 건강한 원동력이 될 수도 있고, 조절하지 못하고 거기에 탐닉하면 고통과 불행의 뿌리가 될 수도 있다. 따라서 중요한 것은 욕망을 어떻게 조절하여 삶에 활용할 것인가 하는 점이다. 욕망과 관련한 동서양의 차이에 행복과 관련된 내용이 있다. 물론 행복의 정의와 내용에 대해서는 다양한 견해가 있다. 서양철학에는 행복을 쾌락으로 간주하고 쾌락을 욕망의 충족으로 보면서 쾌락과 욕망의 관계를 주장했던 공리주의가 있다. 이에 따르면, 행복(쾌락)이란 욕구를 얼마나 충족시켜 주느냐에 비례해서 그 정도가 증가한다고 한다. 다음과 같이 그려볼 수 있다.

$$+ \text{행복(쾌락)} = \frac{\text{대상의 획득(충족)}}{\text{욕 망}}$$

따라서 공리주의 시각에서 행복을 바라보면 분자의 수치를 증가시킴으로써, 즉 욕망을 충족시킴으로써 그 행복의 수치를 늘려 나가려 할 것이다. 따라서 가능한 한 욕구는 충족되어야 한다는 주장이 나온다. 그래서 서양인들은 과거로부터 욕구를 충족하기 위해 인간이나 자연을 정복내지는 적극 개발함으로써, 이를 자신들의 행복을 위한 자원으로써 이용해 왔다. 그러나 이제 환경오염과 파괴의 문제가 심각해지자 그들은 이에 대한 재고를 요구하고 나서는 형편이다.

이와 반대로 동양에서는 과거로부터 욕구의 충족보다는 욕구 자체를 줄여보려는 시도가 계속적으로 있었다. 이를 위의 분자와 분모의 관계로 표현해본다면, 분자를 늘임으로써 행복의 정도(수치)를 증가시키는 것이 아니라, 분모를 줄임으로써 행복의 정도(수치)를 증진시키자는 것이다. 여기서 동양과 서양의 욕망관이나 행복관의 차이가 드러난다. 이런 내용과 불교의 욕망관을 연계하여 생각해보자.

2. 불교에서는 인생에 대한 다음과 같은 우화를 통해 고(고통·괴로움)의 프레임으로 세상을 바라본다.

숲 속에서 호랑이를 만났다. 도망쳐 뛰어가다 깊은 구덩이를 발견했는데 다행히 넝쿨이 드리워져 있었다. 넝쿨을 잡고 구덩이 속으로 몸을 숨겼다. 조금 있다 사각사각 소리가 들려 위를 보니 잡고 있는 넝쿨을 쥐 두 마리가 갉아 먹고 있다. 넝쿨을 다 갉아먹어 떨어지게 되면 어떻게 하나 하고 아래를 보니 깊은 구덩이 저 아래에는 큰 독사가 입을 벌리고 있다. 넝쿨을 타고 다시 올라갈까 하고 위를 쳐다보니 호랑이가 입구에서 입을 벌리고 있다. 넝쿨이 버텨주기를 바라지만 두 마리 쥐가 쉬지 않고 갉아먹는 소리가 들릴 뿐이다. 그 때 머리 위로부터 단 꿀이 한 방울씩 떨어진다. 머리 위 높이 솟아 있는 나무에 벌집이 매달려 있고 그 곳에서 꿀이 한 방울씩 흘러내리는 것이다. 잠시 꿀의 달콤한 맛에 빠져 자신의 긴박한 상황을 잊고 즐거워한다.

이처럼 우리는 때로는 꿀의 달콤함에 빠져서 인생을 즐겁게 여길 때도 있지만, 근본적으로는 인간의 삶이란 고통스러울 수밖에 없다는 것이다. 특히 우리의 삶에서 가장 큰 불안은 죽음에 대한 불안이다. 죽음은 어느 한 순간에 갑자기 다가오는 것이 아니다. 그보다는 삶의 과정 자체가 매 순간 순간 그 마지막인 죽음을 향해 점점 가까이 다가가고 있는 것이다. 우화 속의 낮과 밤이라는 두 마리 쥐에 의해 재촉당하는 것처럼 우리의 삶은 항상 불안한 상황에 놓여있다. 그래서 인생은 고통스럽다는 것이 불교의 주장이다. 이와 같은 인생의 고통[苦]에서 벗어나 행복에 이르기 위해 과거부터 수많은 종교가와 철학자들이 많은 고민을 해왔다. 불교의 전제인 '삶은 고통의 연속'이라는 프레임을 가지고 세상을 바라보면서도 꼭 그렇지만은 않는 경우도 생각해보자. 그리고 우리의 삶을 어떻게 이끌어나가야 할 것인가를 생각해보자.

3. 자본주의 체제는 상품과 금전에 대한 욕구에 기반을 둔 사회다. 여기서는 돈이 모든 것에 우선하고 모든 것의 가치를 환산하고 평가한다. 즉 시장가치가 최우선인 사회다. 그래서 자본주의 체제에서 사람들은 돈이 되는 일이라면 가리지 않고 무엇이든 한다. 또 자본주의 체제는 확대재생산의 메커니즘을 동력으로 한다. 그래서 이 체제는 사람들이 더 많이 욕망하고 더 많이 소비해야만 존속할 수 있다. 특히 신자유주의가 개입되면서 자본의 욕망은 더욱 자유로워졌고 세계화하였으며 전 지구적 차원에서 더욱 강한 강도로 착취하고 있다. 그 결과 자본주의는 지구촌을 거대한 쇼핑센터와 전쟁터와 쓰레기장으로 전락시켰다. 특히 거대한 쇼핑센터는 생산자와 소비자를 거의 무한정으로 착취하여 공동체를 해체하고 개인의 인간성을 파괴하였다. 또 다국적 기업들은 더 많은 이윤을 창출하기 위하여 전쟁과 학살도 서슴지 않으며, 자연을 무한한 곳으로 간주하여 마구 착취하고 개발하여 지구를 쓰레기장으로 만들어 '전 지구촌의 환경위기'를 야기하였다. 자본주의 체제가 이렇게 자연과 인간을 파멸로 몰아가고 있음에도 불구하고 별로 저항과 도전을 받지 않는 것은 이 체제의 최대 피해자인 중산층과 빈곤층까지도 화폐증식의 욕망, 즉 더 많은 돈을 벌려는 욕망에 사로잡혀있기 때문이다. 이처럼 전지구인이 돈의 노예가 되고 욕망의 노예가 되어버린, 즉 자본주의라는 종교가 지배하는 신중세적 상황에서

불교의 욕망관이 인류에게 어떤 긍정적 기능을 수행할 수 있는가를 생각해보자.

읽.어.볼.만.한.책

- 이원섭(역), 『불교개론』, 현암사, 2001
- 권오민, 『인도철학과 불교』, 민족사, 2006
- 한자경, 『불교철학의 전개』, 예문서원, 2008
- 김수정(역), 『불교란 무엇이 아닌가』, 그린비, 2011
- 허우성(역), 『돈, 섹스, 전쟁 그리고 카르마』, 불광출판사, 2012

연.습.문.제

1. 고대 인도인들은 이런 고통스러운 세상[고해, 苦海]에서 탈출하기 위해서는 어떻게 해야 한다고 생각했는가?
2. 석가가 인도의 정통관념에 대항하여 연기라는 새로운 관념을 제시했는데, 그 내용은 무엇인가?
3. 연기설에서 연역되는 다양한 불교 개념에 대해서 설명하시오.
4. 불교에서 말하는 '제행무상'과 헤라클레이토스의 '만물은 유전(流轉)한다'는 사고를 비교하여 설명하시오.

4장

동양편 동양인의 삶과 지혜

예술과 인생

김범수

학.습.목.표

1. 주요 예술론에 대한 고찰을 통해 '예술'에 대해 이해해 본다.
2. 창작 · 감상 · 비평의 영역에서 발생하는 문제들에 대한 철학적 해결을 시도한다.
3. 예술이 인간의 삶에 미치는 영향과 예술철학이 지니는 의의에 대해 생각해본다.

용.어.해.설

- **예술**

한자어 '예술(藝術)'은 중국 남북조(南北朝)시대 때부터 쓰였다. 남조 송(宋)의 역사가였던 범엽(范曄)이 432년에 지은 『후한서(後漢書)』에 처음으로 등장한다. 그러나 범엽이 사용한 '藝術'이라는 표현은 현대적 의미의 '예술'과 다르다. 현대적 의미의 '예술'은 영어 아트(art)의 번역어다. 그리고 'art'의 어원은 테크네(techne)다. 따라서 '예술'의 의미를 파악하려면 한자 '藝'와 '術', 그리고 그리스어 'techne'의 의미를 살펴봐야 한다.

'藝'의 사전적 의미는 재주 · 기예 · 법도다. '術'도 비슷한 의미를 가진 글자다. 방법 · 수단의 의미를 보탤 수 있다. '藝'라는 글자는 동양의 문헌 속에서 상당히 중요한 의미를 차지한다. 『논어』에 나오는 '유어예(游於藝)'는 육예(六藝)를 배운다는 의미다. 교양으로 배워야 할 여섯 가지 공부는 기술이나 기예와 관련된 것, 즉 예절(禮) · 음악(樂) · 궁술(射) · 마술(御) · 붓글씨(書) · 셈하기(數)다. 이 여섯 가지 공부는 당시에 학교에서 교육되던 교양과목이었다.

'예술'이라는 일반개념이 성립된 것은 그리 오래되지 않았다. 중세까지도 '예술'은 기술이나 기술과 관련된 지식 또는 규칙 등의 의미로 쓰였다. 이때 육체적 노력에 해당하는 기술과 대비시켜 정신적이고 인문학적인 기술을 '파인 아트(fine art)'라고 부르기 시작했는데, 이 'fine art'도 중국의 육예처럼 기초 교양과목을 지칭하는 용어로 쓰였다. 문법 · 수사학 · 논리학 · 산술 · 천문학 등은 자신을 자유롭게 만드는 교양학(liberal arts)으로 중시되었다. 1747년 바뙤(Charles Batteux, 1713~1780)는 이 'fine art'를 회화 · 조각 · 음악 · 무용 · 시 등으로 분류하기 시작했다. 이때부터 현대적 의미의 예술 개념으로 쓰이게 되었다.

- **감흥**

'감홍'은 창작과 감상의 핵심 개념이다. 관련어로는 영감(enthousiasmos)과 상상(image), 그리고 신명(神明) 등이 있다. 주로 예술작품을 창작하는 행위나 과정을 설명하는 맥락에서 쓰인다.

동양의 문헌 속에 쓰인 '홍(興)'이 곧 감홍이다. 감홍은 신이 난 상태(신바람)를 가리킨다. 자유의 상태, 또는 유희 활동에 처한 심리상태를 지칭한 용어다. 『논어』에 다음과 같은 말이 있다. "시는 감홍을 일으키며(興), 풍속을 살필 수 있으며(觀), 여러 사람들과 사귀게 하고(群), 또 위정자를 원망할 수 있게 한다(怨). 가까이는 아버지를 섬기며, 멀리는 임금을 섬기고, 새와 짐승과 초목의 이름을 많이 알게 된다."

감홍과 신명은 예술행위의 근원이 되는 힘으로 간주된다. 그것은 자연의 기운이나 초월자와의 관계 속에서 논의된다. 자연과 생명의 근원에 대한 체험 상태를 가리킨다. 유가의 예악(禮樂) 미학이나 장자의 형이상학적(形而上學的) 미학은 주로 이러한 경향을 띤다.

서양 고대에는 음악과 춤, 그리고 시가 결합된 '코레이아(choreia)'를 감정표현을 통한 치유 활동으로 중시했는데, 이것은 영감의 소산으로 설명된다. 종교적 제의나 축제 때 경험하게 되는 접신 상태와 유사한 특성을 갖는다.

- **기교**

'기교(technic)'는 작품을 제작하는 기술이나 특수한 능력, 또는 제작에 필요한 지식을 의미한다. 기교는 창작의 기본적 조건이다. 일반적으로 작품의 내용이나 의도를 표현하는데 성공하려면, 일단 기술적으로 숙련되어 있어야 한다고 생각한다. 그러나 그런 생각이 틀렸음을 입증해주는 사례도 얼마든지 존재한다. 기교는 예술가의 창조적 상상력이나 영감을 표현하는데 방해가 되는 것으로 간주되기도 한다. 동양예술론 속에서 기교는 가급적 절제되어야 할 것으로 취급된다.

- **아름다움**

'아름다움(美)'이란 외연이 지극히 넓은 개념이다. '좋음'이나 '훌륭함' 등과 관련이 있다. 그리고 감각적 쾌감뿐만 아니라 정신적 즐거움과도 관련이 있다. 따라서 자연히 내면의 덕(德)과 삶의 이상과도 결부되어 언급된다. 공통점이 있다면, 그것은 칸트가 말한 바와 같이 개념적 사유의 매개 없이 직접적인 경험에 의해 성립되는 가치라는 점이다.

'아름다움'을 영역적으로 구분하면 자연미 · 예술미로 구분된다. 또는 기술미와 도덕미로 세분화시켜 언급되기도 한다. 예술작품의 형식과 내용이 직관적 형상으로 구체화된 경우에는 형식미와 내용미로 분류되기도 한다. 또 예술미를 예술의 종류와 유형에 따라 회화미 · 음악미 · 건축미 등으로 세분화시키기도 한다. 이와 달리 '아름다움'을 헤겔처럼 '이념의 감각적 현현'으로 규정하거나 또는 클라이브 벨과 같이 '의미 있는 형식'으로 규정하기도 한다.

- **비평**

한자어 '비평(批評)'의 의미는 비판 · 분석 · 구분이다. 독일어 'Kritik'와 영어 'criticism'이 한자어 '비평'으로 번역된다. 비판 · 분석 · 구분은 판단 · 평가와 연관된다. 따라서 '예술비평'이란 예술작품의 가치에 대한 판단이자 평가다. 예술의 영역에서 발생하는 문제들을 처리할 때 철학이론과 철학적 사고가 동반되는데, 이런 점에서 예술비평은 예술철학과 통한다.

예술비평은 평가 기준이나 비평의 목적에 따라 여러 입장으로 구분된다. 윤리 도덕적 가치를 배제하지 않고 예술작품의 가치를 평가하려는 입장과 그 반대의 입장으로 대별된다. 또 가치 기준과 이론을 잣대삼아 평가하려는 입장과 이에 반대하는 입장으로 대별된다. 후자의 대표적인 예는 인상비평(impressionistic criticism)이다. 이것은 비평가의 경험이나 인상을 기술하는 것이 비평이라고 보는 입장이다. 인상비평이 지니는 문제점을 체계적 이론 도입으로 보완하려는 입장이 있는데, 크게 다음과 같은 입장들이 있다. 과학적 비평 · 사회학적 비평 · 심리학적 비평 등이 그것이다.

본.문.구.성

1. 예술이란 무엇인가?

예술가의 창작에 초점을 맞춰 '예술'을 분류하면, '예술'은 제작 · 창조 · 디스플레이로 구분된다. '제작'은 재현(representation) 기술을 발휘하는 행위다. 모방과 재현의 기술은 숨겨져 있던 것을 드러내는 행위다. 모방론에 의하면, 드러내야 하는 그 숨겨진 존재는 진짜지만 모방된 것 재현된 것은 가짜다. 따라서 예술행위란 흉내 내기에 불과한 것이다. 그러나 아리스토텔레스(Aristoteles)의 모방론은 플라톤의 그것과 다른 점이 있다. 숨겨져 있던 것을 드러내는 일은 '발견'에 해당된다. 예술이 자연보다 열등한 것이라는 생각에 변화가 일어나기 시작했다.

플라톤(Platon)은 예술을 현상 배후에 존재하는 실재(Reality)의 반영으로 본다. 자연사물은 그것의 모방이요, 화가는 모방된 것을 다시 모방하는 사람이다. 그림은 감각적 사물을 모방한 것이므로 그 모방 대상보다 실재와 거리가 더 멀리 떨어져 있다. 그러므로 참된 것이 아니다. 아리스토텔레스도 플라톤처럼 예술을 모방으로 간주한다. 모방도 인간의 본성이요, 모방된 것에 희열을 느끼는 것도 인간의 본성으로 간주한다. 차이가 있다면, 그 실재(형상)가 감각계 속에 존재하며 구체적 사물과 같은 방식으로 존재한다고 본다는 점이다. 플라톤과 아리스토텔레스의 예술론의 또 다른 공통점은 예술가의 자유를 일부 인정했다는 점이다. 플라톤은 시인의 창작을 영감의 소산으로 간주한다. 단순한 제작기술(techne)에 의존하지 않는다는 점에서 시인은 자유로운 존재다. 그러나 그 영감의 출처는 예술가가 아니라 신(神)이다. 아리스토텔레스도 제작의 자유를 언급한다. 그가 언급한 제작의 자유는 수단 선택의 자유를 의미한다. 목적론적 형이상학에 기초한 것이다.

'창조'란 영감이나 상상에 의한 창작(creation)을 지칭한다. 영감과 상상력은 예술가의 창조적 힘이다. 이것은 자연이 만물을 생성해내는 근원적인 힘과 같다. 예술가란 이 영감과 상상력을 무의식적으로 작용하여 새로운 무언가를 만들어내는 창조자다. 이런 예술가를 칸트(Immanuel Kant, 1724~1804)는 '천재'라 부른다. 낭만주의는 칸트가 제시한 인식의 한계를 넘어서서 예술이 그 신비로운 생명의 원천에 접하게 해준다고 여겼다는 점에서 '낭만적'이다. 예술이 지니는 현실 초월과 해방의 힘은 인간의 삶에 중요한 기능을 수행한다. 이것이 표현론의 장점이다. 모방론은 예술작품이 인간의 정서에 미치는 영향에 대해 말해주는 게 없다.

르네상스 이후의 예술은 자유로운 영감과 상상력의 표현으로 규정된다. 이때의 '자유'란 고대 모방론 속에서 일부 인정되었던 선택적 자유나 신의 영감에 의한 시인의 자유와 다르다. 전적으로 예술가의 창조적 상상력에 의존하는 표현활동이다. 초월적 신은 예술의 테두리 안에 존재하지 않는다. 준수해야 할 규칙도 없다. 오로지 예술가의 상상력과 창조적 영감만 인정된다. 예술적 '창조' 개념은 이렇게 신의 존재를 예술가의 영혼과 영감, 그리고 창조적 상상력으로 대체한 것이다. 인간의 도덕감각(moral sense)을 미(美)와 선(善)의 조화로 보는 영국의 철학자 샤프츠베리(Shaftesbury, 1671~1713)에 의해 시인은 '제2의 조물주'로 평가된다. 예술가는 신적 존재로 격상되었다. 이러한 지위의 격상은 크로체(Benedetto Croce, 1866~1952)와 콜링우드(Robin George Collingwood, 1889~1943), 그리고 영국의 헤겔주의자 보상케(Bernard Bosanquet, 1848~1923)와 알렉산더(Samuel Alexander, 1859~1938)에 의해 구체화된다.

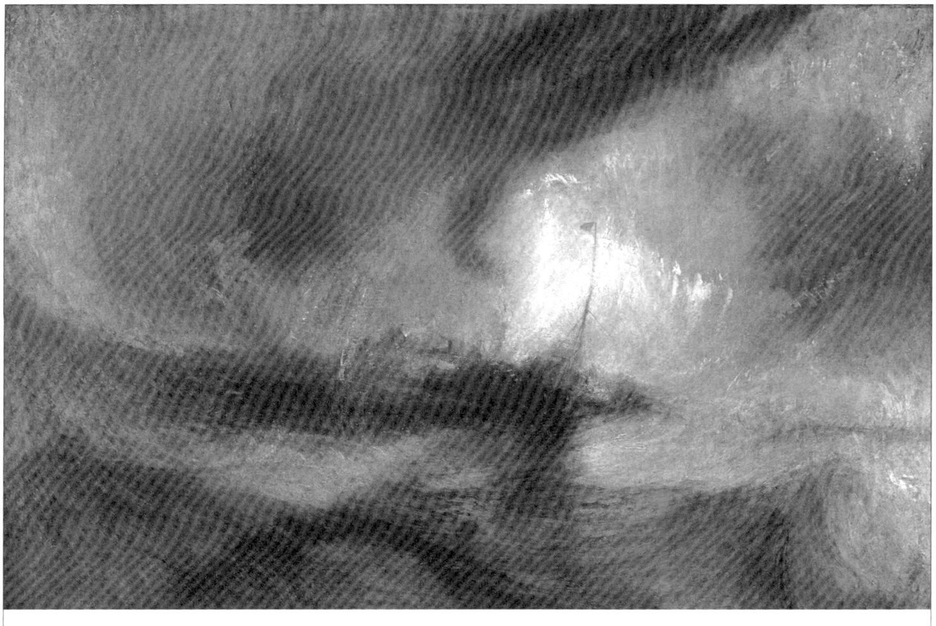

그림 4-1 윌리엄 터너(Joseph Mallord William Turner, 1775~1851) '눈보라(Snow Storm)'

표현론에 던져지는 비판도 상식적인 것이다. 모든 예술작품은 정서를 표현하는가? 표현된 예술가의 정서는 톨스토이의 말처럼 감상자에게 그대로 경험되는가? 예술가는 자신이 표현하려고 한 그 감정이나 정서가 충실히 표현되었는지 검토하는가? 또 그것은 검토될 수 있는 것인가? 모두 아니라면, 감상자에게 미치는 정서적 영향이 미리 의도되고 계획된 것과 달라도 괜찮다는 점을 표현론자들은 인정하고 있는 것인가? 이와 같은 물음들은 표현론자들의 정의가 성공적이지 않다는 것을 보여준다. 표현론자들이 생각했던 것보다 예술 개념은 훨씬 더 다의미적이고 복합적이다.

예술작품이란 미적 정서를 불러일으키는 것이다. 미적 정서는 회화작품의 형식들에 의해 환기된다. 그 형식들을 클라이브 벨(Clive Bell, 1881~1964)은 '의미 있는 형식'이라 부른다. 벨은 '의미 있는 형식'을 모든 예술작품의 공통 성질이라 보고 이것을 기준으로 예술과 예술 아닌 것을 분류한다. 부언해두자면, 벨이 말한 '의미 있는 형식'이란 하나의 회화작품을 구성하는 색채 · 선 · 점 등이 서로 얽힌 관계를 지칭한다. 이들의 관계는 감관에 의해 지각될 수 있는 게 아니라는 점도 유념할 필요가 있다. 비자연적인 성질을 가진 것이어서 '직각(intuition)'에 의해서만 인식될 수 있는 것이다. 정리하면, 예술에 대한 벨의 이해는 크게 두 가지 특징을 갖는다. 첫째, 시각예술을 모델로 한 것이다. 둘째, 비자연적 성질에 대한 직각적 인식에 의존한다. 벨의 이론을 비판하는 사람들은 이 특징이 그의 이론이 지니는 문제점을 그대로 보여준다고 믿는다. 시각예술 이외의 예술에 적용하는 것은 무리라는 것이다. 그리고 벨의 이론은 안목이 높은 사람이나 감수성이 예민한 사람에 한정된 이론이라는 것이다. 또 미적 정서를 환기시키는 모든 것이 예술작품인지에 대해서도 보다 적극적인 해명이 필요하다고 생각한다.

그림 4-2 트레이시 에민(Tracey Emin, 1963~) '내 침대(My Bed)'

벨의 '의미 있는 형식' 이론도 예술작품의 공통적인 성질을 가지고 예술과 예술 아닌 것을 구분하려 했다는 점에서 위에 서술한 예술론과 다르지 않다. 그러나 모든 예술작품에 공통적인 성질은 존재하지 않는다고 보고 예술 개념을 정의하는 것은 불가능하다고 생각하는 사람들도 있다. 대표적인 사람이 미국의 미학자 모리스 바이츠(Morris Weitz, 1916~1981)다. 바이츠는 비트겐슈타인(Ludwig Josef Johann Wittgenstein, 1889~1951)의 '가족 유사성(family resemblance)' 명제를 예술론에 적용하여 '예술'을 열린 개념이라 말한다. 즉, 예술은 아무런 필요조건도 없는 개념이어서 확실하게 정의할 수 없다는 것이다.

멘델바움(Maurice Mandelbaum, 1908~1987)과 죠지 딕키(George Dickie, 1926~)는 비트겐슈타인과 바이츠의 주장에 내재해 있는 문제점을 지적하며 예술에 대한 정의를 다시 시도한다. 모든 게임(game)에 공통점이 있다는 것이다.

'디스플레이'는 기성품을 전시장에 옮겨 놓는 설치(show) 행위다. 이 행위는 하나의 사물을 예술작품으로 만드는 특별한 행위다. 예술계 구성원들에 의해 예술작품의 지위가 부여되는 것이다. 기성품을 전시장에 옮겨 놓는 것만으로도 하나의 인공물은 예술작품이 된다. 작품 외적인 것으로 분류될 수 있는 것들, 그리고 작품 바깥에 존재하는 눈에 보이지 않는 요소들이 어떤 사물을 예술작품으로 분류하는 데에 적극 활용되기 시작한다. 미국의 철학자이자 미술비평가인 아서 단토(Arthur Danto, 1923~2013)의 '예술계(artworld)' 개념은 그런 비전시적 특성에 주목한 것이다. 죠지 딕키는 분류적 의미의 예술에만 관여한다. 죠지 딕키는 '예술'에 대한 벨의 정의가 성공하지 못한 까닭은 그가 평가적 의미에만 관심을 뒀기 때문이라고 생각한다.

예술작품의 지위를 부여하는 행위 자체는 문제될 게 없다. 그는 예술작품의 지위와 자격을 수여하는 일만큼은 잘못을 저지를 가능성이 없다고 여긴다. 그러나 이것은 사실 '예술'에 대해 말해주는 게 별로 없는 이론이다. 제도론이 지니는 문제점과 한계는 무엇인가? 제도론은 예술과 비예술을 분류하는 데에만 관심을 둔 것이기 때문에 가치평가에 대해 말해주는 바는 없다.

2. 평가

비평의 영역에서 주로 문제가 되는 것은 무엇인가? 예술작품에 대한 평가는 철학과 무슨 관계가 있는가? 가치 판단과 평가가 서로 불일치하거나 또는 심각한 대립이 발생하는 대표적인 영역이 예술이다. 철학자들은 이 문제를 각자의 철학이론에 기초하여 해결하려 한다.

비평은 크게 두 부류로 구분된다. 의도주의 비평(intentionalist criticism)과 반의도주의 비평(anti-intentionalist criticism)이 그것이다. 의도주의 비평이란 작가의 의도를 평가기준으로 삼는 입장이다. 반의도주의 비평은 그런 시도가 정당화될 수 없음을 지적하면서 작가의 의도는 평가기준이 될 수 없다고 주장한다. 또 다음과 같이 두 가지 부류로 구분된다. 비평을 할 때 이유를 제시해야 한다고 주장하는 측과 이유를 제시하는 일은 무의미하거나 또는 불필요하다고 주장하는 측으로 구분된다. 기본적으로 전자는 평가를 '설득'으로 보는 반면, 후자는 비평의 원리란 '선택'이라는 성질을 갖는다고 본다. 설득을 하려면 이유와 근거를 제시해야 하지만 선택에는 그런 요소들이 절실히 필요한 것은 아니다. '주관주의'와 '플라톤주의' 그리고 '상대주의'로 간추려 살펴보기로 한다. 비어즐리의 '도구주의'는 전자에 속한다.

의도주의 비평이란 무엇인가? 의도주의 비평은 정당화될 수 있는가? 장점과 단점은 각각 무엇인가? 초상화를 예로 들어 보자. 실제 모델과 그림 속의 인물이 닮지 않았다 하더라도 의도주의 비평가들은 화가의 의도를 파악한 뒤 이것을 재현 성공여부를 평가하는데 적용한다. 이해하기 힘든 추상화 작품에 대한 이해와 평가에도 이 기준은 예외 없이 적용된다. 만약 어떤 작품이 작가의 의도를 충분히 실현한 것으로 판명되면, 그것은 좋은 작품으로 평가된다. 작곡가나 지휘자가 의도한대로 연주가 끝났다면, 그 연주는 훌륭한 연주로 평가된다. 의도주의자들의 이런 비평 방식은 정당화될 수 있는가?

의도주의 비평이 정당화되려면, 최소한 예술가의 의도를 파악하는 일쯤은 어렵지 않게 실현되어야 한다. 그러나 실제로 이런 일이 가능하다고 보기는 힘들다. 파악하기 힘들 뿐만 아니라 불가능한 경우가 훨씬 많다. 회화건 음악이건 연극이건 많은 예술가들은 작품이 모든 것을 말해준다고 믿는 편이다. 실제로 의도한 대로 결과가 나왔는지 검토하는 일도 드물다. 또 가능하다 하더라도 다음과 같은 문제는 여전히 남는다. 의도를 실현했다는 것이 그것이 좋은 작품임을 뒷받침해주는 근거가 되는가?

이 두 가지 지적은 의도는 작품의 평가기준이 될 수 없음을 말해준다. 반의도주의자들은 의미와 의도를 구분하면서 비판한다. 의미는 공적인(public) 것이지만 의도는 예술가 자신의 사적인(private) 것이다. 그리고 작가의 의도가 그들이 사용한 단어에 구현되어 있음을 보장할 수도 없고 입증할 수도 없다. 또 글을 발표하는 순간 그 글은 대중의 것이 된다. 이 세 가지 지적은 의도주의 비평에 대한 반의도주의자들의 비판에 훌륭한 근거 역할을 한다. 대표적인 비평가로는 롤랑 바르트(Roland Barthes, 1915~1980)와 수전 손택(Susan Sontag, 1933~2004)을 들 수 있다. 롤랑 바르트는 텍스트의 의미가 독자의 해석에 의해 '창조'된다고 본다. 작가의 의도는 작품의 의미체험이나 평가와는 무관하다는 점에서 저자의 죽음을 선포한 것이다. 수전 손택은 예술작품이 모든 것을 말해주기 때문에 예술가의 의도는 고려될 필요가 없다고 본다.

그림 4-3 김정희(金正喜, 1786~1856) '세한도(歲寒圖)'

그러나 의도는 작품을 이해하는데 도움이 되기도 한다. 이해하기 난해한 작품을 이해하는데 여러 부가적인 정보들은 분명 도움이 된다. 이런 점을 근거로 의도주의자들은 한 걸음 더 나아가 작가의 의도를 고려해야 좋은 비평이 될 수 있다고 주장한다. 그러나 이것은 이해 차원에서 고려되는 장점이다. 의도는 평가에도 유용하거나 또는 꼭 필요한 것인가? 의도주의자들은 그런 현실적 필요성을 내세우며 반의도주의자들의 비판을 비껴가려 한다. 그러나 이해에 도움이 된다는 점이 그 이론적 한계까지 덮어주지는 못한다. 또 의도(정신)와 작품(행위)이 분리되어 존재할 수 없음을 근거로 반의도주의자들의 비판을 비판하기도 하지만, 그것은 여전히 또 다른 문제에 봉착하게 된다. 롤랑 바르트와 수전 손택의 주장을 다시 떠올려 보자. 의미해석과 체험은 수용자의 몫이다. 양자가 분리되어 있을 수 없다는 점은 감상과 비평에서 사적 의도와 공적 의미가 무관하다는 점을 공격하는 일과 관련이 없다.

예술작품을 평가하는 일은 논증적 설득에 가까운가 아니면 평가자 자신의 취미의 표현에 가까운가? '아름답다'라는 판단과 평가는 이유에 의해 지지될 수 있는가 아니면 그럴 필요가 없거나 또는 불가능한 것인가?

비어즐리의 평가이론은 예술작품의 가치를 도구적 가치로 규정한다는 점에서

'도구주의'로 부를 수 있다. 예술작품은 미적 경험을 야기하는 수단과 도구일 뿐이라는 것이다. 예술작품의 가치는 그것이 야기하는 미적 경험 속에 존재한다.

비어즐리의 도구주의는 의도주의 비평에 반대하는 입장이다. 비어즐리가 제시한 미적 경험 다섯 가지는 의도주의 비평의 비합리성을 비판하려는 의도가 담겨 있다. 비어즐리는 비평을 작품의 객관적 형식이나 성질들을 이유로 제시하며 설득하는 활동으로 간주한다. 그러나 또 다른 반의도주의자들은 비어즐리가 제시한 그 이유들에 의해 평가 결과가 논리적으로 입증되는 것은 아니라고 하면서 입장을 달리한다. 이들에게 이유의 제시는 예술비평에 있어서 불필요하거나 또는 의미 없는 일로 치부된다.

주관주의는 평가자가 좋아하는 작품을 좋은 작품으로 간주하는 입장이다. 단적으로 말하면, "이 조각 작품은 훌륭하다."라는 진술과 "이 조각 작품을 나는 좋아한다."라는 진술은 의미상 동일하다고 여긴다. 그러나 주관주의는 상식에 어긋난 듯하다. 우리는 어떤 작품이 '좋다'라는 말이 의미상 개인의 주관적 취미나 기호와 동일하지는 않다는 상식을 가지고 있다. 이런 점에서 주관주의는 논쟁을 해결한 것이 아니라 논쟁을 불가능하게 만든다고 비판할 수 있다. 평가와 기호가 일치하지 않는 경우도 있다는 것이 주관주의자들이 해결해야할 또 다른 문제다. 평가 대상이 되고 있는 작품 A보다 작품 B를 더 좋아하면서도 "작품 A는 훌륭한 작품이다."라고 말할 수 있다.

플라톤의 미론(美論)에 근거한 플라톤주의 비평이론은 어떤가? 플라톤주의자들에게 있어서 평가의 이유를 제시하는 것은 불필요한 일이다. 미적 가치판단과 평가 문제는 전적으로 아름다움을 직접 깨닫는(直覺) 능력에 의존한다고 보기 때문이다. 의견의 불일치 문제를 해결하는 객관적인 방식인 것처럼 보이지만 여기에도 문제점은 있다. 직접 깨달은 그것과 인식대상의 아름다움은 일치하는가? 상대주의도 비평의 원리는 평가자에 의해 선택되는 것이어서 정당화될 수 없다고 여긴다.

지금까지 비평철학과 분석적 예술철학의 주요 내용을 간추려 살펴봤다. 이제 조금 다른 각도에서 비평과 평가의 문제를 다루기로 하자. 극단적인 사례를 미리 제시하면, 해석에 반대한 수전 손택의 경우다. 그녀는 해석에 반대한다. 예술작품이 무엇을 의미하는지 설명하는 게 아니라 예술작품을 있는 그대로 경험하는 게 중요하다고 여긴다. 해석은 특별한 기술을 필요로 하므로 안목 높은 전문가들이나 할 수 있는 일이다. 수전 손택에 의하면, 안목이 없는 비전문가들의 입장에서 볼 때 전문가들은 이해하기 힘든 전문용어로 '의미'를 짜내는 일을 하는 사람이다.

지금 우리는 비평철학에서 분석적 예술철학으로 이어지는 서구미학이론사의 최종 종착점에 서있다. 이 지점에서 동양예술론의 체험적 성격과 만나게 된다. 예술에 있어서 중요한 문제는 의미체험을 통한 자기성취이며, 이것은 동양예술론의 자연주의적 성격과 맞닿아 있다.

만약 어떤 것이 인생에서 중요한 의미를 갖는다면, 누구나 그것을 잃지 않으려고 애쓸 것이다. 그리고 그것을 성취하려 한다면, '그것'이 무엇인지 알고 있어야 한다. 그러나 인생에서 중요한 것임에는 틀림없지만 개념 정의가 불확실해서 '안다'라는 말을 사용할 수 없는 경우도 있다.

공자에 의하면, 시(詩)는 상대적 분별의식을 떨치게 하는 중요한 수단이 된다. 시 예술의 초월적 기능에 주목한 것이다. 그리고 시로써 개념적 구분 차원을 넘어설 것을 요구한다. 시적 상상력은 개념적 사고의 수준을 넘어서 초월적 경지로 향하게 하는 힘이다(興於詩). 이 힘은 어느 한 쪽으로 기울어지지 않도록 지탱해주면서(思無邪) 상승하게 만드는 힘이다. 일종의 초월의식이요 정신적 비약이다. 시는 근원을 사색하게 하고 근원을 회복하도록 만드는 문화적 장치이자 초월적 세계를 직관하고 상징화하는 예술행위이다. 이 행위를 통해 사회 구성원의 근원적 일체성을 자각하게 만든다. 그러나 이 초월과 승화는 형이상학적 사색에 의존하는 게 아니라 일상의 구체적 실천을 통해 성취된다. 사회적 존재로서 자신의 행위를 품위 있게 가꾸지 못한다면, 초월을 통한 자기 성취조차 불가능해진다(立於禮). 예(禮)는 단정하고 품위 있는 행위를 습관화하는데 필요한 규범적 장치이자 행동의 원리이며, 내면의 선한 마음씨가 외적 형식으로 드러난 것이고, 또 사회와 문화적 가치(질서)의 총체라 할 수 있다. 이 규범체계 속에서 우리는 차이와 개체의 의미를 자각하면서 대립과 분별을 넘어서는 상승으로 자기 자신을 아름답게 가꿔 나간다. 공자는 이 목적을 달성하는데 음악이 절대적으로 필요하다고 생각했다. 자연과 하나가 되고 생명의 근원과 일체가 되는 즐거움은 음악을 통해 완성된다(成於樂). 음악은 차이와 개체의 의미를 자각하면서도 동시에 그 의미 너머의 근원과 근본을 직관하게 만든다(和而不同)는 것이다. 그리고 음악은 감각적 현실의 한계를 딛고 올라서서 새로운 차원으로 비약하게 하는 힘이다. 자기완성을 제약하는 육체성 · 현실성을 떨쳐버린 자유의 경지다(知天命).

이상적 삶이란 곧 예악의 문화 속에서 길러지는 풍부한 감성과 시적 상상력, 남을 존중하고 배려하는 품위 있는 행동, 그리고 음악을 통한 현실 초월에 있다. 이 세 가지가 곧 아름다움을 표현하는 예술의 목적이다. 인간은 이 세 가지를 통해 아름다움을 인식할 수 있고 그것을 표현할 수 있는 존재임을 전제하고 있다. '아름다움(美)'은 사회 문화적 이상(禮樂), 덕성(仁), 자연과 생명의 근원(天命)에 대한 체험이 본질적 내용을 이룬다.

3. 자연, 예술, 삶

예술행위는 자신이 체험한 것을 표현하는 행위다. 아름다움이나 개인적 신념, 감정 등을 표현한다. 아름다움과 관련 없는 개인적 느낌들도 여기에 포함된다. 그러나 단순히 표현 그 자체에 머문다면, 그것은 소모적인 일일 것이다. 예술행위는 과연 소모적인가? 예술행위는 그 이상의 의미를 갖는다. 예술이 인간의 삶에 어떤 의의를 갖는지 진지하게 검토하기 시작한다면, 이미 예술의 철학에 들어선 셈이다.

예술을 아름다움의 표현으로 한정해보자. '아름다움'은 감각적 쾌감뿐만 아니라 삶의 이상과 덕(德), 그리고 생명의 근원과 같은 정신적 가치와 관련이 있는 단어다. 따라서 아름다움을 표현하는 행위로 예술행위를 정의한다면, 예술은 현실에 안주하거나 얽매여 억압받고 있는 구조에서 벗어나려는 행위, 즉 자유를 추구하는 행위라 말할 수 있다. 현 상황을 극복하여 더 높은 단계, 진정한 자유의 상태에 도달하고자 하는 것이 예술행위의 본질적 의미다.

익숙한 것 일상적인 것에서 우리는 편안함을 느낀다. 그것은 우리를 현실에 안주하게 만든다. 이로써 게을러진다. 이런 삶의 방식을 깨고 더 높은 단계로 승화하려면, 편안함 정도는 잊어야 한다. 그러나 이것은 쉽지 않은 일이다. 불안과 두려움을 극복해야 하기 때문이다. 또 이 승화의 과정은 공허와 허무를 동반한다. 감상자에게 그것은 하나의 충격일 수 있다. 그러나 이것은 궁극의 경지로 나아가는 힘이다. 미완성의 상태에서 완전성을 상상하는 것이다. 상상의 힘은 충격과 두려움, 불안과 공포를 잊게 만든다. 익숙함과 낯섦, 편안함과 불편함에 대한 분별의식을 떨쳐내게 한다. 장자(莊子)의 함지악론(咸池樂論)을 보라. 말로 표현하기 어려운 최고의 즐거움, 그것을 장자는 진정한 자유의 경지(逍遙遊)라 말한다. 상대적 분별을 넘어선 절대적 일자(一者) 그것이 곧 미(美)다.

장자는 총제적 관점에서 사물을 보라고 주장한다. 아름다움이란 이 총체적 관점에서 성취될 수 있는 가치다. 결국 예술은 하나의 중심에 서서 시시비비를 가리는 차원을 넘어서서 총체적 관점을 취함으로써 완성되는 자기성취 활동이다. 그것이 장자가 그린 이상적 삶이다. 단색과 단조로운 형태로 처리된 동양화를 보라. 단순하지만 중요한 이야기를 담고 있다. 어떤 방법을 사용하고 있는가? 풍부한 묘사나 기계적 모방의 흔적은 보이지 않는다. 오히려 그런 시도를 적극 폐기하고 있다. 기계적 모방과 기술적 솜씨는 부분에 집중하는 일이다. 그것은 감상자를 부분에 집착하도록 만든다. 장자가 말한 '혼돈'과 '혼미함', 그리고 '어리석음'은 부분에 집착해서는 안 된다는 외침과 같다. 분별의 차원에 머문다면, 아름다움의 경지에 이를 수 없다. 감상이란 가만히 앉은 채로 우주 끝을 궁구하는 방법이며, 온갖 현상으로 드러나는 영묘한 정신과 하나로 융합되어 주객합일에 이르는 방법이 된다.

자연과 생명에 대한 근원적 체험에 있어서 현실의 산수자연과 산수화는 어떻게 다른가? 형태를 단순하게 처리하고 단색을 사용하는 수묵화를 떠올려보자. 단순한 표현은 감상자로 하여금 그림 앞에 쉽게 다가서도록 만든다. 호기심을 유발한다. 그리고 드러난 형상과 그것을 현상화하는 근원적인 힘을 연결시켜 생각하게 만든다. 언어로 형용하기 힘든 그 신묘한 기운(神氣)과 근원적 생명력이 예술가의 정신과 손에 전달되어 화폭위에 구체적 형상으로서 존재한다. 이 기운에 힘입어 자연과 생명에 대한 근원적 체험이 이뤄진다. 일회적이고 특수하며 형이하적인 것을 통해 형이상의 진리(道)를 체험한다. 산수자연의 형태로 도(道)를 이룬다. 그 형상은 우리에게 자연인식의 계기를 마련해준다. 사혁(謝赫)이 『고화품록(古畫品錄)』에서 제시한 여섯 가지 규범을 생각해보라. 기운생동(氣韻生動)과 골법용필(骨法用筆)은 자연의 신묘한 기운을 표현하는 근본 법칙이다.

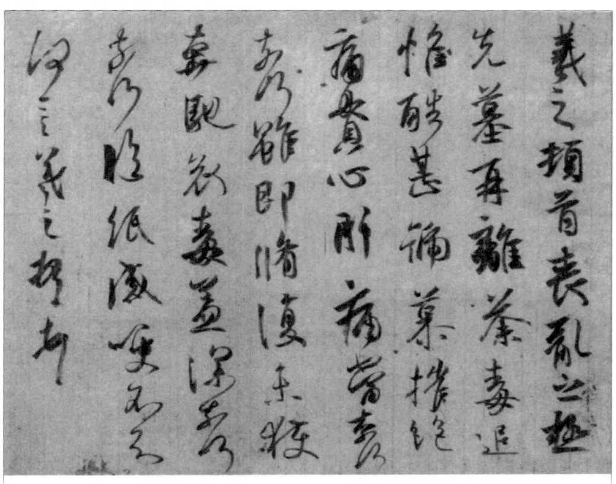
그림 4-4 왕희지(王羲之, 307~365) 상란첩(喪亂帖) 부분

서예의 대가를 꼽으라면, 아마 왕희지를 가장 먼저 떠올릴 것이다. 신비화된 감이 있지만, 어쨌건 왕희지(王羲之, 307~365)는 서성(書聖)으로 불린다. 그는 도교와 현학에 심취했다고 한다. 도교인이나 현학자들은 청담(淸談)을 일삼고 청유(淸遊)를 동경했다. 세속적 가치를 초월한 정신적 자유를 중시한

사람들이다. 예술은 가장 중요한 방편 중 하나였다. 혜강(嵇康, 223~262)은 음악으로 왕희지는 글씨로 표현했지만, 모두 세속의 초월을 목표로 삼았다. 몸은 세간에 있지만 정신은 그 몸을 떠나 우주의 끝에서 노닐게 하는 것(ekstasis), 그것이 이들의 목표였다.

'신명(神明)'이란 홍(興)과 신바람이다. 동양예술론 속에서 그것은 미적 가치를 이루는 핵심 요소다. 그것은 천지자연과 일체를 이룬 예술가의 자유로운 기상(氣象)에서 발휘된다. 생각을 가라앉히고 정신을 집중하면, 그 기상을 지닐 수 있다고 여긴다. 붓을 놀려 글씨를 쓰는 행위는 그 근원적 생명력을 구체적인 형상으로 드러내는 일이다. 감상자는 그 형상을 통해, 그 형상으로부터 근원적 체험의 길을 나서게 된다. 하나의 작품은 창작자나 감상자 모두에게 자연과 생명에 대한 근원적 체험의 매개가 된다. 그것을 통해 더 높은 단계로 넘어서거나 또는 새로운 의미체험을 시도한다. 부분의 문제를 전체 속에서 전체로 환원하여 해결하려는 것이다. 글씨의 흔적은 단조롭고 희미하다. 그러나 그것은 근원적 진리의 세계로 우리를 이끈다. 뛰어난 기교란 글씨의 형태를 아름답게 꾸미는 기교가 아니라 근원에 대한 체험을 가능하게 하는 솜씨를 가리킨다. 홍과 신바람을 느끼게 만드는 기교란 사실적인 표현 기교나 풍부한 묘사력, 또는 경쾌하고 빠른 붓놀림을 의미하지는 않는다.

평가 활동은 크게 미적 가치에 대한 판단과 작품의 등급 결정으로 구분된다. 전자는 후자의 근거가 된다. 회화를 예로 들면, 동양예술론 속에서 좋은 그림이란 사물의 본질(생명력)을 느끼게 해주는 작품이다. 원초적 생동감을 재현과 모방보다 중시한다. 예술 형상은 우주 자연의 도(道)와 근원적 생명력(氣)을 담아 전하는 수단이자 형식이므로 작품을 구성하는 핵심 요소 중 하나지만 작품의 가치와 우열을 평가하는 기준은 여전히 후자다. 창작 과정에서 사물의 정신적 실질을 취했다고 판단되는 작품은 좋은 작품으로 분류된다.

그림 속의 산수자연이 근원적 생명력과 생생한 미감을 뿜어낸다고 느끼는 것은 대상에 감정을 이입한 결과다. 이로써 그림 속의 산수자연은 감정을 가진 존재가 된다. 몸이 지니는 생명력과 기운을 산수자연에 이입하고, 이입의 주체는 다시 그 속성을 향유한다. 예술작품은 자연과 생명의 근원을 체험하게 해주는 매개체임과 동시에 삶의 이상을 지시하는 기호 역할을 하게 된다.

시(詩)를 예로 들면, 하나의 시적 표현은 수사의 기교를 다해야 됨과 동시에 기운과 도를 담아 간직하고 있는 것이어야 한다. 중국 위진남북조시대의 문학가인 종영(鍾嶸,

468?~518)은 『시품(詩品)』에서 부(賦) · 비(比) · 흥(興) 중에서도 '흥'을 가장 중시하며 인간의 진실한 감정을 중시하는 자연주의적 문예비평이론을 남겼다. 인간의 진실한 감정은 본질적 생명감이면서 원초적 생동감이다. 그것은 우주자연의 기운과 도가 마음속에 싹터 있는 상태와 같다. 이것이야말로 의미체험을 생생하게 만들어주는 핵심 요소가 된다. 감상자는 시어(詩語) 너머의 정취와 여운을 음미하며 우러나는 시적 정감(滋味)을 통해 진실한 실재의 세계를 생생하게 체험할 수 있다. 동일한 내용이 그대로 서화이론에도 적용된다. 중국 당대(唐代)의 서예이론가 장회관(張懷瓘)이 말한 것처럼, 창작과 감상은 미분화된 본체를 헤아려 형상을 세우고 만물의 형상을 그 하나의 원리로 꿰는 일이다. 아무런 조짐도 흔적도 없는 아득한 혼돈의 세계는 모든 현상의 본체다. 그러므로 보편적이며 항구불변의 가치를 갖는다. 이것을 기준으로 품평하면, 이 기준에 부합하는 작품은 예나 지금이나, 그리고 미래에도 이상적인 모델로 간주될 수밖에 없다. 장회관은 왕희지의 글씨를 '고금에 통하는 법도(通律)'라 칭하며 신비화시킨다. 이것은 전통과 구습을 타파해야 한다는 의미뿐만 아니라 인간과 천지만물을 소통시켜야 한다는 의무와 책임을 예술가에게 부여한 것이다. 이 기준에 입각하여 상품(上品) · 중품(中品) · 하품(下品)과 같은 식으로, 또는 신품(神品) · 묘품(妙品) · 능품(能品)과 같은 식으로 우열과 순서를 정한다. 가장 낮은 등급으로 분류되는 작품은 기교와 재주만 부린 작품이거나 또는 묘사 대상의 형태를 닮는데 치중해 있거나, 또는 우주자연의 생명력과 도가 담겨있지 않다고 판단되는 작품들이다. 이와 같이 일정한 기준에 의해 예술작품을 우열과 등급으로 구분하여 평가하는 것을 품등론(品等論)이라 한다. 물론 절대적 기준에 부합하는지의 여부는 안목과 식견이 높은 자의 판단에 전적으로 의존한다. 이러한 전통은 동양예술의 세계에서 비교적 오래된 것이다. 신비적 요소가 가미된 이 품등론은 그 평가의 객관적 타당성을 입증하기 힘든 것이다.

생.각.해.보.기

1. 본론에서는 추(醜)의 문제를 다루지 않았다. 추는 미(美)의 대립 개념이다. 추함은 예술작품은 물론이고 자연현상과 일상생활 속에서도 쉽게 발견된다. 예술을 미의 예술로 국한시킬 수 없게 된지 오래 되었다. 로젠크란츠(Johann Karl Friedrich Rosenkranz, 1805~1879)는 예술에 대한 설명에 추의 문제를 포함시켜야 한다고 주장한다. 또 립스(Theodor Lipps, 1851~1914)는 추를 미의 실현 조건으로 간주한다. 예술의 의의와 가치에 대한 논의 속에 추의 문제를 포함시킨다면, 추와 미의 관계는 어떻게 설명될 수 있는가? 그리고 추는 동양예술에서 중시되는 '무기교(無技巧)의 기교(技巧)'나 '자연스러움'과 어떻게 연결되는지에 대해서도 생각해보자.
2. 철학은 예술작품을 해석하고 분석하는 수단에 불과한가? 예술과 진리, 예술과 윤리의 관계에 대해 생각해보자. 예술은 진리 인식에 방해가 되는 것인가? 예술은 도덕성 실현과 무관한 것인가? 첫 번째 물음에 대한 답은 문학작품 속에 등장하는 암묵적 명제의 특징에 초점을 맞춰 찾아보자. 두 번째 물음에 대한 답은 비교적 명확하다. 미적 판단과 도덕적 판단은 다르지만 미적 체험과 도덕감 발달은 밀접하게 연관되어 있다. 도덕감 발달은 도덕성 실현의 관건 중 하나다. 이 두 물음에 대한 답을 예술의 의미와 가치에 대한 논의에 포함시켜 본론을 재구성해보자.
3. 예술의 가치와 의미를 자연 · 삶과의 관계 속에서 찾으려는 시도가 오늘날 우리에게 시사해주는 점은 무엇인가? 예술을 해석이 아닌 체험으로 접근하려는 서양미학의 흐름은 동양예술론과 어떤 점에서 같고 어떤 점에서 다른가? 5장에서는 동양예술론을 소개하면서 이 문제를 짚어봤다. 예술이 갖는 사회비판 기능에 초점을 맞춰 이 문제에 대한 답을 찾아보자. 에이브럼즈가 말한 것처럼, 예술작품은 시대를 비추는 거울이어야 하는가? 아니면, 헤매는 자들의 길을 밝혀주는 등불이어야 하는가? 좀 더 적극적으로 사회를 진단하고 문제를 들추어내 비판하는 것이어야 하는가? 프랑크푸르트학파의 비판이론과 매체미학의 차이를 비교해보자.

읽.어.볼.만.한.책

1. 아르놀트 하우저, 『문학과 예술의 사회사』(1~4), 백낙청 옮김, 창작과비평사, 1999
2. W.타타르키비츠 , 『미학의 기본 개념사』, 손효주 역, 미술문화, 1999
3. 고든 그레이엄, 『예술철학』, 이용대 옮김, 이론과실천, 2000
4. 서복관, 『중국예술정신』, 권덕주 역, 동문선, 1990
5. 리쩌허우, 『화하미학』, 권호 역, 동문선, 1999

연.습.문.제

1. 예술이 인간의 삶에 미치는 영향은 무엇인가?
2. 예술과 도덕의 관계를 예술교육의 차원에서 논하시오.
3. 예술비평가의 임무는 논증적 설득인가?
4. 현대적 형태의 모방론과 표현론에 대해 서술하시오.
5. 동양예술론의 특징은 무엇인가?

필.자.약.력

박준호(철학)

전북대학교 철학과 교수

논문: 『비형식 논리학의 논증과 논증 평가 개념』(범한철학 제34집, 2004), 『논증의 평가와 평가의 기준: 비판적 사고와 비형식 논리학의 의의』(범한철학 제43집, 2006), 『선결문제요구와 논증평가론』(범한철학 제61집, 2011), 『논증의 오류』(범한철학 제64집, 2012), 독단과 논증의 사이: 가설의 방법, (동서철학연구 제74호, 395-422, 2014) 외 다수

저 · 역서: 『논리의 이해』(한국문화사, 2011), 『논리와 논증의 이해』(한국문화사, 2003), 『철학자의 연장통』(서광사, 2007), 『철학은 이렇게 공부한다』(서광사, 2010), 『철학과 형이상학』(서광사, 2012) 외 다수

이선(인간)

독일 프리드리히 쉴러 예나대학교 철학박사

현재 전북대 철학과 강의전담교수

공저: 『공동체적 가치에 기반한 대안경제사회 이론 및 정책개발』(경제 · 인문사회연구회, 2013)

역서: 『비치파라솔 과학아카데미』(알라딘 북스, 2013)

논문: 「인간복제기술의 비판인 출산성」(철학논집, 2014), 「생동하는 몸의 언어를 위하여: 니체와 가타리를 중심으로」(니체연구, 2014) 외 다수

김영례(지식, 행복)

전북대학교 철학박사

현재 전북대학교 철학과 강사

공저: 『사고와 토론』(전북대학교출판문화원, 2015)

논문: 「칸트윤리학에서 행복의 의의」(범한철학, 2014), 「이기심과 정의-흄의 정의론을 중심으로」-(범한철학 2015) 외 다수

이상일(종교)

전북대학교 철학박사

현재 전북대 철학과 강의전담교수

논문: 「아리스토텔레스주의와 토마스주의에 관한 비교연구-자연법의 제일원천으로서 실천이성을 중심으로 -」(동서철학연구 제76호, 2015) 외 다수

조흥만(성과 사랑, 법과 정의)

전북대학교 철학박사
현재 전북대 철학과 강의전담교수
공저: 『인문고전읽기』(전북대학교출판문화원, 2014), 『사고와 토론』(전북대학교출판문화원, 2015)
역서: 『중세철학』(서광사, 2007)
논문: 「『변론』에서 소크라테스의 죽음관에 대한 새로운 조명」(철학연구, 2014) 외 다수

이충한(정치, 평등)

전북대학교 철학박사
현재 전북대 철학과 강의전담 교수
논문: 「본래적 공화주의와 도구적 공화주의」(철학연구, 2013) 외 다수

임정아(자유)

전북대학교 철학박사
현재 전북대 철학과 강의전담교수
공저: 『비판적 사고와 논리』(신아출판사, 2014)
공역: 밀의 『자유론』입문(서광사, 2014)
논문: 「밀의 『여성의 종속』에서 우정개념을 매개로 한 여성주의와 다문화주의의 양립가능성 검토」(범한철학,2015) 외 다수

남순예(과학)

충남대학교 철학박사
현재 을지대학교 외래교수
공저: 『공학윤리 실전 워크북』(충남대학교출판부, 2011), 『비판적 사고』, (신아출판사, 2012) 외
논문: 「문화적 진화에 있어서 밈의 존재론적 해명」(인간과사상 제25집, 2013), 「화이트헤드 철학에서 죽음에 관한 고찰」(철학논총 59집, 2010) 외 다수

진성수(군자와 소인)

성균관대학교 철학박사
현재 전북대학교 철학과 교수
공저: 『지금, 여기의 유학』(성균관대학교출판부, 2009), 『인문고전읽기』(전북대출판문화원, 2014) 외
공역: 『중국고대사상문화의 세계』(성균관대학교출판부, 2008), 『왕부지 중용을 논하다』(소나무, 2014) 외
논문: 『청대 기철학의 연원 고찰』(대동철학, 2013), 『유교경전에서 술의 상징체계 연구』(양명학, 2014) 외 다수

황갑연(무위와 소요)

대만동해대학 철학연구소 박사

현재 전북대 철학과 교수

저서: 『리학·심학 논쟁』(예문서원, 2014) 외 다수

역서: 『심체와 성체』(소명출판, 2012) 외 다수

논문: 「유가 환경윤리 정립의 기본 원칙과 방법론에 관한 시탐」(유학연구 29권, 2013) 외 다수

정대환(연기와 무아)

고려대학교 철학박사

현재 전북대학교 철학과 교수

저서: 『조선조 성리학 연구』(강원대학교출판부, 1992)

공저: 『자료와 해설 한국의 철학사상』(예문서원, 2001)

논문: 『이이 初傳門人들의 性理學(I)—사단칠정, 인심도심에 관한 김장생, 정엽, 변이중의 계승을 중심으로—』(유학연구, 2015) 외

김범수(예술과 인생)

전북대학교 철학박사

현재 전북대 철학과 시간강사

공저: 「일재 이항의 사상 『학문』 이론에 관한 새로운 시각들」(문예원, 2014) 외 다수

논문: 「바탕과 무늬; 주희 예술철학의 특징과 현대적 의의」(유학연구, 2013) 외 다수

그.림.출.처

소중한 내 인생

3. 지식

3-1. http://terms.naver.com
3-2. https://ko.wikipedia.org/wiki
3-3. http://www.doopedia.co.kr/doopedia/index do

4. 행복

4-1. http://terms.naver.com
4-2. https://ko.wikipedia.org/wiki
4-3. https://ko.wikipedia.org/wiki

함께 사는 세상

2. 정치

2-1. https://namu.wiki/w/이마누엘%20칸트
2-2. https://paw.princeton.edu/issues/2008/01/23/pages/6141/index.xml
2-3. http://www.brand-trust.de
2-4. http://www.kookje.co.kr

3. 자유

3-1. http://movie.daum.net(마이너리티리포트)
3-2. http://news.mk.co.kr(존 스튜어트 밀)
3-3. http://www.toni.co.kr/166(오디세우스와 세이렌- 존 윌리엄워터하우스)

4. 평등

4-1. https://fr.wikipedia.org/wiki/Gracchus_Babeuf
4-2. http://www.yonhapnews.co.kr/international
4-3. http://udleditions.cast.org/INTRO,gettysburg_address.html
4-4. http://mondoweiss.net

5. 과학

5-1. https://naver.com
5-2. https://naver.com
5-3. https://naver.com
5-4. https://naver.com

동양인의 삶과 지혜

4. 예술과 인생

4-1. https://en.wikipedia.org/wiki/Snow_Storm
4-2. https://en.wikipedia.org/wiki/Tracey_Emin
4-3. 손창근 소장 부분
4-4. http://hanyu.iciba.com/wiki/5113748.shtml